経済史

いまを知り，未来を生きるために

Economic History:
A clue to know today and live the future

小野塚 知二

有斐閣

はじめに

経済史は現在（いま）を理解するための、それゆえ未来を展望し、構想するための有力な方法の一つです。

1　入り口の問い

いまを知ることも、未来を展望することも、漫然とした思索だけでは、あまり進みません。思索を着実に進めるためには、明晰な問いが必要になります。本書はまず最初に、三つの入り口の問いを読者に示します。そして、末尾で、二つの出口の問いを設定します。

a　経済はなぜ成長するのか？

第1章で簡単に触れるように、この問いには形而上学的ないし修辞的な答え方も可能ですが、多くの読者はそうした答では満足しないでしょうから、これを、「経済を成長させる原動力は何か？」

という問いに変換しましょう。ただ、この問い自体が、若い読者（一九九〇年代のバブル破綻後に成長された方々）には、あまり現実感のない問いかもしれません。確かに、日本はこの二五年以上、ほとんど経済成長していません。なぜ経済は成長するかなど、いまさら問うても無駄ではないかと考えるかもしれません。しかし、近現代の二世紀あまりの中で、この四半世紀の日本のように成長しなかった社会は非常に稀です。成長することの是非も問うべきかもしれませんが、まずは、それは措《お》いて、なぜ、日本は成長しなかったのかということを糸口にして、経済成長の原因を、また、経済成長とは何かを、あらためて考えてみて下さい。それは、いまを知り、未来を展望するうえで必須の問いとなるはずです。

b　人類はいかにして十万年もの間、生存してきたのか？

第1章で、また、本書全体で何度か示唆するように、ヒト[*1]とは非常に風変わりな生物です。他の哺乳類、特に近縁の類人猿と比べても、大きな相違があります。体毛がほとんどなく、全体にひ弱な体形――他の哺乳類の幼体（未成熟個体）に近い体形――をしています。視覚は多くの点で優れていますが、聴覚や嗅覚は他の哺乳類よりも概して劣っています。二足歩行という不安定な仕方で歩きます。体重に占める脳重量の比率はかなり高めです。また、他の動物よりも精密な意思疎通が可能な言語――音声言語だけでなく、身振り手振り、視線、手話なども駆使し、さらに言語を記録するためにさまざまな文字が開発されてきました——をもっています。そうした特殊な動物が、いかにして十万年も生存してきたのかは、人間とは何か、社会とは何かを考える際に大切な問いとなります。

＊1　本書で「ヒト」と記すときは、動物の種としての人間を表し、人文社会科学的な意味での人間を表す場合は「人」という表記を用います。また、人の社会的な性質を強調したい場合は、「人間」ないしは「人間＝社会」という語を用いることもあります。

c　経済は実際にいかに成長してきたのか?

人類の総個体数（世界の総人口）は、この数万年の間だけでも何千倍にも増えています。他の動物種で、人類が家畜にしたもの（および人類を宿主にする病原菌）を除くなら、これほど増殖した種はないでしょう。人口増大は経済成長の結果です。では、これほどの人口増大を可能にする経済成長は、具体的にどのようにして起こったのでしょうか。

誤解しないように申し添えるなら、この第三の問いへの答は、ただちに第二の問いへの答とはなりません。過去には、経済成長の結果、滅亡してしまった社会がいくつもあるからです（第5章参照）。経済成長は、何らかの条件の下《もと》では、人口増大の原因となりますが、常に、人類の生存の要因であったわけではありません。今後も、経済成長は人類の生存を脅かす要因にも、人類の生存を可能にする要因にもなるでしょう。

経済はなぜ成長するのか、人類はいかにして生存してきたのか、経済はいかに成長してきたのかという三つの問いは相互に関連していますが、それぞれ異なることを問うています。この三つの問いへの答を探ることが、現在（いま）を理解し、未来を展望し、構想するために必須のことなのです。

2 経済史の二つの方法

さて、自分という人間のいまをひたすら見つめても、なかなか自分が誰なのかわからないのと同じように、いまだけに注目しても、いまは見えてきません。いまを理解するために過去を知る迂回的な方法には二つあります。すなわち、起源・来歴の方法と比較の方法です。①現在の制度、慣行、政策、市場、組織などがいかにして形成され、変容してきたのか、つまり、いまの経済の起源と来歴を知ることと、②いまとは異なる経済・社会と比較して現在の経済・社会を相対化することです。自分を知るために、これまで生きてきた道を辿ることで、いまの自分の姿を探るのが起源・来歴の方法です。これに対して、いまの自分とは異なる人と比べることで、いまの自分の特徴を知ることもできます。これを比較の方法といいます。比べる相手は、ある程度よくわかっている人でなければ効果的ではありません。したがって、親しい友人であったり、家族の誰かと比べて、自分はここが違うということを確かめたりします。それだけでなく、過去の、たとえば小学生のときの自分というのもよくわかっている人ですから、比較の対象となります。このように比較には、いまいる他の誰かと自分を――あるいは過去の同じ時代に存在した二つ以上の社会を――比較するやり方（共時比較）と、過去の自分と比較するやり方（通時比較）の二つに、さらに分けられます。通時比較の方法と、起源・来歴の方法は異なります。通時比較では小学生の自分からいまの自分にいたる変化の経緯には関心をもたず、過去の自分を、いまの自分とは異なる一個の別の存在として比較の対象にするのです。これら起源・来歴と比較という二つの方法を通じていまを知ろうとするのが本書の基本的な眼目です。

いま一つ本書の眼目は、経済、分業、市場、貨幣、資本、信用など経済学の基本的な概念だけでなく、権力、権威、社会、文化、共同体など人文社会科学の諸分野の基本的な概念も、できる限り合理的に、また相互に関連付けて、定義することにより、人文社会科学を俯瞰するのに必要な最低限の知識を確認し、また、その中での経済学と経済史の位置を確かめることにあります。

3　本書の構成

わたしたちの生きる現在は近現代の末端に連なっていますから、[*2] 現在を社会科学的に知ろうとする際に重要なことは、近現代の社会・経済の特質を、その前史や成立過程とともに理解することです。以下、序章では、経済史とはどのような知的営みなのかを簡単に説明します。その後、第Ⅰ部で経済史学の課題と基本的な方法を概観し、第Ⅱ部では前近代（おもに中世西洋）の社会・経済との比較から近現代の特質を論じます。第Ⅲ部では前近代から近代への長い移行期（近世ないし初期近代）を、第Ⅳ部では近代（ほぼ一九世紀に相当）の市場経済・資本主義・産業社会・市民社会の構造と動態を、それぞれ欧米諸地域に即して解明します。第Ⅴ部では、近代とは異なる現代（ほぼ二〇世紀に相当）の経済の特徴を概観します。これらを踏まえて、終章では、いまがどういう時代なのか考えるための手掛かりと問いをいくつか提示しましょう。

＊2　「現在」は、わたしたちが生きている今のこの時間を指します。むろん、いまこの瞬間だけでなく、もう少し長く、少なくともこの数年くらいの時間を、わたしたちは「現在」とか「いま」と認識しています。これと同じ意味で「現代」という語が用いられることもありますが、本書では、「現代」とは、歴史の時期区分概念で、近代の後の時代、そして、いまを含むひとつながりの時代を意味する言葉で、ほぼ二〇世紀を指します。近代と現代はそれ以前の時代（前近代や近世）と比べるなら、多くの共通性もありますので、「近現代」とし

て一括されることもあります。

4 本書の使い道

本書が想定している使い道は以下の三通りです。むろん、それ以外の用途を開拓してくださるなら，著者としてたいへん嬉しいことです。

第一は、経済学部・経営学部などで開講されている、初学者向けの経済史・経営史（一年次ないし二年次向けの経済史の基礎科目。通常は単に「経済史」と呼ばれていたり、あるいは「経済史基礎」とか「一般経済史」などと呼ばれている科目）の講義用教科書としての使い道です。ほぼ四単位分の講義量に対応していますが、単位数や講義の進め方によって適宜つまみ食いをしてくださっても一向に構いません。ただし、本書は、経済史学という研究分野の通常の入門書ではありません。経済史学という専門分野に入門するためには、①歴史学と経済学について最低限の基礎知識が必要ですし、また、②経済史学それ自体の過去の蓄積を咀嚼《そしゃく》しながら、現在の研究状況で常識的に支持されている知見を要領よく紹介する必要があるだけでなく、③経済史学および隣接分野の近年の新しい研究動向や方法上の特徴を紹介することも必要です。本書は、これら三点については入門書として充分な条件を満たしていません。本書は経済史への「入門」――その反対は「破門」――という大袈裟なことではなくて、ちょっと経済史という分野を嚙《かじ》ってみようという方のための教科書として書かれています。もし、わずかでも「入門」の志のある方は、序章末尾で紹介している参考文献のうち少なくとも二、三冊ほどを読んで下さい。

第二は、経済・経営系学部も含めて、大学のさまざまな学部の一般教育における経済学、歴史学（あるいは「人文・社会科学」などの題目の講義でも構いません）の教科書ないし副読本としての使い道です。経済史を嚙るために、本書では経済学・歴史学だけでなく、人文・社会科学の諸分野の基礎的な諸概念をなるべく丁寧に定義し、また目配りするように心がけています。昔のヨーロッパの大学では、基礎的な教養と知見を身につけるために、たとえば自由七科（通常は文法学、修辞学、論理学という言語的な三科と、幾何学、算術、天文学、音楽という数学的な四科の七科目で、リベラル・アーツ〔liberal arts〕と呼ばれていました）が一般教育に当たる役割を果たしました。いまもこれら七科は重要だと著者は考えていますが、昔のヨーロッパといまの日本とでは，初等教育や中等教育のあり方が決定的に異なりますし、また、大学卒業後に期待される進路という点でも大きな相違がありますから、いまでも、一般教育において自由七科が特権的な地位を有すると主張し続けるのは困難でしょう。本書は、経済史を嚙ってみることによって、かつて自由七科が果たしていた役割の一部は、現在の日本の高等教育において果たせるのではないかと期待しています。一般教育で本書を用いた学生・教師のみなさまは、本書の使い勝手について、ぜひ著者にお知らせ下さい。

本書の第三の使い道として、著者が密《ひそ》かに重視しているのは、学校教育をすでに一旦は終えて、現在は社会人として生きている方々に、現在を知り、未来を切り拓くために、本書を読んでもらうことです。企業や官公庁などで働いている方々が、もう一度、自分の足許を知的に固めておきたいと思う（あるいは、否応なく感じさせられる）機会は意外に多いことと思います。そういうときに本書を手に取って、目に入ったページだけ読んで下さるといった使い道も想定しています。また、現在の日本で「社会人」というと、企業や官公庁などで有給で働いている方々だけを排他的に表現しがちですが、家事や育児に明け暮れている専業主婦・主夫や、老親や配偶者の介護に一日の多くの時間を費やしている年金生活者や、不定期な収入しかない「フリーター」が――「反社会人」でないことはもちろんのこと――「非社会人」であるわけではありません。主婦・主夫、高齢者、フリーターの方々も、いまはどういう時代で、これから先どうなるのだろうという漠然とした疑問や不安を覚えることがあると思います。そういうときに本書を手に取って、ゆっくり読み進めてくださるなら、きっと何か摑《つか》めることがあるはずだと自負しています。したがって、わたしは、本書を、一般の書店の普通の書棚に並べてほしいだけでなく、公共図書館にもぜひ備え付けてほしいと考えています。さまざまな社会人の方々からのご感想も期待しています。

目次

第II部 前近代

欲望を統御する社会

第III部 近世

変容する社会と経済

第7章 総説——前近代から近代への移行

第Ⅳ部 近代

欲望の充足を求める社会・経済

第13章 産業革命 …… 295

第V部 現代　欲望の人為的維持

第19章 近代と現代 415

序章　経済史とは何か

1 経済史

経済史（economic history）とは、文字通り、経済の歴史、あるいは経済的な歴史です。つまり、経済に着目して過去を叙述することです。経済現象や経済活動は過去からの蓄積で決まる部分が大きいので、劇的な変化はあまりありません。戦争によって通商や国際金融が破壊され、また大規模災害によって経済活動が停滞するといったことがないわけではありませんが、そこにも、政治的・文化的な革命に見られるような演劇的な要素は乏しく、経済とは総じて地味に、しかし着実に変化を積み重ねていくものです。しかし、経済は人びとの日々の生活から政治や社会にまで大きな影響を与えるだけでなく、人の幸不幸を決定する重要な条件にもなっています。したがって、ある時代の経済を知ることは、その時代の人びとの暮らしや政治・社会を理解するうえで不可欠です。また、現在にいたるまでの経済の変化を辿るなら、いまという時代はより深く理解することができ、より確実に将来を見通すこともできるようになります。

経済の歴史という意味での広義の経済史は人類の過去をすべて対象とすることができます。ただし、歴史研究の得意な方法は、過去の人びとが残した記録（これを史料と呼びます）に基づいて過去を叙述することなので、ほとんど記録の残っていない原始時代や狩猟採集経済を対象にする場合は、考古学や人類学などの方法を援用しなければなりません。したがって、経済史が真価を発揮するのは、他の歴史研究の諸分野と同じように、農耕牧畜が始まり、文字により系統的な記録も残されるようになった時代以降です。ごく大雑把にいうなら、いまから一万年ほど前には、世界のいくつかの地域で農耕と牧畜への移行が始まり、およそ八千年前には文字の原型のようなものがさまざまな地域に出現しています。現在、ほぼ正確に解読されている文字で系統的に記録が残るようになったのは、五千年ほど前です。現生人類（ホモ・サピエンス）が誕生した時期については諸説ありますが、ここでは、およそ一〇万年前にアフリカで生まれたと考えておきましょう。そうすると、歴史学に固有の方法で探究できるのは、人類の過去の中でも、かなり最近のこと――一〇万年を一日にたとえるなら、二二時四八分以降の短い時間――に限られているのです。

狭義には、経済史とは、近現代の経済と社会を特徴付ける市場経済・資本主義の起源と特質・特異性を叙述することです。経済史の教科書や概説書の多くが近世（前近代から近代への長い移行期・

過渡期、初期近代）や産業革命から叙述を始めているのは、この狭義の経済史を念頭において書かれているからです。前近代（たとえば中世の封建制）の社会から、市場経済・資本主義が生成し、自立するのに、ざっといって、ほぼ四世紀の時間を経過し、また、市場経済・資本主義が確立してから現在までは約二世紀を経ていますが、このわずか六世紀ほどの間にも、経済はさまざまな変化といくたびもの危機を経験して、現在にいたっています。したがって、現在の経済の直接の起源を知るには、この六世紀ほどのこと――やはり一〇万年を一日にたとえるなら、二三時五一分二二秒以降の非常に短い時期――がとりわけ重要となります。

2　経済学の中の経済史

経済史は、経済理論とともに経済学の基礎分野をなし、経済学のさまざまな応用分野の基盤となります。経済理論とは、市場経済や資本主義の法則性を解明することを目的としています。経済理論は、市場経済や資本主義の、純粋な（あるいは自立した）姿を前提としているので、しばしば時間的な変化は捨象します。経済学はその初発において、一八世紀の物理学（たとえば、I・ニュートン『プリンキピア』の古典力学）に大きな影響を受けていますが、古典力学が無限の時間と無限の空間を前提としていたように、経済理論も無限の時空間という非常に素朴な前提をおいて、無限の時空間における市場経済や資本主義の普遍的な論理の解明に全精力を傾注します。逆に、特定の時と場所に規定された具体的な経済状態や経済活動のあり方を、一つの個性的な現象として描くことや、経済現象の時間的な変化のありさまを叙述するということを経済理論は苦手としています。

しかし、市場経済や資本主義自体が時の流れの中で生成し、変容する現象ですから、歴史を完全に捨象してしまうなら、経済学は非常に脆弱な学問になります。それゆえ、経済学の基礎分野は、時間的な変化の中で、経済の個性と変化とを叙述する経済史を必要とするのです。経済史学は、歴史学の他の分野と比べるならかなり法則性を重視しますが、しかし、必ずしも法則定立的な学問ではなく、一回限りの事象の因果関係や、後の世への影響といった、個性的な現象を叙述することを重視します。

3　歴史学の中の経済史

経済史は、むろん、歴史学の一分野でもあります。この場合、経済史には二通りのあり方が考えられます。主たる認識対象が過去の経済現象である歴史は、経済史ということができます。冒頭で経済史とは、広義には、経済の歴史であると定義したのはこれに当たります。他方、対象は経済現象には限られないが、歴史叙述の方法として経済学（なかんづく経済理論）を用いて、過去のさまざまな現象を述べる歴史も経済史ということができます。前者は経済の歴史（過去の経済に着目した歴史叙述）であり、後者は経済理論を応用した歴史叙述です。

経済史はこのように、経済学と歴史学の両方にまたがる、境界領域の学問分野です。これまで、多くの方が論じてきたように（遅塚［2010］、小田中［2017］）、経済学と歴史学の両方にまたがるということは、経済史では両者が協力関係にあるということも意味しますが、それだけではすまない難しい問題もあります。経済学と歴史学の重なる部分には、協力だけでなく、相剋《そうこく》や齟齬《そご》も発生します。しかし、相剋や齟齬は決して負の面だけを意味するわけではありません。むしろ、経済学と歴史学の協力と相剋という両面を踏まえて、経済史は、経済学と歴史学という「『二つのディシプリンが相互にチェックし合いうる』という意味で、積極的な意義を有する」（遅塚［2010］二九四頁、圏点部分原文）ということができるでしょう。

経済史のこうした積極的な意義は、起源・来歴の方法および比較の方法にしたがって考えるなら、二つの点に分けることができます。第一の意義は、現在の問題や傾向の起源を調べて、現在の問題をより確実に認識し、現在の課題をより適切に設定し、その解法を探るというところにあります。これは医師が患者の病歴や経歴、家族の持病などを尋ねて、診断を下《くだ》し、治療法・処方箋を決定するための情報を得るのに似ています。ここでは、現在を時の流れの中において、現在から時間を遡るように、現在の問題の原因や、現在にいたる社会の来歴を知ることに主眼がおかれます。第二の意義は、現在の経済や社会の特質と特異性を、過去の経済・社会と比較することを通じて、炙《あぶ》り出すことです。第一の意義からするなら、究極の関心事は現在、いま、わたしたちが生きているこの世界にあるがゆえに、現在に近い時代に研究の重点もおかれざるをえません。むろん、現在にどのような問題を発見するかによって、比較的長い時間軸の中で考えるべき問題（たとえば資本主義経済の寿命）と、比較的短い時間軸の中で考えるべき問題（たとえば本位貨幣を欠く、変動相場制の下《もと》での通貨金融政策の課題）とがありますから、起源を五百年ほど前に遡らなければならない場合と、五十年か百年程度の時間軸の中で起源や病歴を辿れる場合とがありますが、二千年前の古代史とか、一万年前の原始時代の経済を研究しなければならない理由は第一の意義からは、それほど頻繁には出てこないでしょう。それに対して、第二の意義では、比較の対象はいまに近い時代である必要性はありません。むしろ、遠く、大きく異なる時代と比較することによって初めて浮き彫りになることがら（たとえば成長を常態とする経済の特異性とか、化石燃料に依存する社会の限界）もあるでしょう。

4　歴史と過去の事実

ここで一つ注意してほしいことがあります。「歴史」という言葉の用法です。歴史は、慣用的には、過去そのもの、過去の事実、あるいは過去から現在にいたる時の流れそれ自体と同一視して、使われることがあります。しかし、よく考えてみればわかることですが、わたしたちは過去そのものを直接的に知覚することはできません。何年も前の自分の幼い日のことを思い出すことはできますが、幼い日の自分とまったく同じように、その時をあらためて再び知覚したり体験したりすることはもはやできないのです。[*1] まして、自分の生まれる前のことが直接的に知覚できないのは明らかでしょう。人は時間を遡上できませんから、過去を直接的に知覚することはできず、歴史という特殊な技を用いない限り過去を知ることができないのです。わたしたちが知ることのできる過去は常に物語られた過去としての歴史であるところに、「歴史＝実在としての過去」とする、歴史についての誤解、ないしは「歴史」という語の誤用の原因があります。

＊1　自己の記憶も、現在の自己によって直接的に知覚された過去ではなく、脳の中の物語として過去を蘇らせているにすぎず、他者によって物語られた過去（＝歴史）との間に本質的な差はありません。

また、過去の事実なら何でも歴史として物語られるというわけでもありません。たとえば、一八〇一年某月某日のナポレオンの生活を事細かに記載した文書があったとして、それを調べることによって、彼がその日に何回まばたきをしたかを確定することができるとしてみましょう。その文書が充分に信頼できるものなら、某月某日のナポレオンのまばたきの回数という過去の事実を、何らかの確実性をもって明らかにすることはできますが、その事実がいまのわたしたちにとっていかなる意味があるのかは、ただちに自明ではありません。人類が誕生してからの時間も、その間に生きた人の数も有限ですから、過去の事実も論理的には有限個の事象です。しかし、有限個とはいえ、非常に多い過去の事実のすべてが、わたしたちにとって同じように意味があるとは到底いえないでしょう。

歴史とは過去そのものでもなく、過去の事実の総体や集積物でもありません。歴史とは、過去の事実に基づいて、後の世の人が過去を物語るという行為にその本質があります。歴史が現在の（後世の）人びとの物語であるということは、歴史という語の成り立ちにも現れています。漢語の「歴史」は、時の推移（暦）に応じて経過したことがら（歴）と、事実を中正に把握すること（史）から構成された語です。現在のヨーロッパの多くの言語（英語、フランス語、スペイン語、イタリア語、ロシア語など）では、歴史に当たる語はラテン語の historia を語源としています。historia とは物語であり、また歴史を意味します。つまり歴史とは、後の世の人によって物語られて初めて歴史となるのです。ラテン語の historia は、英語では story と history という二つの語に分かれて継承されましたが、どちらの語にも物語と歴史の二つの意味があります。ドイツ語では形容詞として historisch という言葉を使うほか、歴史を端的に意味する名詞として Geschichte があります。これは、日本語の慣用的な歴史に少し似ていて、できごとという意味もありますが、同時に歴史と物語という意味もあります。

歴史とは、現在知りうる過去の事実から取捨選択して、現在の人が関心をもち、現在の人に役に立つ物語を叙述する行為です。史料から確定できる過去の事実がただちに歴史になるわけではありません。歴史の本質は物語ですから、聞き手・読者のいない歴史は荒野の遠吠えにしかなりません。歴史家が物語り、それを聞き手・読者が受け止めることによって歴史は初めて成立します。この意味でも歴史は、過去にではなく、現在に属しています。

では、逆に、歴史としてこれまで物語られなかったことは存在しなかったということになるのでしょうか。中島敦の短編小説『文字禍』は、この点について、古代アッシリアを舞台にして、若い歴史家と老博士の対話という形で、するどい問いを立てています。

ある日若い歴史家（あるいは宮廷の記録係）のイシュディ・ナブが訪ねて来て老博士に言った。歴史とは何ぞや？ と。老博士が呆れた顔をしているのを見て、若い歴史家は説明を加えた。先頃のバビロン王シャマシュ・シュム・ウキンの最期について色々な説がある。自ら火に投じたことだけは確かだが、最後の一月ほどの間、絶望の余り、言語に絶した淫蕩の生活を送ったというものもあれば、毎日ひたすら潔斎してシャマシュ神に祈り続けたというものもある。第一の妃ただ一人と共に火に入ったという説もあれば、数百の婢妾を薪の火に投じてから自分も火に入ったという説もある。何しろ文字通り煙になったこととて、どれが正しいのか一向見当がつかない。近々、大王はそれらの中の一つを選んで、自分にそれを記録するよう命じたもうであろう。これはほんの一例だが、歴史とはこれでいいのであろうか。

賢明な老博士が賢明な沈黙を守っているのを見て、若い歴史家は、次のような形に問を変えた。歴史とは、昔、在った事柄をいうのであろうか？ それとも、粘土板の文字をいうのであろうか？

獅子狩と、獅子狩の浮彫とを混同しているような所がこの問の中にある。博士はそれを感じたが、はっきり口で言えないので、次のように答えた。歴史とは、昔在った事柄で、かつ粘土板に誌されたものである。

この二つは同じことではないか。

書洩らしは？ と歴史家が聞く。

書洩らし？ 冗談ではない、書かれなかった事は、無かった事じゃ。芽の出ぬ種子は、結局初めから無かったのじゃわい。歴史とはな、この粘土板のことじゃ。

若い歴史家は情なさそうな顔をして、指し示された瓦を見た。それはこの国最大の歴史家ナブ・シャリム・シュヌ誌す所のサルゴン王ハルディア征討行の一枚である。話しながら博士の吐き棄てた柘榴《ざくろ》の種子がその表面に汚らしくくっついている。

「書かれなかった事は、無かった事じゃ」と断言されると、この若い歴史家でなくても、書かれなかったけれど、実在した過去の事実――文字通り、歴史の闇の中に埋もれてしまった事実――というのはあるのではないかと考えたくなるでしょう。*2 若い歴史家が問う「書洩らし」の問題は二重にあります。同時代の文書（史料）に記されなかった事実と、歴史家によって叙述されなかった事実です。すべての事実が必ず何らかの文書に記されるという保証はまったくありませんし、歴史家がすべての事実を叙述するのはもとより不可能なことです。したがって、史料に記載されず、また歴史家に叙述されていない事実の存在は否定できません。歴史叙述において史料による証明を重視する実証主義史学では、史料に記載されていないことを過去の事実として叙述するのは絶望的に困難なこと（史料に記されなかったことはなかったこと）で、歴史研究の実証の最前線は、史料の存在する領域に固く限定されることになります。

＊2　中島敦『文字禍』では、老博士は研鑽のすえに、文字の霊こそがすべての実在の根拠であるという驚愕の真理に到達しながらも、武の国アッシリアが文字に蝕まれている現状を憂い、「文字への盲目的崇拝を改め」なさいと王に進言します。しかし、この進言はかえって文字の霊の復讐を引き出してしまい、老博士は地震の際に、数百枚の重い粘土板の下敷きになって圧死します。この小説は、統計数値も含む文字史料を偏重し、史料に記載されていないことは語ろうとしない実証主義的な歴史学のあり方に痛烈な皮肉を投げ掛けているようにも読めます。

宇野邦一は『反歴史論』の中で、過去の事実でも語られなかったことは歴史とはならず、歴史とは「ある国、ある社会の代表的な価値観によって中心化され、その国あるいは社会の成員の自己像（アイデンティティ）を構成するような役割をになってきた」集合的な記憶であるとしたうえで、そうした意味での歴史（「強い歴史」）に人びとは支配されて、ものを考え、感じていると論じて、歴史の支配からの自由の可能性を追求しています。ここでは、物語以前に、物語を決定する記憶の特定の型の問題性が指摘されています。

ただし、いくら調査しても、過去のあることがらについて、その時代に誰も、何の記録も残さなかったこと（史料の不在）が高い蓋然性で証明できるのなら、実証の最前線は史料存否の境界ではなく、そこより少し向こう側の、史料の存在しない領域に少しだけ入り込むことができるかもしれません。つまり、あることがらについて、誰も記録を残さなかったのはなぜかを合理的に推論して、歴史叙述に用いる可能性は残されているでしょう。

文献案内

経済史の教科書や概説書はずいぶんたくさんありますが、入門書として適当なものは必ずしも多くはありません。必要な概念を定義し、標準的な知見を盛り込み、しかも、現在の研究動向・研究方法まで紹介するのは並大抵の技ではないからです。殊に、地域や時代を限定していない、基礎もしくは一般経済史の入門書となると本当に数えるほどしかありません。ここでは中村［1994］と楠井［2002］を挙げておきます。

中村［1994］の原著序と文庫版への序文はそのまま本書に借用したいほどですし、一人の著者が古代から第二次世界大戦後までの日本と欧米の両方を「共通の方法をもって叙述していること」は特筆されるべきです。同書が依拠している研究の中にはいまとなっては古さを否めないものが含まれてはいますが、この書物は、一九七〇年代に、一人の著者が書きうる最も多彩で豊かな内容が盛り込まれています。そうした内容が文庫本で読めるのはたいへんありがたいことで、ぜひ一読を勧めます。楠井〔2002〕は書名からも明らかな通り、経済史の入門書ではなく、著者が横浜国立大学で担当してきた社会科学概論の講義ノートを元にしたものです。著者の長年の経済史研究の蓄積を活かして、富と権力と神のそれぞれをめぐる人間関係に注目する形で人文社会科学を独自の観点から俯瞰する書物としては類書を知りません。

経済理論と経済史との関係を意識して書かれた教科書としては、岡崎〔2016〕と小田中〔2017〕が好適でしょう。近年のおもに欧米での経済史の研究動向を知るうえでは北川・北原・西村・熊谷・柏原〔2017〕の殊に第Ⅱ部が便利です。これは一冊で日本、ヨーロッパ、東アジア、アフリカの各地域について概説的知識が得られるという点でも便利な書物です。いわゆるグローバル経済史の新しい試みとしては、金井・中西・福澤〔2010〕と杉山〔2014〕が有益です。世界史入門としては浜林〔2008〕が読みやすく、わかりやすい好著です。史学の概説書としては遅塚〔2010〕が優れているだけでなく、経済史との関係を、何カ所かで意識的に論じており、その点でも有益です。

経済史学は、学問自体が西洋で発生しただけでなく、西洋で最初に確立した市場経済・資本主義の発達史を主たる研究対象としてきただけに、西洋（ないし欧米）経済史については、いくつか優れた入門書が残されています。それらのうち、馬場・山本・廣田・須藤〔2012〕が現在ではもっとも有用な入門書ですが、そのほかに、石坂・船山・宮野・諸田〔1985〕、藤瀬〔1980〕、藤瀬〔2004〕、および関口・梅津〔1995〕の四点は現在も読む価値を失っていません。二〇世紀の覇権国であったアメリカ合衆国の経済史については秋元〔1995〕と、谷口・須藤〔2017〕がお薦めです。また、日本における西洋経済史研究の成果と課題を整理した馬場・小野塚［2001］も有用です。

日本は、欧米以外では古くから経済史研究の対象となってきた地域で、日本経済史には何冊もの入門書の名著が書かれてきました。それらの中で、石井［1991］、原［1994］はいまも充分な価値を保っています。沢井・谷本［2016］は近世以来の四百年の中にいまの日本を位置づけて理解しようとする新しい試みで、時期区分にも経済史研究としての新たな工夫が見られます。また、深尾・中村・中林［2017］のシリーズは最新の実証研究の成果を踏まえて、中世以来の日本における「市場経済」の発展史を描く共同研究の成果です。

欧米と日本以外については、経済史研究の蓄積がようやく近年になって急速に蓄積されてきましたが、その中で、水島・加藤・久保・島田［2015］が、いろいろな方の関心に応えることのできる入門書でしょう。ほかに、中国に限定するなら、岡本［2013］は長い時間を扱った入門書として有益ですし、久保［2012］は、近現代中国経済史の研究状況を整理したものとして有益です。

第I部 導入

経済、社会、人間

经济史

中国語簡体字

Economic History

英語

第Ⅰ部では、過去の経済についての実際の叙述に入る前に、必要ないくつかの概念を定義するとともに、経済現象に見られる効率性と支配と自由との関係について考えることにしましょう。

第1章 経済成長と際限のない欲望

序章で、経済史とは経済の歴史——過去の経済に着目した歴史叙述——であるとしましたが、では、経済とは何でしょうか。経済とは何かを考える際に、多くの人は、商品やお金の動き、資本、生産・流通・消費、あるいは人びとの暮らし向きといったことがらを想起するでしょう。それらは経済を語る際に確かに大切なことがらです。以下では、経済の特徴を、人間・社会の他の領域、たとえば、法、政治、教育、文化などと比較しながら考察することから、経済活動の動因を考えてみることにしましょう。

1 「経済成長」

経済とは成長する何かです。経済成長率が何%といった話はしばしば耳にしますし、わたしたちはそのことに特別な疑問も感じませんが、法、政治、教育、文化、あるいは広義の社会（人と人との関係の総体）は「成長しない」のに対して、経済だけは「成長する」ものだと考えられています。法、政治、教育、文化、社会は変化（change, transition）はしますし、その変化をある基準に照らして発展（development）とか、進歩（progress）、ないし進化（evolution）などの言葉で表現することはあるかもしれませんが、法や政治が「成長する」といった言い方はしません。なぜ、経済だけは「成長する」と考えられているのでしょうか。

成長するものには、経済のほかに、人や動物があります。[*1] この場合の成長（growth）とは一人前の個体に成育することを意味しますが、それは、単に量的に大きくなるということではなく、幼く未発達な個体（乳幼児・幼体）が少年期を経て、成人・成体となる質的な変化を意味しています。したがって、人や動物の成長は、通常は成長率といった数量的な指標では――「うちの子は去年は五・六％成長した」などとは――表現しません。これに対して、経済成長（economic growth）とは、乳幼児から成人にいたるような質的な変化ではなく、量的な拡張（expansion）を何よりも意味しています。むろん、原始時代の経済と、中世の経済と、現在の経済との間には大きな質的な相違があることに間違いはありません。しかし、わたしたちは、そうした質的な相違や、経済体制の変化とは別に、経済の成長＝量的拡張ということを常にどこかで意識しています。

図1－1　世界人口推移：西暦前1万年～西暦500年

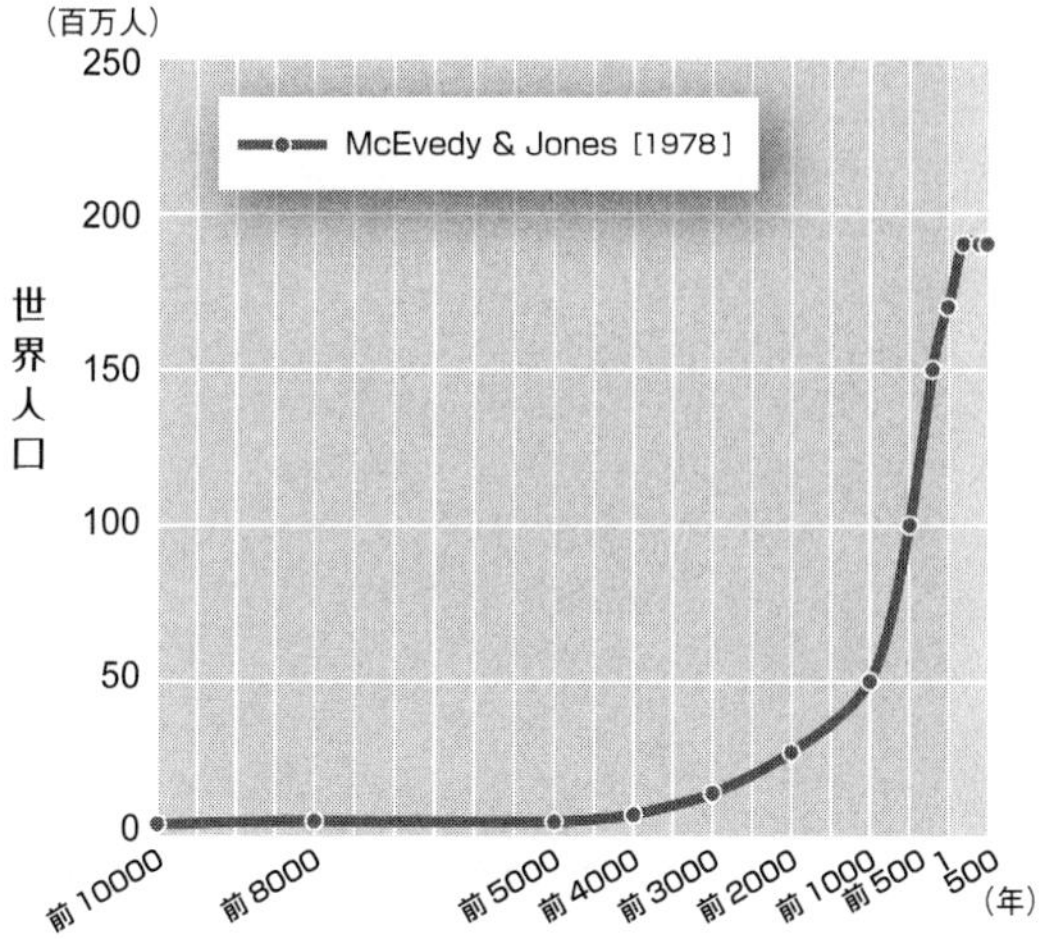

＊1　植物については生長（growth, development）という表現も用います。生長とは育って大きくなるという意味です。経済成長と同様に量的に拡大するという意味合いが強いのですが、植物の生長は一本の草や木の生育を意味しており、ある地域のある種の植物全体の量的拡張や植物の個体数の増加ということは意味していません。

経済が量的に成長してきたことは、たとえば、地球の総人口（世界人口）の変化を調べてみるだけでもわかります（図1－1参照）。人類が農耕牧畜を開始するまでの世界人口は、何万年もの間、たかだか数百万人であったと考えられています。百年当たりの人口増加率も〇～三％ほどです。それが農耕牧畜が定着した西暦前四〇〇〇年頃七百万人ほどであった世界人口は、

図1-2　世界人口推移：西暦1～西暦2050年（予想値）

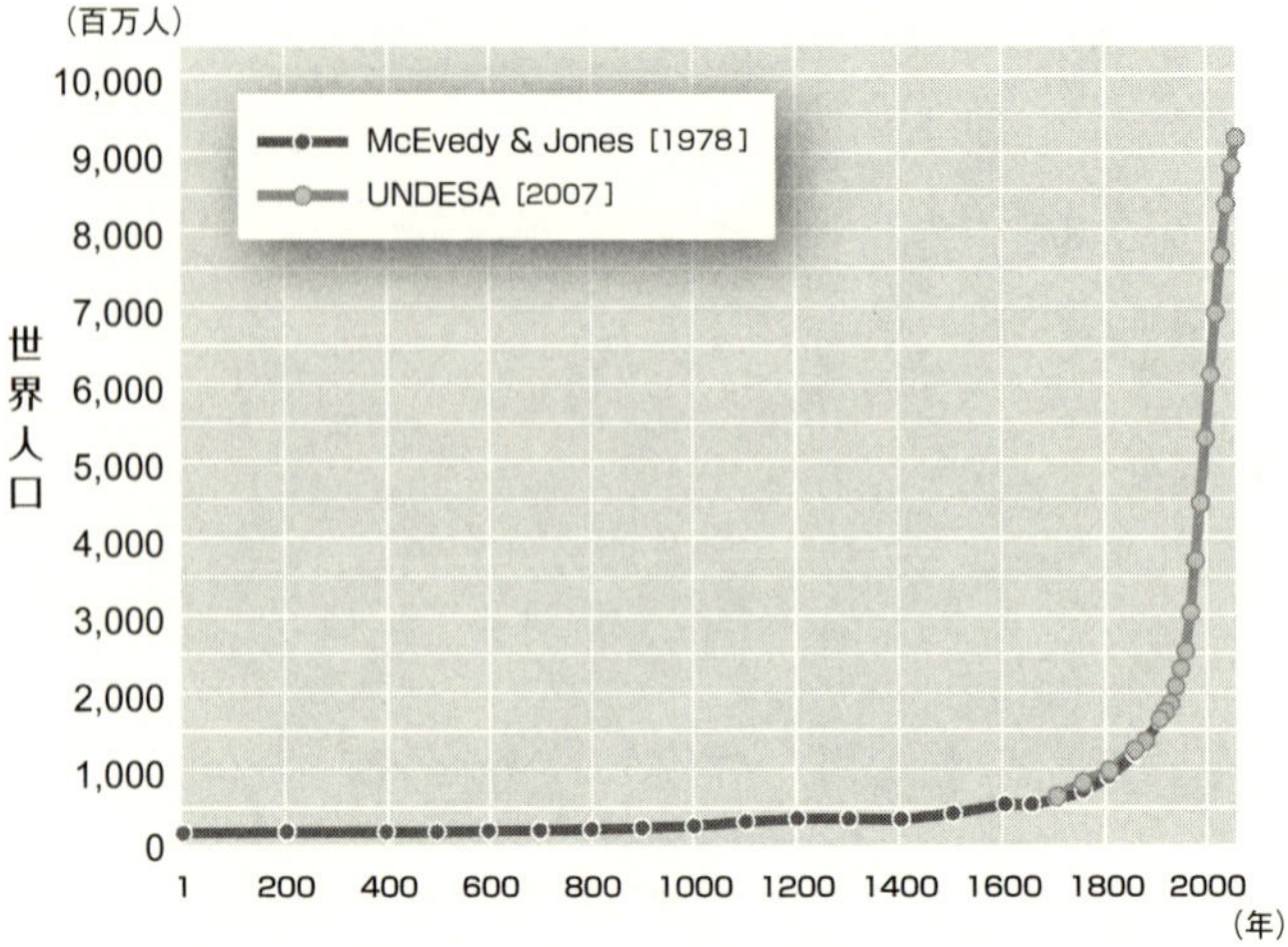

千年で倍増する高率（百年当たり七・二％の増加率）で増え始めて、西暦前一〇〇〇年には総人口は約五千万人に達します。さらに西暦前一〇〇〇年から西暦二〇〇年までの百年当たり増加率は一一・八％ほどに高まります（Column参照）。この頃が、世界の主要地域に農耕牧畜が最も急速に普及した時期と推測できます。日本を含む世界の各地に農耕牧畜が普及した西暦一年ころ、いまから二千年ほど前の世界人口は一億七千万人ほどであったと推計されています。世界の主要地域の多くが狩猟採集経済から農耕牧畜経済に転換したのが、およそ西暦一年ころのことで、西暦二〇〇年にいったん一億九千万人に達してから西暦一四〇〇年までの百年当たり人口増加率は五・二％ほどの水準に低下します。このころは、気候変動の影響も受けて、と

きに完全な人口停滞や人口減少もともないながら、長期的趨勢としては微増の時期で、一四〇〇年になって世界人口はようやく三億五千万人ほどとなります（図1-2参照）。

Column

産めよ、殖やせよ、地に満てよ

百年当たり人口増加率が一一・八％ということは、人口一〇〇人の集落が百年かかってようやく一二〇人ほどになるということですので、「高率の増加」とはいっても、毎年、目に見える形で増える増加率ではありません。この程度の増加率は、「産めよ、殖えよ、地に満ちて地を従わせ、すべての生き物を支配せよ」という旧約聖書創世記の表現を実感するにはほど遠いのですが、こうしたゆっくりとした増加だったからこそ、人間が地上に充満することをよしとする教義が成り立ちえたのでしょう。なお、日本の厚生省は一九三九年に発表した「結婚十訓」という優生学的な結婚奨励策の十番目に、「産めよ育てよ國の為」というスローガンを掲げましたが、これはそれまでの人口増加傾向が急に鈍化したことに、軍事的な観点から危機感を抱いたためです。いま、「産めよ、殖やせよ、地に満てよ」を世界で実践したら、たちどころに人口爆発に行き着くでしょう。

西暦前一万年と比べるなら、西暦一四〇〇年の世界人口はおよそ百倍に増加しました。百倍の人びとの食料と衣料、住居用の資材など、人びとの必要とする物の量も増加した、つまり経済は成長

図1-3　世界人口の百年当たり増加率

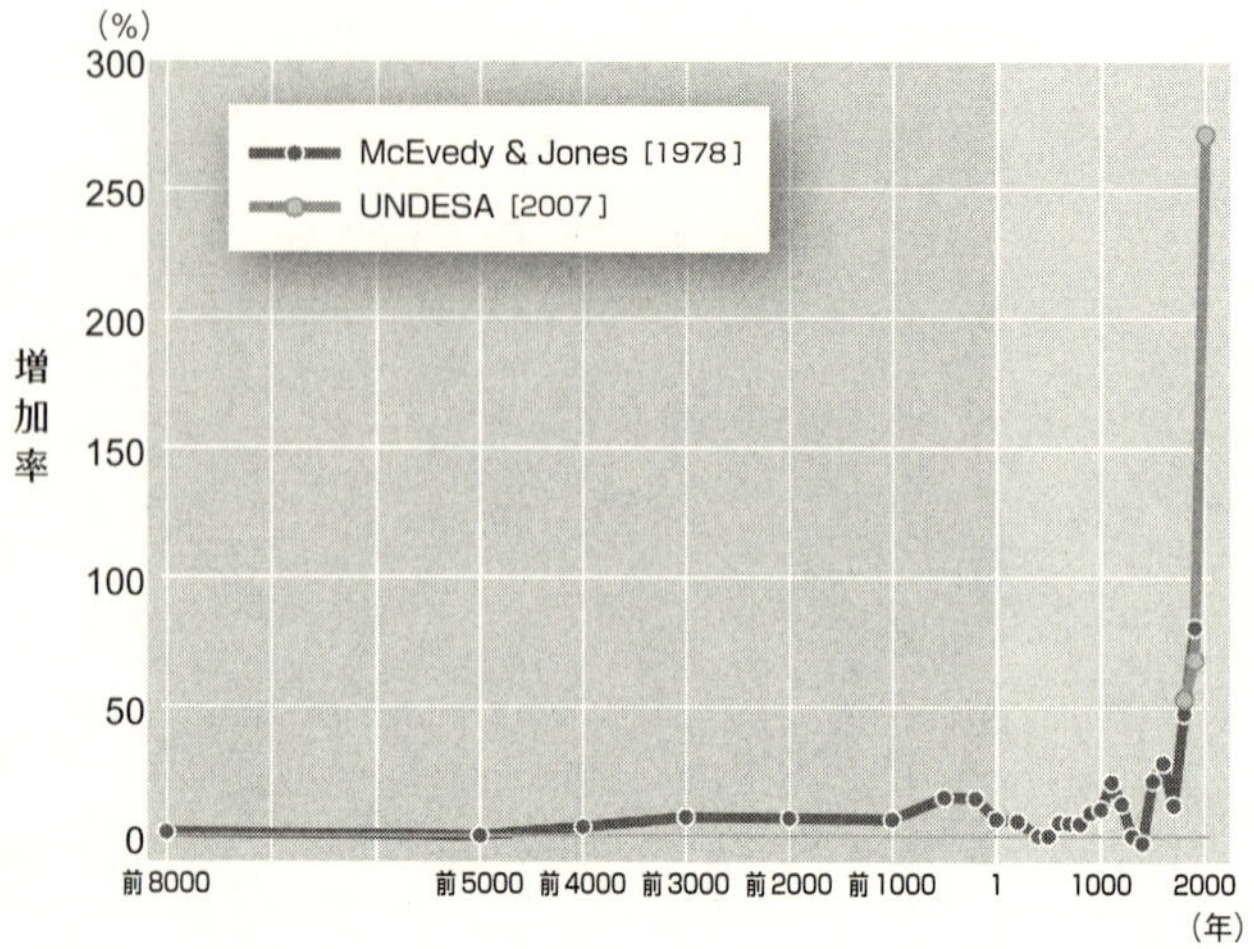

したに違いありません。単に人口が百倍になったのに対応して経済規模も百倍になったのではなく、西暦前一万年の狩猟採集経済と西暦一四〇〇年の世界各地の農耕牧畜経済とを比べるなら、一人当たりの富の量も増大しています。狩猟採集経済に生きた人びとのほぼ全員が日々、食料を獲得するために働かなければならなかったのに対し、西暦一四〇〇年頃のユーラシア大陸およびその周辺の温帯島嶼（ブリテンや日本など）では、もっぱら工業に従事する諸種の職人や、商業に従事する商人、つまり食料獲得目的には働かない人びとが存在し、商工業も深く広く営まれるようになっています。また、国家が形成され、王侯貴族や官僚・兵士、学者・僧侶・神官など生産的な労働に従事しない人口も大量に養っていましたから、農耕牧畜の食料獲得の生産性は、西暦前一万年の狩猟採集経済

における食料獲得の生産性とは比較にならないほど高まっていました。ただし、一九世紀になるまで、財・サービスの生産量や消費量に関する、信頼できる統計はありませんので、経済成長率を直接的に推計することはできませんが（第12章で略述）、人口増加と文明や国家の形成は明らかに経済成長の結果であると推測することができます。

三世紀から一四世紀まで人口増加率の低かった時期が続いた後、一五世紀以降は再び人口増加期に入ります。一五世紀（一四〇一〜一五〇〇年）の百年当たり人口増加率は二一％、一六世紀は二八％です。中世（前近代）の持続的・停滞的な経済（第Ⅱ部）から近世の成長する経済（第Ⅲ部）へと移行しつつあることが示されています。一七世紀前半は気候の冷涼期で、世界各地で暴動や戦争があり、中国では明が滅び、清に交替した時期ですが、それでも一七世紀は百年当たり一二％ほどの水準で人口が増加しています。農耕牧畜が急速に普及した西暦前一〇〇〇年〜西暦二〇〇〇年の増加率とほぼ同じ水準です。一八世紀の百年当たり人口増加率は約五〇％、一九世紀は七〇〜八〇％とかつてない高率を記録します（図1-3参照）。総人口は、二〇世紀の初頭には約一六億人、そして二一世紀初頭に六一億人ほどになっており、二〇世紀の百年間で約三・七倍[*2]と爆発的に人口が増加します。二一世紀に入っても増加率はほとんど低下せず、最初の十年間の増加率を百年当たりに換算するなら二三三％（百年で三・三倍）で、二〇一六年の世界人口は約七五億人に達しています。今後、増加率は徐々に低下すると予想されていますが、それでも二〇五〇年には九二〜九七億人になると見込まれています。

＊2　百年で三・七倍という増加率は、一年当たり増加率にすると一・三％、十年当たりだと一四％になりますので、それほど大した増加に見えないかもしれませんが、これを毎年繰り返すなら、三・七倍に増えるのです。

一万二千年前と比べるなら、現在の総人口はおよそ二千倍に増えています。六百年前と比べても二〇倍に増えています。それだけ多くの人びとが地球上で暮らすようになったのですから、人びとが消費する衣食住の量も少なくとも一万二千年前に比べるなら二千倍に、六百年前と比べても二〇倍に増えたことになります。確かに経済は成長してきたに違いありません。さらに六百年前よりも物的に豊かになったのだとするなら、二〇倍を超えて経済は成長したことになります。

人口と経済成長の関係は、一義的ではありません。ここでは、人口をおおざっぱに経済成長の結果を示す指標として用いていますが、逆に人口増加が経済成長の要因となるとは限りません。増加した人口が新たな消費を生み出して経済成長に向かう場合もありますが、増加した人口を養うだけの財・サービスが足りずに、社会が衰退したり、極端な場合には、ある時代・地域の社会そのものを滅亡させてしまう原因となることもあります。この点は第Ⅱ部で詳しく考えてみましょう。

さて、人口に着目するなら、経済が成長してきたという事実は明らかなことといえるでしょう。ところが、法や政治、教育、文化、社会は、経済と同じように量的に拡張するという一定の傾向を示していません。なぜ、経済は成長し、法や政治は、変化・発展・進化するとしても成長はしないのでしょうか。どうやら、この辺に、経済とは何かを理解する鍵が潜んでいそうです。より正確にいうなら、法や政治や文化を量的に計測するということに特別な意味があるとは考えられていないのに対して、経済は量的に計測することが大切だと昔から考えられてきたのです。

「はじめに」で設定した問いa「経済はなぜ成長するのか」に対する形而上学的ないし修辞的な答は、わたしたちは社会の他の諸領域とは異なり、経済については量的な拡張という枠組で認識しているから、経済は成長すると捉えられるのだというものです。しかし、こうした答に対しては、ただちに、では、なぜ、ヒトは経済を量的に拡張するという認識枠組で捉えてきたのかという問いが突き付けられるでしょう。この問いに答えるためには、経済を量的に拡張すると認識してきた背後に作用した、人間の欲望の特殊なあり方に注目しなければなりません。

2　際限のない欲望

経済を長い期間にわたって量的に拡張させてきた動因として、ヒトとは「際限のない欲望」の備わっている特殊な動物なのだと仮定してみましょう。

何日間も食物を摂取できない状況を想像してみてください。たとえば、七二時間前から何も食べていないとしましょう。健康な人なら、途方もない空腹感を覚え、飢餓感に苛《さいな》まれるでしょう。お腹が減って、ふらふらで、目も回りそうなほどです。ともかく、何か食べたい、どこかに食べ物はないかと眼をぎらぎらとさせて探し回るに違いありません。過去は実体験することができないので、歴史を理解するためには、現実的で論理的な想像力が非常に大切です。

食べ物を求めてさまよった挙げ句に、よく熟れたバナナがたわわに実った樹を発見したとしましょう。幸い、バナナは手を伸ばせば届くところになっています。バナナでなくても、桃でも柿でもミカンでも構いませんし、あるいは、ほかほかに湯気を立てて旨そうな匂いのするおにぎりが百個、皿に盛ってあるといった状況を想定してくださっても結構です。

三日間食べていないみなさんは、どうしますか。まず、熟れすぎて変色したバナナを避けて、熟れ頃の実を一本もぎって、皮を剥《む》いて食べるでしょう。七二時間何も食べていないのですから、到底バナナ一本では飢えは癒やされません。おそらく五本か一〇本くらいはたちどころに食べてしまうでしょう。一〇本くらい食べた頃には、おそらく、飢餓感や空腹感からは解放されて、ほっと安心しているでしょう。

さて、とりあえずバナナ十本で当面の食欲が満たされたとします。皆さんは、その後、どうするでしょうか。熟れ頃のバナナを保存することはできないという仮定を加えてみましょう。樹に残されているバナナが九〇本ほどはありますが、その大半は熟れすぎていて食用に適さず、明日以降の飢えを満たす糧にはなりません。ちょうど食べ頃のバナナも明日には熟れすぎてだめになっているかもしれません。そう考えたあなたは、とりあえず満腹になったけれど、いま食べ頃の残り少ないバナナをさらに食べようとするでしょう。あと五本か一〇本くらいは食べるでしょうか。すでに、お腹の中はバナナで一杯で、喉元までバナナが詰まっているような感じになって、少し苦しい思いをするかもしれません。しかし、それでも、この三日間の辛い空腹の経験と、今日しか食べられない眼前のバナナ（あるいは明日には腐ってしまうであろうおにぎり）の両方を考慮して、さらにあといくつか食べようとするでしょう。こうして、無理に食いだめをすると、食欲が満たされて飢餓から解放される快感よりも、無理に食べ物を飲み下す苦痛の方が強くなってくるに違いありません。それでも、食べられる限り食べようとするのがヒトという動物の欲望の特質です。ヒトとは欲望の過剰充足の苦痛をも知っている動物なのです。これほど無理に食いだめすると、身動きが鈍くなり、注意散漫になり、眠くなりますから、生物としてのヒトは外敵の脅威に対して脆弱になります。それでもヒトは無理にでも食べようとするのです。

獲物を狩って、食事を終え、満腹したライオンは、食べ残しのシマウマの残骸が転がっていても、もはや見向きもせず、ごろんと横になって食後の睡眠を貪ります。ハイエナやハゲタカが残骸を漁《あさ》っても気にもしません。人間以外の動物は、満腹すれば、それ以上、無理に食べようとはしません。生理的ないし動物的な欲求（need, wants, appetite）が満たされても、ヒトの欲望（desire）はそこで止まることをせず、先々のこと――たとえば、将来再び食べ物にありつけない可能性や飢えに苛まれる恐怖――を考えて、生理的欲求を超えて欲望を満たそうとするということを、ここでは「際限のない欲望」と呼んでおきましょう。

この際限のない欲望は、将来に備えて発揮されるだけではありません。古代ローマの繁栄した時代の市民は、宴会でさんざん飲み食いして満腹になると、孔雀の羽根を喉の奥に突っ込んで、いま食べたばかりのものを吐き出して、胃の中を空にしてから再び宴席に臨んだといわれています。最盛期のローマの市民は「パンと見世物」を保証された豊かな人びとでした。*3 明日の飢えを心配する必要がないのに、無理に食べ続けようとしたのです。このように、生理的な欲求を満たすことを超えて、吐いてでも、ただひたすら食べ、飲むことに執着するというところで、人間の欲望は、他の動物たちの欲求とは大きく異なっています。摂食障害は、現在では精神疾患の一つとされていますが、ヒトとその欲望の対象物との特殊な関係のあり方――過剰なほどに欲望の対象物を摂取し、またそれに触れたい――という意味では、ヒトの欲望の特異なあり方を端的に表現しているようにも思われます。

＊3　ただし、この豊かさは属州から輸入された小麦などの食料と、征服地で捕獲された動物や奴隷（剣闘士）によって、支えられていましたから、ローマ市が生み出した富ではなく、帝国の収奪システムが生み出した豊かさの所産でした。

3　さまざまに際限のない欲望

三日間の飢餓を経験したあと将来に備えて発揮される欲望と、裕福な人びとが自らの豊かさを誇示するための顕示的消費（ostentatious consumption）で発揮される欲望とでは、どちらも際限がないとはいえ、それらは本質的にまったく異なる欲望のあり方ではないのかという疑問もあるでしょう。

しかし、際限のない欲望にはさらに、ほかの形態もあるのです。たとえば、幼い子が「誰々も持っているから自分もリカちゃん人形が欲しい」と言ったり、「みんな使っているからスマホが欲しい」と言う中学生のように、あるいは、「誰かに先に取られてしまうかもしれないから、いまの自分には不要だけど、とりあえず確保しておく」強欲な商人のように、際限なく広がっていく欲望もあります。人には、他者の真似をし、他者の持っているものを欲しがるといった、模倣・羨望・嫉妬などの心理に起因する欲望があるのです。このように、「他者の欲望を欲望する」ことも際限のない欲望の一つの現れです。狭い村で同様の身分の者しかいないのなら、他者の欲望を欲望するとはいっても、おのずと限界があるでしょう。しかし、人は社会的な動物なので、次章以降で見るように、必ず、他地域・他身分の者と触れる機会があります。それゆえ、他者の欲望を欲望する機会はほとんど無限にあるといっても過言ではありません。さらに、人には他者に接近し、他者と同一化したいといった心理もあります。むろん、誰にでも接近し、誰とでも同一化したいというわけではないでしょうが、この欲望の対象も、また無数にあるといって差し支えないでしょう。自己の設定した理想に近付きたいという欲望も同様です。理想や目標の設定には何の制約もありませんから、欲望はやはり無際限になります。神に接近したいという不遜な欲望を抱くとき、神そのものが無限の他者ですから、欲望はやはり際限なくなります。

これまでの人文社会科学は、概して、こうしたさまざまに際限のない欲望を、それぞれ別のものと考えがちで、また、それらを同一の土俵で論じる機会もほとんどありませんでした。しかし、本書は、これらはすべて同一の際限のない欲望であり、人のそうした本質が、状況に応じてさまざまな現象形態をとるのだと考えます。その方が、ものごとを簡明な論理で説明できるからです。

4 バナナと貨幣の相違

ここまでは、バナナとかおにぎりとか具体的な欲望の対象物を想定してきました。そうした物を食べるとなると、胃が食べ物を処理できる量には限界がありますから、食べすぎれば、快感を超えて、むしろ苦しくなります。それでもさらに食べ続けようとすれば、いま食べたものを吐瀉《としゃ》して、胃の中を空にしなければなりません。こうした欲望のあり方にはいかにも無理があり、苦しそうですが、欲望の対象がバナナではなく貨幣だったらどうでしょう。

仮に一月に三〇万円あれば快適に生活でき、また実際に現在、毎月三〇万円の現金収入で暮らしているとしましょう。そこで、現在しているのと同程度の努力で、月に五〇万円稼げる機会が目の前に出現した場合、その誘惑に勝てる人はどれほどいるでしょうか。貨幣には三〇万円で満腹するという物理的ないし生理的な限界がはじめからありません。月に一〇〇万円稼いでも、一〇〇〇万円儲けても、一向に苦痛はありません。

しかも貨幣は「過剰充足」の苦痛がないだけでなく、貨幣を手に入れれば、ほかのほとんどありとあらゆる欲望を満たすことができます。とりあえず、現時点で手に入れられる限りの貨幣を獲得しておけば、さまざまな欲望を思う存分満たすことができます。際限のない欲望を満たすのに、貨幣ほど好都合なものはないのです。[*4] ここで、貨幣はそれ自体が欲望の対象物となっていると同時に、その他さまざまな個々具体的な欲望を満たすための手段にもなります。ヒトが貨幣を生み出したということは、経済とは何かを考えるうえで非常に重要な手掛かりになるでしょう。

＊4　こう述べたからといって、それは決して守銭奴の勧めではありません。人にとって大切なのは貨幣だけであるといった貨幣至上主義を主張しているわけでもありません。しかし、これまでのさまざまな経済学は、人とは、本性として、より多くの貨幣を求めようとする存在であるということを共通に承認してきました。

ヒトが生理的・動物的な欲求を超えて、もう少し多くを欲する、そういう欲望のあり方を、ここでは「際限のない欲望」と名付けることにします。生理的・動物的欲求が満たされても、満たされることのない欲望をヒトはもっているということになります。そして、この際限のない欲望がヒトの経済活動の根本的な動因であると仮定してみましょう。他の動物は経済活動はしないのに、ヒトが経済活動をするのは、ほかの動物にはない、際限のない欲望をもっているからだという仮定です（*Column* 参照）。

Column 際限のない欲望の起源

ヒトが原初から際限のない欲望をもっていたのか、それとも、ホモサピエンスの自然史の中のどこかの過程で、そうした欲望が備わるようになったのか、本書はその点には答えることができません。ここで述べているのは、際限のない欲望が経済活動の動因であるという作業仮説をおいてみようということです。そうすると、経済の歴史についていろいろなことがうまく説明できるはずだからです。したがって、本書はとりあえず、ヒトは原初から際限のない欲望を有する動物としてこの世界に登場したと仮定します。

こうした仮定に対しては、①人は狩猟採集経済から農耕牧畜経済に移行することによって、際限のない欲望を獲得したのだという反論と、②封建制ないしその他の前近代的な生産様式から、資本が社会の再生産を掌握するようになった資本主義経済へと移行する過程で、際限のない欲望は解放されたのだという反論があるでしょう。これらの予想される反論については今後の研究に委ねますが、本書の仮定を弁護するために以下の点は主張できるでしょう。(i)狩猟採集経済から農耕牧畜経済への移行は一夜にしてなったのではなく、長い期間、食料の多くは狩猟採集で獲得しながら、狩猟採集に従事している以外の余暇時間を削って、農耕牧畜のための予備作業（開墾・灌漑《かんがい》・品種改良・野生動物の家畜化など）を行う「勤勉さ（industry）」は、際限のない欲望を何千年にもわたって粘り強く発揮し続けてきたからだと仮定する方が、そうした仮定がない場合よりも、農耕牧畜経済への移行という経済史上の大きな転換を、よりうまく説明できるでしょう。(ii)資本（自己増殖する貨幣＝つまり際限のない欲望が貨幣の形をとって人の外側に発現したもの。第Ⅱ部第6章参照）は、ヴェーバーが指摘したように、資本主義経済への移行が始まるより前から存在していましたから、際限のない欲望は資本主義への移行過程で発生し、ヒトに備わるようになったのではなく、それよりも古い時代からヒトに備わっていたものが、資本主義への移行過程で、万人に対して最終的に解放されたのだと考える方が、資本主義以前の資本の存在と、資本主義への移行の意味の両方をよりよく理解できるでしょう。

なお、本書では「資本」を、際限のない欲望が貨幣の形をとって人の外側に発現したものと考えますが、マルクスは、自己増殖を資本の本性と捉え、価値・商品・貨幣・資本の自己展開の過程を描くことで、資本主義経済のメカニズムを論理的に説明しようとしました。しかし、マルクスは『資本論』で、資本の本源的蓄積（原蓄）だけは資本の自己展開の論理からは説明できず、イギリスの歴史を援用して、土地から切り離された「自由な労働力」の発生という事実を、論理の中に挿入していますし、また、人類の長い歴史の中で生産力が趨勢的に発展してきた原動力が何かについても、うまく説明できていないように思われます。本書は、資本の背後にも、生産力発展の背後にも、際限のない欲望が作用していたと仮定します。ヒトは個体レベルでも際限のない欲望を有していたからこそ、近世のある条件の下で、暴力的に土地から切り離されただけでなく、同時に、当時の貧しい人びとの中から、土地にしがみ付くことを止めて、「自由な労働力」となることを主体的に選び取った者たちが発生したのでもあると考える方が、資本主義の人間的ないし精神的な基礎を捉えようとしたヴェーバーの議論（『プロテスタンティズムの倫理と資本主義の精神』）と整合的に理解することができるようになります。

文献案内

ヒトという動物の特性についてはダイアモンド〔2017〕を読むことを強くお薦めします。経済成長という観点からの長い歴史はジョーンズ〔2000〕とジョーンズ〔2007〕が有益です。また、長期の経済史的観点と、東洋／西洋の分岐についてはポメランツ〔2015〕がお薦めです。クラーク〔2009〕も参考になりますが、いささか単純な前近代／近代の二分法で叙述されており、長い前近代の多様性や、近世の独自性はうまく描かれていません。「欲望」と資本主義経済の関係については佐伯〔1993〕が論じています。

第2章 欲望充足の効率性と両義性——支配と自由

人はどのようにして、際限のない欲望を充足しているでしょうか。本章では、抽象的な人の欲望充足と、社会的な人の欲望充足と、分業を行う効率的な欲望充足のそれぞれに、人間＝社会のいかなる面が表現されているかを見ることから始めて、分業の効率性が自由と不自由の両方の根拠となりうることについて、考えてみることにしましょう。

1 欲望の充足

人の欲望充足の仕方を、抽象的、社会的、現実的の三つのレベルに整理しましょう。

(1) 抽象的な欲望充足――領有、蓄積、生産・消費

まずは、この世界には抽象的な人しかいない、孤島にロビンソンが一人だけいるような状況を想定して、抽象的な欲望充足のあり方を考えてみましょう。人は自分の周囲にあるものを、それが自分のものでなくても、自分専用のモノ（本書では人の欲望の対象となる物・行為・関係を「モノ」と表記します）として独占しようとするでしょう。本来はその人に固有の（proper）モノではない自然物（魚介類や鳥獣、木の実、根菜、食用の葉）を採集し、あるいはロビンソンが難破船から持ち主不明の財貨を持ち出して、自分のモノにすることを領有（利用、法的には横領、appropriation）といいます。また、自然物や無主物を領有したあとは、できるだけそれを溜め込もうとするでしょう。先程のバナナやおにぎりの例でいうなら、明日には腐ってしまうかもしれないバナナを干しバナナにし、またおにぎりの米粒を干し飯にするなどして、貯蔵可能な状態に変換して、明日以降も食べられるようにして、保存します。欲望の対象を保存することを蓄積（accumulation）といいます。さらに将来のことも考えるなら、来月あるいは来年、自分が必要とするであろうモノを生産し、生産されたモノで食いつなげるように計算された仕方で消費するようになるでしょう。こうした領有、蓄積、生産・消費は、工業・農業・林業・畜産・工芸など、技芸（art）の領域に属する人間の行為で、それは人類と自然との関係を表現しています。

(2) 社会的な欲望充足――政治（支配）と法

次に人が複数いて、彼らの間に関係性がある場合の――すなわち人が社会をなしている状態での――欲望充足を考えてみましょう。領有、蓄積、生産・消費も、人が共同で行うなら、一人では発揮できない大きな力をもって行うことができます。しかし、他方で、他者がいるということは、自分の欲望の対象物を他者も欲していて、それを他の誰かに先にとられてしまうかもしれないということも意味します。それゆえ、他者の利用権を排除して、欲望の対象物を占有するということが社会の中では発生します。これを所有（property）といいます。また、他者の所有物と自分の所有物とを交換することによって、双方がよりよく欲望を満たせることもあります。交換（exchange）は、共同作業や所有とともに、欲望充足の社会的な方法の一つです。これら共同性、所有、交換には、それを成り立たせるための力（人にあることを行わせ、また、他のことを行わせない権力）と、人の行為や立場の正当性・不当性を判定するためのルールが必要になります。つまり、社会的な欲望充足には、政治（支配）や法が不可欠の要素として関わってくるのです。

(3) 現実的な欲望充足――効率性と分業

際限のない欲望を満たそうとしたら、必然的に効率性が求められることになります。効率性とは、

「より短期間に、より少ない労力・出費で、より多くを、より安易に」獲得するということを意味します。効率性には時間当たりの獲得量や、投入した労力当たりの獲得量など、さまざまな計り方があります。上述のような経済活動における効率的な共同性のあり方は、分業（division of labor）です。分業とは、何かを領有・蓄積・生産・消費する際の作業（labor）を分割・限定して、それらの結果を再結合することです。そうすると、一人ですべての作業を行うのに比べて、時間当たりや労力当たりの獲得量が増加するのです。経済学がこれまでに論じてきたのは、社会的分業と経営内分業です。社会的分業とは、一つの経済主体（村、家、企業など）が必要とするモノをすべて独力で獲得（自給自足・自家生産）するのではなく、経済主体ごとに専門に特化することで、ある家は味噌屋を営み、ある家はパンを焼き、ある家では靴を作って販売するといったように、さまざまな専門業者が発生することを意味します。それに対して、経営内分業とは、アダム・スミスが『諸国民の富』においてピン製造の例を用いて説明したように、ピン製造工場の中で、ピンという一つの製品を作る工程を分割して、その経営体の効率化を図る方法です。分業には上述の(1)と(2)で見た欲望充足の抽象的な側面（技芸）と社会的な側面（共同性）が包含されていますので、分業のあり方を見れば、経済のあらましはわかることになります。したがって、経済史とは、過去の分業のあり方とその編成原理を研究する学問であるということもできます。

2 「経済」

ここで、以上の議論を踏まえて、経済という語を定義しておきましょう。経済とは、人の際限のない欲望を充足するために必要なモノを領有・蓄積・生産・分配・消費・所有・交換する人間＝社会の全過程です。簡単にいうなら、欲望充足の全過程ということになります。また、経済とは、人間＝社会の物的再生産（reproduction）、社会の物的な側面、あるいは、モノを媒介にした人間関係であると言い換えることもできます。[*1]

＊1　経済をモノを媒介にした人間関係と定義できるなら、同様にして、「思想・宗教」とは一定の価値観に基礎付けられた言説や信条を媒介にした人間関係であり、「科学」とは知恵を媒介にした人間関係、「技芸（art, 技術と芸術・芸能）」とは有用性を媒介にした人間関係、「法」はルールを媒介にした人間関係、「政治」とは権力を媒介にした人間関係というように、広く文化・社会現象を、簡明に定義することができます。そして、こうした特定の何かに媒介された人間関係では描けない人間関係（社会）そのものを、社会学は対象にしているのだと考えることができるでしょう。

この定義の問題点は、「人の際限のない欲望を充足するために必要なモノ」という際の、「モノ」が無限定なことです。「欲望を充足するために必要なモノ」を限定列挙できないのです。欲望の対象であるモノが無限定である第一の原因は、物財だけでなく、旅行や映画鑑賞などの行為や、サークル活動での友達付合いなどの人間関係など、さまざまな無形・無体のモノも物象化して、欲望の対象となるところにあります。第二の原因は、欲望の対象が一定不変ではなく、移り変わり、また、新たな欲望対象物が発生するというところにあります。しかし、欲望の対象が無限定であること自体が、際限のない欲望の本質をよく物語っています。

3 効率的な分業――単一の意思による管理

分業が効率的であることは、誰もがさまざまな集団活動の中で「集団の力」として経験することですし、スミスのピン製造の事例もたいへん説得的です。しかし、分業はなぜ効率的に、際限のない欲望を充足することができるのでしょうか。労働を単純に分割するだけでは効率性は達成できません。

分業とは、一人でしていた作業を複数の人間で分担できるように、いったん分割することです。複数の人間で一つのものを完成させるには、そのすべての工程は単一の意思で管理されなければなりません。この管理がなされないと、作業を分割して、複数の人びとに分担しても、各人がばらばらのことをして、一向に分業の効果が発揮されないでしょう。

市場経済（後述）には、価格や利潤率を参照しながら企業がある製品の市場に参入し、退出することを通じて、社会的分業を調整する作用がありますが、前市場社会ではそうした調整作用は働きませんから、社会的分業も何らかの意思によって一義的に取り決められなければなりません。経営内分業は市場社会においても、前市場社会においても、市場によって調整されませんから、誰かが何らかの仕方で管理する必要があります。

人びとの共同作業を単一の意思の下《もと》に行わせることを、管理（administration）といいます。管理とは共同作業についての指揮・命令機能と、実行機能との相互補完的な関係です。指揮・命令機能があっても、その指揮の下に実際に作業を行う人びとがいなければ、分業は意味をもちませんし、また、実行機能があっても、適切な指揮・命令がなされなければ、それは烏合の衆にすぎず、効率的な共同性は達成できませんから、際限のない欲望をうまく満たすこともできません。

4　指揮・命令＝服従・実行関係の固定性――第三の分業関係

指揮・命令機能と服従・実行機能は、日替わりで交代することも可能です。それは概して不安定であり、非効率となります。指揮・命令する役割は、それを担う者がよほど無能でない限り、特定の人に固定しておく方が、専門性が発揮され、また首尾一貫性も生まれるので、指揮・命令＝服従・実行関係は安定します。こうして、際限のない欲望を効率的に満たそうとする人間の社会は、固定的な指揮・命令＝服従・実行関係、つまり支配と従属の関係（対人的な不自由）を必然的に生み出します。

こうして、支配＝従属関係は社会的分業にも、一つの経営体の中の経営内分業にも埋め込まれることになります。社会的な支配＝従属関係も、経営内のそれも、単に生産手段だけでなく、技や知恵の所有ないし独占と結び付いて制度化され、「身分」や「階級」（第Ⅱ部、Ⅲ部）として現れます。指揮命令する機能と、それに服従して実行する機能との固定的な関係（「労指関係」ないし「労支関係」）は社会的分業と経営内分業に次ぐ第三の分業関係であり、これも経済史の重要なテーマとなります。

5　権威と権力――支配＝従属関係を担保する力

支配＝従属関係を担保するのは、最終的には暴力（権力）であるとしても、常に、指揮・命令者が暴力（たとえば鞭や拳骨）を行使しなければ、実際の作業を行う者たちを従わせることができないというのは、あまり洗練されたやり方ではありません。したがって、人間の社会は、支配＝従属関係を担保する力として権威（的秩序）を発達させてきました。権威（authority）とは、服従する者

（下位の者）が支配する者（上位の者）の指揮や指示の正当性を信頼することによって発生します。つまり、権威とは上位の者が振りかざすのではなく、上位の者が下位の者から調達する信頼関係です。たとえば、教育とは、多くの場合、生徒たちが教師の指導を自発的に信頼する――「先生がそう言うのだから、きっと間違いないだろう」と思う――ことによって成り立ちます。生徒たちから権威を調達できずに、鞭や罰則で生徒を従わせようとしても、面従腹背を招くだけで、指揮・指示・指導は有効には行き渡らないでしょう。*2

*2　むろん、高等教育（大学）において学生が教師を盲目的に信頼し、その片言隻句《へんげんせっく》まで信用していたのでは、教育学的な意味での学生の十全な発達や成長は望めません。高等教育では、権威だけでなく、学生による権威の主体的な脱構築（教師を一度は疑い、批判しようと試みること）と、教授された内容の知的再構築（疑問や批判を経て、教授された内容をもう一度わがものにする自主的な作業＝広義の復習）が必要となります。

　これに対して、権力（power）は、権威とは異なる関係を生み出します。権力とは、上位の者が自分の意思に従わない下位の者に、祟《たた》る（厭《いや》な結果をもたらす）ことで、服従を調達する力であって（*Column* 参照）、それは現実にはさまざまなルール（支配の規則）によってなされることがほとんどですが、最終的には暴力によって担保されます。国家権力を維持するための軍隊や警察が最終的には暴力（実力）を行使する権能を与えられ、また企業が従業員を、学校長が生徒を懲戒処分できるのも、権力です。教育が成立するには、権威を不可欠の要素としますが、他方で学校教育の多くは、懲戒処分権や教師による生徒・学生の成績評価や単位認定など権力的な側面も有します。

Column

権力と「先生」

日本では、権力（＝他者を、その意に反してでも、従わせる力）を有する者に、しばしば「先生」という敬称を奉ってきました。どういう人が先生と呼ばれているか考えてみましょう。教師のほかにも、国会や地方議会の議員、医師・歯科医師、弁護士、美容院の院長、さらに、暴力団の組長なども、しばしば先生と呼ばれます。教師は生徒・学生に対して、議員は官僚に対して、医師は患者や医薬品業者などに、弁護士は依頼人に、美容院の院長は客や若手の美容師に、また、暴力団もさまざまな人びとに対して「祟る」力を行使することができます。教師、議員、医師、弁護士などが、彼らを「先生」と呼ぶ人びとから、心より尊敬されているとは必ずしも限りません。また、あの人の言うことだから、とりあえずは信用しておこうというような権威を調達できているわけでも必ずしもありません。しかし、権力で自分に祟られては困るので、「先生」と呼ぶことで、祟られないように奉っているのです。

6　自由と効率性――欲望充足の両義性

際限のない欲望を、人は共同で（社会を成して）充足します。効率的に欲望を充足しようとするなら、そこには分業が発生します。分業の結果、分業がなかったときよりも、人びとの欲望はより効率的に充足され、人は欠乏（wants）から、より自由になることができるでしょう。効率性は自由の一つの条件なのです。他方で、分業は支配＝従属関係をもたらすから、人はより不自由にもなるでしょう。*3 効率性は不自由の条件でもあるのです。

＊3　ここで不自由になるのは、指揮・命令に服従して実行する者たちだけで、指揮・命令する者は自由であると考えるのは誤りです。欲望充足を効率的に達成するためには、何でも好き勝手に指揮・命令すればよいというわけにはいかないからです。指揮・命令機能も効率的な欲望充足に従属せざるをえないのです。もし、指揮・命令者が効率的な欲望充足を達成できないなら、彼らは早晩、指揮・命令者の身分ないし立場から引きずり下ろされ、別の、より適切な者が指揮・命令に当たるようになるでしょう。王朝の交替や、革命や、経営者の交替は、こうした欲望充足（経済）の観点から理解することもできます。しかし、逆に、欠乏・困窮・不安・恐怖を利用して支配を永続させようとする体制もありますから、指揮・命令機能が支配＝従属関係の持続という論理に従ってなされる（政治の）面も無視できません。

次章以降の内容に関わりますが、前近代社会は、際限のない欲望自体を社会が厳格にチェックしてきたので、効率的な欲望充足は完全な形では発現せず、効率性による自由も不自由も顕在化しませんでした。つまり、欲望充足の両義性は、前近代社会では潜在し、隠蔽されてきたのです。ところが、近現代社会は、こうした前近代的な欲望の統御を外したので、欲望充足の効率性は無制限に追求されるようになります。それゆえ、効率性による自由が実現し、同時に、その不自由も発現することになります。近現代社会が、自由とモノの豊かさという二つの価値を追い求めてきた背後には、こうした理由が作用しています。

むろん、効率的な欲望充足が自由と不自由の両方の原因となるのは、明らかに矛盾していますから、近現代社会は「無限の生産力上昇」によって、この矛盾を突破しようとしてきました。効率性による支配＝従属関係の不自由は解消できないのですが、それを上回って、人びとの欲望を次々と充足し続けることによる自由で埋め合わせようとしてきたのが近現代社会です。近代とは、こうした生産力的な突破が可能であると素朴に思われていた時代であり、現代とは、生産力的な突破にさまざまな限界や困難が発見され、それゆえに、一方では人びとを、欲望し続ける方向に誘導・介入するとともに、他方では科学を生産力的な突破のために動員して、欲望のより効率的な充足を可能にしようとしてきた時代です。

文献案内

本章については、これぞという参考文献がありませんので、異色の経済史入門書であるハイルブローナーとミルバーグ［2000］のほかに、先人たちの社会科学入門書をいくつか紹介します。いずれも現在でも賞味期限の切れていない書物です。高島［1954］、大塚［1966］、大塚［1977］、内田［1971］。

また、デフォーの描いた孤島でのロビンソン・クルーソーの生き方は、大塚［1966］が主張したように、健全で自立した近代人を描いているのではなく、むしろ、過剰蓄積と過剰防衛の衝動に苛まれる病的な現代人を予兆していると指摘した岩尾［1994］および小野塚［2018］を参照してください。

人間の共同性が支配＝従属関係（労指関係）を帯びざるをえなかったこと、また、その関係から脱却しようとして試みられてきた協同性（アソシエーション）がいかなる命運をたどったかについては、小野塚［2023e］を参照してください。羅《ナ》・前田［2023］は、権力という重要な概念を多面的に論じ尽くした簡明かつ魅力的な政治学概説書で、お薦めです。

第II部

前近代

欲望を統御する社会

Sejarah ekonomi

マレー・インドネシア語

आर्थिक इतिहास

ヒンディー語

第Ⅱ部では、わたしたちが生きる近現代社会とは本質的に異なる前近代社会が、どのようにして、人びとの際限のない欲望を充足し、また、欲望を統御してきたのかを概観します。まずは、第3章で近現代社会との比較で前近代社会の特質を、掟《おきて》・定《さだめ》・矩《のり》や身分という概念を用いながら、整理したうえで、第4章では前近代社会の最も基本的な構成要素である共同体について、また第5章では前近代社会の持続可能性（と同時に停滞性）の秘密としての非生産的な富の用法を紹介し、他方で、滅亡した前近代社会の事例から、社会が存続する条件も考えてみましょう。第6章では前近代の市場・貨幣・資本を概説して、それが、近代以降の市場経済・資本主義社会とどこが異なり、また、いかなる点で連続するのかを論じます。

第3章　総説——前近代と近現代

経済学は近世の末期に、また経済史学は近代になってから確立した学問ですが、前近代社会にも経済（人の際限のない欲望を充足する過程）はありました。また、経済を表す語は前近代に起源があります。本章では、まずは経済の語源に注目して前近代の経済観を明らかにし、次に、社会組織と持続可能性に注目して、前近代の経済の特徴を描いてみましょう。

1 「経済」の語源——前近代の「経済」観

日本語の経済の語源は漢語にあります。中国の戦国時代に荘周が著したとされる『荘子』内篇の一つ斉物論に、「春秋ノ經世、先王ノ志ハ、聖人ハ議スルモ辯《べん》ゼズ」とあり、ここで「経世」とは、本来は代々の皇帝の記録を意味していましたが、後の儒者によって世（もしくは国）を経《おさ》めること、つまり統治を意味するものと解釈されました。また孔子の編とされる『書経』のうち、偽古文尚書の「武成」には「濟兆民（万民を濟《す》くう）」という表現が登場します。これは人民の福祉を意味しています。道教系の語であった経世は、儒教系の語としての済民と連接して、すでに東晋の頃（四世紀）には、合わせて「経済」という略語でも用いられるようになっていますが、隋代の儒者王通《おうつう》の著『文中子中説』礼楽篇で名門の儒家七代を評価して、「皆、經濟之道有ルモ位ニ逢ハズ」と述べたところを、現代中国語の解説では、「經濟之道」を「経国済世の才能」と訳しており、現在の「経済」とは異なる意味であることを明記しています。これら漢籍古典での「経済（経世済民ないしは経国済民）」とは、世の中をうまく統治して、人民の福祉を向上させることを意味しています。君主の立場から統治の要諦と目的を述べた言葉であって、現在の経済とは意味が異なります。

西洋諸言語での経済（英語では economy, œconomie）の語源は古典ギリシア語のオイコノミア（oikonomia）に由来します。このオイコノミアはオイコス（oikos, 家）とノモス（nomos, 法律や掟）から成る造語で、家の管理、つまり家政を意味していました。ドイツ語では経済は Wirtschaft《ヴィルトシャフト》、ロシア語では khozyaistvo《ホジャイストヴォ》といいますが、それらの語の前半にある Wirt《ヴィルト》, khozyain《ホジャイン》はいずれも農場主や家産管理人を意味しています。Wirtschaft や khozyaistvo とは農場主・家産管理人の仕事、すなわち、economy と同じように、やはり家政を意味しているのです。家政もしくは家産管理は、現在の語でいうなら、「経営」に近く、経済とは意味が異なります。

前近代社会における「経済」や"economy"という語は、予め設計され、人為的に統御される統治・福祉・経営などを意味していました。市場社会が成立する以前の前近代社会の人びとが、経済を、「良い統治と人民の福祉」や、「家政・家産管理」という意味の語で表したのは、それが人の際限のない欲望を充足する過程に深く関係することがらだったからです。現在のわたしたちが、「経済」という言葉を聞くと、市場、商品、貨幣、金融、売買などを想起するのは、わたしたちが市場経済の社会（市場社会）に生まれ、育ち、暮らしているからですが、前近代の人びとにとって、欲望充足過程は市場・金銭・売買などの語でちょうどよく表すことのできることがらではなかったのです。元来、統治・福祉や経営を意味していた「経済」や"economy"が、近世（前近代から、近現代の市場社会への長い移行期、およそ一六～一八世紀に相当。第7章参照）には、次第に元の意味が薄れ、市場、金銭、売買に関わることがらを意味するように徐々に変化してきます。そして近代（ほぼ一九世紀に相当）になると、「経済」や"economy"からは統治・福祉、経営といった意味は消失し、現在わたしたちが使う市場・金銭・売買などに関連する概念へとほぼ完全に置き換わります。前近代と近現代で、「経済」や"economy"が共通に有する意味は、物や金を節約すること、うまく遣り繰りすることといった意味だけですが、それは、節約が、前近代の欲望充足過程においても、近現代の欲望充足過程でも大切なことであるからです。

2 前近代の欲望と共同性

前近代社会においては共同性こそが、際限のない欲望を充足する（＝ヒトが人として生存する）ための最大の条件でした。しかし、前近代の経済は人の個別的な欲望をすべて充足させうるほどの生産力水準に達していませんでしたから、人の生存条件としての共同性を維持するために、ヒト個体の欲望は厳重に規制する仕組みが社会に組み込まれていました（第4章、第5章参照）。なお、前近代社会ではヒト個体がただちに社会を構成する成員ではなく、多くの場合、家が社会の成員であり、家が個人（＝それ以上分割できない最小の単位）でした。

ヒト個体の欲望を規制し、共同性を堅持するために、前近代社会の分業は、個人の自由な職業選択と市場での成功・失敗に委ねられていたのではなく、予め定まった掟（あるいは、定《さだめ》、分《ぶん》や、矩《のり》）によって編成されていました。つまり、その人が生まれた土地や、属している家によって、その人のなすべき経済活動の種類は決まっていました。そうした予め定まった分業の編成原理は、身分制や共同体の規律に表現されており、思想的には、社会全体をあたかも一つの生物体と見るような有機体説的な社会観が支配的でした。これに対して近現代社会にあっては、個人がおのれの欲望をよりよく満たすための「自由意思」に基づく選択・判断によって、市場での「利害状況」を参照しながら、他者と契約・取引関係を結ぶことで社会的分業が編成されます。近現代社会の経営内分業は経営体を構成するすべての個人の自由意思を完全に尊重することはできませんし、成員の利害状況判断よりも、経営者の指揮・命令が重視されますが、それでも、従業員が企業で働き、経営者が従業員を管理するのは、双方の「自由意思」に基づいているのだと、契約的に解釈されます。

このように前近代社会の共同性と分業は掟で、近現代社会のそれは自由意思と契約で特徴付けられます。

3 規範としての前近代

前近代社会とは、疑われない規範（その規範の合理性〔Column参照〕や正当性がそもそも検討の対象にならない規範）によって構成された社会です。そうした疑われない規範によって前近代の人びとの経済活動のあり方が定められていることを、近代の歴史家は、「経済外的強制」と呼びました。経済外的強制とは、たとえば、封建領主が農奴から封建地代を収奪するなど、富の移転が当人の自由意思（他者の所持する何かと交換したいなどの）によらずになされる際に、発動される強制力（実力）を意味します。それは、近代的な観念で前近代の経済を把握しようとする際に用いられた言葉で、強制や、不自由や、暗黒のイメージを帯びています。しかし、前近代の人びとにはそれが必ず、いまのわたしたちが感ずるのと同様な「強制」や「不自由」と受けとめられていたわけではなく、あくまで掟・定・分・矩やしきたりとして認識されていました。前近代の人びとがそうした掟に、ときに不満を抱くことがあったとしても、それは是非を超えた掟（「御上の沙汰は是非もなし」）であって、その意味で、前近代社会とは疑われざる規範の体系だったのです。

Column

目的合理性／価値合理性と形式合理性／実質合理性

合理性の計り方はいろいろとありますが、ヴェーバーが西欧近代文明（資本主義・市場社会）の特徴として、合理性に着目した際に、提示した目的合理性／価値合理性と形式合理性／実質合理性という概念はさまざまな場面に適用可能なので便利です。目的合理性とは、設定された目的の達成のために適切な手段が選択されていることを合理的であるとする計り方で、これに対して価値合理性とは、目的の達成という結果のよしあしに関係なく、ある価値規範を奉じ、遵守し、実践することそのものに合理性の発現を見る計り方です。また、形式合理性とは、単純で明晰な形式（たとえば、西洋近代音楽の平均律、あるいは貨幣ですべてのものの価値を計ること）に複雑多様な実態を嵌《は》め込むのをよしとする合理性であり、実質合理性とは、複雑多様な個々の実態に即して当事者の納得感を高めようとする――たとえば「大岡裁き」のような――合理性です。前近代社会の疑われざる規範とは、当事者たちにはそもそも目的が明示的に共有されていませんでしたから、目的合理性で計ることはできず、規範に殉ずることをよしとする性格を色濃く帯びています。とはいえ、規範の形式にすべての事象を当てはめるだけでは社会が立ち行かない場合には、規範の形式的な明断性を修正し、停止してでも、人間＝社会の存続を維持しようとしますから、前近代社会では実質的合理性が追求されることがしばしば発生するでしょう。

では、その疑われざる規範の客観的な目的はどこにあったのでしょうか。ヒトが人として存続するために共同性を維持しなければならなかったのですから、それは共同性を構成する成員の中で病や怪我や困窮から脱落しそうになる者を保護することにあったと考えるのが、福祉国家を経験した現代的な解釈でしょう。実際には、成員個々を保護するというよりは、共同性そのものが保護の対象であって、そのために、さまざまな統制・介入・規制・誘導の規範が体系化されていたのだと考えるべきでしょう。そこに、保護という価値はありますが、近現代社会が有していた自由と保護という双極の価値ではありませんでした。前近代社会は、ヒト個体の際限のない欲望を解放する以前の時代で、そこでは、道徳的には欲望追求の自由が、また、理論的には経済学（＝分業の科学）という自由の根拠が欠けていたからです。したがって、人として存続するための共同性を保持し、その成員を保護するという、保護単極の価値が前近代社会の規範体系を基礎付けていたのです。

4 伝統——規範の意味論

では、前近代社会の規範の体系は何を意味していたのでしょうか。それは端的にいうなら、「伝統」ということですが、これも近現代の通俗的な用法での「伝統」ではありません。むしろ、「暦」という言葉を想起する方が前近代の規範の体系を理解しやすいでしょう。暦といっても単なるカレンダー（日めくり）ではなく、農事暦や祭事暦です。そうした暦は、①いつ何をしてきたのかに関する過去の記録の集成であり、②いつ何をすべきかの定であり、③呪術・占術と結合して、意思決定や集団行動の規範の役割を果たしてきました。

伝統としての暦の原理は[*1]、そこに支障や問題がない限り、昨日と同じ今日を送り、明日も今日と同じ日を過ごすという保守主義の原理です。問題なき限り、過去から継承した昨日・今日を将来に亘って維持するというのが保守主義の本来的な考え方です。

伝統とは、漫然と過去を継承することの結果ではなく、本来的に、問題なき限り、過去と同じこ

*1　ここでいう「伝統」とは、ヴェーバーが「伝統的支配」という語で表現した原理であって、カリスマ的支配とも、官僚制的支配とも異なる、組織化・世俗化された前近代社会に広く見られた原理です。

とを繰り返すことによって、無用な危険に曝《さら》されることなく、人間の社会を存続させようとする規範的な意味をもっています。そこでは、すでに過去に何度も証明され、経験済みの無難な方法を今日も、明日も、正しく実践すること自体が価値だったのです。この意味での伝統を保持し続けようとする保守主義は、よりよい方法があるはずだと考え、それを編み出し、試してみようとする設計主義の対極にある発想です。

なお、いわゆる「伝統主義」というのは、近現代になってから登場した考え方で、「かつてあった古《いにしえ》の麗しき伝統」なるもの――その古の麗しき伝統は、実は近現代の人びとの妄想を過去に投影した幻像にすぎません――を蘇らせたいという、尚古的な価値観であって、問題なき限り現状を維持しようとする保守主義の価値である「伝統」とは無縁の考え方です。この意味での「伝統主義」は、しばしば保守主義と対立して、現状を「古の麗しき伝統」に合わせて抜本的に変更しようとする設計主義的な革新主義の様相すら呈します。

5　身分制

「身分（status）」とは、前近代社会の人びとの権能や義務を表示する概念ですが、現在でもこの言葉は、「身分証明書」など、人の肩書きや所属・権能・資格を意味する際に用いられます。現在では、たとえば、ある大学・学部の学生の身分やある企業の従業員の身分は、受験や入社試験の成績次第で誰でも獲得でき、またいつでも放棄することが可能です。それは、大学や企業と、学生・従業員との間の私的契約関係の結果として決定されていることですが、前近代の身分は、単なる私的関係ではありませんでした。また、学生や従業員は、一年三六五日、一日二四時間、常に学生・従業員の身分を背負っていなければならないわけではありませんが、前近代の身分は、その人の他者との人格的関係（文字通り、人の格の関係）に関わることがらであって、ある身分から自由な時間や日があったわけではありません。つまり、前近代の身分は、掟、定、分、矩と同じように、疑われることもないし、変更されることもない決まりごとだったのです。

前近代社会の身分は、経済史的には、社会的分業関係や、指揮命令機能と服従実行機能との分業関係に、何らかの権力が作用して、制度化された形態であって、生まれ育った家・職能と地域により定められた固有の権利・義務・資格・名誉の絡み合った束のような概念です。同じ地域で同じ職能に就く者たちは、同じ身分に属し、通常は一つの共同体に属しています。

前近代の人びとが、婚姻や養子縁組によって、他の職能や他の地域の身分に変わることはありえますが、各自の自由意思でいつでも、いかようにも変更可能なことではなく、そこには君主などの公権力であっても容易には介入できない強い規範性がありました。公権力や地域社会の権力は、むしろ、人びとの身分的な階層秩序と、それに基づいた人間関係のあり方（たとえば、甲は乙に従属し、乙に対して封建地代を支払うといった関係）を、全体として担保し、補強する役割を果たしていました。[*2]

＊2　前近代社会では、こうして公権力や地域社会の権力が身分制を担保していたのだとすると、すべての者が必ず何らかの公認の身分に属していたと考えられますが、ヨーロッパのロマ（ジプシー）や、日本にもかつて存在していたとされる山人・杣人《そまびと》・木地師《きじし》ないしは山窩《さんか》のような遊動漂泊民が、そうした権力によって担保された身分秩序の中の存在だったのか、その外の存在（ではあるが、特定の地域社会・共同体との間の交流は黙認されていた存在）だったのかは、彼ら自身が文字化された記録を残さないために、史料的な制約が大きく予想されます。今後の研究を俟《ま》つべきことがらでしょう。柳田國男の民俗学とは、遊動漂泊民をはじめとする、文字記録を残さなかった民を歴史の中に復権させる一つの試みであったと理解することができます。

前近代の身分制を、かつては、生産手段（たとえば土地）の所有によって決定された経済的階級関係の政治的・法的な現象形態であると考えることもありましたが、近年の研究は、生まれついての職能と地域によって、付与される権利・義務・資格・名誉の束が異なり、それを公権力や地域社会の権力が公認し、支持することで成立するのが身分制であると考えられるようになってきました。そこでは、階級関係（生産手段の所有関係）は、身分制のある生産様式（次章参照）における現象形態であるということになります。

本書の観点から言い換えるなら、身分制とは、①人の際限のない欲望を充足する方法（領有・蓄積・生産・所有・交換など）と、②欲望を充足しながらヒトが人であるために絶対的に必要な共同性と、③欲望充足の共同性（殊に分業）の効率性とを、保存し、外的・内的な混乱要因から守って、欲望充足と共同性と効率性を担保する仕組みであったと理解することができます。

文献案内

前近代の身分制社会については、巻末参考文献のピレンヌ［1956］、ブロック［1973・1977］、阿部・網野・石井・樺山［1981］、世良［1987］、および塚田［2013］を参照してください。ヴェーバーの合理性概念については、ヴェーバー『社会学の根本概念』とヴェーバー『理解社会学のカテゴリー』を参照してください。前近代を近現代と対比して理解するには小野塚［2022］が簡便です。

第4章 共同体と生産様式

前近代の人間関係を特徴付けるのが身分制だとするなら、前近代の社会組織を特徴付けるのは共同体です。身分が現在も用いられる概念であるのと同様に、「共同体（community, Gemeinde《ゲマインデ》（独）, obshchina《オプシチーナ》（露））」という語も、人びとの地域的な共同性や地方自治体・地方公共団体を表す際に現在も使われることがあります。現在、自分の住む共同体は変更可能――ある地域から別の地域へと居所を変えるのは自由――ですが、前近代の共同体は、前近代の身分制と同様に、自由な変更を予定していませんでした。本章ではそうした前近代の共同体について概説します。

1 共同体

共同体とは、前近代社会における人の共同性の最も基礎的な形態です。それは各身分内部の地域的・業種的な共同性を担保する人間関係で、その内にも分業関係を含みます。人の共同性の基礎的な形態としては、ほかに、市場経済（market economy）と協同性（association）とがあります。市場経済とは、共同性を目的とした人間関係ではなく、おのれの欲望を充足することを目的として、人びとが市場で売り買いの関係を取り結んだ結果として形成される共同性です。*1 これに対して協同性（アソシエーション）とは、共同体・身分制から解放された近代の自由な諸個人が、おのれの自由意思に基づいて、独りではなしえぬことをするために他者と約定して取り結ぶ共同性であり、この共同性を形成し、それに加入するのも、そこから脱退するのも、また、それに加入しないのもすべて各個人の自由意思に委ねられるという共同性です。こうした近代的な二種類の共同性のあり方と比べるなら、前近代の共同体には、個人の自由意思（市場に参入する意思や協同性を形成する意思）は作用せず、むしろ、共同体の中にあることで初めて個人は人として承認されます。前章の注*2で触れたロマや杣人《そまびと》・山窩《さんか》が、そうした意味での人を人として承認させる公認の共同体を成していたか否かは議論の分かれるところでしょうが、本書では、そうした遊動漂泊民が、過去に実在していたのならば、公権力や地域社会の権力に認められていたかどうかは別として、何らかの共同体を構成していたと考えることにしましょう。

前近代社会は、第7章第3節で整理するように、社会をしばしば生物との類推で認識してきました。それゆえ、共同体は、何よりも血縁的紐帯（と血縁に擬すべき義兄弟や「家（family）」の紐帯）で結び合わされていました。こうした血縁的・血縁擬制的紐帯の人間関係を氏族（clan）といい、それが前近代の共同体の基底に作用していました。

＊1　市場とは人びとの利己心が発揮されて取引の行われる場にすぎず、そこには何の共同性も形成されていないという見方があるかもしれませんが、市場での取引を通じて、豆腐屋であるAは自分の生産できないパンを入手し、パン屋であるBは自分の生産できない豆腐を入手することによって、人びとは利己的な活動の結果として、何らかの関係に入っているのです。つまり、市場とは人びとの欲望を充足させることに関与する共同性の一つのあり方だと考えることができます。「見えざる手（an invisible hand）」というアダム・スミスの言葉遣いは、市場という需給の共同性が、各人の明瞭な意思に基づかず、結果として形成されていることを、うまく表現しています。

前近代の共同体では、共同体内で通用する道徳と、共同体外に適用される道徳とが異なります。これを内外道徳の二重性と呼びます。共同体内では成員は平等であり、困窮した場合に共同体（内の他の成員たち）から保護を受けることができます。しかし、共同体は外部の人びとに対しては排他的・差別的で、保護の手も差し伸べません。むろん、前近代の共同体は完全に閉じた社会ではなく、外部との交通はありますから、客分として正式に共同体に招かれ、滞在する外部の者は、共同体成員に準じた扱いを受けますが、客分以外の、不意に遭遇し、また、侵入してきた外部の者は徹底的に排除されるのです（*Column*参照）。

Column

自己と他者の区別

他の連中（them）と自分たち（us）というように、集団（村、民族、国民など）としての自他の区別（さらに差別・排除・迫害・虐殺）は前近代から現在まで続く人間の性格の一つですが、近現代社会では、これに加えて、個人としての自己（me）と他者（you）の区別が重なって現れます。自他を区別することから発生するさまざまな問題を「自他問題」と呼ぶなら、それは、一方では確かに差別や排除という側面をもちますが、他方では、異なる背景・言語・宗教の者たちが相互に共感し、相手を承認し、相手を理解するといった可能性もあります。自他問題が差別と排除の論理しかないと、社会は広がりをもてませんが、後者の側面があることにより、他者を社会に包摂し、他者の利益を考慮するといったことが可能となります。

共同体は土地などの不動産を所有し、また、共同体全体として意思決定をして土木建築など諸種の事業を行いますが、所有と意思決定に関しては、共同体的所有＝意思決定と、個人的所有＝意思決定の二つの原理が相互補完的に作用します。ここで個人的所有＝意思決定というのは、近現代社会の私的所有・私的自己決定とは以下の二点で異なります。まず第一に、前近代社会の共同体における個人（共同体を構成する単位）とはヒト個体ではなく、多くの場合、家です。第二に、個人は共同体に基礎付けられ、承認されて、所有＝意思決定を行いますので、共同体的所有＝意思決定とまったく無関係に、独立に、個人的所有＝意思決定がなされるわけではないのです。このことを、共同体に媒介された個人的所有＝意思決定と呼びます。

2　共同体と生産様式の諸類型

(1)　マルクスの社会構成体論

マルクスの社会構成体論に基づく共同体と生産様式の類型論・発展段階論は、前近代社会を概括的に理解する際に広く用いられてきました。社会構成体や生産様式とは、唯物史観の立場から歴史の発展を捉えるための基礎的な概念として仮設されたものです。マルクスによるなら、人間は社会を構成する際に、主観とは関係なく、客観的・物質的な生産力（productive force）に照応する生産関係（relations of production, Column 参照）に入ります。ある生産力水準にはそれに適合的な生産関係があって、この生産力と生産関係との対応関係を生産様式（mode of production）と呼びます。生産力と生産関係の総体（＝生産様式）が社会の経済的構造であって、これを「土台（下部構造）」として、その上に、法、政治、宗教、文化などの社会的意識諸形態が形成され、「上部構造」となるというように、土木・建築の類推で、社会全体の構成を説明しようとするのが社会構成体論です。

Column

マルクスの生産力・生産関係概念

生産力とは、人間＝社会が道具や機械（労働手段）を用いて、労働対象（自然の一部を切り取って、人の役に立てるように、経済活動の中に取り込んだもの）に働きかけて、必要な財・サービスを生み出すと同時に、人間＝社会そのものを再生産する社会的（＝集合的な）能力を指し、その能力は、人間の労働力と生産手段（労働対象とそれに適合的な労働手段との組み合わせ）によって構成されます。「生産力＝労働力×生産手段」と考えて差し支えありません。何の生産手段もなしに、無から徒手空拳で人の役に立つ財を生み出すことはできませんし、また、生産手段が揃っていても、それらを操作し、停止する労働力がなければ、やはり財は適切に生み出されないからです。生産関係とは、人間＝社会が必要とする財・サービスを生み出す際に人びとが取り結ぶ社会関係のことで、殊に、生産手段を誰が所有しているのかを意味する概念です。

人間＝社会の経済活動を表現するためにマルクスが編み出した諸概念はいまも有効ですが、次のような問題を免れていません。第一に、マルクスの諸概念は、人間＝社会の経済活動を、まずは生産に注目して表現しようとしたものです。それは、人が未開状態・野蛮状態を脱して、文明化された社会状態に到達するには、自然を征服し、それを人間的・社会的諸力の支配の下に置いて、人間＝社会の役に立つものに作りかえることが、何よりも大切であるとした一九世紀ヨーロッパ的な文明観を色濃く帯びています。そこでは、一方では、人間＝社会の経済活動の必須の労働対象であり、またヒトの生存にも不可欠な空気（地球の大気）や水を自然が生み出しているという、自然の生産力が等閑視――人間＝社会の能動的な生産力ばかりが一方的に強調――されています。しかし、自然そのものが財・サービスを生産する能動的な作用を果たしていること、自然のそうした能力を超えたところでは人間＝社会の経済活動が不可能となることは、本書第Ⅳ部第16章で見るように明らかで、人の能動性のみを一方的に強調し、自然の生産力を無視するのが無理なのは現在ではほとんど周知の事実ですが、経済学の中では、マルクスに原点を有する経済学だけでなく、その先駆者であった古典派経済学も、また、新古典派経済学（「限界」概念に支えられた現在の主流派経済学）も含めて、自然（の生産力）に対しては鈍感であるのが、経済学の特徴です。

第二に、人間＝社会の経済活動のうちで、生産に規定的な重要性を与え、分配・流通・交換・消費など、経済活動の他の局面への関心が薄いのが、マルクスの基本的な概念装置の特徴です。生産手段の所有関係が生産だけでなく、分配・交換・消費などすべての過程で人間＝社会の諸関係を規定するというのがマルクスの考え方ですが、上述の野蛮・文明の対比論を裏付ける意味を除くなら、生産を重視することにどれほどの正当性があるのか否かは、実は定かではありません。

第三に、生産手段の所有に注目して生産関係を捉えるのがマルクスの概念装置の特徴です。しかし、そこで、何よりも重視されている生産手段は、本章で見るように、前近代社会にあっては土地ですが、はたして土地が常にどの前近代社会にあっても、それほど重要なのかどうかは、実証されてはいません。土地（および水利）の有限性を強く認識しない社会では、土地所有は必ずしも、生産関係や共同体の性格を常に規定していたとはいえない可能性があります。

第四に、生産に、しかも、その物的な基礎に注目することによって、人間＝社会のルール（法）、力関係（政治）、思想・宗教（価値判断の体系）や知恵（事実判断の体系）などの文化的な側面は、生産力と生産関係によって構成される下部構造（土台）の上に、初めて成立する上部構造（上物）とされますが、下部構造の上部構造に対する規定性の根拠は、マルクスが想定したほど自明なことではないでしょう。

社会の変化を大づかみに捉えるなら、生産力と照応する生産関係の下では生産力は十全に発揮されるが、生産力が発展すると所与の生産関係とうまく照応しなくなり、生産関係がむしろ生産力発展を妨害する要因として作用するというのが、マルクスの史的唯物論の基本的な発想です。したがって、人類の社会の構成は、生産力の発展度合いにより、貢納制、奴隷制、封建制の各生産様式を経て、資本制的生産様式（資本主義）に到達すると考えられました。[*2]

＊2　貢納制、奴隷制、封建制、資本制という生産様式を表す概念は、類型よりは段階として使われることが多く、マルクスも段階論的に、この順に発展すると考えていました。しかし必ず継起的にこの順に発展するのではなく、実際に観察された過去には、飛び越えや停滞は多く発見されます。「歴史の発展法則」を表現するものとして固定的に捉えるよりも、理念型的な類型と見る方が、史料から再構成される過去との間の矛盾は少な

くなるでしょう。逆に、類型論的な概念とは、認識のための便宜にすぎませんから、過去の人間＝社会の変化を何らかの枠組みで簡明に説明しようとする際には段階論的な概念装置が有効性を主張できるでしょう。本書では貢納制から資本制にいたる諸生産様式を厳密な段階論としては用いません。また、共同体と生産様式の諸類型概念も、新しい研究成果に照らして常に批判され、再検討されなければならないのはいうまでもありません。

(2) 大塚の共同体論

大塚久雄はこの社会構成体論に、マルクスの手稿『資本制生産に先行する諸形態』（『経済学批判要綱』〔一八五七～五八年〕の一部）などで示された前近代の生産様式概念や、ヴェーバーの宗教社会学や支配の社会学の知見も参照しながら、共同体理論を整備しました。ここで紹介するのは大塚の『共同体の基礎理論』の概略ですが、それは、あくまで、過去の事実を理解するうえで地図のような役割を果たすものであって、もし実際の地形と地図（基礎理論）との間に相違が発見されたなら、修正されなければならないのは地形ではなく、地図の方です。こうした意味で、マルクスの社会構成体論も大塚の共同体の基礎理論も、仮説的な理論ということができます。

本章第1節で共同体には、共同体的所有＝意思決定と個人的所有＝意思決定の二元性があると述べましたが、共同体・生産様式論では、この二元性に着目して、四つの共同体類型（原始共同体、アジア的共同体、古典古代的共同体、ゲルマン的共同体）[*3]と五つの生産様式（原始共産制、貢納制、奴隷制、封建制、資本制）を対応させます（Column参照）。

＊3 「アジア的共同体」、「古典古代的共同体」、「ゲルマン的共同体」という名称がマルクス以来、用いられていますが、それらの共同体が、アジアや、ギリシア・ローマなどの古典古代社会や、ゲルマン族の社会にしか成立しないということは、まったく意味していません。「アジア的」等々は、それらの共同体の特徴を表現する符牒のようなものと考えてください。

Column

「資本主義の次」の夢の喪失

資本主義的な生産関係（殊に生産手段の私的所有）が、生産力の発展にそぐわなくなると個人的所有が回復され、自由な諸個人間の自覚的・目的意識的な協同性（association）が構築される社会主義（socialism）的生産様式が登場し、さらに生産力が発展すると、人類史の新しい段階に照応する新たな共同体が回復されて共産主義（communism＝共同体主義）的生産様式が登場するという考え方が二〇世紀前半から中葉にかけて流行しました。つまり、原始共産制、貢納制、奴隷制、封建制、資本制のあとには社会主義や共産主義が取って代わるのだという見通しないし願望が論じられ、また実践されもしたのです。しかし、中国の文化大革命やカンボジアのポルポト政権の共産主義の「実験」の無惨な失敗や、ソヴィエトをはじめとした中東欧の計画・統制経済的な社会主義体制の解体と、計画・統制的社会主義とは異なる自主管理社会主義を標榜したユーゴスラヴィアのやはり無惨な解体過程を経て、資本主義のあとに社会主義や共産主義が訪れるという見通しはもはや共有されえなくなりました。資本主義社会の矛盾や弱点を指摘し、その改良を唱えるための道具的な概念としては、何らかの社会主義や共産主義の理想はいまも有効かもしれませんが、二〇世紀の社会主義・共産主義の失敗を経験したわたしたちは、資本主義のあとの社会（生産様式、社会構成体、社会システム）を綺麗な形で積極的に構想することができない状態にあります。

(3) 原始共同体

原始共同体では、個人的に所有されるものはほとんどなく、衣服・装身具や刀剣（石器や木器）や弓矢など簡便な道具といった身の回りの動産だけで、それ以外のすべてのものは共同体が所有し、それゆえ、社会の運営に必要な意思決定も共同体がすべて担っていたと考えられています。それだけでなく、夫婦一組を中心とした家族ではなく、男と女が別々の家で集団的に暮らす社会もあったと考えられています。何を個人が所有し、何が共同体によって所有されるかは、共同体の特徴を表す重要な要素です。この点では、原始共同体においては、個人はほとんど共同体に埋没し、依存していたと考えられます。また、原始共同体では生産力水準が低く、剰余がほとんど発生しないため、階級区分もなかった（つまり、生産様式としては原始共産制であった）とされますが、原始共同体の社会は、農耕牧畜経済が定着する以前の、文字の記録が残るようになるよりも前の時代ですので、史

図4-1　獲得された富の総量

料の裏付けをもって経済史的に明らかにされていることではなく、おもに考古学や人類学の知見と技法で、無階級社会であったと推測されています。

ここで、剰余とは、自分と家族の生活に必要なものを消費し、また備蓄や種籾を取り置いても、残される富です（図4-1参照）。

ヒトが将来を予測する、あるいは将来のおのれの快苦や幸不幸を予想することのできる動物だとすると、狩猟採集経済にあっても、将来の不漁や天候不順に備えて備蓄食料を設けることでしょう。備蓄は人びとが将来、ある程度の危難に見舞われても、生き残るために溜めてある食料ですから、これは剰余とみなして、誰かが収奪[*4]することはできません。農耕牧畜社会では、こうした備蓄に加えて、来年蒔くための種籾や種芋、来年以降肥育するための幼獣を今年、食べてしまうことはせずに、来年のために手を付けずに取っておきます。これも、他者による収奪の対象にはなりえません。しかし、生活に必要な富と種籾・幼獣や備蓄を超えて、今年、富が獲得された場合、それは剰余となります。剰余がたまたま例外的に発生するのではなく、恒常的に発生するようになると、他者の剰余をわがものにしようとする者や集団が現れ、剰余の収奪が生産様式を特徴付ける一つの要因となります。

＊4　「収奪（expropriation）」とは、前近代社会において、等価性をともなわずに、剰余が社会的に処理されて移転することを意味します（第6章第1節(2)参照）。英語では「搾取」と同様にexploitationと表現されることもありますが、日本の経済史研究は、資本制社会において、等価性原理の下に賃金と労働が交換される搾取を通じてなされる剰余処分とは区別して、収奪という語を用います。等価性の有無ないし強弱は、剰余処分の諸類型を考察する際に重要な着目点となります。

(4)　アジア的共同体と貢納制

以下では、各共同体類型における個人的所有と共同体的所有の区分と、剰余処分の仕方を中心に、整理してみましょう。

アジア的共同体では、身の回りの動産のほかに、ヘレディウムと呼ばれる一群の不動産も個人的所有の対象とされました。ヘレディウムとはラテン語で世襲（相続）財産を指す言葉ですが、そこには家族の住む家と宅地、および宅地周辺の庭畑地が含まれました。庭畑地ではおもに野菜・果物が栽培され、また鶏・豚・犬などが飼育されます。しかし、それ以外のすべての田畑や放牧地は共同体全体の所有であり、また村の耕地・牧地の外側に広がる共有地（森林、湖沼河川、原野）は共同体全体の所有であり、その管理も共同体によって担われました。共有地は、木材、薪炭、木の実、茸、魚介類・野生鳥獣、牧草や緑肥（刈り取った下草や樹木の枝葉などを微生物で分解させた腐葉土は前近代の農耕では重要な肥料の一つでした。こうした植物性の肥料を緑肥といいます）など、さまざまな富の宝庫であり、それは共同体全体の管理下におかれたのです（表4-1）。

とはいえ、日々の農耕牧畜作業は家を単位としてなされており、それゆえ、各個人（すなわち家）が日々の農耕牧畜作業を担当する土地は共同体から割り当てられました。家の規模（所帯の人数）は増減しますから、いったん割り当てられた土地が固定的にその家の担当となると、その家が農耕牧畜作業を担当する能力（所帯人数にほぼ比例する）と不釣り合いが発生した場合は不合理ですから、所帯人数が増大した家には以前より多くの土地を割り当て、逆に所帯人数が減少した家からは土地の一部を没収して、規模が大きくなった家に再配分するといった具合に、耕地・牧地は定期的に割替えられました。全耕地・牧地が共同体所有だが、日々の労働を家単位で行うことに対応して、土地を定期的に割替えるところに、アジア的共同体の実質合理性が表現されています。つまり、共同体の耕地・牧地は、共同体全体にとって最も好都合な状態で利用されなければならず、そのために、土地の定期的割替という機能がアジア的共同体には組み込まれていたのです。奈良時代や平安時代

表4-1　共同体・所有・生産様式・剰余処分の諸類型

共同体類型	個人的所有の対象	共同体的所有の対象	対応する生産様式	剰余の処分方法
原始共同体	動産	すべての家と土地	原始共産制	祭礼・ポトラッチ
アジア的共同体	動産＋ヘレディウム	すべての耕地・牧地・共有地	貢納制	貢納・返礼・土建工事 祭礼・ポトラッチ
古典古代的共同体	動産＋ヘレディウム＋一部の耕地	すべての耕地・牧地＋すべての共有地	奴隷制	奴隷労働の直接使役
ゲルマン的共同体	動産＋ヘレディウム＋すべての耕地・牧地（＋共有地の定量的利用権）	共有地	封建制	封建地代（賦役，現物，貨幣）
共同体の解体	公有・国有財産以外のすべて（ただし共同体に媒介されない私的所有）	公有・国有財産	資本制	賃金と労働の等価交換に基づく搾取

初期に行われていたという「班田収授」とは、アジア的共同体の定期的割替の機能が、「公地公民制」というたてまえの下で朝廷の命令として行われていたことを示しています。

アジア的共同体に対応する生産様式が貢納制で、メソポタミア、エジプト、インダス川流域、黄河流域などの古代文明や、古墳時代から平安時代にいたる古代日本などがその例と考えられています。貢納制とは、優位の共同体が劣位の共同体を支配下におさめ、劣位共同体から剰余の富が貢納として優位共同体に収奪される生産様式です。アジア的共同体自体が社会の再生産の最小の単位なので、支配＝従属関係は共同体を分割する形では発生せず、共同体が丸ごと支配されるという関係が発生します。古代日本では優位共同体が豪族として劣位共同体を支配し、さらに豪族の中でも優位の天皇が豪族たちを従えるという、統治と貢納の仕組みがありました。劣位共同体の剰余は貢納として優位共同体に収奪されますが、優位共同体は貢納に対して返礼品を劣位共同体に授けることもありますから、剰余が一方的に収奪されていたとみるのは不適切です。また、優位共同体は大規模な森林伐採や開墾・灌漑工事、また、墓所の造成工事や、宮殿・神殿・寺院などの建築工事に劣位共同体を動員することもありました。工事に従事する人びとの食料は剰余から賄われましたから、貢納制における大規模土建工事は剰余処分の一つの方法でした。開墾・灌漑工事によって拡大し、肥沃化した耕地・牧地の一部は劣位共同体に配分されることもあったでしょうから、ここでも、剰余の収奪が常に一方的な性格を有していたということはできません。

貢納・返礼と土建工事のほかに、アジア的共同体では、共同体ごとの祭礼も剰余処分の重要な方法でした。宗教的な祭事暦や農事暦に合わせて執り行われる諸種の祭りや、婚礼・葬送などで、剰余の富（および前年以前に備蓄してすでに不要となり、また賞味期限の切れる穀物や干し肉など）を、祭礼の場で共同体の全員で食べ、飲み、歌い踊って消費するのは、前近代の村落共同体に広く見られる剰余（と古くなった備蓄物）の処分方法でした。また、各家でも、訪れる客人（村内の誰かであれ、村外の知人・親戚であれ）を飲食で歓待することは広く行われていました。客人を歓待しないのは非常に無礼なこととされましたし、飲食を供されてそれに全然手を付けないのも相手を侮辱する失礼な行為と考えられましたから、こうした歓待は、もてなしたい、もてなされたいという各自の欲求から発した行為というよりは、儀礼的で慣習的な行為であって、その儀礼・慣習から外れるのは不穏当なことだったのです。大規模な土木・建築工事や祭礼・歓待（たとえば北米原住民のポトラッチの習慣）のもっていた経済的な意味については次章で改めて考えてみることにしましょう。

さて、土地の定期的割替機能をもつアジア的共同体では、しばしば、家は子をたくさん産み、育てるという戦略を採用しました。家の規模が大きくなれば、将来配分される土地が増えますし、また子は成長しても共同体を離れずに、留まっていれば、土地を配分されますから、家ないし一族に割り当てられる土地を増やすことができるからです。一九世紀～二〇世紀初頭のロシアに広く存在した農村共同体（ロシア語では「ミール」と呼ばれます）は、土地の定期的割替機能をもっていました。そのことから、ただちにミールをアジア的共同体とし、帝政末期のロシアの生産様式を貢納制と確定できるわけではありませんが、定期的割替がなされていたため、ロシアの農民は子をたくさん産み育て、子は村を離れない傾向が強く、ロシアには広大な土地があったにもかかわらず、土地不足基調でした。また、資本主義的な商工業を発展させようとしても、農村から労働力が排出されないために、経済発展にも困難がありました。一九〇六年から一九一一年までロシア帝国の首相を務めたストルィピンは、日露戦争後のロシアの復活のために、農民のミールからの自由な脱退、個人的土地所有、個人農（フートル、オートルプ）の創設など農業改革を行おうとしましたが、当の農民自体がミールの解体を嫌ったため、思い通りには進みませんでした。このように、アジア的共同体は資本主義的経済発展には不向きな性格があったと考えられています。

アジア的共同体では、共同体成員には貢納負担も家族規模に応じて分担させられましたから、家族を大きくしてより多くの土地を配分されることの利益よりも、貢納の人頭負担の方が重く感じられる場合は、逆に、家族人数を（また、人頭負担の多い男性の数を）少なくするという戦略が採用されることもあります。古代日本で戸籍を整備しようとしたのは、貢納を負担しうる人数を正確に掌握しようとしたからであり、そのことは、各共同体（村）や家では、村の人口や家族人数を過少申告して貢納負担を小さくしようとしていたことを推測させます。当時の戸籍で女子の数が不釣り合いに多いのも、割り当てられる土地を増やすことよりも、貢納負担を小さくすることを重視していたことを表現しています。

(5) 古典古代的共同体と奴隷制

古典古代的共同体では、動産とヘレディウム（家・宅地・庭畑地）のほかに、一部の耕地も個人的所有の対象となっていました。古代ローマの荘園（villa）や、平安時代後期以降、鎌倉時代、室町時代の日本の荘園制を特徴付ける名田《みょうでん》は、こうした個人的に所有された耕地の例と考えられます。アジア的共同体／貢納制において、すべての耕地・牧地が共同体所有であったのは、開墾や灌漑が共同体全体（さらには優位共同体に率いられた共同体連合）の大事業であったからですが、鉄製農具の普及などによって、個人的な（つまり、家による）開墾が、小規模ではあっても持続的に可能になると、そうして開墾された土地は個人的所有の対象とならざるをえないのです。ここでは、再生産の単位は共同体全体ではなく、共同体を構成する荘園や名主《みょうしゅ》経営（家を起源とするが、後述のように奴隷を組み込んだ、家父長的経営体）に分解しています。もし、古典古代的共同体がアジア的共同体を基礎にして、それを変えることで発生したのなら、アジア的共同体において各家に割り当てられていた土地に加えて、個人的に開墾された土地も、家が耕作に当たりますから、耕作規模はアジア的共同体の家よりも全般的に大きくなったと推測されます。拡張した耕作規模が、血縁と婚姻で形成される家では担いきれない場合、家は非血縁の労働力を追加的に組み込むことになったでしょう。それが古代ギリシアやローマで見られた奴隷であり、また、日本の名主経営には下人《げにん》・所従《しょじゅう》という家内奴隷が組み込まれていました。

こうした古典古代的共同体に対応する生産様式が奴隷制です。荘園や名主経営は、奴隷を重要な労働力として使役し、個人的に所有された土地を耕作し、その収穫物もわがものとする家父長的な経営体だったのです。再生産の単位が共同体から、家（家父長的経営体）に分解したため、剰余も共同体全体で貢納や大規模工事という仕方で処分するのではなく、家ごとに処分されました。つまり、家の中に取り込まれた奴隷の生活に必要なものを奴隷主が日々給付し、奴隷の労働によって生み出された剰余の富は家長＝奴隷主の所有に帰することとなります。

このように古典古代的共同体は、剰余を収奪する機構も、身分の差も、家という経営体の中に取り込まれている点で、アジア的共同体／貢納制や後述のゲルマン的共同体／封建制とは異なり、むしろ、資本主義社会の企業に類似した性格を有しています。実際に、現代の大企業に匹敵するような巨大な経営体の前例は、前近代ではアジア的共同体やゲルマン的共同体にあっては稀で、古代ローマのラティフンディウム（奴隷制大農場経営）に発見することができます。

しかし、古典古代的共同体は完全に家に分解してしまったわけではありません。個人的に所有されない耕地・牧地は変わらず共同体（村や町）全体の所有でしたし、共有地の利用も共同体の管理下にあり、将来、共有地のどの部分を開墾の対象とするかも共同体の意思決定に委ねられました。奴隷の怠業や反乱に備えるために、家長＝奴隷主とその血縁家族は武装していますが、家族だけで対処できない場合は、共同体が反乱鎮圧に乗り出してきます。このように、個人的所有＝意思決定と共同体的所有＝意思決定がそれぞれ独自の意味をもって存在し、不可分に結び付いていたのが古典古代的共同体です。

(6) ゲルマン的共同体と封建制

ゲルマン的共同体では、動産とヘレディウムのほかに、耕地・牧地のすべてが個人的所有の対象となります。また、共有地の利用権も、定量的な単位となって、個人的な所有の対象となります。かろうじて、共有地は共同体の所有であり、よそ者の利用を排除するなどの仕事は共同体が行いますが、ゲルマン的共同体とは、限りなく個人的所有＝意思決定に分解された前近代社会です。家の規模も経営規模も古典古代的共同体よりは小さくなり、小農経営が基本となり、多数の家によって、一つの共同体（村）が構成されるようになります。こうした社会は、中世ヨーロッパや近世日本の村落共同体に典型的に見られます。

耕地・牧地のすべてと共有地の利用権が個人的に所有されていますから、ゲルマン的共同体では、各家の規模の増減に応じて、耕地・牧地を再配分したり、共有地の利用権を再配分したりということができません。つまり、いったん存在した家は、当初の所有権を代々維持することになります。そうなると、アジア的共同体における多産多子で、子が村に留まり続けるという戦略は成り立たなくなります。家は代々同じ規模で、子のうち一人（通常は長男）に相続され、それ以外の子は相続から排除されます。仮に子が三人いて、三人の子に分割して相続したら、家の経営規模が小さくなりすぎて、農耕用牛馬や重輪鋤《すき》などの大きな生産手段を所有できず、効率的・合理的な経営が行えなくなります。ゲルマン的共同体ではこうした分割相続（「田分け」）は原則的に禁止されます。家の規模が標準化し、また、共同体内の家の数が増えも減りもせず、同じ家が代々継承される——血縁の相続人がいない場合は養子をとる——というところに、アジア的共同体の実質合理性とは対照的なゲルマン的共同体の形式合理性を看て取ることができます。

相続できる子が一人に制限されるなら、多くの子を産み育てることは親にとって決して合理的な選択ではありません。むろん、病気や事故で子が早世する危険性や、長男が家を継ぐには無能すぎる可能性もありますから、複数の子を産み育てはしますが、子の数はおのずと制限されるようになってきます。子の数を制限するために、結婚年齢が上昇し、また、生涯非婚の者が増えるといった傾向が発生することもあります。複数の子のうち、育ったものの、相続できなかった者は、他家へ嫁や養子（たとえば女子しかいない家へ婿養子）に行ったり、丁稚奉公に出たりします。養子や奉公の先は同じ村内である必要はまったくありませんから、村外の都市の商家や職人の家に養子・奉公に行く可能性もあります。封建制における都市の経済的機能は、市場町、商工業の拠点、情報や商品流通の結節点など、さまざまにありますが、それを人口面で支えたのが農村で、相続から外れた者たち（つまり農村にとっては過剰人口）でした。当時の都市は、市民的な自由や市民の自治はありました（そういう点で魅力的な場所ではありました）が、衛生面の問題が大きく、また栄養状態などにも規定されて、何世代も安定的に生存できる環境ではなく、「人口の墓場」であることが多かったため、農村からのこうした人口移動がなければ、都市は維持できませんでした。

ゲルマン的共同体に対応する生産様式が封建制です。封建制には、封建領主内部での主従関係（御恩と奉公の関係、所領安堵と軍役義務の関係）という側面と、封建領主と農奴の支配＝従属関係という側面がありますが、生産様式という面では、後者の領主＝農奴関係が封建制の意味内容となります。前者の意味での封建制と区別するために、領主制と呼ぶこともあります。この意味での封建制とは、封建領主が、農奴の剰余をすべて収奪する経済システムです。封建制の下で収奪された剰余を封建地代と総称します。封建地代の最も原初的な形態は、領主直営地での賦役（労働地代）です。賦役制の場合、農奴は一週間／一年間のうち決まった日数は領主直営地で働くという日ぎめの奴隷であり、それ以外の日は農奴は自分の保有地で働く経営主体でした。しかし、領主直営地と農奴保有地での労働生産性に大きな差がある（領主直営地で懸命に働いても成果はすべて領主に収奪されるから労働意欲は低く、自己保有地の収穫はわがものとなるので労働意欲が高くなる）ことに気付いた領主は、農奴を監督する手間のかかる直営地経営＝賦役制をやめ、すべての耕地・牧地を農奴に分割保有させることになります。これがゲルマン的共同体の典型的なあり方で、すべての耕地・牧地が直接的生産者である農奴の個人的所有の対象となったのです。これに対応して登場した封建地代形態が生産物地代で、近世日本の年貢はこれに相当します。さらに、第Ⅲ部で後述するように、農奴の間にも商工業活動が活発に営まれるようになると、農奴の現金収入機会が増え、また、十字軍による領主階級の疲弊や黒死病による農奴数の減少などに対応して、貨幣地代（封建地代の金納化）が発生します。

このように、賦役では、農奴は自己保有地での労働から剰余が発生し、また生産物地代や貨幣地代の場合、農奴経営の経営状態を正確に掌握できない限り、やはり、農奴のもとに何らかの剰余が残ることになります。

(7) 共同体の解体と資本制

前近代社会の掟・定・分・矩の規範体系や身分制秩序が弛緩するとともに、共同体も成員保護とよそ者の排除という機能が形骸化して、最終的には解体する過程に、資本制的生産様式(資本主義)が発生します。第Ⅲ部で詳論するように、この過程を「近世(前近代から近代への長い移行期)」と呼びます。それは、一方では、ヒト個体が、身分制や共同体から解放されて、際限のない欲望の主体として、事実上承認される過程でもあります。共同体に媒介された個人的(家による)所有＝意思決定から、何ものにも媒介されない私的所有への大転換の過程でもあります。他方で、それは身分制や共同体に基づく保護機能からも自由になる過程ですから、家の財産を相続できない者や、家業に失敗した者は、身分制・共同体によって救済されることはありません。それゆえ彼らは、市場で何かを売って生活の糧を得なければなりません。それゆえ、共同体が解体して資本主義へ移行する過程とは、人びとがさまざまな経済活動を行って生活を成り立たせることができるほどに市場が発達していなければなりません。しかも、市場で商業や工業の経営者となることができない者は、おのれの労働を市場で売る賃労働者となるほかありませんから、労働市場も発達していなければなりませんし、賃労働を雇い入れて経営を行う資本家的な営業主体も存在していなければなりません。

前近代の共同体が最終的に解体して、資本主義が生成確立する過程とは、以下の変化の複合を意味します。すなわち、①ヒト個体が身分制・共同体から解放されて自由な個人となり、②彼らの際限のない欲望が解放され、③彼らが保護からも自由となり、④市場での取引を通じて生きていくしかなくなり、さらに、⑤さまざまな営業を行うことのできる市場が、また、賃労働を売買する労働市場が発達するという、いずれも大きな不可逆的な変化が、近世の約四世紀の間に発生し、社会に定着し、人が資本主義社会に適合的な――「資本主義の精神」を有する――人間に鋳直された過程だったのです。

そして、この過程に、それまでは、社会（すなわち共同体が体現する人間関係）と法（前近代の規範の体系）と政治（私的人間関係を身分制的秩序として固定させる公権力と地域的な権力の作用）の中に、半ば以上埋もれていた経済が、それらから離床して、独自の領域、独自の現象として立ち現れてくるのです。「経済」という語が、旧来の統治・福祉や家政・経営といった意味から、現在の語感に近い、商品・金銭・市場に関する概念へと変化したのもこの近世の現象です。

前近代社会にあっては、経済は、社会・法・政治に埋没しており、それゆえ、人の際限のない欲望は、野放図に発現しないように、前近代の社会・法・政治によって厳重に統御されていましたが、ついに、経済と欲望とが社会・法・政治から解放されるときがくるのです。とはいえ、経済と欲望が解放され始めてから六百年ほど、欲望の解放が完了し、近代の資本主義・市場経済が確立してからは、わずかに二世紀余りしか経ていません。これに対して、前近代社会は、農耕牧畜への移行を始めてから一万年の長きにわたって持続してきました。次章では、前近代社会の持続可能性について考察することにしましょう。

📖 文献案内 📖

前近代社会の共同体と生産様式をめぐっては、まず何よりも、大塚［1955］、マルクスの「資本制生産に先行する諸形態」を含む『経済学批判要綱』および『経済学批判』、ホブズボーム［1969］が有益です。また、小野塚・沼尻［2007］は大塚［1955］に関する最近の研究動向と、同書の現代的意義を論じた共同研究の成果です。

第5章 前近代社会の持続可能性と停滞

近現代の人びとにとって、長く、前近代社会とは停滞の、暗い時代として表象されてきました。成長が常態となった近現代と比べるなら、確かに前近代社会の経済が物的に拡張する速度は遅かったのですが、前近代社会は一万年も続くことができました。近現代の産業文明の持続可能性への疑問や不安が多くの者に共有されるようになった一九七〇年代以降、逆に前近代の高度な持続可能性が注目されるようになって、人類学・民族学がときに未開社会を偶像化したのと同様に、前近代社会を理想化する見解も散見されるようになってきました。

一万年続いたことは確かに注目すべきですが、それだけで前近代を理想化する前に、なぜ、前近代社会が持続的であり、また停滞的であったのかを冷静に振り返るとともに、前近代にあっても滅亡したり、経済のあり方を根本的に変えることでかろうじて存続した社会や文明が無数にあったことも知る必要があります。持続という「成功」例だけに目を奪われるのではなく、「失敗」例も踏まえるなら、過去といまは、より深く理解できるようになるでしょう。

1 生産的な蓄積の否定——規範の目的論

前近代社会の規範の体系を、近現代の経済規範と比べるならば、その最大の特徴は、利殖・致富・成長を非道徳なこと（道徳的に望ましくないこと）とする教義と格率に求めることができます。

(1) 前近代の富の規範——「致富の非道徳性」と宮殿・工芸・服飾

前近代社会の富に関する規範は以下のように二重に構成されていました。まず、第一は「富の増進のために富を蓄積しない」という規範です。*1 明日の富を今日よりも増進させるなら、明日は今日とは異なる日になり、伝統の規範を逸脱することになります。それゆえに、前近代社会では、拡大再生産（や、拡大再生産における富の現象形態としての資本＝自己増殖する貨幣）は否定されなければなりません。むろん、前近代社会にあっても、結果として富が蓄積されてしまうという事態はしばしば発生したでしょう。不作や不漁に備えて蓄積しても、今年も豊作・豊漁で、備蓄に手を付けないということは当然あったでしょうし、気候の変動や、ちょっとした品種改良や、わずかずつ開墾を進めた結果として、剰余が通常の仕方では処理しきれないほどに残るということも、ありえたでしょう。そうして蓄積された富を、たとえば、来年の種籾にしたり、開墾のための労力に当てたりすれば、それは来年以降の富を増進する富の用法――資本主義経済の言葉でいうなら、今期の剰余を来期の投資に当てること――となりますが、前近代社会の富の規範は、たとえ富が蓄積されても、それを将来の富の増進のためには用いることをよしとはしなかったのです。

＊1 「宵越しの銭は持たない」という言い回しは、江戸っ子の楽天的な気風を、また、半ば自暴自棄の生き方を表すものと理解されてきましたが、その銭を明日の商売のためには用いないという前近代社会の富の規範を表しているのだと理解することもできます。

前近代社会の富の規範の第二は、仮に富が蓄積されてしまったなら、それは非生産的な思想・宗教、知恵、技芸（art）、力のために用いるということです（Column参照）。殊に、前近代社会の王侯や貴族たちが当時の生産力水準からするなら不相応なほどに豪壮な宮殿・寺院・神殿などの建築物を残し、精妙至極な工芸品を入手し、美麗な衣服や装飾品で自らを飾るために、技芸の領域に膨大な富を投入したことは注目すべきです。それは、一方では、前近代社会の支配者（指揮命令する者）の権威を表示する手段となりましたし、他方では、思想・宗教（要するに神官や僧侶を養うこと）や知恵（学者を養うこと）だけでは消費しきれない大量の富の消費を可能にする方法でもあって、一石二鳥の意味があったのです。古代エジプトのピラミッドや三～七世紀日本の古墳など巨大な墓所の造営はそうした技芸の成果の一つです。奈良の東大寺の大仏と金堂（大仏殿）は、日本の総人口がいまの二〇分の一、一人当たりGDPが五〇分の一、したがって日本のGDPがいまの千分の一であった時代に、わずか十年ほどで完成したものです。いずれも、前近代社会がいかに多くの富と労働力とを不生産的な技芸に用いたかを示す好例です。

Column

人間＝社会の活動の四領域——思想・宗教、知恵、技芸、力

人間＝社会の活動は、農耕牧畜・都市文明・文字の定着以降、現在にいたるまで、大別するならおもに、思想・宗教、知恵、技芸、そして力という四つの領域でなされてきました。思想・宗教とは一定の価値判断を有する言説の体系で、ものごとや行為の善悪・美醜・優劣を決定する規範を提供することを目的としてきました。知恵（science, sapientia〔ラテン語〕）とはいま風にいうなら科学であり、事実判断に基づく言説の体系で、真理の探究を目的としています。技芸（art, artes〔ラテン語〕）とは人びとの役に立つ人間の行為で、現在では技術と芸術・芸能とに二分して理解されていますが、元来は技術と芸術は同じジャンルの行為でした。現在でも「工芸（arts and crafts）」という言葉にはその名残があります。技芸の目的は人に奉仕することですから、真理や原理が定かではなくても、人の役に立つことが経験的に知られているのなら、充分に意味がある、そういう行為領域です。力とは権力・暴力・実力行使であって、それは他者をおのれの意思に従わせることを目的としています。

古《いにしえ》より現在までの、人間＝社会の活動はおおむね、以上の四領域に分類することができます。思想や宗教も人の活動なのかという問いはあるでしょう。しかし、思想・宗教は人間の社会的な活動です。個人が頭の中で思っているだけでは、それは単なる想念であって、社会の規範として作用することはできません。また、そうした想念も、幼い頃より言葉や、感じ方や、考え方を習得してきた結果、生み出されるものですから、個人的な想念自体が社会なしにはありえないことがらです。一〇〇％個人的な想念というのは本質的に不可能なのです。

では、心の働きはどこに位置付けられるのでしょうか。人の心は、快苦や幸不幸をめぐる情緒・感情として、また、思想・宗教の背後で好悪や善悪を判定する原理として作用しています。また、知恵の背後にも、何かを知り、何かを解き明かさなければならないと選び取る（代わりに何かを捨てる）心の働きが作用しています。そうした心は人間＝社会の外面的な活動ではありませんが、それらを支える重要な土台です。そして、そうした快苦や選択の背後に作用している心の下では、言語化され難い身体感覚――「旨い！」とか「臭い(>_<)」、あるいは「温《ぬく》い」といった感覚――が根底的なところで支えています。逆に人間＝社会の思想・宗教、知恵、技芸はそうした人の非言語的な心の働きにまで及ばなければなりません。「言葉の故郷は肉体」（小林秀雄）であると同時に、言葉は肉体を表現できなければならないのです。

人間＝社会の活動は上述の四領域に分類することができますが、むろん、複数の領域にまたがる活動はあります。たとえば、力の行使（戦や乱闘）にも思想や知恵や技の作用は不可欠ですし、また統治者の政策、経営者の戦略、市民運動や労働運動の活動方針など（いずれも現実に何らかの働きかけをして、課題を解き、よりよい状態をもたらそうとする行為の束）は、思想・宗教によって与えられる価値判断で方向性が定まり、知恵で過去と現状を正確に理解し、またありうべき将来を予測し、技芸を用いて現実の人間＝社会や自然に働きかけ、そして力で人びとの振る舞いや立場を律することによってなされる総合的な行為群です。何らかの価値判断（何かを選び取り、何かを捨てること）を含まない「自然体の」政治や経営などありません。もし、「自分は常に自然体で臨む」と公言する政治家や経営者がいたら、それはおのれの価値基準を隠蔽しようとする老獪《ろうかい》な人物か、そうでなければ、おのれの価値判断の体系性すら自覚できない愚か者か、いずれかです。つまり、科学だけでは政策は立案できません。政策の方向性を決定するのは思想・宗教であり、実際に政策を実施するには技芸と力が必要です。また、技だけがあっても、それを用いる向きが定まらなければ無意味ですし、現実を相手に技を行う力がなければ無効でしょう。むろん、思想にも科学にも技芸にも基礎付けられない力は、文字通り剝き出しの暴力であって、何ら望ましい結果をもたらさないことは明らかです。

思想・宗教、知恵、技芸、力という行為の四領域を知っておくと、誰かが何か言い、また行うことが、どの領域に属しているのか、どの領域に基礎付けられているのかがわかるようになります。

(2) 祭礼・ポトラッチ――蕩尽《とうじん》の儀礼化・慣習化

蓄積されてしまった剰余を非生産的に用いる方法は、前近代社会では、支配者の建築・工芸品・服飾のほかに、民衆の間にもありました。それが祭礼・歓待・ポトラッチなどの儀礼的な集団の行為です。こうした行為を近代的な解釈では、富の蕩尽（無駄遣い）と考えてきましたが、それは前近代の人びとにとっては、共同性を再確認するための重要な機会でしたし、また、客観的には、蓄積された富を、来期の富を増やす生産的な方向にではなく、非生産的な方向に用いて、拡大再生産や資本が発生しないようにする効果がありました。

ポトラッチとは、北米太平洋沿岸の先住民の間で行われていた祭礼と贈与の儀式で、子の生誕・命名・結婚・葬送・追悼などの機会に、剰余の富を蓄えて裕福になった者が親類や友人たちを招いて、飲食歌舞をともなう宴席でもてなし、贈り物をし、客たちも返礼をした慣習を指します。北米に入植した白人たちが見聞するところとなり、広く知られて、人類学、民族学、社会学などのさまざまな研究がなされたため、多様な解釈がされていますが、経済的に見るなら、その機能は、蓄積された剰余を非生産的に消費することにあります。その点が特に、明晰に現れるのは、主客が互いに、おのれの持ち物を競って破壊し、また、相手より贈られた物をありがたく頂戴したうえで、その場で破壊してしまうなど、贈与や宴会といった相互の関係性を表示し、確認する儀式だけでなく、富の破壊そのものが目的であるかのようにふるまったところです。ときには、自分の家に火を放って燃やしてしまうとか、奴隷（財産なので贈与の対象となります）を殺してしまうなどの極端な行為に及ぶことすらあったようです。この地域の北米原住民にとって、富を蓄え裕福になったのにポトラッチを行わないことはたいへん不名誉な、評判を落とすことでしたし、また客が招待を受けず、贈り物を受け取らないのも失礼に当たりました。こうした特有の美的価値（aesthetic value）——ポトラッチで富を気前よく贈与し、また破壊することを格好良いと感ずる身体感覚や、「誰某は気前よくポトラッチをしたので、本当に豪儀な大物だ」といった名声を確保しようとする欲求——に支えられて、これらの部族では剰余の蓄積を防止する仕組みが作用していたと考えることができます。

ポトラッチのような贈与競争的で破壊的な側面は欠くものの、南太平洋ソロモン海のトロブリアンド（キリウィナ）諸島のクラ交易、ニュージーランド先住民マオリが行ったコハという交易など、世界の各地に、こうした富の蕩尽の儀礼化・慣習化された形態が発見されています。日本でも見られる諸種の祭礼や、豪華な結婚披露宴なども、人間関係の確認にとどまらず、おのれの評判や名声を気にする美的価値が、富を不生産的に、しかし、派手に消費する行動様式を支えていることを表しています。

(3) 前近代の剰余の機能——収奪、権威、文化的基盤

従来の経済史研究は、前近代社会における剰余を、収奪の対象として、それゆえ階級関係と結び付けて理解してきましたが、前近代の剰余は単に収奪の対象であっただけではありません。それは、収奪されることによって、直接的生産者の個別的な欲望の対象とはならず、豪華な宮殿や工芸品や服飾品となって上位身分の権威の表示手段の役割を果たし、身分制を外見の面から支える機能をもちました。また、収奪されきらずに、直接的生産者のもとに残された剰余や、今年用いられなかった備蓄などの民衆の富は祭礼やポトラッチなど、富を非生産的に蕩尽する儀礼で消費されました。こうした民衆的な剰余の蕩尽も、その時代の生産力水準には不相応なほどの、高度な民衆文化を創造し、維持・発展させる役割を果たしました。このようにして、前近代から育まれてきた食、音楽、舞踏、絵画、文学・演劇などさまざまな分野の蓄積が、近世以降の諸種の文化領域の満面開花の基盤となっています。

2 人口抑制

人口増加は経済成長に対して両義的な関係にあります。人口増加によって生み出されたより多くの需要と、より大きな生産力が次の時期の経済成長の原動力となることもありますが、生産力発展をともなわない場合は、増大した需要に応えることができないため、社会は全体的に窮乏し、また、より多くの人口が前の時代と同じ量の富をめぐって争うことになるため、戦争や内乱の原因ともなりました。人口増加が経済成長に帰結するか否かは、以下の二つの要因によって決定されました。一つは、増加した人口が餓えずに食べてゆけるだけの食料生産力の上昇をともなったか否かです。もう一つは、増加した人口の労働を有効に利用できたか否か、簡単に言い換えるなら、増加した人口が就くことのできる社会的に有意味な職業が充分にあったか否かということです。食と職の確保が経済成長の基本的な条件なのです。

前近代社会の農耕牧畜の生産力は、目に見えて増え続ける人口を支え続けられるほどの水準にはありませんでしたし、当時の輸送力や市場規模に規定されて、共同体の規模を超えた広域的な商工業に従事しうる可能性も決して高くありませんでしたから、人口増加に対しては、非常に抑制的な機能が前近代社会には組み込まれていました。

その一つが婚姻や相続・分家に関する規制です。婚姻関係にあっても通常は別居していて、夫が妻の家を訪れる（あるいは、その逆の）夫婦関係は前近代社会では珍しいことではありませんでした。初婚年齢を遅くすることは、生涯の出生数を低下させる効果がありますが、平均寿命が四十歳程度で、しかも婚外子に対する社会的差別ないし制裁が存在する場合、初婚年齢の制限は人口抑制に非常に効果的でした。また、相続制度と絡み合って、親の家・土地を相続するのは子のうち一人だけで、相続から外れたその他の子の場合、家庭をもつこと（＝共同体の成員となること）が認められないといった制限も前近代社会にはしばしば観察されますが、これにも、社会全体の出生数を抑制する効果がありました。

こうした出生数制限にもかかわらず、人口が利用可能な食料を上回ってしまう場合に、家の中で人の数を減らすことも行われました。妊娠した女性の堕胎や、産まれたばかりの乳児を殺すことは前近代社会では広くなされていたと考えられます。また、老いた親を殺す、あるいは山奥などに遺棄する（いわゆる「姥捨《うばす》て」）といったことも、入手可能な食料で生存するために、前近代にはなされていたものと推測されています。こうした、家の中での子殺し・親殺しは公式の記録に残らないだけでなく、村内で吹聴することでもなかったでしょうから、史料への記載は多くありませんが、口承では伝えられています。

入手可能な食料の範囲内に人口を減らすだけなら、他家の者を殺すとか、隣村の者を殺すといったことも原理的には同じ効果をもちますが、これは、他家や隣村に恨みを残し、復讐の連鎖を引き起こして、社会秩序そのものを破壊してしまう危険性があります。これに対して、自分の家の中での子殺し・親殺しは、恨みも復讐ももたらさず、子・親を殺したことの辛さを本人の心の中にしまい込めば、平和的に人口を減らすことのできる優れた方法だったのです。人口を減らすことが争いの原因となり共同性そのものを解体してしまう危険を回避して、人口を減らす仕組みが多くの前近代社会に組み込まれていたものと考えられます。

3 滅亡した前近代社会の事例

これまでに存在したすべての前近代社会が、致富を非道徳とする富の規範、宮殿・工芸、服飾品、祭礼・蕩尽への富の投入や、人口抑制などの機能で、永続できたわけではありません。滅んでしまった前近代社会もあります。滅んだ社会の記録は残りにくいので、歴史学的な研究から明らかにできることは多くはありませんが、植物（花粉）考古学、環境考古学や神話研究の知見も援用して、滅亡ないし不可逆的な変化を再構成できる事例もあります。

メソポタミアから、シリア、パレスティナを経て、エジプトのナイル河口・下流域は、いくつもの古代文明が栄え、また世界で最初に農耕牧畜を始めた場所であり、考古学や歴史学では「肥沃な三日月地帯」との呼び名で知られています。現在、それらの地域の大部分は、緑滴る大地でも、豊かな森に恵まれた土地でもなく、乾燥し痩せた土地の広がる場所です。しかし、西暦前五〇〇〇年～三〇〇〇年頃は、地球は総じて二〇世紀中葉より温暖（完新世の気候最適期〔climatic optimum〕）で、それゆえ海進（温暖な間氷期に氷河や極地の氷が溶けて海面が上昇した結果、それ以前の低地が海に没すること）の影響もあって、この地域も湿潤な気候に恵まれていました。「肥沃な三日月地帯」の西に現在広がるサハラ砂漠もこの時期には草原や森林で覆われていました。世界人口（第1章の図1-1参照））が長い停滞から古代の増勢期に入ったのもこの時期です。

これよりも前から農耕牧畜の兆しはありましたが、世界各地で本格的に農耕牧畜が定着し始めたのは、この気候最適期でした。メソポタミアやエジプトでは、農耕牧畜によって、食料生産力が従来よりも格段に高まり、王・貴族、神官・学者、兵士・役人、職人・商人など、食料生産に当たらない非農業人口を大量に支えられるほどの水準に達し、都市文明が発生し、また、文字の記録が残されるようになりました。都市の発生は次のように、さまざまな意味で木材資源への需要を増加させました。第一に、都市住民の燃料や金属の製錬・加工のために薪や木炭が必要でした。第二に、豪壮な宮殿、神殿・寺院の建材として、また、灌漑など諸種の土木工事のためにも、長大な木材を必要としました。第三に、河川航行なら細い木を組み合わせた筏《いかだ》でも可能ですが、海洋を航行するには頑丈な船が必須で、船体や櫂・帆柱を製造するために大型の木材が多用されました。そして、これらの木材を獲得するために森林を伐採したあとは、農耕や牧畜に適した草地や低灌木地となりました。

メソポタミアやエジプトの古代都市文明も、近隣の樹木を薪や木炭として切り尽くしてしまい、また、土建工事に必要な大型木材はシリアやレバノンなどの森林で、密生するレバノンスギやナラを伐採して、獲得しました。これらの巨木を伐採したあとは、牧草地や畑となり、また灌木やオリーブやコルクガシなどの乾燥に強い高木が散在するようになりました。しかし、牧草地・畑・灌木地は土地の保水力が劣り、雨風による土壌流出に対して脆弱で、高地に雨が降ると山裾では一挙に洪

ビルガメシュの彫像
（イラク，コルサバード）

写真提供
UIG／時事通信フォト

水が発生し、逆に少雨だと干害となりました。また、牧草地や灌木地の植物も、山羊、羊、牛などの家畜に食べられるなど、植生の維持は牧畜によっても阻害されました。こうして、いったん伐採された森林は、農耕牧畜そのものを安定的に可能にする条件を劣化させ、人びとは洪水と干害、土地の塩害などで悩まされるようになりました。現在の、乾燥して、植物に恵まれなくなってしまったかつての「肥沃な三日月地帯」の姿は、こうした変化の結果です。密生した森林という厚い被覆をひとたび失ってしまった土地は、その後何千年もの間、乾燥したままで、人間＝社会の活動が土地や気候に対して不可逆的な変化を及ぼしうることを教えてくれます。

こうした都市化と森林伐採を物語る最も古い記録がシュメル神話です。シュメル人とは、西暦前三五〇〇年頃からメソポタミア南東部に栄えた民族で、日本語などと同じく膠着語《こうちゃく》*2に属するシュメル語を用い、粘土板に楔《くさび》形文字を刻み、読み書きを教える学校までありました。しかし、西暦前二〇〇〇年頃にはセム語系のアッカド人に圧され、姿を消します。西暦前二六〇〇年頃にシュメルを治めたといわれるビルガメシュ（アッカド語ではギルガメシュ）は、古代オリエント世界最大の英雄ともされる人物です。それは彼が森林を伐採して、シュメルの都市文明（殊にウルク〔Uruk〕市、「イラク」の語源になった都市ともいわれ、現在はイラク南部サマワのワルカ遺跡）を最盛期に導いたからですが、殊に『ギルガメシュ叙事詩』に描かれた森の魔神フンババとの壮絶な戦いは、シュメル王朝最盛期の森林伐採のすさまじさとともに、森林に代表される「自然」が人間＝社会の「文明」によって征服されるさまを描いているとも読むことができるでしょう。注目すべきなのは、神々が人間の傲慢を懲らしめるために洪水を起こしたとされる大洪水伝説がシュメル神話にはしばしば登場することです。大洪水によって都市文明は崩壊するのですが、長大な木材で建造した大型船に人間と動物が乗り込んで、大洪水を生き残り、復活を果たすという物語は、その後、バビロニア、アッカド、ヘブライなど周辺の諸民族に伝わり、現在知られている旧約聖書の「ノアの箱舟」伝説の原型を成していると考えられています。

*2　膠着語とは、言語を形態論的に分類する概念の一つで、単語（語幹）に、それぞれ意味のある（文法的な機能を果たす）接頭辞・接尾辞や付属語を付着させて、文法関係を明示する言語です。日本語やシュメル語の

ほかに、朝鮮・韓国語、モンゴル語、トルコ語、ハンガリー語、フィンランド語、タミル語などユーラシア大陸に広く分布する言語ですが、相互の間に何らかの系統関係がある（同一の祖語から展開派生した語族であ る）とまでいうことはできません。形態論上の類型としては膠着語のほかに、屈折語（インド・ヨーロッパ語族やセム語族）、孤立語（中国語、ヴェトナム語、マレー語、サモア語など）などがあります。

森林伐採の動機は長大な木材の獲得であり、それは前近代社会の富の非生産的な利用（宮殿・神殿建築などの大規模土建工事）のためでしたが、そうした仕方での富の不生産的な利用が可能になるための不可欠の前提は、農耕牧畜の定着による非農業人口（王・貴族、神官・学者、兵士・役人、職人・商人など）の増大がありました。こうして、森林伐採→農耕牧畜の発展→非農業人口の増大→都市文明→さらなる森林伐採と農地拡大という循環的な経済成長の型にはまってしまった前近代の文明は、富の不生産的な利用のために、ますます多くの富（食料と木材）を生み出さざるをえないという矛盾に陥り、洪水・干害・塩害や表土流出によって、いったんは栄えた文明を滅ぼしてしまっているのです。

古代シュメル文明の崩壊と同様の事例は、西暦前三〇〇〇年頃から中米各地で栄え、一六世紀にスペイン人征服者（conquistadores）によって滅ぼされたマヤ文明、北米チャコ渓谷（現在のニュー・メキシコ州を中心とした地域）で日干し煉瓦による巨大集落を築いたプエブロ文化、グリーンランドのノルウェー人入植地、そして、南東太平洋の絶海の孤島イースター島の巨石文明などにも見るこ

石切り場のモアイ像
（チリ，イースター島）

写真提供
時事通信フォト

とができます。いずれも、経済成長への誘惑に屈してしまった前近代社会の末路を物語っています。

　イースター島は、一七二二年にオランダ人探検家のロッヘフェーンによって発見されたときは、木が一本もない痩せた草地に岩石が散在し、人口もわずか二千人ほどでしたが、島の各地に石でできた人頭の巨像（モアイ）が立っていました。しかし、それらの多くは数十年後には倒され、または破壊されていました。モアイ像は数十〜数百トンもある巨大なもので、木材や縄（縄の原料は森林に生える蔓や樹皮の繊維）などを用いなければ、人力では運べませんし、立てることもできません。また、島内の採石場で、石器を用いてモアイ像の元になる巨岩を掘り出すために働く人びとを支えるには、相当に発達した農業生産がなされていなければなりません。イースター島の原住民は言語からもDNA鑑定からも、オーストロネシア系（Column参照）であったことがわかっており、考古学的な調査からは、西暦四〇〇年前後にクック諸島、ソシエテ諸島、マルケサス諸島、ピトケアン諸島など東ポリネシアの島々を経て、イースター島に到達して、定着したものと考えられています。原住民が定住した頃のイースター島はヤシ類の巨木が生えていました。そこから得られる木材を用いて遠洋航海も可能で、諸種の魚介類や海産動物を捕獲し、また、島内でも森林を伐採してヤムイモ、タロイモ、サツマイモなどの栽培地を拡張して、一三世紀頃には七千人ほどの人口に達していたと推測されています。この頃から各部族の威光を示すためにモアイ像が盛んに建てられましたが、一六世紀初頭には最後の巨木を切り倒して、島は薄い草地の被覆しかない痩せた土壌に劣化し、また巨木がなくなったため、小型のカヌー程度の船しか用いることができなくなり、東ポリネシアとの交通も途絶しました。こうして、島の限られた自然の中で得られる食料や木材をめぐって部族間抗争が激化し、モアイ像の破壊にいたったと考えられています。森林伐採と耕地拡大によって経済成長の型に入ったのは古代シュメルと同様ですが、イースター島は絶海の孤島であり、ビルガメシュのようにレバノンまで木材調達の遠征に出かけることもできませんから、抗争を繰り返して、最後の巨木を切り倒したあとは、衰退の一路を辿るほかありませんでした。

Column

海を渡る人びと――オーストロネシア系諸族

オーストロネシア系諸族は、元来は現在の中国・福建省辺りに起源があり、それが西暦前三〇〇〇年頃に台湾に渡り、さらにフィリピン、インドネシアへと広がりました。そこから、東へ進んだグループはニューギニア北岸から、メラネシアへ、さらに、ミクロネシア、ポリネシア、ハワイなど太平洋の島々へ居住域を広げ、また、西へと進んだグループはインド洋を渡ってマダガスカルにまで到達しています。およそ三～五世紀頃がオーストロネシア系の地理的拡散が最大に広がった時期で、イースター島、ハワイ、マダガスカルに到達しています。その後、クック諸島の一群は一〇～一三世紀にかけてニュージーランドに移住して、マオリ人の先祖となり、チャタム諸島に渡った一族はモリオリ人の先祖となりました。

オーストロネシア系の人びとが移り住んだ島の多くで、それまで存在していた鳥獣が消滅し、森林破壊も進みますが、そのことはオーストロネシア系が他の諸民族よりも自然に対して収奪的な文化や行動様式をもっていたということは意味しません。彼らが移動を開始した時期には、すでにユーラシア大陸の大部分の地域は他の民族が優勢であったため、オーストロネシア系は太平洋やインド洋の島々に移住するという戦略を採用するほかなかったのです。それぞれの島の特殊な（外敵の存在しない）環境に適応して進化してきた動植物は、移住してきた人間に対して非常に脆弱でしたし、石器時代の技術水準でも、人間は一つの島内の自然を不可逆的に変えてしまうことは容易でした。

島々を「開拓」したオーストロネシア系に比べるなら、ユーラシア大陸に広く分布したさまざまな民族も同様に森林を破壊し、自然を不可逆的に変えましたが、森林・動物、新たな耕地・牧地を求めて、「文明」の中心地を次々と移し、また、樹種を乾燥に強いものに変えることで、何度もの変容（一つの都市文明の崩壊・滅亡と新しい文明の復活）を経験しながら、全体としては生き延びてきたのです。

前近代において、当事者たちの主観的な意図は富の不生産的な消費・蕩尽にあったのかもしれませんが、結果的に経済成長への誘惑に屈した社会は、こうして滅び、また不可逆的に衰退してしまいました。では、なぜ、近現代の経済は経済成長の軌道に乗ったのに滅亡も衰退もしなかったのでしょうか。それとも近現代の経済は、いまや滅亡の直前にあるのでしょうか。この点については第Ⅳ部で再び考えてみることにしましょう。

4　前近代社会の体系性

さて、滅亡せずに持続した前近代社会に戻ることにしましょう。そうした前近代社会は、疑われざる規範と身分制と共同体とによって、社会の存続が可能であると同時に、共同性を崩壊させる危険性のある個人の欲望は厳重に規制する体系を成していました。それは、一方では、進歩や発展に心を動かされない「伝統の規範」＝保守主義の文化であり、他方では、蓄積された剰余の富を、来期の富の増大のためには用いず、宮殿・工芸・服飾や祭礼・ポトラッチで非生産的に用いる経済でした。そこには、現在のわたしたちの常識的な感覚からするなら、当時の生産力にしては驚くほど豪壮な建築や工芸・服飾品と、やはり驚くほど高い民衆文化を生み出す秘密が隠されていました。こうした富の非生産的な利用によって、高い身分の者たちの権威が外形的に表示され、権威的秩序の安定性に寄与するとともに、個別的な欲望を規制する規範の体系全体を支える役割も果たしていたと見ることができるでしょう。

文献案内

前近代社会の富の規範については、モース［2014］、祖父江［1990］、および桜井［2011］、山口［1982］が有益です。また、前近代社会の滅亡・衰退事例に関しては、湯浅［1993］、中村［1995］およびダイアモンド［2012］を参照してください。また、ダイアモンド［2017b］は歴史研究の成果ではありませんが、現在のわたしたちが前近代社会の規範や人間関係を想像し、理解するうえで格好の素材を与えてくれます。

第6章 前近代の市場、貨幣、資本

さて、ここまで、近現代の市場経済とは異なる前近代社会のさまざまな側面を見てきました。しかし、前近代社会には、市場、貨幣、資本など、近現代社会と共通する要素も含まれていました。そこで、本章では、市場、貨幣、資本について前近代社会から現在の市場経済まで適用可能な広い定義を与えるとともに、前近代の市場の諸類型と資本主義・市場経済の起源について考えてみることにしましょう。

1 市場、貨幣、資本の一般的定義

(1) 市場

市場（market）とは、「いちば」と読まれる場合は、商品の交換がなされる場を意味し、また「しじょう」と読まれる場合は、商品交換（commodity exchange）の場の有する機能や、商品を交換する人間関係をも意味します。商品の交換とは、特定の使用価値・効用（utility）を有する商品が元の所有者Aの手を離れて、新しい所有者Bのもとへ移転し、その商品の対価をもつ他の商品・貨幣が逆にBからAに移転することをいいます。ただし、AとBの間で、特定の使用価値を有する財・サービスが双方向的に移転していても、商品交換とはみなせない関係もあります。たとえば、貢納制で見たような朝貢と返礼や、現在でも行われている中元や歳暮とその返礼も、商品交換と同型の財・サービスの双方向的な移転ですが、それらを現在、商品交換とはいいません。それらは経済学の通常の認識対象の外側にある贈与経済（gift economy）や贈与交際（gift communication）に分類されます。商品交換と贈与経済・贈与交際との相違は、商品交換ではA・B両者が相互に、相手方の所有する財・サービスの使用価値・効用の獲得を目的として、財の双方向的な移転がなされているのに対して、贈与経済・贈与交際では、A・B両者の間に成立している（ないしは、今後成立させたいと考えている）関係を確認するなどの儀礼的な目的が財の移転に込められており、相手方の所有する財・サービスを獲得することは目的（少なくとも主目的）ではありません。

(2) 商品交換と互酬性（モノの移転）

このように、モノが両者の間を双方向的に移転することにはいくつかの類型が考えられます。社会学や人類学では、贈与や交換のさまざまなあり方を、いったん「互酬性（互恵性、reciprocity）」という概念に一括します。むろん、相互に酬《むく》いる——相手から何かもらったり、してもらったりしたら、必ずお返しをする——のが、この互酬性の本質ですが、酬い方にはいろいろとあるので、以下のような類型を構成して、さまざまなモノの移転関係を整理します。第一が「一般的互酬性」で、家族・親族内や、親しい者の間で、食べ物を分け与えたり、肩を叩いたり、腰を揉んであげたりすることなどを指します。つまり、これは親密な関係の者たちが生活・生存（life）のために富・行為を遣り取りすることですが、そこに作用しているのは扶養や、共同生活や、共同体内道徳などの原理ですから、必ずしもただちにお返しがなされることは期待されませんし、またお返しの等価性も必ずしも求められません。長い年月を共に暮らす人びとの間で持ちつ持たれつ、お互い様で生きるうえで、モノが移転するのが一般的互酬性です。親が幼子を養育し、その数十年後に、成長した子が老いた親を介護するとか、AがBに経済史のノートを貸してあげたので、次学期はBがAに線形代数学のシケプリを貸してあげるとか、春に筍《たけのこ》がたくさん採れたので隣家にお裾分けし、その返礼に夏に実った西瓜《すいか》が隣家から贈られるといった関係です。第二は「均衡的互酬性」で、誰かから何かを与えられたら、ただちに、しかも、できる限り等しい価《あたい》のお返しをすることが望ましいとされている、モノの移転関係です。ここでは、移転は双方向的であり、かつ等価的であることが期待されます。これは、経済学が認識対象としている商品交換に近い性格をもっていると考えることができます。第三の互酬性が「否定的互酬性」で、こちらからは何も与えないが、相手から一方的に奪い取ろうとするモノの移転関係を意味します。この型の互酬性には、詐欺瞞着《さぎまんちゃく》や窃盗、賭け事、さらに前近代社会における収奪のように、一方が利を得ることが、他方の損になるような関係です。つまり、BはAに何か有用物を与える（奪われる）が、AはBに対して損失や被害感情しか与えないという、返礼も等価性も成立しない、否定的な移転関係です。

(3) 貨　幣

貨幣（money）とは、均衡的互酬性に等価性を成立させ、それを商品交換とする装置です。モノの双方向的な移転に等価性を成立させるために、貨幣には以下の二つの性格が備わっていなければなりません。第一は、価値表示機能です。二つの異なるモノを等価であるというからには、それぞれのモノの個別的な使用価値・効用では等価性は計れませんから、人の際限のない欲望の対象となるすべてのモノは、価値（value）という単一の物差しで計られることとなります。その価値は、貨幣によって表示されると、価格（price）となります。価格とは貨幣で計った価値です。商品交換の等価性を成立させるために貨幣が備える第二の性格は、誰にでも受け取ってもらえるということ（general acceptability）です。ある者はそれを受け取るが、他の者たちは受け取らないのでは、それはすべての商品交換の等価性を成立させる装置たりえません。*1

＊1　誰もが受け取るわけではないが、相手に対して何か不都合なことをしたり、相手の機嫌を損ねたり、あるいは相手に引け目を感ずる際に、その相手に特定のモノを差し出すことで、相手の心を穏やかにし、相手との関係を回復するために用いられる貨幣があります。こうした特定の相手に対して、特定の目的のために差し出される貨幣を特殊目的貨幣と呼びます。日本で社寺に収めるお札《ふだ》や幣《ぬさ》はこうした特殊目的貨幣の一例です。しかし、お札や幣は誰でも受け取ってくれる貨幣ではないので、商品交換に等価性を成立させる装置としては機能せず、そこでは、どうしても一般的な貨幣が必要になります。

貨幣はこうして、商品交換の等価性を成立させる二つの性格を基盤として、すべての商品の価値を計る価値尺度機能をもつとともに、商品の流通を媒介する流通手段機能ももつようになります。こうして、すべてのモノは貨幣が媒介することによって、いつ、どこでも商品として交換の対象となることができるようになります。

ここに、さらに「時間」という要素を入れると、支払手段と蓄蔵手段の機能が発生します。支払手段（means of payment）とは、商品と代価との交換が同時になされるのではなく、商品が先にAからBに引き渡され、一定期間、たとえば三カ月後に、その代価が支払われるといった信用取引（credit transaction）[*2]における、BからAへの対価の移転に用いられる貨幣の機能を指します。蓄蔵手段（means of storage）とは、手許にある貨幣をいますぐ用いて何かを買う（＝現在の欲望を充足する）のではなく、将来のより大きな欲望充足のために、貯めておく機能を指します。多くの社会で用いられてきた貨幣は貝殻、石、貴金属などを材質としており、また現在の貨幣は、貴金属という裏付けを喪失して、単なる計算上の記号にすぎません。こうした貴金属や記号は、腐敗・崩壊したりしませんし、摩滅してなくなるということもありませんから、さまざまなモノ（欲望の対象）の中で、蓄蔵に最も適しているのが貨幣ということになります。貨幣さえあれば、際限のない欲望を満たすのに、バナナやおにぎりを食べすぎて苦しい思いをすることもありません。より多くの貨幣を獲得すれば、より大きく、また多種多様な欲望を充足することができますし、また将来の欲望充足のためにとっておくこともできます。

＊2　信用取引とは、対価を支払うべき者の将来の支払能力を信用して、商品を先に引き渡す取引の形式です。これは、ユダヤ教・キリスト教・イスラム教における神と人間の関係——神はこの世界を先に創造し、人も生み出し、その人にこの世界を与え、託し、人は神の言葉を守るという契約関係——を引き写しています。つまり、神は人がこの世界を好き放題に支配する権利を先に与えます。しかし、その時点で、人は神との契約関係を完全には履行していません。人の側の義務は、神の言葉や戒律を忘れずに守り続け、伝え、いつの日か神の栄光を顕現することであって、人から神に対する義務履行は、神からの世界の贈与・付託よりもあとになされます。こうした神と人の関係を信約（covenant）といいますが、これが信用取引の宗教的な原型ということができます。

⑷「商品経済」「貨幣経済」という概念

商品経済（commodity economy）や貨幣経済（monetary economy）とは、商品・貨幣・市場の存在とともに古く、どの時代であっても、その時代の経済全体の一部分は、市場での商品交換や、貨幣を媒介にした欲望充足という姿をとります。しかし、商品経済や貨幣経済は、その時代の経済全体の特質を表現する概念ではありません。したがって、古代や中世に商品経済が営まれていたとか、貨幣経済が行われていたということは、古代や中世の経済が現在わたしたちが知っている経済のあり方――市場経済（market economy）あるいは市場社会（market society）、第Ⅲ部第8章参照――と同一であるということを何ら意味しません。商品経済とか貨幣経済という概念は、ある時代の経済全体のうちには、商品交換や貨幣の媒介という姿をとって欲望が充足されている部分があったということを示すにすぎません。商品経済・貨幣経済と市場経済とを混用・誤用すると、商品・貨幣・市場という経済現象が発見されるなら、ただちに、それは近現代の市場経済と同じであるという概念の濫用に結び付きますので注意が必要です。

⑸　資　本

資本（capital）とは、端的にいうなら、自己増殖する貨幣です。むろん、放置しておいた貨幣が自動的に増殖するなら、それは化け物であって、現世の存在ではありません。貨幣は自己増殖するためには、姿形や持ち手を変えなければなりません。したがって、正確に定義するなら、姿態変換しながら増殖する貨幣のことを資本と呼びます。ここで、貨幣を増殖させている原動力が、人の際限のない欲望に起因することはいうまでもありません。

元の貨幣額と比べて増殖した分を利潤（儲け、profit）といいます。したがって、資本とは、利潤を求めて運動する貨幣（の元手）のことです。運動の出発点にある元手を、「頭（cap）」とか「生命の躍動の源（capital）」という語で表現したのが資本です。

資本とは、際限のない欲望が、貨幣経済においてとる最も典型的な現象形態ですが、個々のモノに対する生《なま》の具体的な欲望はそこでは消え去っていて、ただの抽象的な際限のない欲望だけが、そこには表現されています。しかし、欲望の個別性・具体性を消し去ることによって、将来のより大きな欲望の充足のために計算し、投企（project）・投資（invest）するということが可能になります。この意味で、資本は、人の欲望の際限のなさをよく表していますが、生の具体的な欲望は抑圧されており、抽象的な致富の欲望として発現しますから、そこに作用している人の際限のない欲望は見えにくく、むしろ、貨幣が人に向かって、「我を殖やせ」と命じているかのように見えます。本来は人の欲望なのに、あたかも物（貨幣）が自己の意思で増殖しているという姿をとることを、マルクスは疎外（alienation〔エイリアンのような異物にすること〕、Entfremdung〔よそよそしいものにすること〕）

と呼びましたが、疎外とは、本来は人の側に備わっている性質（際限のない欲望）が、人から独立した物の本性であるかのように、人に認識され、人の行為を逆に規定していることを表現する概念です。

2　前近代の市場の三類型

すでに見てきたように、前近代社会にも市場があるのは、決して珍しいことではありません。では、前近代にあった市場はどのような特質をもっていたでしょうか。以下では前近代の市場を三つの類型（局地的な公開市場、広域的な遠隔地市場、私的取引）に分けて、前近代の市場がただちに資本主義・市場経済には到達しがたい根拠を考察することにしましょう。

(1)　局地的公開市場

多くの前近代社会で観察可能なのは、局地的公開市場（local open market）です。それは世界の各地に存在してきた市場町や市場村で、日本ではたとえば六日市とか十日町といった地名としても残っています。こうした局地的な公開市場は、参加者の限定性、定期性、継続性、公開性という重要な特徴を備えています。この市場に参加するのは、必ずしも職業的な商人ではなく、日頃は別の仕事（農耕牧畜や手工業など）をしている人びとで、彼らが市場の催される日に、三々五々近隣より集うのですが、朝、家を発《た》って、歩いて市場に到着し、そこで、自分の持ってきた物を売り、必要とする物を買い、また、知り合いと挨拶しながら、さまざまに情報交換や噂話をするのに何時間か必要とすると、日が暮れるまでに家に帰り着くためには、市場から半径一五キロメートルほどの範囲内に住んでいる人びとしか、市場には参加できません。つまり参加者は限定されています。しかし、市場は十日に一回とか、毎週何曜日に一回とか、定期的に開催され、市場の側から見るなら、参加者は継続しています。しかも、すべての取引は人びとの見聞きすることのできる公開的な状況でなされます。地理的に限定された参加者が定期的かつ継続的に集って、公開の場で取引をしますから、詐欺瞞着は発生しがたくなります。一度でも量目を偽ったり、品質の悪い物を売り付けたりした者は、皆に記憶され、また噂にもなりますから、そうした市場には二度と参入できなくなるからです。

こうして、正直な商売を約束通りに行うというルールを実現させる性質が局地的な公開市場にはおのずから備わっているということができますが、そのルールは人為的にも担保されています。市場の場を提供し、また、市場での揉め事を裁く機能は、市場から自動的には発生しないからです。市場の場を提供し、また裁判機能を担うのは、その地域の領主や、市場が開かれる町・村の共同体となるでしょう。彼らは、市場に集う人びとから参加料（市場税）を徴収することで経済的な利益を得るだけでなく、市場開設者には、集う人びとのもたらすさまざまな情報や技術を得るという有利もあります。その代わりに、領主や市場町・村は、市場秩序を監視し、何か係争事が発生したなら、公平な裁判権力を出動させることで、市場参加者の安全と安心を担保するのです。

したがって、こうした局地的公開市場に参加する者は、誰かに欺されて損をするという危険性はほとんどありませんが、逆に誰かの無知につけ込んで高く売り付けて儲けをあげるといった可能性もありません。こうした市場に作用しているのは、生存（subsistence）の原理であって、誰かが一方的に損をし、別の誰かが得をするという事態を予定していません。それゆえ、局地的な公開市場には、慣習的な公正価格（customary fair price）ともいうべき観念が成立し、その価格から大きく外れた取引は許されません。それよりも高い値段で売り付けるのはむろん禁じられますが、誰かが他よりも効率的な生産方法を編み出して、価格を引き下げることに成功しても、他より廉価で販売して、他の生産者を市場から駆逐するようなことは許されません。そもそも従来と異なる方法で生産された物自体が公正な商品とはみなされず、市場に持ち込めないこととなるでしょう。こうした市場は、詐欺瞞着も発生させませんが、効率化や技術革新を進める動機も阻害しているのです。そこで行われているのは、確かに商品交換にほかなりませんが、そこに発見できる互酬性は、皆がお互い様で生きる一般的互酬性に近いということができるでしょう。

(2) 広域的遠隔地市場

局地的公開市場と対極的な性格を示すのが広域的遠隔地市場（wide-area distant market）です。これも、隊商が集まるバザールや、商船が入る港町など、古くから存在する市場のあり方です。しかし、この市場に参入するのは半径一五キロメートルほどの狭い範囲の者ではなく、はるかに広い範囲から長距離を移動してくる専門的な商人たちです。それゆえ、こうした市場は、参加者の限定性、定期性、継続性、公開性という局地的公開市場の備えた性格を必ずしも備えていません。遠方から珍しい物を携えてきた商人なら誰でも市場に参入できますが、その商人がどこから来た、どのような人物なのかについて、他の参加者は充分な情報をもつことができません。しかも、遠方から来る商人は、次にいつ、その市場に来るかわかりませんし、市場参加者たちの継続性もありません。それゆえ、取引が他の人びとの面前でなされるとしても、ほとんどの者は、その商品についても、その売り手についても充分な情報をもっていませんから、商品の品質や量目や価格が正当であるか否かについての判断基準も欠けることになるでしょう。情報は需給いずれかの側が独占していて、潜在的な売り手と買い手の双方が同等・同質の情報をもって取引に臨むということ（情報の対称性）は期待できません。

こうした広域的な遠隔地市場では、情報の対称性よりも、情報の差・偏在や不完全性が常態です。

その背後には、売り手と買い手の側の価値体系・価格体系の差が作用していて、その差が巨大な儲けの機会となっているのです。それゆえ、こうした市場では詐欺瞞着が常態といっても過言ではなく、[*3]売り手と買い手の双方は欺されないために、相互にあの手この手の術策を弄《ろう》せざるをえませんが、珍しい物を入手して、自分の出身地の市場で王侯貴族、大寺院の高位聖職者、大商人などに売り付けて、儲けようとする意欲が、詐欺瞞着の危険性に打ち克《か》って、取引が成立することになります。逆にいうなら、この広域的な遠隔地市場では、相手に買わせ、また、出身地の市場で顔見知りの富者たちに売り付けることに成功するなら、莫大な利潤が発生する可能性があるのです。ただし、利潤の可能性がある一方で、損失の可能性も常に存在しています。そのうえ、利潤の可能性があるとはいえ、その利潤とは、富者が貧者から収奪した剰余の大きさを超えることはできませんから、利潤にはおのずと限界があります。また、この広域的な遠隔地市場は貧者の生活必需品を提供することはできませんから、社会全体を摑むにはいたらず、社会の需要のごく一部、富者・権力者の奢侈《しゃし》的な需要を摑むことができるにすぎません。

＊3　ドイツ語で、「交換する（tauschen《タウシェン》）」と「欺す（täuschen《トイシェン》）」が同じ語源から派生した語であることは、広域的遠隔地市場での売買の本質を反映していると考えることができます。

Column

ディック・ウィッティントンの猫

イギリスでよく知られたディック・ウィッティントン（Dick Whittington）の物語では、貧しい地方出身のディックは、売り物を風呂敷に包んでロンドンまで来ますが、商売に失敗します（広域的遠隔地市場における損失の経験）。めげそうになったディックは、しかし、教会の鐘の音に励まされて、ロンドンの大貿易商人の家の丁稚として働くことを決意します。ある日、主人から、遠国との貿易に船を出すことになったので、ディックにも何か輸出品を提供するようにと促されますが、ディックには、遠国で売るべき何物もなかったので、仕方なく、飼い馴らしていた猫を貿易船に載せることにします。この船がアフリカ（あるいは東洋）のどこかの国の港に入ったところ、その国の宮殿では鼠の大発生で、宝物が齧られ、食料も狙われていたので、ディックの積み込んだ猫がたいへんな高価で売れました。船が無事にロンドンの港に戻り、ディックには巨万の富がもたらされ、その後、ディックは才覚を現して出世して、主人のお嬢さんと結婚し、自らも大商人となったあと、最後はロンドン市長（The Lord Mayor，国王の入市を許可することのできるほどの権力を備え、貴族と同格の市長）にまで登り詰めるという話です。ディックの猫はロンドンでは一銭の値打ちもない、単なる野良猫でしたが、アフリカの王宮では巨万の富とでも引き替えに欲しいものだったのです。情報の差や価値体系の差に基づく利潤の可能性をこの物語は非常にわかりやすく伝えています。

(3) 私的取引

私的取引（private marketing）は、営まれる地理的な環境という点では、局地的な公開市場と同じです。市場の近隣の者たちが定期的・継続的に集って、生活必需品を中心とした商売を行っている環境です。局地的な公開市場と異なるのは、第一に、売り手の一人が、従来よりも効率化された生産方法を編み出して、従来の慣習的な公正価格よりもはるかに安い値段で、同質の物を提供できることです。しかし、それを、市場参加者の面前で売ったら、ただちに従来の公正な生産方法に基づく製品ではないことが見破られて、市場から放逐されてしまうかもしれません。したがって、この向上心に溢れる売り手＝生産者は、公衆の面前では自分の生産物を売ることができません。したがって、局地的公開市場との第二の相違は、公開的ではなく、彼の製品が公正な生産方法に基づかないことを知っていても、実用上何ら問題ないと判断する者との間で、個別的に隠蔽された形で取引するところにあります。つまり、これは、局地的公開市場という場を利用してなされる闇商売なのです。

この売り手の製品は製造原価が従来の物よりもはるかに低いですから、闇商売で公正価格より低い値段で売っても、充分な利潤をあげることができます。この利潤は詐欺瞞着や情報の差に基づくものではなく、生産方法の効率化・生産性上昇による利潤ですから、常に儲かる必然性がありますし、また、近隣の人びとの生活必需品を売るわけですから、それに対する需要は常に広く存在することになります。詐欺瞞着や情報の差にはよらないが、売り手買い手の双方が納得する価格で売買することで、従来は不可能であった利潤をあげ、しかも売り手と買い手のどちらも損をしないという[*4]、新しい商売の可能性はこうした私的取引で開かれたということができます。

＊4　私的取引では、売り手と買い手のどちらも損をしませんが、同種の製品を従来通りの方法を固守して製造販売する者は、買い手が新種製造法の商品でも問題ないことを知るようになるにつれて、徐々に市場から駆逐されることになるでしょう。つまり、そこには優勝劣敗の市場原理が作用することになるのです。

3　資本主義の起源と前近代の市場類型

資本主義とは、すでに見たように、身分制と共同体の規制が解体したあとに、第Ⅲ部で詳述するように、資本の運動を通じて、人間＝社会の必要とするモノで、市場で売買されるモノがすべて供給されるようになる社会です。それゆえ、資本主義（資本制的生産様式）とは、何らかの共同体に関連付けられた生産様式ではありませんが、特定の市場のあり方に関連付けられていると考えることができます。

これまでの経済史研究は、局地的公開市場か広域的遠隔地市場のどちらかに、資本主義の育てられる揺り籠を見出してきました。局地的公開市場の地域的な拡大と機能的な進化・深化を経て、遠隔地市場も再編する形で、社会の物的再生産を資本が掌握するようになったという説が一方にあり、この説では資本主義の最初の担い手は、局地的公開市場で正直な商いをしてきた中小の生産者――その多くは農耕兼営の、農村商工業（第Ⅲ部第9章参照）に従事する者――だということになります。これに対して、広域的な遠隔地市場が地域内部にも浸透し、局地的市場を包摂することで資本主義社会は形成されたという説が他方の極にあります。この説では、資本主義の最初の担い手は、巨万の富を蓄える可能性があった都市の大貿易商人であり、また、そうした大商人が生産者を組織化することを通じて資本主義は成長したと考えられることになります。

しかし、前節で見たように、局地的公開市場は生存の原理に基づくがゆえに、誰かが利潤をあげる可能性が極小の市場のあり方です。他方で、広域的な遠隔地市場は、利潤の可能性はありますが、それは一か八かの賭けのようなものであるうえに、たとえ、儲かるとしても、その利潤は、領主や富者の収奪した富の総量を上回ることはできず、しかも、社会のすみずみまでの物的な再生産には無縁のところで利潤を追求していますから、社会の再生産をどのように掌握するのかという点で、難点が残ります。

それゆえ、私的取引が徐々に、局地的公開市場で旧来型の規制に縛られた生産者を駆逐するとともに、優勝劣敗の原理を市場に導入し、また、そうして達成された高い生産性が遠隔地市場でも発揮されることによって、世界の経済が資本主義によって掌握されるようになったのだという第三の説を本書は仮説的に採用します。

文献案内

前近代の市場と、その資本主義への変化の過程については、大塚［1977］、勘坂［1993］および勘坂［1994］を参照してください。また、近世イングランドとウェールズの農村市場に注目して私的取引を論じたChartres［1990］に収録されたAlan EverittとJ. A. Chartresの論文も有益です。また、本章では触れませんでしたが、ヴェーバー『プロテスタンティズムの倫理と資本主義の精神』もぜひ参照されるべきでしょう。

第III部

近世

変容する社会と経済

スペイン語

アラビア語

第Ⅲ部では、前近代の社会・経済から、どのようにして近代の社会・経済に変容して、資本主義・市場経済が成立するにいたったのかを概観します。前近代から、近代への変容ないし移行の過程を近世と呼びます。それは、際限のない欲望に対して社会的な規制が作用し、また剰余の富を不生産的に用いる社会から、際限のない欲望があらゆる個人に対して解放されていく、緩慢ではあるが着実で不可逆的な変化の時代です。その変容・移行には現在の時間感覚からするなら非常に長い期間を要しました。むろん、前近代の悠久の長さには及びませんが、近代の社会・経済が産業革命によって確立してから現在までおよそ二世紀しか経ていないのに対して、移行過程としての近世はそれだけでおよそ四世紀（ほぼ一五～一八世紀に相当）におよぶ時間を要しています。近代の社会・経済は成立してから一世紀ほどで、わずか数十年の移行期間を経て現代に変容しますが、近代から現代への変化の速さに比べるなら、前近代から近代への移行ということに含まれている変化の大きさと重さが推測されます。まず、第7章では近世についての総説を提示し、第8章では近現代の社会・経済を特徴付ける市場経済と資本主義という概念を定義し、第9章以降で、近世の市場と経済活動の特徴、近世の経済と国家の関係、近世の経済規範について論じます。

第7章 総説——前近代から近代への移行

経済現象のほとんどは過去からの蓄積で決まっています。生産力を構成する労働も労働手段（道具や機械）も急に増やすことはできませんし、生産関係も急には変わりませんから、経済現象は過去からの慣性を強く帯びています。政治的な変化、殊に革命や政変や、文化現象の流行のように、ある朝目覚めてみたら世の中が変わっていたというような劇的な変化はしません。しかも、前近代のさまざまな社会（共同体類型や生産様式）と、近現代の社会との間には、本章で見るように、いろいろな点で根本的な相違がありますので、その移行過程には、前近代的な要素と近代的な要素の混在や共存と、交替、ときには近代的な要素から前近代的な性格への後退をも含む、さまざまな特徴を発見することができます。いまひとつ、近世を見る際に大切なのは、市場経済と資本主義的な経済活動の生成にはいくつかの異なる経路が世界にはあったと考えられているのに対して、実際に完成し確立した市場経済・資本主義は西洋に由来するものであり、また、欧米諸国で確立した制度に、経済的のみならず政治的にも軍事的にも、包摂され、また征服・侵略される形で、非西洋における市場経済・資本主義への移行は完了したということです。つまり、近世とは前近代から近代への大きな、しかし非常に長期を要した転換であるにとどまらず、さまざまにありえた転換の可能性が独立に展開して多様多彩な市場経済・資本主義社会を生み出したのではなく、西洋を中心にして一九世紀中葉までに成立した単一の世界資本主義の中に組み込まれるという仕方で転換が進行した時代だったのです。非西洋諸地域については、それぞれの地域の独自の市場経済・資本主義発展の可能性のあった時代を近世と、それらが西洋に由来する世界資本主義に包摂される時代を近代と、呼ぶことにしましょう。

1 「移行」のイメージ

前近代から近代への移行の最も単純なイメージは、図7-1(a)(「瞬時の移行」)のように、ある時点を境に前近代社会が終焉し、その直後には近代社会が百％完全な仕方で成立している、すなわち、移行は瞬間的に完了しているというものです。

しかし、革命やクーデタのような政治的激変ですら数日から、長い場合は十年にもおよぶ時間的推移の中で発生しますから、経済や社会がこのように瞬間的に変化するなどということは実際にはありえません。

したがって、移行に時間という要素を入れる必要があります。図7-1(b)では、前近代から近代への移行は時点Aに始まり、単調に進展して、時点Bで社会は一〇〇%近代的な要素で満たされて、近代社会が完成したことになります。これが現実に想定しうる最も単純な移行のイメージでしょう。そこでは、移行の速度（斜線の傾き）は一定で、時点Bで社会は完全に近代化され、前近代の要素は消滅します。

ここで、移行の速度が一定ではなく変化し、また、前近代的な要素が完全に消滅するのではなく多少は残るという移行の仕方なら、図7-1(c)のようなイメージとなるでしょう。また、移行の速度が正ではなく、負（右下がりの曲線）になれば、前近代的な要素が再び増加するといった逆転現象が発生することになります。

図7-1　時代の移行のイメージ

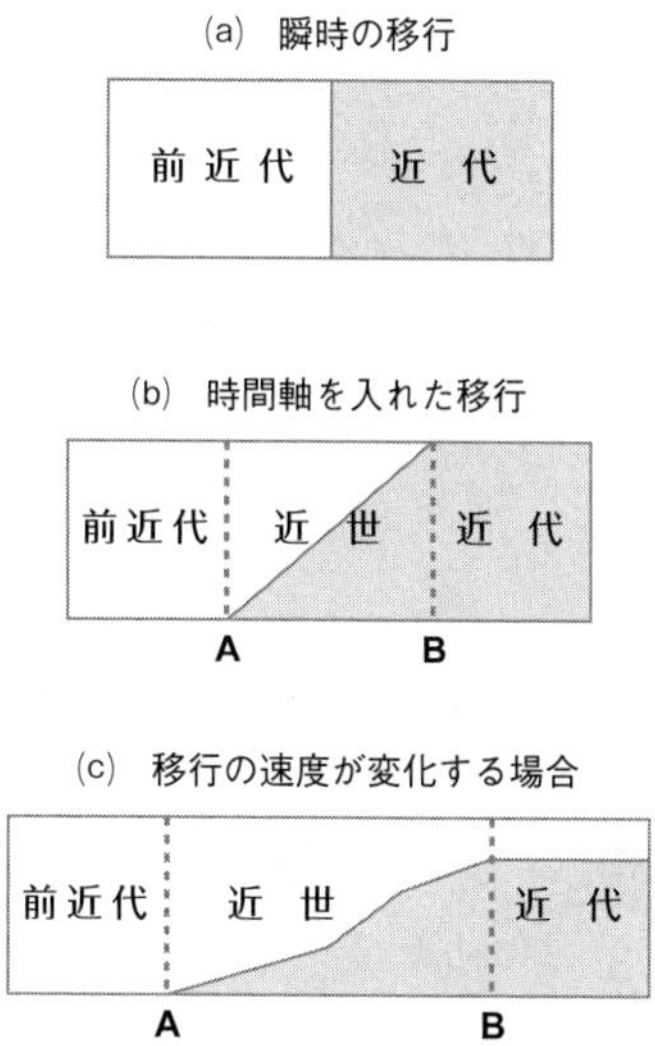

以上のイメージでは、前近代から近代への移行は縦軸一本の物差しで表示されていますが、これも現実には、市場経済の発達、

生産要素市場（殊に土地市場と労働市場）の成立（第Ⅳ部第15章）、職業選択・移動の自由、資本主義的な経済制度の整備など、さまざまな物差しで表示されなければなりませんから、上で描いてきたような二次元（平面）的なイメージではなく、正確には、多次元（物差しの数＋時間軸）の変化として描かれることになるでしょう。

こうした移行のイメージに対しては、それが、近代をあたかも到達すべき目標であるかのように描いており、それゆえ、時の経過を結局は、前近代と近代との二分法で描こうとする無理な試みではないかとの難点を指摘しうるでしょう。歴史学の側では、こうした目的論的な歴史叙述の方法を無自覚に採用することに、殊に強い批判が繰り返されてきました（たとえば、遅塚・近藤［1993］）。

こうした難点や批判は承知のうえで、本書があえて上述のような移行のイメージを描くのは、経済史的に見るなら、世界の各地は明らかに、次章で概観する市場経済・資本主義という特徴を備えた社会に、そうして、第Ⅳ部で詳説する近代社会へと、例外なく変化してきているからです。むろん、例外なく変化しているとはいえ、その中には、西ヨーロッパに見られたように、その地域で始まった市場経済・資本主義発展の延長上に近代への移行がおおむね進展した事例と、日本や中国に見られたように、その地域で独自に市場経済・資本主義への変化が始まりはしたものの、およそ一九世紀のどこかの時点で、その地域に独自の変化が、西ヨーロッパを中心とした世界資本主義に包摂されて、路線転換する仕方で移行が進展した事例と、さらに、かつてのいわゆる「未開地域」

の多くのように、その内部では市場経済・資本主義への変化は何ら胚胎せずに――それどころか、しばしば狩猟採集経済に留まったままで――二〇世紀のどこかの時点で、その地域の前近代的な経済・社会がまるごと世界資本主義に飲み込まれることで否応なく近代への移行が進展した事例――本書の定義では、こうした地域には近世はなく、前近代から一挙に外力によって近現代に突入したことになります――との差は検出可能ですが、近代への移行そのものを免れた事例がどこにも存在しないということは、否定しがたい事実なのです。こうした意味で本書は、近代の社会・経済の原理は、現在の世界を全体として眺める場合にも、各地域ごとの個性を見る場合にも、決して無視することのできない非常に重要な要素であると考える立場に立っています。

しかも、各地は、単一の世界資本主義の一部として、近代へ移行したのですが、移行の結果、発生した近代の社会・経済のあり方も、その地域がどのような移行過程を経験したかによって大きく左右されていますので、近世を知ることは、いまを理解することに直結する重要性を帯びているということができます。

2　移行の意味――何から何へ

これまでの歴史研究や経済史研究が議論してきた前近代から近代への移行の意味は、大別すると、以下の三つに分けることができるでしょう。第一は、身分制と共同体に特徴付けられた伝統的な社会から、自由な諸個人の契約によって共同性のあり方が決定される市民社会への変化であり、第二は、前市場社会から市場社会への変化であり、第三は、封建制（ないしその他の前近代の生産様式）から資本制への変化です。第一は、人間関係を構成する原理の変化を物語り、第二は、従来の個々の財・サービスに対する実物的な欲望充足を目指す仕方から、いったんは誰もがより多くの貨幣を獲得する欲望充足へと変化することを通じて、分業の編成原理が、貨幣が媒介する仕方へと変わることを意味しており、第三は、生産様式（生産力と生産関係の組み合わせ）の変化を意味しています。これら三様の変化は全体として、際限のない欲望が規制から徐々に解放されてゆき、前近代社会の欲望や富に対する規範は弛緩することを意味します。

(1) 人間関係を構成する原理の変化

人と他者との関係を決定する原理は前近代社会では、掟・定・分・矩などとして予め定まっていました。殊に日常的に関係を取り結ぶことが予定されている相手との人間関係の型は、身分制と共同体に体現されて、その安定性が担保されていました。非日常的で偶発的な人間関係は予定的に律することはできないものの、相手が同じ身分か、上下の身分かといった相違や、共同体の内側の者か外側の者か、外側の者であっても協調関係にある隣村の（あるいは同じ職種の他都市のギルドの）者か、それともまったく由来不明の完全なよそ者（alien）かといった基準は予め用意されており、人間関係の決定において、自由な選択に委ねられる余地は極小に留められていました。その客観的な目的が共同性（つまり前近代においてヒトが人として生きるための最低限の条件）の保護にあったことは、すでに第Ⅱ部第3章第3節で見たとおりです。ところが、近代における他者との関係は、身分制や共同体などの掟・定・分・矩から自由な諸個人の存在を前提として、彼らの自由な契約関係――誰と契約を結ぶのも、その契約を変更したり、破棄したりするのも、また、そもそも誰とも契約関係に入らないのも、すべて当人の自由に委ねられているあり方――によって、他者との関係は決まり、また変更されます。ここで、契約主体として想定されている個人が身分制や共同体から自由であるということは、その保護も受けられないということを、それゆえ、自力で生きなければ、「人として生きる」ことすら覚束ないということを意味します。したがって、自由な諸個人は、みなおのれの際限のない欲望を、おのれの有する手段・資源を最も効果的に用いて、充足しようとして、他者との契約関係に入り、また、それを変更するのです。つまり、保護単極であった前近代社会の規範の体系性から、個人としておのれの際限のない欲望をいくらでも好きなように充足すること（すなわち自由）を人の生活・生存・人生（life）の最高の格率とする近代市民社会へと変化することが、前近代から近代への移行の第一の意味、人間関係を構成する原理の変化の意味内容です。なお、近代社会は決して自由単極の社会ではなく、自由と保護という双極の規範を備えていますが、近代社会における保護の機能については後述します（第Ⅳ部）。

⑵　分業の編成原理の変化

前近代社会における分業、殊に社会的分業は、過去の経験に基づいて身分制・共同体を通じて編成されていました。むろん、経済の外的環境の変化への対応は必要ですし、また、欲望のあり方自体が変わったために、それに合わせて分業も再編成しなければならないということもあったでしょう。そうした分業関係の変化には、前近代社会は、共同体内部や家（家父長的経営体）の内部で労働配分を変更することによって対応することが可能でした。そこでは、必要とされる個々の財・サービスの獲得のために、それぞれの生産に必要な労働を適宜配分していたのです。すなわち、共同体や家による自給自足的経済の再編成です。むろん、前近代社会にも市場があり、貨幣は用いられていましたが、市場を出入りし、貨幣と交換される財・サービスの量は、社会全体が必要とする量と比べるなら非常に小さく（収奪された剰余の範囲内）、その社会全体が必要とする財・サービスの生産・消費のすべてが市場機構を通じて社会的に調節されるということはありませんでした。これに対して、近代社会では、分業の編成原理には市場と貨幣が深く関わっています。詳細は第8章第1節で見ますが、より多くの貨幣を獲得する（際限のない欲望をよりよく満たす）ために、さまざまな市場の状況を勘案して、おのれ（家であれ、企業であれ、ヒト個体であれ）の労働配分を決定するというのが近代社会の社会的分業を編成する基本的な原理です。個々のモノを獲得することから、貨幣という、欲望の単一の対象物をより多く獲得することへと、分業を編成する原理が変わるのが、この移行の第二の意味内容です。

(3) 生産様式の変化

前近代社会の諸生産様式ではいずれも、直接的生産者から剰余が不等価交換で収奪されます。たとえば、貢納制における直接的生産者は個々の共同体であり、そこに発生した剰余を上位の支配的な共同体が貢納として収奪し、奴隷制では、奴隷主が奴隷の全生産物と全生活を支配して、奴隷に必要部分を給付することで、剰余を奴隷主が獲得する仕組みとなっています。封建制における直接的生産者は農奴で、封建領主が農奴から封建地代（賦役、現物地代、もしくは貨幣地代）を収受することで剰余の処分がなされていました。このように、前近代の生産様式では、剰余の移転が誰の目にも明らかになされますから、直接的生産者の側に剰余を増やす誘因は働きません。それは、経済を成長させ、際限のない欲望を十全に満たすには不適切なシステムです。ところが、資本制では剰余の処分は資本の運動の中で完結しており（次章参照）、誰かが他者の剰余をむりやりに収奪するという形をとりません。それゆえ、資本家や経営者の側に利潤を増大させようとする誘因が働くだけでなく、労働者の側でも、彼らの提供する労働力と賃金とは等価交換されていますから、よりよい労働を提供することでより高い賃金を獲得しようとする誘因が働く可能性があります。

しかも、身分制と結び付いた前近代の諸生産様式では、発生した剰余は支配者の権威を表示すること（豪壮な宮殿、精妙な工芸品、美麗な衣服・装飾品）に消費されましたが、資本制は身分制を必要としません（身分的な区別のない商品所有者の間の自由な売買を通じて資本制は成立しうる）ので、剰余を来期の富を殖やすために生産的に用いることに対して何の制約もありません。また、前近代社会では、直接的生産者の側に残された剰余や不要となった備蓄は祭礼やポトラッチを通じて非生産的に蕩尽することが儀礼化・慣習化していましたが、資本制社会での剰余や備蓄は現物（たとえば穀物）の形をとらず、すべて貨幣形態で存在しますから、定期的に祭礼やポトラッチで蕩尽しなければならない理由（剰余・備蓄の物的な腐朽）は消滅します。むしろ、資本制社会では、自助を確実に実践するためにも、節約して剰余や備蓄を貯金という仕方で増やし、身分制的・共同体的な保護のない社会で将来のリスクに備えるという生活態度が徐々に広がっていきます（Column参照）。

すなわち、近世から近代への移行の第三の意味は、成長に適合的ではない前近代の生産様式から、剰余を生産的に用い、目に見える形で経済成長を実現する資本主義へと生産様式が転換するという点にあります。

Column

勤勉、節約、貯蓄、自助――近代の勤労・生活倫理

資本制社会では、勤勉に働いて富を増やしても、誰かに収奪されるということは、国家による課税・徴税と投機的市場の崩落を別にすれば――税と投機は近現代を通じて非常に大きな問題であり続けてきましたが――ありません。それゆえ、人びとには歴史上初めて、「勤勉（industrious）」に働き、生活する理由が発生します（「勤勉革命」については第12章参照）。しかも、「時は金なり」といった徳目を唱える諸種の宗教的および現世的禁欲思想が流行しましたから、怠惰で無駄遣いをする生活態度を改め、日々の僅かな支出も節約（economy, thrift）して、貯蓄（saving, accumulation）に励むという生活態度が、次第に広く行き渡るようになります。こうした徳目は万古不易のものではなく、近世に発生し、近代になって確立した新しい規範であり、それは近代社会では、自立した個人（ほぼ成人男性に相当）には全員に求められました。こうして、勤勉・節約・貯蓄に励み、刻苦勉励して努力を続ければ、それなりの財産を築くこと（すなわち現世的な成功）が可能で、生活・生存・人生の危機の際にもその財産を取り崩すことで乗り切ることができるという自助（self-help）の思想が流行し、また人びとに強要されるようになります。「神（もしくは天）は自ら助くる者を助く（God〔Heaven〕helps those who help themselves）」という言い回しは、近世末から近代にかけて流行した個人的自助の思想を簡潔に表現しています。『フランクリン自伝』（一七九一、九三年）やスマイルズ『自助論』（一八五九年）はそうした流行を物語る記念碑的な

作品です。フランクリンやスマイルズが唱えた自助は、基本的に、勤勉・節約・貯蓄・努力・成功を独りで行う個人的自助でしたが、財産もなく所得も低い労働者にはそれは困難だったので、彼らは自助を行うための手段として共済ないし互助のための団体（association）を形成するようになります。一九世紀中葉以降に隆盛した共済団体を通じた自助を、個人的自助とは区別して集団的自助（collective self-help）と呼びます。これについては、第16章と第19章でもう一度論ずることにしましょう。

3　三つの社会モデル

以上のようなことを意味する前近代から近代への移行が始まることによって、人類には、初めて三種類の社会モデル――国家を含む社会全体の成り立ちを説明する道具――が与えられることになります。すなわち、有機体モデル、原子論モデル、協同性モデルの三種類です。[*1]

＊1　むろん、これら三モデルは理念型であって、現実の社会構想は、たとえば、本書では原子論モデルに分類するホッブズには、社会を機械仕掛けの時計に擬する有機体モデル的な表現もありますから、実際のさまざまな思想をこれら三モデルのいずれかに綺麗に分類しきることは、必ずしも適切でも有益でもありません。「モデル」とは、あくまでも、複雑多様な現実を整理するための思考上の道具（＝理念型）にすぎないのです。

(1) 有機体モデル

これら三種のうち、前近代から存在していたのは有機体モデルでした。それはすでに見てきたように、予め定まった共同性を特徴とし、その共同性は変更もできないし、共同性から出たり入ったりという加入＝脱退の自由もありません。人は定められた身分と共同体で生きるほかないのです。それはあたかも生物の個体を社会全体にあてはめたかのような論法で共同性の構成を説明しますので、有機体モデル（organicist model）と呼ばれます。そこでは、社会全体が一つの生命体であり、身分別・地域別の共同体は生物の各器官・臓器（organ）の類推で捉えられます。では、人の個体は生物の何に相当するかというと、細胞（cell）に当たります。わたしの心臓が心臓であることを嫌って他の臓器になったり、わたしの身体の一部であることを忌避して、そこから出て、他の生物個体の心臓になることができないように、有機体モデルにおける共同体も社会の中での位置と役割はおのずと決まっており、それを変更することも、その役割を放棄することも不可能です。共同体＝臓器の側に、おのれが構成する生命体を選ぶ自由も能力もないわけですから、まして細胞には何の選択肢もありません。胃の筋組織を構成する細胞として生まれついたものは、その生涯を通じて胃の筋組織を務めなければならず、脳細胞に生まれ変わったり、皮膚に転換したりということは絶対にできません。細胞にはおのれの欲望を充足する自由などもとよりありません。これが有機体モデルの社会観ですが、それが身分制的で共同体的な前近代社会に非常に適合的な考え方であることは自明でしょう。

ただし、有機体モデルは前近代社会とともに消滅したわけではありません。近世以降も、絶対王制など諸種の君主制的な社会のモデルとして参照されてきましたし（Column参照）、現在でも、企業や軍隊など指揮命令関係と規律を重視する団体ではしばしば援用されます。国家有機体説は古くはプラトンが唱えましたが、近世・近代にはたとえばバークやヘーゲルが唱えたことで知られています。さらに、ムッソリーニらのファシストが唱えた有機体説的な社会観はコーポラティズム（corporatism）の特徴をもつと考えられています。それは、職能別の諸団体（corporations）が国家と契約を交わして社会を構成するという考え方で、そこでは国家が社会全体を束ね（fasci）、指揮命令する頭脳の役割を果たし、職能別諸団体が各器官・臓器の役割を果たすことによって、全体として社会を人体（corpus）のように構成すべしと説く思想です。コーポラティズムとは元来は絶対王制期の身分制議会と特権諸団体との契約関係で国家が成立するありさまを表現する語でしたが、近代の労働組合や経営者団体・同業組合の確立や、「ギルド社会主義（Guild Socialism）」など諸種の団体主義的な社会主義思想の隆盛、一九世紀中葉以降の社会カトリシズム（魂の救済や信仰の問題だけでなく、社会問題に注目し、その解決策を模索しようとしたカトリックの思想潮流）の展開とそれに対応して発せられた教皇回勅（encyclical）の「レールム・ノヴァールム（Rerum Novarum「新しいことがら［労働問題・労資対立」について」、一八九一年）」や「クァドラジェジモ・アンノ（Quadragesimo Anno「［レールム・ノヴァールムから］四十年後に」、一九三一年）」などを経て、二〇世紀に再び復活したと見ることもできるでしょう。さらに第二次世界大戦後のおもにヨーロッパ諸国で、労働組合代表と経営者団体代表と政府との三者協議を通じて経済・社会政策を行う体制もネオ・コーポラティズムと呼ばれましたが、政治的な意思決定メカニズムとしての代議制民主主義とは別に、ある種の有機体説的な国家モデルは、少なくとも二〇世紀までは生存していたと考えることができます。

Column

「教育勅語」の有機体モデル

日本の明治時代に成立した政治と社会の体制は絶対王制に比肩可能である（山田盛太郎ら講座派の「絶対主義的天皇制国家」論）と考えられることもあります。実際に、明治政府は、一方では江戸時代までの身分制を廃止し（四民平等）、人がおのれの欲望に従って、どこでどのような職業に就くことも自由と認めましたが、他方で、さまざまな欲望と利害が衝突して国家体制が解体しないように天皇に主権をおく憲法を制定し、また、臣民（people, 君主の下の人民を表す語）に対しても、ある種の血縁性原理を援用した有機体説を教え込もうとしました。それを端的に表現しているのが一八九〇年に天皇の名で発布された「教育ニ関スル勅語（一九〇七年に示された英訳では"The Imperial Rescript on Education"）」で、そこでは、天照大神以来の皇室の先祖たち（「皇祖皇宗」）

の理想を継承した天皇が、国家全体の親であり、臣民はその子（赤子《せきし》）として、天皇の説く理想と徳目を実現することが求められていました。「爾臣民父母ニ孝ニ兄弟ニ友ニ夫婦相和シ朋友相信シ恭儉己レヲ持シ博愛衆ニ及ホシ學ヲ修メ業ヲ習ヒ以テ智能ヲ啓發シ徳器ヲ成就シ進テ公益ヲ廣メ世務ヲ開キ常ニ國憲ヲ重シ國法ニ遵ヒ一旦緩急アレハ義勇公ニ奉シ以テ天壤無窮ノ皇運ヲ扶翼スヘシ」という有名な一節に示された十二の徳目は、単に親孝行や兄弟仲良くといったことだけを説いているのではなく、最終的には、国家に「万一危急の大事が起ったならば、大義に基づいて勇気をふるい一身を捧げて皇室国家のためにつく」すことを求めており、家族の徳が血縁・婚姻を超えて、天皇を頂点とする「家族主義」的な国家観に拡大され、皇室の先祖の理想を実現するために臣民全員の身体生命までが動員されることを正当化しています。したがって、この有機体モデルは、主権在民を定め、国際社会に平和的に貢献することを理想とする戦後の日本国憲法には適合しませんから、「これらの詔勅の根本的理念が主権在君並びに神話的國体観に基いている事実は、明かに基本的人権を損い、且つ國際信義に対して疑点を残すもととなる」との理由で、一九四八年に衆・参両院で全会一致で排除されました。

企業やさまざまな団体はヨーロッパの諸言語では“corporation”であり、軍団・兵団は“corps”——たとえばアメリカ海兵隊は、“United States Marine Corps”——ですが、それらはいずれも、人体（corpus）に語源を有しており、企業・諸団体や軍隊も、現在でもしばしば、有機体モデルで論じられることがありますし、また、企業や軍隊では有機体的な価値や表象が多用されてきました。いうまでもなく、企業・軍隊の成員や一部署がそれぞれに独自の欲望や利害をもつようになると、単一の意思の下に企業・軍隊を統括することは不可能になりますから、こうした団体には現在でも、有機体モデルは有用なのです。

⑵ 原子論モデル

この原子論モデル（atomistic model, 方法論的個人主義）と次の協同性モデル（association model）は近世になって登場した新しい社会観であり、双子のような関係にあります。有機体モデルでは予め存在しているのは生命体としての社会全体であり、共同体も個人も、その臓器や細胞として初めて存在が可能となるのに対して、原子論モデルと協同性モデルでは、共同性に先立って予め存在しているのは個人であると考えられています。そして、この諸個人はおのれの欲望を充足するために他者と契約関係に入ります。ここまでは、原子論モデルと協同性モデルは同じ前提のうえにあります。

原子論モデルでは、諸個人が他者と契約関係に入ることの結果として、二種類の共同性が形成されます。一つが市場社会（市場経済）であり、他方が政治社会です。これら二種類の共同性は、しかし、性格が異なります。市場社会は、単に相手の所有物が欲しいので、それを獲得するために、自分の所有物と交換するという個々の交換関係を基礎として、それらの集計を意味するだけです。

人びとは、自分の所有物が相手に渡ったあとどのように用いられるのかということに何ら関心はありませんし、相手がどのような人であるのか——親は誰か、どこの生まれか、宗教は何か、子はいるか、好きな色は何色か等々——にも何ら関心をもちません。市場社会で人が、ただひとつ、相手について知りたいのは、相手が約束を正しく履行する人であるかどうかということだけです。社会のあちこちでさまざまな交換がなされることの結果として、人びとは他者を利用しておのれの欲望を充足しますから、そこには何らかの共同性が結果として形成されたとみなさざるをえませんが、人びとは相手についてはおよそ関心をもたないのです。また、共同性はあくまで交換の結果として発生しただけであって、人びとは共同性を形成するために、他者と契約関係に入り、交換するわけではありません。契約や交換の目的はおのれの欲望を充足することだけです。

ここから、市場社会については、次のような通俗的な解釈もなされてきました。すなわち、市場では、人と人の間には何の関係もなく、誰もが価格のみを指標として欲望を最大限に充足しようと、個別にかつ独立に行動する「経済人（homo œconomicus）」であり、彼らの判断と行動の集計を市場が調節・統合するというのです。こうして、おのれの経済活動のあり方を決定する経済人こそが市場社会の担い手であり、彼ら独立独行の人物たちの行いは市場の自動調節機能を通じてのみ結び合わされているのだという社会観・人間観です。そこで、「市場の調節機能」の結果として、何らかの共同性は確かに成立するかもしれませんが、それは人びとが意図的・目的意識的に形成しようとした関係ではないという、あたかも「組織化されない複雑性（disorganized complexity）」であるかのような社会観こそが、この通俗的な解釈を特徴付けています。

ところが、市場社会で人びとがおのれの欲望を充足するためだけに、他者と交換をなすということは、必ずしも、特定の相手を選好することや、そうした相手と継続的・長期的に安定した交換関係を形成することは意味しません。そのときどきのおのれの欲望を最もよく満たすという基準だけで、契約関係に入るなら、契約の継続性や安定性などはなから関心がなく、極端にいうなら、一回限りの契約で相手を欺してでも、相手のものを獲得し、また自分の所有物を高く売り付ければよいということにすらなりかねません。こうして、おのれの欲望を満たすためだけの市場社会は、ホッブズが不世出の名著『リヴァイアサン』で喝破したように、「人は他人に対して狼である（homo homini lupus est〔羅〕）」、すなわち「万人の万人に対する闘争」となってしまうでしょう。こうした野蛮な「自然状態」では、契約が正しく履行されることが期待できないどころか、おのれの身体生命財産の安全すら保証されないことになり、他者と契約関係に入ることが本来有していたはずの長所すら実現できません。そこで、人びとは、自然状態で個人が有していた（とホッブズや社会契約説の論者たちが考える）自然権の一部を全員で一箇所に集めて、国家権力を生み出し、契約履行の強制や、争いの調停・裁定や、身体生命財産の保全の責務を、国家に預けて「文明状態」に入るというのが、社会契約説の説く政治社会（国家権力）の形成の筋道です。この政治社会における共同性（共通の国家権力を形成し、それを認め、支障なき限りそれに従うこと）は、市場社会の共同性とは明らかに異なります。それは、結果として形成されてしまった共同性ではなく、人びとが自覚的に維持すべき共同性であり、契約履行や身体生命財産の安全のために希求される共同性であり、目的意識的に形成される共同性です。同じ原子論モデルに立っても、市場社会と政治社会では、これだけの相違が発生します。それは、市場社会で形成される共同性は、おのれの欲望を充足するために、たまたまそこにいた他者を利用するだけの人間関係であり、その共同性に何の目的もないし、また他者の人格への配慮も不要だからです。市場社会という共同性は、原子論モデルにあっては、あたかも自然現象のように、非目的的で非人格的な、その場限りの関係にすぎないのです。ところが、政治社会の方は、本質的に、権力（実力・暴力）の行使――他者を何らかの力に従わせる――ということに関わっていますので、はじめから他者の人格や他者との共同性を考慮していなければ、成立しえません。

Column

社会契約説、同盟関係・独占・派閥、集団安全保障

社会契約説は、自由で独立した諸個人が存在する自然状態（野蛮状態）から、どのようにして国家権力の正当性を導き出すかという観点から開発された論法ですから、諸個人間に「中間団体」（た

とえば、何らかの同盟・談合の関係ないしはカルテルやトラストのような独占体）が形成されることを予定していません。しかし、外交や軍事において同盟関係が形成され、社会において派閥が形成され、市場において独占や談合が行われるのは、古くから、ごく常識的に観察されてきたことです。

そもそも、純粋に投機的な市場での売り抜けのように、高度に個人的かつ利己的（selfish）な行動も、自分しか見えていない（self regarding な）者には不可能であって、売り抜けにも他者理解（「誰かがいまこの瞬間に売りに転ずるかもしれない」という他人が見えている（other regarding な）心の働き）が前提として作用しているからこそ可能となるのです。それゆえ、市場に参入する人びとの間に相互関係がないと考える俗説は現実的ではありません。部品・要素の間に相互関係の成立しない「組織化されない複雑性」ではなく、「組織化された複雑性（organized complexity）」こそが市場の本質であると考えるべきでしょう。経済学——英語圏の主流派の経済学——は独占とか談合のような特殊な場合以外は、独立した個人と市場のみを想定してきましたが、経済学の出発点においてアダム・スミスは「共感（sympathy）」（自己と他者の立場・役割を仮想的に入れ替えて理解することのできる人の能力）を市場の成立する前提としましたし、また、現実の市場の中には無数の暗黙の独占や談合があると見ていました。したがって、社会契約説は現実的に解釈しようとするなら、同盟や独占の存在を考慮に入れなければならないでしょう。

また、自然状態が「万人の万人に対する闘争」となるということは、ホッブズが当然のこととして想定したように、自然人には自衛能力が備わっているということを意味します。この自衛能力も自然状態における自然権の一部を構成するという見方を、社会や外交・軍事関係に適用したのが「自衛権」という概念です。そして、当然、そこにも同盟や独占や派閥が発生しますから、自衛権は個別的なそれだけでなく、集団的な自衛権（軍事的同盟関係）という概念も生まれざるをえません。現在の国連憲章は、ダンバートン・オークスに連合国代表が集った一九四四年には、当初は自衛権という概念を組み込まない集団安全保障の枠組みのみを構想していました。これは社会契約説において、契約強制や紛争裁定や生命身体財産の保全の責務を国家権力だけに預けたのに類似した安全保障の考え方です。社会契約説が私刑や私的制裁に対して否定的であるように、国際連合の元来の発想は自衛権とは馴染まず、武力行使は国際連合によるもののほか承認しなかったのです。ところが、一九四五年五月から六月にかけて、まだ、対日戦が継続している状況で、集団安全保障が実際に発動するまでの間、日本の軍国主義の脅威に曝されている自分たちを誰が守ってくれるのかというオーストラリアやニュージーランドの異議申し立てが採用されて、国連憲章には最終的には現在の第五一条「自衛権」が組み込まれることとなりました（国連憲章の「自衛権」は、日本の軍国主義の副産物だったのです）。社会契約説的に見るなら、国際的な政治社会を自然状態（「国は他国に対して狼である」野蛮な状態）とはせず、そこに唯一の優越した権力を構成することによって、国際政治を「文明化」しようとしたのに、自然状態における自衛権に配慮するという逆戻りの発想が紛れ込んでしまったというのが、国連憲章を素直に読んだ場合の「自衛権」概念の居座りの悪さの原因です。国際社会の文明化という理想に到達したのに、自然状態の剝き出しの暴力の行使を許容する発想が「自衛権」です。しかし、国際社会において、そのような理想は当面は無理なのだから、自衛権と軍事同盟（＝集団的自衛権）に頼らざるをえないのだというのが、「現実主義的」な安全保障論の根幹です。ここでは、一国の国家権力の絶対性ないし優越性は、理想主義的な社会契約説によって確保するのに、なぜ、国際社会においては社会契約説の理想はかくも簡単に放棄され、「現実主義」という別の理屈をご都合主義的に採用できるのか、真剣に再考する必要があるでしょう。

この原子論モデルの市場社会と政治社会には固有の無理が潜んでいることはすでに指摘されています。おのれの欲望をよりよく満たすために形成された市場社会という共同性はあたかも神聖不可侵な自然のようなものだから、そこに含まれている自生的秩序（市場を成り立たせるメタ・ルール）は尊重し、国家であれ、団体であれ、その自生的秩序を損なってはならないというF・v・ハイエクによって唱えられ、ネオ・リベラリズムに継承された考え方は、諸個人の自由意思によって契約のメタ・ルールそのものを変更可能であるという原子論モデルや協同性モデルの発想とは到底相容れません。それは、予め定まった共同性は変更不可能である（それゆえ不自由である）という有機体モデルと紙一重のところに行き着きます。また、社会契約によって国家権力が発生したというのは虚構にすぎず、現在、国家権力の下に生きている人びとは誰もそのような原初的な契約を結んだ覚えはない（のだから、国家権力の優越性や絶対性など考慮するにも及ばない）のだという批判もありうるでしょう。原子論モデルは、方法論的個人主義と呼ばれるように、個人の自由から出発して市場や国家権力の存在を証明しようとする議論で、単純明解なわかりやすさはありますが、決して万能の社会認識の道具というわけではありません。

(3) 協同性モデル

この協同性モデルでも、原子論モデルと同様に、予め存在しているのは個人であり、自由な諸個人がおのれの欲望を充足するために他者と契約関係に入ります。原子論モデルでは、市場社会における契約関係は単におのれの欲望を充足するための手段にすぎず、それゆえ、そこで発生する共同性も結果としてのそれにすぎないのですが、協同性モデルでは、独りではよくなしえぬことを達成するために他者と協同する（associate）[*2]ことが意識的に追求されます。協同する結果、結社・団体（association）が形成され、その結社に参加する人は皆、団体を結成し、その成員であり続け、団体の名称・目的・規約を変更し、さらに、その団体から脱退することなど、すべてを自覚的に行います。はじめから定まっている有機体的な共同性とも、非目的的・非人格的な結果にすぎない原子論的な市場社会とも異なる、第三の性格がそこに表現されています。そこには、是非もない前近代の共同体よりも、また、非目的的・非人格的な市場での取引関係よりも、もちろん独りで孤立して行うことよりも、自覚的で目的意識的な協同性の方が望ましいという価値判断が込められています。

＊2　"associate"という単語は、ラテン語のad（〜になる）とsocius（仲間）から成っており、共通の目的のために仲間関係（society）になるということを意味しています。これが英語で普通に用いられるようになったのはおよそ一五世紀初頭のことですが、まさに中世から近世に切り替わるこの時期に、自発的かつ目的意識的に、従来の共同体とは異なる仲間関係を作るという、新しい共同性形成の仕方に名が与えられたのです。

際限のない欲望の充足はむろん独りではできませんが、協同性は、欲望充足の効率性という点で、前近代の共同体はもとより、その場限りの市場取引よりも、目的＝手段関係として優れているだけでなく、同じ目的を共有する他者と仲間になること自体が目的でもあるのです。おのれの欲望をよりよく充足するのみならず、他者の役に立ち、他者に認められ、協同（cooperation）・連帯（solidarity）・友愛（fraternity）・互助（mutual aid）等々の諸価値を実現することができるというのが、協同性モデルが、有機体モデルと原子論モデルに対して主張する優位性の根拠です。そこでは、個人の自由と自己選択・自己決定が実現されると同時に、独りではなしえぬことも可能になりますから、有機体モデルや原子論モデルの共同性と同等以上の成果をあげることができると信じられてきました。

有機体モデルには、おのれの都合にあわせて共同体を選択したり、脱退したりする自由はありませんが、共同体の正規の成員であれば、共同体の意思決定・管理・運営について発言する権利はあります。原子論モデルの市場社会は、逆に市場に参入し、退出する完全な自由はありますが、市場に対して発言し、そのあり方を変更するといったことはもとより予定されていません。協同性モデルは両者のよいとこどりをして、加入と脱退（entry and exit）の自由と発言（voice）の権利の両方があるのです。

前近代の身分制的で共同体的な社会と分業の編成原理が弛緩し、徐々に市場経済・資本主義が発展する中で、近世の人びとの間ではさまざまな社会のあり方が構想されました。一方ではかつて共同体（community）の下で成立していた（と考えられ、過去に仮託され、過去を美化した）社会・人間関係・規範を回復しようとする有機体モデルの思想が、初期の共産主義（communism）として唱えられました。他方では、市場の需給動向や価格変動を機会主義的に利用して巨利をあげようとする行動様式がしばしば見られるようになり、それを道徳的に批判する説教やパンフレットなども多数登場しますが、それらの効果も空しく一七世紀前半のチューリップ恐慌以降、諸種の商品市場、不動産市場、証券市場での投機の過熱とその破綻は繰り返されてきました。こうした市場の不安定性に対して原子論モデルでは市場社会の自由放任と政治社会による規制とのいささか居心地の悪い組み合わせしか導出できません。協同性モデルは、有機体モデルに戻るのでもなく、しかし、原子論モデルにおける市場と政治の分裂にも飽き足らず、社会（＝人間関係）も経済（＝欲望充足）も自覚的で目的意識的な結社（アソシエーション）とそのネットワークを通じることによってこそ、有機体モデルや原子論モデルよりも、望ましい状態が実現できる一つの可能性を提示したのです。この協同性モデルは近現代社会にいくつかの形で受け継がれています。第一は、株式会社（その定款は英語では"Articles of Association"です）、第二は協同組合で、いずれも、多くの者の少額出資によって大きな資本・企業を形成することで、市場にはなかった発言権を少額出資者たちに与え、あわせて、彼らの労働への報酬も賃金ではなく、配当として支払うことで労資対立を消滅・軽減させようとする資本主義社会の改造路線でした。第三は、共済互助による集団的自助や労働組合による集合的な取引（collective bargaining, 団体交渉）です。労働組合はその出発点においては、同職の者たちの共済互助の団体であり、それが同職の者たちの労使関係上の秩序と利害をも集団的に担うようになったのが、労働組合です。第四は、経済活動の全体を人間関係（＝社会）によって統御しようとする社会主義（socialism）思想であり、それは多くの場合、協同組合や共済互助の思想や団体と結び付いて主張されてきました。

Column

共産主義、資本主義、社会主義

近代への移行を意図的に拒否して、共同体そのものや共同体的所有など古《いにしえ》の麗しい美風を復活させようとする発想は、ヨーロッパの近世の早い時期にすでに、トマス・モア『ユートピア（Utopia, 1516）』やトマソ・カンパネッラ『太陽の都（La città del sole, 1623）』のように、初期の共産主義思想として表明され、それなりに注目を集めていました。それらはいずれも、諸個人の欲望充足よりも、共同体(community)の復活を重視している点で共産主義(communism)思想です。

イングランドの絶対王制に仕えたフランシス・ベーコンは、一方では『ノヴム・オルガヌム(Novum Organum「新器官」、1620)』でアリストテレスとスコラ哲学を批判しますが、やはり、ある種の有機体モデルであり、またその後、著したユートピア小説『新アトランティス(New Atlantis, 1627)』は架空の国を題材にして、自由平等の理想郷を描きます。ベーコンは、『ノヴム・オルガヌム』で、「知は力なり」(Ipsa scientia potestas est)と主張したように、単に平等な共同体を志向するだけでなく、科学の進歩と生産力の増大に期待する、共産主義思想の新しい方向性を早くに示した人物です。この方向性は、ジェイムズ・ハリントンの『オセアナ(Oceana, 1656)』の共和制論を経て、フランス革命の初期に活躍したフランソワ・ノエル・バブーフに受け継がれます。バブーフは私有財産制を否定し、分配の完全平等を求める思想を唱えますが、それはやはり機械文明の進歩と調和的なものと捉えられ、共産主義思想は一七~一八世紀には早くも生産力進歩への期待と結合した形で表明されるようになります。

このように近世には共産主義思想はさまざまに唱えられましたが、資本主義を主張する思想は明瞭には存在しませんでした。そのことは、いま考えるなら奇妙に思われるかもしれませんが、近世にあって、資本主義とは金儲けをよしとする教義にほかなりませんから、それは公然と主張できる思想ではありませんでした。近世に主張され始めたのは、資本主義思想ではなく、市場経済を正当化する科学としての経済学の方でした。ホッブズが主張した原子論モデルの絶対王制肯定論(神に由来する秩序を否定して国家権力を正当化する思想）の起点にあった，人間を神の作った特別な存在と前提する考え方をしりぞけて，欲求・感覚・感情を備えた一つの生き物として捉えることから，事物の自然な状態としての市場経済を当然のこととして承認するデイヴィッド・ヒュームやアダム・スミスが古典派経済学への道を拓いたのです。

資本主義とは何かを最初に体系的に論じたのはマルクスとエンゲルスでした。彼らは，スミス，ヘーゲル，そして初期共産主義思想や諸種の初期社会主義思想など，近世から近代にかけての諸潮流を一挙に批判しようとして，むしろ，資本主義経済の成立と運動の法則を明らかにすることに注力しました。マルクスはエンゲルスとの共同作業の中で，資本主義とは何であるかを克明に論じ，また，眼前に展開しつつあるイギリス資本主義を，エンゲルスは自ら資本家として，またマルクスは冷徹な観察者として，描きました。しかし，彼らは，資本主義に対抗しうる理想（idea）を唱えることにはあまり熱心ではなく，むしろ，彼らよりも前に社会主義の理想を唱えた人物たち（サン＝シモン，オーウェン，プルードンら）を「空想的社会主義（utopian socialism）」となかば侮蔑的にこきおろしました。

共同体を復活させることで，市場経済・資本主義のもたらした不平等を解消しようとする共産主義思想と，人びとの自由闊達な仲間関係を基礎にして欲望の充足を追求しようとする社会主義（socialism）とは，本来的に異なる発想に立つ思想であると本書は考えます。社会主義は協同性モデルに基づく思想ですから，そこでは，資本主義的なアソシエーションである株式会社や諸種の協同組合は否定されず、むしろ、そうした基礎を活用しながら、人格的で・目的意識的な結社のネットワークを構築することで、望ましい状態が実現されることが構想されます。サン＝シモンやプルードンが唱えたのは、共同体を回復する復古思想ではなく、協同性を自覚的に構築する新しい型の社会構想でした。彼らは確かに、資本主義の運動法則に関する透徹した理解という点ではマルクスには及びませんでしたが、新しい型の社会を構想するという点では、マルクスやエンゲルスが『共産党宣言』（一八四八年）以上にはあまり明瞭に論じなかったのに対して、資本主義に対置しうる理想（「アソシエーション」とか「協同組合」、「組合主義（syndicalism）」などの語で表された理想）を論じようとする多様な試みがサン＝シモンらのユートピア的社会主義者たちによってなされたのでした。

しかし、マルクスとエンゲルスにしても、これらのユートピア的社会主義思想家にしても、現実の資本主義社会をどのように変革して社会主義社会を実現するのかについて明晰な方針（革命戦略）は欠いており、『共産党宣言』においても、「国際労働者協会（第一インターナショナル）」においても、「社会主義」と「共産主義」は明瞭な区別もなされずに混用されていました。第一インターナショナルが結成（一八六四年）からわずか十年ほどで一八七六年に分裂・瓦解した背景にも、共産主義と社会主義の混用に起因する革命戦略をめぐる混乱・対立が作用していました。一八八九年に始まる「国際社会主義大会・国際社会主義事務局（第二インターナショナル）」では、ほぼ「社会主義」という語に統一されますが、その内部はあいかわらず四分五裂の状態でした。第二インターナショナルは、それでも、労働者階級の国際連帯による平和の追求・軍拡への反対、八時間労働制の要求、普通選挙権の要求と議会主義的な運動方針、国際的な労働条件の平準化、移民問題などについては多少の成果は残したものの、肝腎な社会主義の理想と革命戦略については明瞭には一致点を打ち出せないままに、第一次世界大戦を迎え、これも瓦解してしまいます。

第一次世界大戦末期の混乱に乗じて、ロシアでは一九一七年の十月革命で「社会主義政権」が成立しますが、この革命の担い手の中でもやはり、社会主義の理想と革命を達成する戦略は不分明であって、理想も戦略も欠いた状態で「革命」だけが進展するというはなはだしく奇妙な事態がロシア革命と社会主義体制成立の実情であったということができます。

わたしたちは、「資本主義」という理想が示されているかどうかは別にして、資本主義を事実の問題として経験してきました。いまも、わたしたちは紛れもなく、資本主義の社会に生きています。しかし、共産主義と社会主義のどちらについても、その理想は現在にいたるまで必ずしも明瞭な形で共有されたことはなく、そのいずれかの名を冠した体制は二〇世紀の間に何度か試みられはしましたが、それらの実験はいずれも失敗しました。いま、もし、資本主義社会は最適の社会ではないと考えるのなら、まず第一に、かつてマルクスとエンゲルスが一九世紀中葉の資本主義社会を論じたのと同程度に透徹した仕方で、二一世紀の資本主義を、そこに含まれている問題や矛盾とともに捉え直し、そのうえで、第二に、資本主義とは異なる理想（ないし資本主義のよりましなあり方）を明晰に提示し、第三に現状からそこにいたる変革の戦略を実際的に示すという三つのこと（これまでの社会主義者も共産主義者も達成できなかったこと）をしなければならないでしょう。

このように、協同性モデルは、「アソシエーション」や「連帯・共生」などの言葉・記号を与えられて、そこにはさまざまな夢や希望が託されて、近現代の二世紀の間、さまざまに主張され、また実際にも試されてきました。そういった意味で、アソシエーションとは永い希望の言葉ですが、それが多くの絶望をもたらしてきたことも忘れることはできません。自由な諸個人の自由意思に基づく協同性は、確かに原理的には、共同性への出入り（参入と退出）の自由と、共同の意思決定への発言権の両方を確保するものですが、独りではよくなしえぬことをするために協同性は追求されるわけですから、よほど強く、また孤立志向の高い者でなければ、協同性に加入しない自由は実際には行使しがたく、したがって、近現代社会で大多数の者は何らかの協同性に加入しています。現代を特徴付ける強制加入の社会保険ですら、それが保険である以上、原理的には自由意思と契約に基づく協同性モデルの一現象とも考えられるでしょう。しかし、いったん構成された協同性は、独りではなしえぬ欲望充足の効率性を達成するためには、労指関係となることを免れえず、有機体モデルの団体や、あるいは原子論モデルの国家のように、成員を支配する力を発揮し、成員だけでなく非成員に対しても権力的な関係を生み出すことになるでしょう。個人の自由意思によって構成された団体結社が、実は個人の自由を損ない、抑圧しているのだという非難に対して、アソシエーションはたいへん脆弱で、一九八〇年代にサッチャー首相が労働組合を押さえ込もうと攻撃したときのように、「個人の自由」という言葉の前では、諸種のアソシエーションは立ちすくむほかありませんでした。[*3] 自由意思に基づく契約関係で自由闊達な協同性が構築できるはずだったのに、それが成員・非成員諸個人の自由を損なうという問題は、まだ解決されていません。この難問を解決しなければ、アソシエーションが真の希望となることは不可能でしょう。

＊3　アソシエーションと個人の自由をめぐる問題については、とりあえず、小野塚［1989］、小林［2017］、小野塚［2018］、および小野塚［2023e］を参照してください。

4　近世の独自性——欲望の解放・肯定への変化の始まり

ここまで本章では、前近代から近代への移行期としての近世を論じてきましたが、冒頭でも触れたようにそれは、およそ四世紀に及ぶ長い時代です。近代社会が始まってから現在までよりも長いだけでなく、近世は、前近代と近代の両様の原理や規範が混在し、対立し、ときには妥協しながら、作用していた、たいへん興味深い時代です。第11章で述べるように、『ヴェニスの商人』や『水戸黄門漫遊記』は、読みようによっては、市場社会で当然と認められるべき行動に掣肘《せいちゅう》を加える古い規範に依拠した物語ですが、それらがいまでも人気を保っているように、近世の両様の原理の混在は、実は近現代の人びとの心性を理解するうえでも重要な手掛かりとなります。

一五〜一八世紀というのは、日本でいえば戦国時代から安土桃山時代を経て江戸時代にいたる期間です。戦国時代を日本における近世の起点と捉えるのにはいささかの無理があるかもしれませんが、平安時代末期から室町時代まで続く荘園公領制における複雑な職《しき》の体系（本所《ほんじょ》、領家《りょうけ》、預所《あずかりどころ》、荘官《しょうかん》〔下司《げし》・公文《くもん》〕にいたる荘園領主諸層から現地の名主《みょうしゅ》や百姓〔作人《さくにん》・下作人《げさくにん》〕にいたる、荘園に対する重層的な権利・義務関係をともなう土地支配・用役構造）では不可能だった在地の経済発展が戦国時代になると可能となります。荘園公領制では、荘園を収奪する権利が複雑に絡み合っていただけでなく、しばしば荘園の土地自体が他荘園と入り組んだ錯圃《さくほ》形態をとっていたため、たとえ領主諸層の誰かが特定の荘園の農業（農地、水利、灌漑など）を改良しようとしても、それは地理的な分散性によって阻害されましたし、名主や作人もしばしば複数荘園の土地を耕作していましたから、彼らにも特定荘園を改良する誘因は乏しかったでしょう。職の体系では、特定の地域（村や町）を経済的に発展させる誘因は働きませんでした。荘園領主層も名主や作人も、農業改良や地域経済の発展よりも、年貢・公事《くじ》などの収取をめぐる問題に関心は集中していたに違いありません。ところが、こうした職の体系が弛緩し、戦国大名による領国一円支配が始まると、支配者側に領地経営によって富国強兵をはかるといった誘因がはたらくようになっただけでなく、新興の地主や商工業者が開墾や新しい経済活動を始めることによって、経済を成長させ、貨幣経済を促進する誘因が下の身分の者にも発生するようになりました。とはいえ、貨幣経済における債権債務関係が既存の農民経営に危機をもたらす場合には徳政（債権債務関係を帳消しにすることを幕府が命ずる徳政令だけでなく、地域的な徳政や、民衆側が徳政を求めて一揆に立ち上がるのに対応して発令される徳政などさまざまな形態がありました）で、いったん貨幣経済はリセットされてしまいますから、発展の継続性・安定性を欠きました。しかし、戦国時代から織豊時代を経て、江戸時代になると、人身売買（借金のために他人の奴隷になること）や土地売買（自己の保有地を質に入れて借金し、返済できない場合は土地保有権が移転すること）を規制して、農民経営の安定性を担保することが可能となり、逆に、徳政という貨幣経済の阻害要因は発動されなくなります。つまり、農民経営（領主の収奪対象）と貨幣経済両方を安定的に担保する社会システムが形成されたのです（深尾・中村・中林［2017］第一巻序章第三節参照）。

ヨーロッパでも、黒死病の流行（一四世紀中葉）以降は、封建領主にとって収奪可能な農奴が稀少資源となることによって、領主＝農奴関係は確実に変容しました。領主の農奴に対する人身支配権は弛緩し、賦役はほぼ消滅して、現物地代を経て、貨幣地代が普及し、農奴は自らの手許に計算可能な形で剰余を残すことが徐々に可能となりました。

ヨーロッパでは一四～一六世紀はルネサンス期に当たります。ルネサンス（Renaissance）とは文字通りには、かつてギリシア、ローマの古典古代に栄えていた文化の再生・復興を意味します。しかし、ヨーロッパでいったんは途絶していたギリシア古典文化はすでに一二世紀には東ローマ帝国やイスラム圏からの刺激で、ヨーロッパの各地で復興（＝再受容・再発見）が始まっています（伊東[2006]）。ルネサンスをそうした古典古代文化の復興としてのみ捉えると、絵画などの造形芸術や文学面でルネサンスが示した新しい特徴を摑みそこねることになります。それはひとことでいうなら、人間が際限のない欲望をもつ生き物であることは、宗教的規範や前近代社会の道徳に照らして恥ずべきことではなく、人の欲望をそのものとして正面から承認しようとする、欲望への新しい規範の萌芽です。ルネサンスの特徴として「人文主義（humanisme〔仏〕）」が挙げられます。「人文主義」とは通常、「ギリシア・ローマの古典研究によって普遍的教養を身につけるとともに、教会の権威や神中心の中世的世界観のような非人間的重圧から人間を解放し、人間性の再興を目指した精神運動」と理解されていますが、ここでいう非人間的重圧とは前近代社会が人の際限のない欲望に対してとっていた規制的・否定的な規範の体系を意味し、人間性の再興とは、まさに、食欲、性欲、美や快楽への欲望、知識欲などさまざまな欲望を満たしながら生きる人の喜びと苦しみを正面から肯定するということにほかなりません。「人文主義」というと何か取り澄ました印象を受けますが、それは欲望肯定のことであったと考えるなら、ルネサンスの諸成果と特徴が理解しやすくなるでしょう。

人の欲望肯定という変化は宗教改革にも発見することができるでしょう。中世のカトリック教会は「十字軍」という名で、東方社会への侵略と破壊・略奪を正当化し、従軍者の罪を赦し、非従軍者に対しては信仰の証明として免罪符（贖宥状《しょくゆうじょう》）を販売しました。しかしイングランドのジョン・ウィクリフやボヘミアのヤン・フスは、神の名により武力を行使する正当性はカトリック教会にはなく、むしろ、敵のために祈り、祝福を与えることが重要であるとして、免罪符を批判しました。免罪符とは要するに、この世での罪深い行為（殊に、高額な免罪符を購入しうる富者がなす致富・徴利）は、儲けた金を教会に寄進する（＝富を非生産的に用いる）ことで赦されるという、「地獄の沙汰も金次第」と同様な、たいへん即物的に信仰心を表現することを強要する仕組みでした。フス派の弾圧のあとも、一六世紀にはルターがやはり免罪符を批判しました。ルターは、現世での職業は決して罪深い行いではなく、むしろ、神の召名（calling, Beruf）なのだから、現世的な職業に精進すべきであると説きました。さらに、カルヴァンは、審判において神がある者を救済するか否かはすでに決まっており（救霊予定説）、いかに善行を積もうが免罪符を求めようが、変更不可能であるという、たいへん過激な救済観を説きました。誰も現世では救済の確実性はわからず、審判の場で初めて判明するというのは、地獄に落とされるかもしれない恐怖とともに生き続けなければならないことを意味しますから、たいへん過酷な信仰のあり方をカルヴァンは求めたのです。しかし、もし、現世的な経済活動に禁欲的に従事することによって、職業的・経済的成功を達成できるとするなら、それはおのれの職業が神の召名に適っていることを意味しているかもしれませんから、救済の確からしさを信ずるにたる材料になりうるでしょう。こうして、カトリックを批判する教説を信奉する者たちは、現世での禁欲的経済活動を通じて、致富（利潤の獲得）を達成してしまうという、明らかに矛盾した結果をもたらすことになります。こうしたプロテスタンティズムの職業倫理が、資本主義の精神——単に金儲けを良しとする思想ではなく、資本主義社会を生み出し、その中で生きてゆくことのできる精神的基盤——を生み出したというのが、ヴェーバー＝大塚によって強調された資本主義の精神的な基礎ですが、ここにも、前近代のカトリックなどの経済規範とは異なり、致富・徴利が肯定されるという、まったく新しい倫理を発見することができます。

こうした欲望の解放ともいうべき事態は、日本でも、たとえば、活き活きとした人の活動と欲望とを承認する安土桃山文化の清新な面に発見することができるでしょう。また、この近世には、「地理上の発見」もなされました。地理的な移動範囲は、ほぼ自動的に、経済活動、殊に商業の地理的範囲と重なりますから、一五〜一六世紀の新航路や「新大陸の発見」、あるいは地中海東部の中継ぎ商人を介さない東洋との直接貿易などは、いずれも、人びとの欲望が、前近代とは異なる新たな局面に入ったことの結果であると同時に、人びとの欲望をますます刺激し、それが事実上解放される方向へと、経済を変化させる働きをしました。日本でも日明貿易や倭寇に見られるような一五〜一六世紀の活発な対外交易は、国内の経済活動の活性化とともに、人びとの欲望が大きく動き始めたことを示していると考えることができるでしょう。

こうして、近世とは、際限のない欲望の充足（＝経済）が社会のさまざまな規制・慣行・倫理の中に埋没した状態から、経済が社会や既成道徳から「自立・離床」する過程だったのです（ポランニー［2009］）。経済活動が社会的・道徳的・宗教的規制から解放されて、初めて、それは科学的に（＝価値判断をともなわずに）探究することが可能な対象となり、経済現象の法則性を解明する経済学的思考も、近世になってようやく本格化し、それは近世の末期になって、スミスによって体系的な科学として確立されるのです。

文献案内

本章に関しては適切な参考文献が乏しく隔靴掻痒《かっかそうよう》の感を免れませんが、とりあえず、以下のものを参照してください。馬場・山本・廣田・須藤［2012］、中谷・足立［1994］、川出・山岡［2012］、宇野［2013］、小林［2015］、小林［2016］、小林［2017］、梅津・小野塚［2018］。

第8章 市場経済と資本主義

前近代から近代への移行の三つの変化、人間関係を構成する原理と、分業の編成原理と、生産様式の変化のうち、人間関係を構成する原理の変化については前章で概観しましたので、本章では、近現代を特徴付ける分業の編成原理としての市場経済と、生産様式としての資本主義を定義することにしましょう。現在のわたしたちは、市場経済・資本主義の社会に生まれ、育ち、生きています。したがって、それらはあまりに当然のこととして、わたしたちの心身に染み付いていますが、人類の過去の長さに比べるなら、市場経済と資本主義の生成と定着以降の時間ははるかに短いので、それらはいかなる意味で確立しているといいうるのか、また、わたしたちが市場経済や資本主義を統御できるのか否かについては、まだ未解明の問題が残されています。さらに、市場経済と資本主義は今後も（どのような方向に）発達しうるのか、維持可能なのか、それとももはや衰退局面に入りつつあるのかという問いも、開かれたまま残されています。

1 市場経済

市場経済は、たとえば『広辞苑』では、「財・サービスの生産・消費が市場機構によって社会的に調節される経済制度。⇔計画経済」と定義されています。また、最新の日本経済史の概説書で宮本又郎は市場経済について、以下のようにより正確に説明しています。すなわち、「経済学の教科書的にいえば、市場経済社会とは、価格（賃金・地代・利子率を含む）をシグナルとして、経済主体が自己の経済的利益を最大化するように行動し、その行動の集計によって、社会の資源配分が決定される仕組みのことを指す。すなわち、⑴自由な意思決定に基づいて行動できる経済主体が存在することと、⑵社会全体の資源配分が市場経済原理に従って行われていることの二つが、理念型としての市場経済社会成立の重要な要件となる」（宮本又郎「近世日本の市場と商業」、深尾・中村・中林[2017] 第2巻、240頁）。

いずれの定義も、市場が存在している経済を「市場経済」とはしていません。第6章第1節⑷でも述べたように、商品・貨幣・市場という経済現象の存在をもって、ただちに市場経済であるということはできないのです。

では、どのような条件を満たしている場合に、市場経済であるということができるのでしょうか。これらの定義で、まず問われなければならないのは、すべての財・サービスの生産・消費（あるい

図 8-1　財・サービスを生産する 4 つの関係：商品化を軸とする分類

		産出された財・サービス	
		非商品	商品
投入された労働力	商品（雇用労働者の賃労働）	II 公共部門の公共サービス 非営利団体の有給職員による公共的サービス	I 企業（私企業･公企業） 非営利団体の有給職員による有償財の供給
	非商品（自営業者・家族・奴隷の労働）	III 家族･家内奴隷による家事 自営業の自家消費 ボランティア活動	IV 自営業の市場向け生産 生産協同組合の生産 奴隷を使役する市場向け生産

（出所）　大沢［2014］52 頁。

は社会全体の資源配分）が、市場機構によって（あるいは市場経済原理に従って）なされる社会とは、どのような社会であり、また、そうした社会が実際にこれまでに存在したことがあるか否かということでしょう。

この点については、大沢真理が一九九〇年代から生活保障システムのジェンダー分析をする際に提案した図に依拠して考察するのが有益です（図 8-1 参照）。ここで、第Ⅰ象限の財・サービスは商品として生産され、市場向けに供給され、またそこに投入された労働力も商品としての労働力（賃労働）です。この第Ⅰ象限に属するのは企業（私企業だけでなく、地方自治体の設置・経営する交通局、水道局などの公企業も、地域独占や設置自治体による赤字補塡などの特徴があるにせよ、産出した財・サービスは商品として市場向けに提供されています）のほかに、非営利団体（ＮＰＯ）の有給職員による市場向けの有償財の供給なども含まれます。第Ⅱ象限で産出されるのは公共サービスであって、市場向けに有償で提供される商品ではありません。しかし、第Ⅱ象限が財・サービスを供給するために投入する労働力は、労働市場で購入された賃労働です。この第Ⅱ象限には、公務員による公共サービスや、非営利団体の有給職員による公共的なサービス（大沢の例示によるなら、「環境ＮＧＯの有給職員によるアドボカシー」）が含まれます。第Ⅲ象限で産出される財・サービスは市場向けの商品ではありませんし、そこに投入されている労働力も有償の賃労働ではなく、家庭内で遣り取りされて、支払われることのない家事・育児・介護などの無償労働や、無給のボランティア活動です。第Ⅳ象限で産出される財・サービスは市場向けの商品として登場しますが、そこに投入されている労働力は市場から購入された賃労働ではなく、無給・無償の労働です。ここに属するのは自営業者（自己労働・家族労働だけで農工商業を営む零細経営）の市場向け生産、生産協同組合（ないしワーカーズ・コレクティブ）の組合員による市場向け生産、奴隷を使役する経営体の市場向け生産などです。自営業者の投入する労働力は市場での評価を受けていないので無償・無給ですし、生産協同組合員の場合も、報酬は労働市場で決まるのではなく、組合内部の議論と納得を経て、非市場的に決定されます。奴隷労働が市場向けの賃労働ではないことはいうまでもありません。なお、大沢自身が注意を促しているように、奴隷労働は貢納制や奴隷制など前近代社会にのみ存在していた過去の存在ではありません。現在でも、たとえば「人身取引によって調達されるセックス産業の労働者や、前借金に拘束されるプランテーション労働者などが、無視できない規模で存在」し、「それらの人びとは、自己の労働力の所有者として労働市場で自由な取引の主体となることができない点で、「雇用労働者とは区別され」、奴隷労働に従事させられていると見なければなりません。

さて、以上の四つの象限のうち、産出された財・サービスも投入される労働力も市場で直接的に調節されているのは第Ⅰ象限だけです。第Ⅱ象限で産出される財・サービスと第Ⅳ象限に投入される労働力はいずれも市場で調節されていませんし、彼らの労働力を市場価格（賃金）で表示することもできません。第Ⅲ象限は産出される財・サービスと投入される労働力のいずれも市場で調節されていません。

このように、現在の経済のあり方を概観するだけでも、市場が財・サービス・労働力の生産・消費・配分のすべてを調節しているわけではないこと（市場の部分性）が判明します。しかも、第Ⅰ象限以外は、産出される財・サービスと投入される労働力のいずれか、もしくは両方が市場に登場しませんから、価格でそれらの象限の経済規模を表示することができません。一九九〇年代には、女性が担うことの多い家事・育児・介護などの家庭内無償労働を可視化する必要性が認識されて、国民経済計算体系（ＳＮＡ）に反映されない家事や無償の社会的活動などを数量的に評価して、ＳＮＡに附属する特別なサテライト勘定に反映させることが提案されました。本来、市場で評価されていない部分を、共通の尺度で評価するのは困難なことですが、無償労働により逸失した利益や、仮に有償化した場合にいくら要するかを計算する代替費用で計ることにより、金銭表示する試みがなされています。[*1]

＊1　家事・育児・介護や無償の社会的活動を貨幣評価する方法として、大別すると、機会費用法と代替費用法があります。機会費用法では、無償労働を行うことにより、市場に労働を提供することを見合わせたことによって失った賃金（逸失利益）で無償労働を貨幣評価し、代替費用法では、無償労働によって生産しているサービスと類似のサービスを市場で生産している者の賃金で貨幣評価する方法です。

機会費用法では、実際になされた無償労働の内容ではなく、誰が無償労働を行ったかによって評価が変わる――たとえば、賃金水準が統計的に低いことが知られている女性や外国人が無償労働を行うならば、逸失利益も低く推計される――という問題があります。

代替費用法は、さらに、専門職種の労働者の賃金で評価する方法と、さまざまな家事を一手に引き受ける家事使用人の賃金で評価する方法に分かれます。専門職種賃金で評価する方法だと、「無償労働と専門職種の労働では、規模の経済性や資本装備率の違いによる生産性の格差が存在する」ことが知られており（内閣府ホームページ「一九九六年の無償労働の貨幣評価について」（一九九八年一一月五日一部改訂、http://www.esri.cao.go.jp/jp/sna/sonota/satellite/roudou/contents/unpaid_981105.html、二〇一七年八月三〇日閲覧）、他方、家事使用人の賃金で評価する方法は、「家事使用人は［家庭内の］無償労働のすべてを行うわけではないこと、及び社会的活動の評価には適さないという問題」があります。

したがって、現時点で、労働市場に登場しない労働を貨幣評価する万能の方法はありませんが、だからといって、無償労働をいつまでも不可視の状態に留め置くことは、性別や国籍などの属性や、奴隷といった身分による差別を見えにくくし、結果として差別を助長することにつながりますので、さまざまな方法の弱点を承知したうえで、とりあえずの貨幣評価をしてみることが必要なのです。また、無償労働とは別に、第Ⅱ象限で無償で供給されている公共サービスを貨幣評価する試みも必要であることはいうまでもありません。

日本では、一九九六年から翌年にかけて経済企画庁（当時）の経済研究所国民経済計算部が中心となって、無償労働の貨幣評価が試みられました。それによると、無償労働の総評価額は対GDP比で一五〜二三%を占め、また、無償労働の総評価額の対賃金・俸給（＝有償労働の総評価額）比は三二〜四九%を占めています。一人当たりの総労働時間のうち、およそ三分の一が無償労働であることもわかりました。また、一九八一年から一九九六年にかけて趨勢として無償労働が増加していることも確認されています。

また、カナダ、オーストラリア、ドイツ、フィンランドなどでは無償労働総評価額（税引き前の機会費用法評価額）が対GDP比で五四〜六九%ほどになるという試算もなされており、それらの国々では無償労働時間が有償労働時間と同等か、むしろ長いこともわかっています。計算方法によってさまざまな評価額が出てきますが、先の図**8-1**の第Ⅲ象限と第Ⅳ象限が決して無視できない大きさであることは理解できるはずです。

さまざまな経済活動をこのように見るなら、現在も、「すべての財・サービスの生産・消費（あるいは社会全体の資源配分）が、市場機構によって（あるいは市場経済原理に従って）なされる社会」ではない、つまり、市場経済ではないということになってしまいます。現在でも、非市場的な経済活動と財・サービスの生産・消費・配分が広くなされているという点を、どのように考えるべきでしょうか。

本書は、そうした非市場的な要素の存在にもかかわらず、大多数の人びとが、際限のない欲望をよりよく満たす（貨幣経済が浸透している場合には、より多くの貨幣を獲得する）ことを目的として、さまざまな経済活動を行い、その結果、上述の四象限に労働力が配分される経済のあり方を市場経済であると考えます。したがって、市場経済とは、①身分制的・共同体的な定や掟によらず、②市場での「自由な商品交換」を行うことを通じて、③社会的分業（社会が必要とするさまざまな財・サービスの生産のために労働が配分されること）が成立する経済・社会であると、定義されます。つまり、この定義は、市場経済であっても、「すべての財・サービスの生産・消費（あるいは社会全体の資源配分）が、市場機構によって（あるいは市場経済原理に従って）なされる」わけではないことを意味しています。しかし、それにもかかわらず、それが市場経済であるのは、経済主体がみな、財・サービスの市場動向（図8−1の第Ⅰ・Ⅳ象限）と、労働市場の動向（図8−1の第Ⅰ・Ⅱ象限）を考慮しながら、より多くの貨幣を獲得できるように、どこで必要な財・サービスを獲得し、どこにおのれの労働力を供給するかを決定することによって、図8−1の各象限に労働力が配分され、社会的分業の大きな骨格が決定されるからです。市場機構・市場原理が直接的にすべての財・サービス・労働力の配分を決定しているわけではありませんが、第Ⅱ・Ⅲ象限で財・サービスを調達する者も、第Ⅲ・Ⅳ象限に労働力を供給する者も、市場を無視して、市場とはまったく独立に、何らかの別個の原理・原則にしたがって行動しているのではなく、財・サービス市場の動向と労働市場の動向を考慮しながら、行動しているのだという意味で、それら全象限を全体として市場経済と呼ぶことができるのです。そして、人びとが、市場ではないところで財・サービスを調達し、市場ではないところに財・サービスを供給する行動の動機は、より多くの貨幣を獲得すること、すなわち、際限のない欲望を市場を通じて充足しようとするところにあるという点で、市場経済も、それ以前の人類が経験してきた経済と同様に、際限のない欲望を充足する人間＝社会の活動の総体であるという根本的な性格は維持されています。

以上の定義に関わって、二点、注意を要することがあります。第一は、宮本が指摘したように、「今日の資本主義市場経済社会でも、人びとの日常行動がまったく市場原理的ということはありえない」（深尾・中村・中林［2017］第二巻、二四二頁）のですが、それは、人びとが図8-1の第Ⅱ～Ⅳ象限でも活動しているからではなく、これらの象限の外側に、贈与経済・贈与交際のような互酬性（殊に一般的互酬性）の原理でモノが移転する領域が現在もあり、さらに、互酬性という概念でも概括できないような非経済的な（際限のない欲望の充足とはとりあえず無関係な）行動の領域も多く残されているからです。第二は、身分制的・共同体的な定によらず、自由な商品交換を行っている場合、労働を配分している主体は誰かという問題です。単純に考えるなら、それは、前近代から近代への移行の過程で確立した個人（＝ヒト個体＋法人〔ないし単一の意思を有する団体〕）ということにしておくのが、思考の単純化のためには好都合なのですが、実際には、現在にいたるまで家が、消滅しかかったことがあるとはいえ、完全に消滅してしまった社会はなく、また、ミクロ経済学が経済主体として「家計」を想定するように、むしろ家が、現在でも、財・サービス市場と労働市場の動向を考慮しながら、家族の労働を配分する主体であると考える方が便利な場合が少なくありません。近代社会における家の経済的機能については第Ⅳ部第17章で改めて考察することにしましょう。

この場合の家族は、前近代にもそうであったように、必ずしも血縁の紐帯で結び付いている必要も、婚姻関係や「愛情」で繋がっている必要もありません。むしろ、欲望充足の便宜のために家族を成している（逆に欲望充足にとって不都合なら、血縁や婚姻関係があっても家族が解消される）ということは不自然でも稀でもないと考える方が、「家族」の幻想や神話に惑わされることなく、古今東西のさまざまな家族のあり方を理解できるでしょう。しかも、欲望充足の便宜のために形成され、維持されている家族の間に、愛情をはじめとして、さまざまな情緒的・身体的な紐帯が生成することは、自発的結社における同志的連帯感だけでなく、軍隊の戦友や企業の同僚の間のように自由意思で選択されたのではない人間関係においてすら心理的紐帯が発生するのと同様に、珍しいことではありません。

2 資本主義（資本制的生産様式）

「資本主義」いう語は多義的です。資本主義が、ここで論ずるように資本制的生産様式を意味する場合もありますが、それだけでなく、資本制に特徴的に見られる人間＝社会の文化現象全体の特質を表現する際に用いることもあります。資本主義の精神的な基礎とか、資本主義の文化的基盤はそれに当たります。これら両様の意味の資本主義は、近世以降、殊に近代になって資本主義社会が確立してからのことを表現するのに用いられる歴史的な概念ですが、さらに、金儲けを良しとする規範・行動様式を指して「資本主義」という語を用いることもあります。この広義の「資本主義」は超歴史的な概念で、少なくとも貨幣が広く使われる時代・地域なら、古代から存在していた規範・行動様式です。

生産様式としての資本主義という概念は、しばしば、先に定義した市場経済と重ね合わせて用いられ、また理解されてきました。なぜ、その二つは重ね合わさるのか、それにもかかわらず、資本主義と市場経済はどこが異なるのかということも考えてみましょう。

『広辞苑』は資本主義を、「封建制下に現れ、産業革命によって確立した生産様式。商品生産が支配的な生産形態となっており、生産手段を所有する資本家階級が、自己の労働力以外に売るものをもたない労働者階級から労働力を商品として買い、それを使用して生産した剰余価値を利潤として手に入れる経済体制」と定義しています。市場経済に比べるなら、資本主義は、辞書的な定義がかなり妥当します。一つ注釈を加えるとするなら、「商品生産が支配的な生産形態となっており」というのは、前節で示した図8-1の全象限に該当するのではなく、第Ⅰ・Ⅳ象限（産出された財・サービスが商品として市場に登場する領域）に当てはまるということです。第Ⅱ・Ⅲ象限（公共サービス、家事、ボランティア活動の領域）は、資本主義社会においても商品生産は支配的な生産形態にはなっていません。そして、産出された財・サービスが商品化している第Ⅰ・Ⅳ象限と、商品化されていない第Ⅱ・Ⅲ象限の大きさを比較するのは、投入された無償労働力を貨幣評価するのに比べるなら、さらに困難なことです。

その理由を考えるために、『広辞苑』の定義の「生産手段を所有する資本家階級が、自己の労働力以外に売るものをもたない労働者階級から労働力を商品として買い、それを使用して生産した剰余価値を利潤として手に入れる経済体制」という部分を、改めて考えてみましょう。資本の運動の出発点を貨幣とするなら、それは、まず、生産手段（労働手段〔道具・機械・工場の建物や土地〕と労働対象〔原材料や部品〕）と労働力に姿を変えます。最初の貨幣と生産手段・労働力との交換は等価交換です。労働者は労働手段を用いて労働対象に働きかけ、新たな財・サービスを生産します。その過程を生産過程といいます。産み出された財・サービスはそれぞれの商品市場で販売され、やはり等価交換で貨幣形態に戻ります。この最後の貨幣額と最初の貨幣額の差額が剰余価値＝利潤です。生産手段は単なるモノですから、それ自体はいくら時間が経っても価値を増すということはありません。したがって、差額の付加価値を生み出したのは、生産過程で消費された労働力（つまり労働）ということになります。とはいえ、同じ労働力を投入しても、道具・機械の性能によって付加価値に大きな差が出ることは当然ですし、またより効率的な企業内分業が採用されているか否かも付加価値額に大きな差をもたらすでしょう。つまり、経済企画庁が代替費用法の難点として挙げたように、「規模の経済性や資本装備率の違いによる［労働］生産性の格差が存在する」のです。

それゆえ、図8-1の第Ⅲ象限で家事やボランティア活動に投入された労働力を貨幣評価しても、それはただちに、そこで産出された財・サービスを貨幣評価する基礎にはなりえません。では、家事やボランティア活動で産出された財・サービスを第Ⅰ・Ⅳ象限で購入するとした場合の代替費用法で貨幣評価できるかというと、家庭内で無償労働によって産出されている財・サービスのすべてが、第Ⅰ・Ⅳ象限で売られているわけではありません。ボランティア活動も、同じことを市場でサービスとして購入できるかというと、そもそも市場が成立していない財・サービスだからこそボランティア活動によって提供されているわけですから、貨幣評価は困難なのです。第Ⅲ象限で産出されている財・サービスを金額で評価することには、こうした本質的な困難がつきまといます。また、第Ⅱ象限で供給されている公共サービスの多くは、公共財の性格を帯びています。公共財とは非競合性（多数の者が同時に同じ財・サービスを消費しようとしても、他者の消費量を減らしたり、消費される財・サービスの質を劣化させたりすることがなく、追加費用の投入なしに消費量を増加しうること）と非排除性（対価を支払わずにその財・サービスを利用する者を実際上排除できない、つまり無料利用が可能なこと）という二つの性格をもっていますから、何人もの人びとがそれを利用して多大の便益が発生したとしても、産出された財・サービスの総額を貨幣で評価するということには本来的になじみません。

このように、第Ⅱ・Ⅲ象限で産出された財・サービスは価格評価が困難なため、社会全体で消費された財・サービスのうち、「商品生産［第Ⅰ・Ⅳ象限］が支配的な形態になっている」か否かは、産出額という面では判然としません。ここでも、市場経済を定義した際と同様にして、人びとはより多くの貨幣を獲得できるように、まず、第Ⅰ・Ⅳ象限でおのれの生み出した財・サービスを商品として販売しようとし、商品として売買することになじまない財・サービスを第Ⅱ・Ⅲ象限に供給している――公共サービスを商品として売買すると競合性と排除性が発生して社会全体にその財・サービスの便益が行き渡らないし、家事やボランティア活動が提供している財・サービスを商品として購入しようとするとかえって多くの貨幣を失ってしまう――のだという意味で、「商品生産が支配的な形態になっている」と考えるのが適当でしょう。商品生産が、すべての財・サービスのうちでどれほどの割合を占めているのかという量的な問題としてではなく、商品として売れるものが先に決まっていて、残余が非商品として供給されているという点で、商品生産が人間＝社会全体の再生産において規定的な性格を有している社会・経済を資本主義と定義することにしましょう。

前近代の人びとが生きていくうえで必要とするモノのほとんどを家内ないし共同体内で非商品的に自家生産・自家消費していたのと比べるなら、近現代の人びとの生活は、はるかに多くを第I象限で資本が供給したモノによって成り立っています。つまり、資本主義社会では資本は人びとの生活必需品の生産・販売を掌握することによって、前近代社会の資本に課されていた販路の狭隘《きょうあい》性（富者向けの奢侈品の生産・販売に限定され、それゆえ、その規模は収奪された剰余の富の総量を超えることができないという制約）を超えて、広い需要を確保して、利潤の確実性を獲得したのです。

しかも、上で見たように、資本の運動では、賃金と労働力が等価交換され、資本が生み出した財・サービスがそれぞれの市場で貨幣と等価交換されながらも、最初の貨幣額と最後の貨幣額との間に差額（付加価値）が発生し、それが必ず資本家の手許に残るという仕方でも利潤の確実性を獲得しています。こうした利潤の二重の確実性に支えられて、資本は社会・世界の隅々にまでその生産物を行き渡らせ、社会・世界の隅々からの需要によって、前近代の資本とは比較にならない大きな儲けの機会を保証されたのです。こうして、資本は社会・世界に「資本の論理」を貫徹させて、資本が生み出したわけではない土地や労働などの生産要素市場まで資本制的な様式に編成します。

生活必需品の多くが資本の運動を通じて供給されることが資本主義が成立したということの一つの意味ですから、資本主義とは市場経済の存在を論理的な前提としています。前近代の前市場社会では、資本が存在することはできますが、市場は万人がより多くの貨幣を獲得するための手段とはなっていませんし、それゆえ、万人が市場で生活必需品を購入することもありえませんので、資本主義は成立することができなかったのです。

また、資本の一部が労働力に姿態変換する（賃金と労働力が交換される）ことが、利潤の確実性の一つの根拠ですから、賃労働が予め市場に存在していることが資本主義の成立する論理的前提であり、また歴史的な前提でもあります。それゆえ、資本（致富・利殖＝金儲けをすること）も賃労働（移動や職業選択）も不自由な前近代社会には資本主義は確立しえません。

3　前近代から近代への移行と市場経済・資本主義

前近代から近代への移行の一つの側面は、前章で見たように、人間関係を構成する原理が身分制・共同体から自由な諸個人の契約関係に基づく市民社会に転換したことですが、身分制・共同体の諸規制と保護機能が中世末期に弛緩し始めてから、「職業の自由」「移動の自由」が実質的に発生することになります。むろん、その背後で、さらに、身分制・共同体の保護なしでも市場で売り買いしながら生きていく資本主義的な精神を有する人間への転換も進行しました。こうして、経済活動は、定められた分《ぶん》ではなく、「職業（business, trade）」（＝際限のない欲望を充足するための手段）として営まれるようになります。

身分制・共同体による個別的な欲望を規制する体系が弛緩し、万人が――ただし、必ずしもヒト個体ではなく、往々にして家が――個別的な物欲の主体として解放される過程が、近世なのです。

この過程で、資本と労働の双方が自由に移動・運動することにより、市場経済が社会的分業を編成するように形成されます。つまり市場経済は、資本主義的な市場経済として成立したのです。市場経済への移行過程を自生的に開始し、完了したヨーロッパの過去を見るならば、市場経済への移行過程に、資本主義とは異なる共産主義の思想や社会主義の理想が登場したことはすでに見たとおりですが、現実にできあがった市場経済は資本主義的な市場経済にほかならず、それ以外の市場経済の可能性は、たとえ、存在したのだとしても発現していません。資本主義的な市場経済以外の選択肢、たとえば、協同組合のネットワークとしての市場経済が論理的に、また歴史的に、ありえたのか（また、現にありうるのか）否かは今後の研究に俟つべきことがらでしょう。

文献案内

本章に関しても、諸種の経済学辞典や社会科学事典の類を別にするなら、全体的な参考になる文献は品薄です。資本主義と自由の関係について論じた小野塚［2023b］のほかに、扱われたテーマごとにそれぞれ、深尾・中村・中林［2017］第二巻第五章、大沢［2013］、加藤・馬場・三和［2004］の序章と第一章、楠井［2002］、および小幡［2009］を参照してください。

第9章 近世の市場と経済活動

本章では、近世のヨーロッパで具体的にいかなる新たな市場と経済活動が展開したのかを、「商業革命」や「価格革命」などの目立った変化に注目して概観したうえで、それらの変化の背後で進行していた、より根底的な人間・社会・経済の変化に論及することにしましょう。

1 「商業革命」現象

ヨーロッパでは一五～一六世紀、ほぼ近世の前半に当たる時期に、商業上の大きな変化が発生します。その一つは域外貿易の拡大であり、他方は「価格革命」です。これら二つの変化を総合して、ヨーロッパ近世の「商業革命」と呼びます。

西ローマ帝国崩壊（四七六年）後のヨーロッパでは、いったん商品経済・貨幣経済が衰退し、局地的な現物経済が支配的になりますが、一一世紀頃までには、ゲルマン民族の移動とその後の混乱も経て、ヨーロッパ封建社会が安定期に入ります。そうするとヨーロッパでは、局地的な経済活動を繋ぐようにして、北海・バルト海貿易（現在のイギリスから北フランス、ベルギー、オランダ、ドイツ、ポーランド、ウクライナ、ロシア、北欧諸国を繋ぐ広域的な貿易圏）と地中海貿易とが活発化します。現在の中欧・東欧から内陸部を陸路を通じて、あるいはドナウ河・黒海水運を通じて、東ローマ（ビザンツ）帝国（同帝国崩壊後はオスマン帝国）やアジア（当時のヨーロッパでは広く「東洋（Orient）」とか「インド（India）」と呼ばれていた地域）と貿易を行う経路も、少し遅れて発展します。

このように中世のヨーロッパには域外貿易の経路は、地中海経由か中東欧経由のいずれかしかなかったのですが、いずれも、何重にも中継ぎ商人の介在する中継貿易として営まれており、当時の輸送手段にも規定されて貿易量には制約がありましたし、中継ぎ商人たちがそれぞれ利益を上乗せするため、香辛料、絹、金・宝石などの東洋産品がヨーロッパの市場に出回るときには、非常に高価になっていました。それゆえ、それら東洋産品は王侯貴族や一部の富商などの顕示的消費の対象にしかならず、普通の人びとにとっては縁遠い品物でした。

ところが、一五～一六世紀になると、ヨーロッパ人が船で渡洋して、直接、東洋と取引する海路が開発されましたし（アフリカ西岸航路を拡張して、喜望峰周りの「インド」航路の開発）、また、西回りで大西洋を越えても東洋に到達できると考えた者たちによって新大陸（中南米）と行き来する長距離航路も開発されました。

その結果、東洋産の奢侈品の貿易量は増大し、他商品で計った相対価格は低下し、香辛料、絹、金・宝石などへの需要が社会の下方に拡張します。また、東洋や新大陸との直接貿易によって、従来はヨーロッパで知られていなかった諸種の新種商品が一挙に、大量に、ヨーロッパに流入するようになりました。アフリカ原産のコーヒーは、一六世紀初めにオスマン帝国・バルカン諸国を経て中継貿易でヨーロッパに入りましたが、一七世紀までには嗜好品として普及し、アフリカ航路やインド航路の重要な貿易品目となりました。インド産のキャリコ（捺染《なっせん》彩色綿布）やナス、雲南が原産地の茶もほぼ同じ頃にヨーロッパに入り、大流行しました。キャリコと茶は、第Ⅳ部で見るように、ヨーロッパ、殊にイギリスの経済に、のちに非常に大きな影響を与えます。

他方、新大陸からもタバコ、唐辛子、トマト、カボチャ、ジャガイモなどがヨーロッパに伝わり、嗜好品としても食料としても、近世以降のヨーロッパの人びとの生活を大きく変える役割を果たしました。現在のヨーロッパの食からジャガイモを取り除いたら、彼らの摂取熱量が下がるだけでなく、ジャガイモ栽培をやめたらヨーロッパの食糧自給率も大幅に下がるでしょう。大雑把にいって、ジャガイモは麦類の穀物と比べるなら、同じ面積で二倍ないしそれ以上の熱量が収穫できるので、近世以降のヨーロッパの人口増加を支えた重要な食料となりました。また、イタリア料理といえば、トマト、唐辛子を多用し、食後は深煎りのコーヒーが定番ですが、そうなったのは、早くとも一六〜一七世紀のことで、それ以前のイタリアには、古代ローマも含めて、ペペロンチーノやトマトソースのパスタやコーヒーはありませんでした。また、アジアでも、韓国・朝鮮、中国（殊に四川省や陝西省）、タイ、インドなどでは唐辛子は欠かせない食材ですが、唐辛子が日本も含むアジア諸地域に伝来したのは一六世紀、食材として定着したのは一七世紀以降のことです。アジア諸地域の辛い料理も、昔は、山椒などの辛さ（中華料理でいう麻味《マーウェイ》）はありましたが、唐辛子の辛さ（辣味《ラーウェイ》）は近世以降の産物です。

このようにして、ヨーロッパ船による直接貿易が拡張することによって、東洋産の既知の産品だけでなく、さまざまな新種商品がアジア、アフリカ、中南米から流入し、ヨーロッパの人びとの生活に深く入り込むようになります。「地理上の発見」や「新航路の開拓」は単に海運・航海上のできごとではなく、経済と生活に大きな影響を与えたのです。これらの外国産品の対価としてヨーロッパが支払ったのは、おもに銀（ヨーロッパ産、のちに新大陸産）であり、また中世から近世にかけてのヨーロッパの基軸商品ともいうべき毛織物でした。

こうして一五〜一六世紀に域外貿易が拡張するその時期に、ヨーロッパは物価の持続的騰貴を経験しました。これを近世の「価格革命」と呼びます。たとえば、イギリス（イングランドとウェールズ）では、一五世紀には価格は非常に安定的でしたが、一六世紀に入ると上昇し始め、一七世紀末には一五世紀の平均価格の六倍にまで騰貴しています。ドーヴァー海峡の対岸、少し東側のネーデルラント（現在のオランダ）のアントウェルペンでは、すでに一五世紀初頭から価格上昇の趨勢が始まり、多少の停滞と低落もともないながら、一六世紀に入ると急速な騰貴が、イギリスとほぼ同じように進み、一七世紀末には、一五世紀平均の十倍ほどの物価水準となります。こうした物価騰貴はイギリスやネーデルラントだけでなく、スペイン、フランス、ドイツ語諸地域、イタリア語諸地域、ポーランド、スウェーデンなどでも発生し、殊に一六世紀以降一八世紀にいたる過程で、物価動向はヨーロッパの各地がほぼ同じ趨勢で推移するようになります。つまり、中世まで局地的公開市場と広域的遠隔地市場とは、商品種類と参入する者の両面で別々の市場であって、それゆえに、中世ヨーロッパ各地の物価動向に同期性が検出できないのに対して、近世から近代へ転換する一八世紀末頃になると、各地の物価は明らかに相互に関連し、影響し合いながら推移するようになったのです。

こうした近世ヨーロッパの物価騰貴の原因として古くから唱えられていたのは、中南米産の新大陸銀の大量流入によって貨幣価値が下落したからであるとする貨幣数量説的な説明でした。確かにスペインは、スペイン王国の成立（カスティーリャ王国とカタルーニャ＝アラゴン王国の統合、一四七九年）とレコンキスタの終了（グラナダ・アルハンブラ宮殿の陥落、一四九二年）ののち、海外進出が活発となりました。中南米に進出したスペイン人たちは、各地で有望な貴金属鉱山を「発見」します。現在のペルーのポトシ銀山は一五四五年に発見され、翌年、鉱山町が設置されます。また、同じ一五四六年には現在のメキシコ中央部のサカテカスの鉱石に銀と鉛が多く含まれていることが判明して、スペイン人は一五四八年から鉱山開発に乗り出します。中南米の銀鉱山では、水力砕石機によって銀鉱石を効率的に粉砕し、また、水銀アマルガム法（一五五六年パティオ法、一五七二年カホネス法）という新しい方法によって効率的に銀を精錬することが可能となりました。[*1]

*1　人類にとって古くからの金・銀精錬法としては、灰吹法と水銀アマルガム法がありました。灰吹法では、粉砕した鉱石粉に含まれる金や銀を低温で融解する鉛に溶け込ませ、鉛との合金状態になった金・銀を、多孔質の皿（キューペル）に乗せて八百度以上に加熱すると、鉛分は空気中の酸素と化合して、粘性の低い液体の酸化鉛となってキューペルに吸収されるので、キューペルの上に残る金・銀を採取する精錬法です。水銀アマルガム法では、金・銀の鉱石粉を水銀とともにキューペルの上に乗せて加熱し、水銀との合金をいったん生成します。灰吹法と異なるのは、水銀は常温でも液体で、灰吹法より低温で精錬できることです。キューペルをさらに加熱すると水銀が蒸発し、その他の不純物はキューペルに吸収されるので、キューペル上に残った金・銀を採取することになります。水銀アマルガム法では、金・銀と水銀との合金状態から、水銀を蒸発させて、金・銀を分離した後、水銀を冷却して液体状態で取り返す工夫が必要になりますから、灰吹き法より全体の工程は少し複雑になりますが、金・銀の抽出効率は上がります。また、水銀アマルガム法では蒸発した水銀を人が吸い、また水銀が川や地下水に流れ込むことにより、水銀中毒が発生するため、精錬工程の労働者が長期間働き続けるのは難しく、中南米ではスペイン人は現地の先住民（「インディオ」）や黒人奴隷をほぼただ同然で入手して、作業に当たらせました。現地の固定資本額を除くなら、ヨーロッパにスペインが供給した新大陸銀の原価は輸送費用にほぼ等しかったといわれています。

中南米からスペイン経由でのヨーロッパへの金・銀流入は一六世紀前半から始まっていましたが、年間百トンを超える大量の銀が流入するようになったのは、有望な銀山が発見され、また、さまざまな技術革新が定着した一五七〇年代以降です。最盛期の一六世紀末から一七世紀にかけては年間二〇〇トンを超える銀がヨーロッパにもたらされましたから、新大陸銀の流入が価格革命の一因であることは否定できません。しかし、アントウェルペンでは新大陸銀が流入するようになる百年以上前から価格騰貴傾向が始まっていますし、イギリスの価格騰貴も初期に関しては新大陸銀では説明できません。

さらに、重要なのは、品目によって物価上昇率が異なるということです。イギリスの一五世紀後半の平均水準を百とする指数で穀物、その他栽培作物、家畜、畜産品、木材、工業製品（繊維製品）、労働力（農業および建設業の一日当たり賃金）の推移を示すなら図9-1のようになります。一見して明らかなように、穀物（小麦・大麦・燕麦・ライ麦）の上昇率が最も高く、その他栽培作物（干草・麦わら・豆類）と家畜（牛・馬・豚・羊・家禽・兎）と乳製品（ミルクとクリーム・バター・チーズ）および卵の上昇率がそれに次ぎます。食料品の上昇率が最も高かったということは何を意味するでしょうか。木材と工業製品の上昇率は食料品よりも低く、さらに賃金（さらに、農業賃金と比べるなら建設業賃金）の上昇率は、一七世紀初頭まで、木材と工業製品の上昇率よりも低い水準に留まっていました。こうした品目別の物価上昇率の相違は貨幣数量説では説明できません。貨幣量が

図9-1　イギリスの品目別価格推移：1450～1649年

（15世紀後半=100）

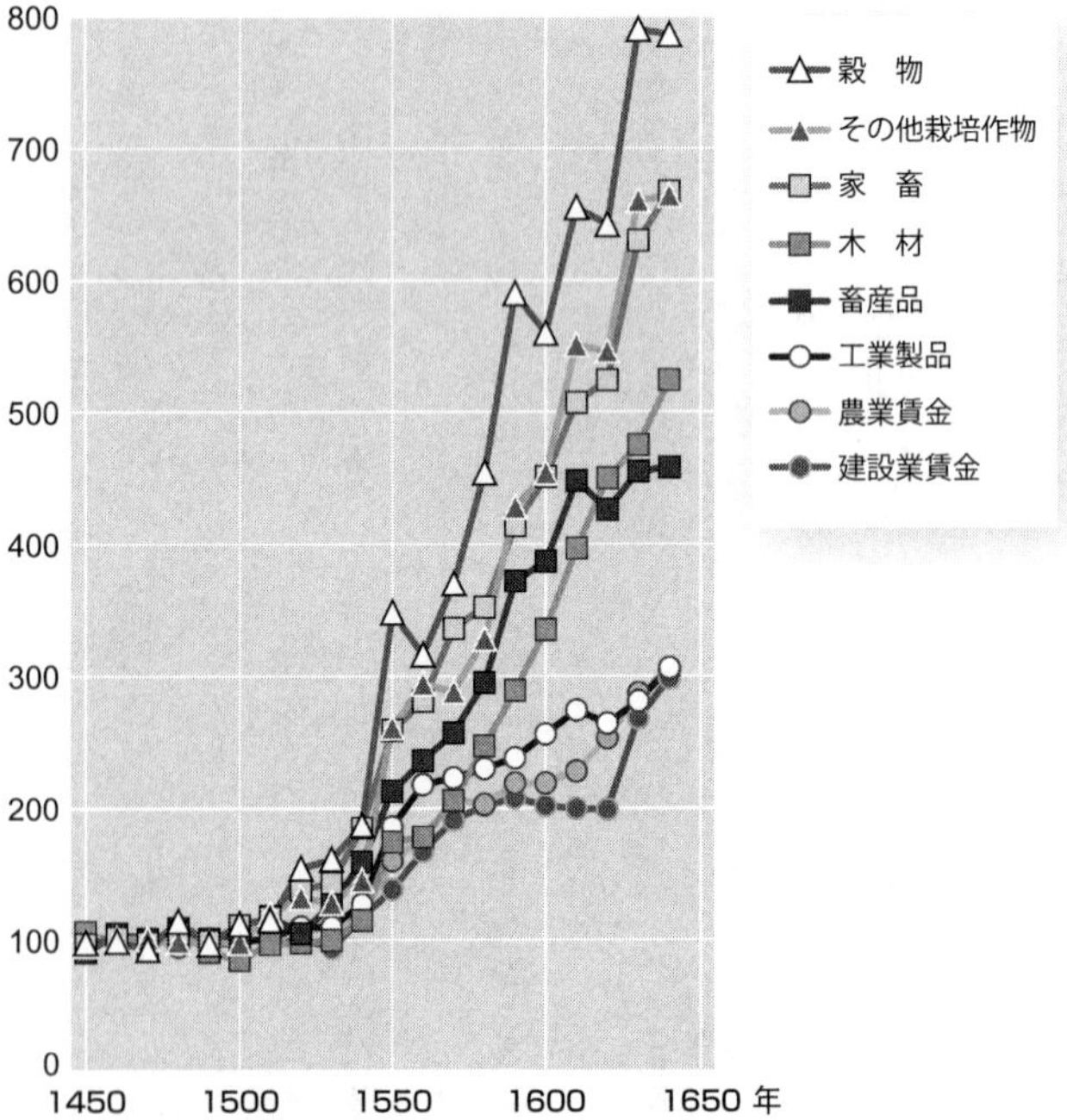

（注）　穀物価格は小麦，大麦，燕麦，ライ麦の平均。その他栽培作物には干草，麦わら，豆類を含む。家畜は牛，馬，豚，羊，家禽および兎の平均。畜産品は乳製品，卵，羊毛，皮革の平均。

（出所）　図は，Bowden［1990］のデータを用いて作成した。

増えて、貨幣価値が低下する効果はすべての品目に等しく現れるはずだからです。図9-1から読み取れるのは、食料＞木材＞工業製品＞農業賃金＞建設業賃金という上昇率の相違です。そこから、こうした物価騰貴の背景には、人口増加、殊に商工業人口（土地なしの非農業人口）の増加が作用しているということが推測されます。食料を自家生産できない土地なしの非農業人口が増加すれば、彼らは市場で食料を購入しなければなりませんから、食料品価格が最も騰貴しやすいということになります。商工業人口が増えたので、工業生産力は拡大して、工業製品の価格は食料品ほど上がりません。さらに、全体として人口が増加しているだけでなく、市場に自己の労働力を供給しなければ生きていけない土地なし非農業人口が増えているために、賃金の上昇率は最も低いということを、図9-1は示しています。むろん、労働力供給源が拡張しているとはいえ、一六世紀中葉以降は新大陸銀の流入が始まりますから賃金もその時期以降は騰貴するようになったのです。

このようにして、非農業人口が穀物など食料品を買い、工業製品を買い、また、労働者を雇う新しい型の農業・商工業経営が行われるようになっているということは、王侯貴族や富商だけでなく、一般民衆の間で活発な経済活動が営まれ、生活必需品を含めて商品生産を行うようになりつつあることを示しています。その結果、彼らは、労賃や工業製品に比べて、相対的に高くなりつつある食料品を需要し続けているわけですから、民衆は貨幣で計った場合に、以前よりも豊かになりつつあるということがわかります。すなわち「民富（common weal, commonwealth, Volksreichtum〔独〕）」の形成が始まっているのです。ここで、民富の形成というのは、単に物的ないし貨幣的な形態で民衆の間に蓄積された富を意味するだけでなく、民衆が市場で自由闊達な経済活動を展開することのできる社会状態や人間関係が形成されていることも意味しています。つまり、価格革命とは単なる持続的な物価騰貴ではなく、人間・社会・経済に着実に何らかの新しい変化が始まっていることを示唆しているのです。こうした変化があったからこそ、ヨーロッパ船による直接貿易で流入した奢侈品への需要は下方に拡張することが可能となりました。奢侈品の相対価格が低下しただけでなく、それらに対して実際に貨幣を支払う力（有効需要となる購買力）が民衆の間で徐々に高まっていたことを民富の形成は意味します。

2 農村商工業の展開——「プロト産業化」

こうした非農業人口の増大、民富の蓄積、そして域外産品への需要拡大という事態の根底で進行していた変化を経済史学は、これまで農村商工業の展開や「プロト産業化」という概念で理解してきました。本節では、その点を概観することにしましょう。

ヨーロッパ域外産品の流入量が増大したのに対応して、支払うべき対価も増大せざるをえません。中世以来、ヨーロッパの対外的な支払手段の主体は銀でした。銀はおもに南ザクセン、ボヘミア、チロル、ハンガリーなどの銀鉱山で産出され、その先買権を獲得して巨富を築いたのがアウクスブルクのフッガー家ですが、一六世紀になると純度の高い銀鉱石が枯渇し始め、また新大陸銀の大量流入もあって、ヨーロッパ産銀に立脚したフッガー家の勢力は長くは続かず、対スペイン債権の焦げ付きや、取引関係の強かった金融・商業の中心地アントウェルペンの没落につれて、フッガー家も衰退します。銀に代わってヨーロッパの支払手段としての重要性が増したのは毛織物です。元来、羊はアジア・北アフリカからヨーロッパにかけての各地で放牧され、その羊毛を加工する産業は中世にはヨーロッパの多くの都市で営まれていました。

ところが、ヨーロッパ中世都市の毛織物および関連産業は、いずれも職種ごとにギルド（ツンフト）を形成し、生産量・原料調達・価格・品質などについて厳しい制約を課していましたし、都市の局地的公開市場も公正価格と既知の製造法の厳守などの条件を課したうえに、公開市場外での私的取引を禁止しましたから、ヨーロッパ中世都市は増大する毛織物需要に対応する能力を欠いていました。これに対して、農村には都市やギルドの規制が及びませんでしたので、農村に毛織物、麻織物、それらに関連する原料供給業や商業・運輸業が発達するようになります。これをヨーロッパ近世の農村商工業と呼びますが、それが展開するための条件は以下の三点でした。

(1) 「ヨーロッパ的な」結婚・就労・家族形態

農村商工業が展開する第一の条件は、「ヨーロッパ的な」結婚・就労・家族形態が形成されていることでした。一子相続で、土地の割替もないゲルマン的共同体の社会では、相続した一子――長子相続が通例ですが、テューリンゲンのように末子相続地域もありました――だけが家と耕地・牧地および共有地利用権を相続し、他の子は、生家もしくは他家で奉公したり、養子に入ったりしました。兄弟姉妹は血縁関係にあるとはいえ、平等ではなく、家を相続して共同体成員になる者とそれ以外の者とは画然と区別されました。相続しない兄弟姉妹は、家に留まっていても下男・下女の扱いでしたし、家督を子に譲った親も単なる「隠居人」にすぎませんでした。つまり、血縁は家族構成の第一の原理ではなく、財産の相続・管理と共同体成員であることが家を構成できる第一の原理でした。こうした原理が支配する社会では、新たな家を生み出すことにつながる婚姻は抑制されます。平均寿命の短い社会で晩婚・非婚が多数を占めるなら、一組の夫婦（ないし生殖可能年齢の女性）が五人も十人も子を作るという多産は不可能でしたが、相続人がいないという危険を回避するために複数の子はもうけようとしたでしょう。相続できるのは一子にすぎませんから、それ以外の子は成人しても、養子となって他家を継ぐ、あるいは他家を相続する者に嫁入り・婿入りするといったことでもなければ、下男・下女にすぎず、結婚の機会は制約されていました。結婚前に長く奉公人をするということは、経済的に見るなら、労働市場への自由な賃労働の供給が始まっていることを意味します。こうして、平均初婚年齢が高まって晩婚傾向が定着し、また非婚（生涯独身）率も高く維持され、結婚前の（また、結婚できない）男女が、農業や商工業の奉公人として働くという「ヨーロッパ的な」結婚・就労・家族の型が形成されていることが、農村商工業展開の第一の条件となりました。

Column

晩婚・非婚と人口——現在の日本の特異性

前近代・近世では、生まれた子のうち成人年齢まで育つ確率が決して高くないだけでなく、運良く成人年齢に達した者でも平均寿命は四十代～五十代でした。そうした社会にあっても、平均初婚年齢が三〇歳ないしそれ以上（その年齢までは結婚を抑制する社会的・倫理的な力が作用している）ということは稀ではありませんでした。現在の日本では三五歳を過ぎると卵子の質が劣化し、卵巣の機能も低下するため、「三五歳を過ぎて妊娠を望む場合は、不妊症の専門医に相談をすることが望ましい」とされていますが、三五歳を過ぎての妊娠出産や三〇歳以上での初産は、近世社会では決して珍しいことではありませんでした。近世は栄養状態も衛生状態も現在より概して劣悪で、こうした社会では、結婚して、子をもうけることができた場合も、数人の子を産むのがせいぜいでした。末子を育てている途中で両親のどちらかが死んでしまうということや、出産直後に感染症や出血で母親が死ぬことは例外的にではなく、起こりえました。しかし、こうした晩婚・非婚で、決して多産ではない社会だからといって、人口が減少したわけではなく、第1章でも概観したとおり、一五世紀以降は明瞭に人口増加社会となっています。つまり、晩婚や非婚が、ただちに社会全体の人口減少の原因（T・R・マルサスの人口論）となるわけではないのです。第5章でも見たように、人類は長い間、経済状況（食と職の確保）に応じて、堕胎、嬰児殺し、親殺しによる直接的人口調節だけでなく、結婚抑制（青少年期の奉公）や出家（修道院・尼寺）などによる性交可能性や初産年齢の調節、さらに、婚姻関係にあっても別居・授乳（による受胎不能期間の利用）・禁欲・性交中絶（膣外射精）を通じた出産間隔の調節や最終出産年齢の調節などによって、人口増加を安定的に統御してきた（あるいは、そうした社会は長期間存続可能であった）と考えることができます。それらは、人口が経済状況の許す以上に増えすぎるのを防ぐとともに、経済状況が許す範囲内では人口を増やす仕組みとしても機能してきました。

現在の日本では、晩婚・非婚が少子化・人口減少の原因であるといった議論をしばしば目にしますが、それはヨーロッパや日本の近世の経験に照らしてみるなら、いささか早計な議論です。フランスの人口学者トッドは、全体主義を経験した諸国で出生率が低いことに注目して、個人の自由が尊重されてきた社会では受胎調節が普及し、また産む／産まないも個人に委ねられてきたために適度な出生率が維持できているが、個人の自由に対して抑圧的（authoritarian）な家族制度の強かった社会では避妊や産む／産まないの自由が制約されているため、人びとは出産に帰結する行動をためらうので出生率が低いのではないかとの仮説を示しています。

歴史的に見て現在の日本が特異なのは、生殖と育児――しかも、場合によっては、子の大学卒業・就職・結婚までが「子育て」とされるような極端に長い「育児」の観念――が生殖年齢の男女にとって非常に大きな重荷となっていることです。この重荷はトッドの指摘する家族制度と抑圧的な規範から説明できるかもしれません。もし、仮に晩婚・非婚が少子化の最大の原因だというのなら、若い頃から性教育をきちんと施したうえで、むしろ性行為は奨励されるべきでしょう。ところが、日本の多くの地方自治体は「青少年健全育成条例」の「淫行処罰規定」で、一八歳未満の男女の性行為を「淫らな」行為として実質的な禁止・補導の対象としています。これは青少年の人格権・幸福追求権のあからさまな侵害であり、また女性の婚姻可能年齢とも矛盾しています。他方で、初等・中等教育での科学的・包括的で男女平等の性教育を「過剰な性教育」として非難する風潮（性教育バッシング）も後を絶ちません。こうして青少年を「性」から遠ざけようとしながら、高校の女生徒に対しては一八歳を過ぎたら早目に妊娠・出産するように誘導する教育もなされています（西山・柘植［2017］）。一八歳までは「清く」あることを強要し、一八歳を過ぎたらとたんにどしどし産みなさいというのは、明らかに当を失した教育ですし、そもそも、当人の意思や、出産・育児を容易にする客観的な社会的条件を無視して、妊娠可能年齢、出産可能年齢、流産率、生産率（死産ではない出産の比率）等の数字を独り歩きさせることは適切な議論ではありません。なぜならば、出産・育児の容易さだけでなく、生産率や流産率にも社会的な要因が関与しているからです。

現在の日本では、諸種の社会調査によるなら、未婚男女の大多数は結婚し、子をもつことを希望していますが、生殖（性交・妊娠・出産）と育児に相当の重さや厄介を感じていることも否定できません。こうした状況では、人びとは結婚・出産の希望がありながら、結婚し、子を作ることに尻込みする傾向も発生するでしょう。近世は晩婚・非婚が多く、妊娠・出産にともなう危険はいまよりはるかに高く、平均寿命もはるかに短かったのですが、生殖を重荷とするような教育や規範はありませんでしたし、育児も周囲の者たちが支援し、たとえ親が死んでも、また婚外子であっても、養子・継親などの方法で子育てする仕組みが有効に機能していたからこそ、人口減少社会にはならなかったのです。生殖と育児という点で、現在の日本が過去の諸社会と比べて、また現在の他国と比べて、どのように特異な状況にあるのかを正確に知ることが、少子化対策の不可欠の前提でしょう。

この晩婚・非婚で、婚前の奉公人経験という「ヨーロッパ的な」結婚と就労の型は、サンクトペテルブルクとトリエステを結ぶ線の西側（西欧・中欧）に検出されます。こうしたヨーロッパ的結婚形態が成立したのは地域や身分によって異なりますが、イングランドでは早くも一二世紀にはこれが検出され、イタリアなど南欧は概して遅かったと考えられていますが、一五〜一六世紀頃までにはこの型が広く検出されるようになり、第二次世界大戦前まで維持されました。なお、この線の西側でも家族形態は直系家族（相続する一子の若い夫婦が親の家に同居する）と核家族（子は成人して結婚すると親の家を出て別の家族を形成する）に分かれますので、晩婚・非婚と婚前の奉公人経験は、家族形態と完全に一致するわけではありません。こうした「ヨーロッパ的な」型は、古くは一九世紀プロイセンの農政史家ハクストハウゼンにより、また二〇世紀にはドイツの社会史家コンツェやトッドによって部分的に指摘されてきましたが、最も明晰に主張したのはイギリスの人口学者ヘイナルでした（速水［2003］）。それゆえ、この線はサンクトペテルブルク＝トリエステ線ないしヘイナル線と呼ばれます。ヘイナル線の西側は、封建制が成立し、資本主義への移行が検出されるのに対して、この線の東側（東欧）は前近代において非封建制的であり、近世以降も資本主義への移行に難渋します（肥前［2008］）。この線の東側のロシア・バルカン諸地域では、早婚、皆婚（ほとんど全員が生涯に少なくとも一度は結婚すること）と、子だくさんで家族規模を大きくして（一つの家族が複数の夫婦から構成される複合大家族になって）、共同体から多くの土地を分与されるアジア的共同体に特有の家族戦略が広範に発見されるのです。

Column

ヘイナル線とロシア／アジア

ヘイナル線の発見によって、封建制の存在と資本主義への展開とがヨーロッパ的な結婚・就労・家族の型と結び付けて考えられるようになったことは、経済史的にはさまざまな論点を浮かび上がらせました。第一は、ヨーロッパの大国ロシアがピョートル、エカチェリーナ、あるいはクリミア戦争後のアレクサンドル二世のような改革志向の皇帝や、一九世紀末以降のヴィッテやストルィピンのように改革を迫られた廷臣たちの存在にもかかわらず、「西欧化」・「近代化」・「資本主義化」の夢を果たせなかった原因のかなりの部分をうまく説明できることです。血縁と土地にしがみ付くロシアの農民たちには、労働市場に出て行って、賃労働者として働く誘因も圧力も欠けていましたから、資本主義が成立する論理的かつ歴史的な条件（＝賃労働の創出＝資本の原始的蓄積）は微弱だったのです。マルクス＝エンゲルス流の「資本主義」・「近代」批判をロシアで継承したレーニンは、一方では、ロシアにも社会主義革命の可能性があることを示すために、ロシアでは西欧と異なる型とはいえ、資本主義が着実に発展しつつあることを実証しようとし（『ロシアにおける資本主義の発展』〔一八九九年〕の刊行）、他方、イギリスでは、資本主義が充分に発展しているにもかかわらず、社会主義革命の条件が醸成しない「現実」を説明するために、「労働貴族」論（帝国主義的超過利潤の一部を分与された労働者上層が、労働者階級全体の革命性を阻害する要因となっているという論説）を考案しました（小野塚［1985］）。しかし、ロシアで実際に革命が発生すると、あいかわらず土地にしがみ付こうとする農民たちを見て、彼らをただちに社会主義の担い手とするのは無理で、その前に、資本主義・市場経済的な商売を経験させるために、農民たちを協同組合に組織すべきなのではないかといったことを考えざるをえない状況に直面したのです。結局、ロシアに機械制大工業を根付かせたのは、革命勃発から十年ほどを経てスターリン独裁時代になって、農業の集団化（コルホーズ・ソフホーズへの再編）を暴力的に強行することで、農村から過剰人口を叩き出すことに「成功」してからでした。

第二は、ロシアよりさらに東側の諸地域における封建制の確立と資本主義発展の可能性についての論点です。実際にヨーロッパと白人植民地以外で、植民地ないし半植民地を経験せずに資本主義・市場経済へ移行したほぼ唯一の例外が日本ですから、日本ではなぜそれが可能であったのかについてさまざまな議論がなされてきました。しかし、日本、韓国・朝鮮、中国の前近代社会のあり方や共同体の性格（ないしはその有無）と、前近代から近代への移行をめぐっては実にさまざまな見解があって、現在も大多数の研究者が支持する通説はないように思われます。結婚・就業・家族形成については、ヘイナル線の東側のユーラシア大陸には、早婚・皆婚で複合家族の非ヨーロッパ型が広く分布していたと考えられています。日本（および韓国）の近世の結婚形態は直系家族（相続する一子の若い夫婦が親世代と同居する家族）で、それはヘイナル線の西側のヨーロッパ大陸の多くの地域に共通します。一六世紀までの下人・所従は晩婚ないし非婚であったのが、一七世紀の開発と人口増大の時代に、直系家族世帯が広範に形成される過程で、相続しない子も結婚するようになって、皆婚に近い結婚形態が定着しますが、その後、初婚年齢は上昇し（晩婚化傾向の発生）、出生数も抑制されるようになりました。他方、相続と農民経営規模に注目するなら、近世（ほぼ一七～一九世紀中葉）の日本の農村では、一子相続が広く見られ、また幕府側も田畑永代売買禁止令（一六四三年）や分地制限令（一六七三年）で、農民経営の維持に配慮しました。共同体について見るなら、近世日本の農地は中世ヨーロッパの三圃制のような分散耕地制ではなかったため耕作強制は欠いたものの、水利や共有地の利用については明瞭に共同体の存在が確認できることについては、学界の見解はほぼ一致しているといってよいでしょう。一子相続、直系家族、ゲルマン的共同体に類似した機能・性格の共同体が成立していた点で、日本の近世は中国やロシアと完全に同質ではなく、むしろ、ヘイナル線以西の北西ヨーロッパに近い性格を発見することもできます。

(2) 家業以外の就労機会

一子だけが家業を相続できる社会では、相続から外れた者たちは家業以外で生計を立てなければなりません。家業以外に就労の機会があり、事実上の賃労働者として働くことができるようになるのが、農村商工業の展開する第二の条件です。土地の定期的割替を欠くゲルマン的共同体では、土地保有規模に比べて家族労働力が不足する事態が発生する可能性は常にありました。そうした農家が不足分を養子や嫁として獲得するのではなく、他家から奉公人として労働力を獲得する場合に、それは相続から外れた者たちにとっては就労機会となったでしょう。また、封建制の経済秩序では、商工業は都市のギルドが独占していたのですが、そうした地域的独占と都市・農村間の厳格な分業関係が緩むことにより、農村にいながら、必ずしも農業に従事するのではなく、半農で、もしくはまったく土地を保有せずに、商工業に従事する機会は増加しました。農村で商工業が営まれるようになると、農民だけでなく、都市のギルドで親方になる見込みの乏しい職人たちも、農村に移住して営業するようになります。

(3) 農業生産力の上昇

農村商工業が展開する第三の条件は、農業（殊に食料）生産力が上昇することです。従来よりも多くの非農業（商工業）人口が生きていくことができるためには、彼らの職だけでなく、食も確保されなければならないからです。王侯貴族や富商向けに高価な奢侈品を商う大都市の商工業者を除くなら、遠隔地から輸送費をかけて移入する高価な食料に依存することはできませんから、農村商工業が展開するためには、その農村ないし近隣地域の農業生産力の上昇をともなわなければ、人は食べていくことができません。

こうした複合的な条件で展開する農村商工業を、かつての研究では「領主的商品経済」（領主が収奪した富によって奢侈品や武具を需要することで成立する商品経済）と区別して、「農民的商品経済」という概念で表現してきましたが、メンデルスらの、おもに一八世紀のフランドルに関する実証研究を経て、「プロト産業化（proto industrialization）」という語も用いられるようになりました。これは、産業革命（industrial revolution）を経験した地域の多くでは、産業革命以前の農村商工業の展開が、その後の産業化に先立つ源基的産業化であったという含意があります（メンデルスほか［1991］）。しかし、近世に農村商工業が展開しても、その後、脱産業化（deindustrialization）して農業社会に戻ってしまう事例も発見されたことから、すべての農村商工業がプロト産業化という概念に回収できるわけではありません。

Column

「industrialization＝工業化」という訳語

日本では industrial revolution には「産業革命」という定訳がありますが、industrialization はしばしば「工業化」と訳されることがあります。proto industrialization も多くの場合、「プロト工業化」と訳されています。しかし、これは以下に述べるような意味で、適切な訳語ではありません。第一に、industry は、工業・製造業を意味することもありますが、それに尽きるわけではありません。むしろ、それはラテン語の「内に築く（industrius）」という語に起源があり、人の能動的な行為一般、殊に欲望を充足するための経済活動や、それを行ううえでの「勤勉・精励」などの心的態度を示すために一五世紀頃から用いられるようになった語です。現在でも、financial industry, music industry, agricultural industry などの用法がありますが、それらは「金融業」「音楽産業」「農業」であって、工業と訳してしまったらいかにも無理なのと同様に、industrialization を「工業化」と訳してしまうことにも無理があります。第二に、industrialization は、単なる工業の発展だけを意味していません。(i)工業に原料を供給し、また製品を販売する商業や輸送業の発展もともなわなければ、工業だけが発展するということはありえません。(ii)さらに、人口の中で工業・商業・輸送業に従事する人びとが増えることができるためには、それに先立って、あるいはそれと同時に、農業生産力の上昇がなければ、人びとは食べることができませんから、社会は物的に成立しません。つまり、industrialization の工業（第二次産業）発展の側面を強調したい場合でも、商業・輸送業などのサービス業（第三次産業）と農林牧畜漁業（第一次産業）の発展を無視したら、事実を見誤りますし、論理的にも、工業だけが発展するという誤った観念を固定化することになります。第三に、industrialization とは、工業・農業・輸送業・商業などの全般的な経済発展だけを意味しているわけでもありません。そうした意味での全般的経済発展は古代以降、都市を生み出した文明で、無視しえない非農業人口を含む社会には、必ず発見できることがらです。しかし、経済史学が、industrialization というとき、それはそうした超歴史的な経済発展を意味しているのではなく、近世以降に特有の、市場向けの商品生産として、市場経済の展開とともに諸産業が発展することを意味しています。つまり、「industrialization＝産業化」とは、経済活動が身分制的・共同体的な定に従ってなされるのではなく、おのれの際限のない欲望をよりよく充足する（＝貨幣経済においては、とりあえず、より多くの貨幣を獲得する）ために、おのれの自由意思に従って、おのれの保持する財産と能力を効率的に用いて、人びとが自由に行動することによって（その中には、前章で見たように市場向けの財・サービス供給ではなく、また市場を通じた労働調達ではない部分が含まれていますが）、社会の物的な再生産がなされる経済のあり方への変化を示す語なのです。「産業化」とは、諸個人の経済活動が、定や掟から、「職業（business, trade）」や「勤労（industry）」として営まれるようになる変化をも意味しています。こうした点でも industrialization を「工業化」と訳すのは、狭すぎる概念の捏造《ねつぞう》になります。

日本で、「工業化」という誤訳が生み出され、定着した背景には、まず第一に、幕末維新期以降の富国強兵殖産興業政策の中で、何よりも工業発展こそが富国強兵と全般的な興業の要と考えられ、実際に、工業に優先的に資金・人材・資源が投入されたという事情が作用しています。とはいえ、昭和戦前期までの日本では第一次産業人口は圧倒的に多く、また、政策的にも金融業、輸送業、農業が軽視されたわけではありません。誤訳が定着した第二の背景は、おそらく、第二次世界大戦後の日本の経済発展の特殊な型に求めることができるでしょう。戦後の日本は第一次産業人口比率を着実に減らしただけでなく、食料自給率も低下させて、第一次産業の社会的意味と経済的意味の両方を縮減する産業化を実践したのです。そこでは、よいモノを安く作って、輸出し、その代価で廉価な食料を海外から調達するという、二〇世紀の他の先進国——農業・農村と食料自給率を政策的に維持してきた諸国——には見られない、日本（と韓国）に独特な経済発展の型が形成されたのです。戦後の日本では、industrialization とは、近似的には「工業化」であったという特殊な経験が、誤訳の背景に作用しています。

3　封建制の危機

以上、見てきたように、都市が商工業を独占し、都市と農村の間に厳格な分業関係を維持してきた封建制にとって、農村商工業の発展とは、封建制の経済秩序の外側に発生した現象ということになります。しかも、そうして発展した農村商工業が生み出した富からは封建領主層は剰余を収奪することに成功しませんでした。そもそも封建制とは、都市と農村の分業を前提にして、都市市民には身分的自由や封建地代からの自由を付与して、領主が必要とする奢侈品・武具・情報を入手する仕組みですから、農村で農民ないし半農半工の者たちが商工業を営むという事態は予定されていませんでした。むろん、領主層も、こうした新たな経済活動によって生ずる剰余を収奪しようと試みるのですが、領主と農奴の人身的支配関係と土地所有関係（領主の上級所有権に対して、下級所有権者たる農奴が地代を支払うという関係）を基礎にして成立した封建地代という剰余収奪の仕組みは、人身支配関係と土地所有関係の外側に展開する新たな商工業の生み出す剰余を収奪することに適合していませんでした。

封建制とは、封建領主層が直接的生産者である農奴の全剰余を収奪する生産様式ですが、剰余を収奪しきれずに、農奴の手許に残る剰余（＝「民富」）が発生するということは、封建制が、剰余処理の社会的メカニズムとしては機能不全に陥りつつあるということを、すなわち、封建制の危機を意味します。こうした危機に、封建領主層がどのように対応したのかは次章で述べますが、この封建制の危機こそが、封建制（前近代）から資本制（近代）への生産様式の移行の起点が意味するところなのです。なぜならば、経済活動が「職業（business, trade）」や「勤労（industry）」として営まれるようになる変化であるという点で、農村商工業の展開は産業化の最初の過程を意味しますから、それは、他人を雇い入れて（広範な奉公人・農村賃労働者の存在）、個人経営・旧来の家父長制的経営体を超えた規模で営まれている場合には特に、資本主義的企業の萌芽形態と見ることができるからです。

4　国際分業の変化

ヨーロッパ中世社会の基軸産業は毛織物産業（と麻織物産業）でした。毛織物の原料である羊毛（wool）も、麻織物の原料である亜麻（flax）と大麻（hemp）は、いずれも、ヨーロッパ（に限らずユーラシア大陸および周辺島嶼）の各地で入手可能でした。それゆえ、ヨーロッパは古くから域外貿易（アジア・アフリカ貿易）では毛織物を代価として輸出してきました。また、近世までのヨーロッパの域外貿易の相手（東ローマ帝国とイスラム圏諸地域）は、概してヨーロッパよりも工芸技術も科学も水準が高かったので、相手が受け取ってくれる代価は銀を除けば毛織物くらいだったのです。

こうして、毛織物産業は中世から近世を通じて、ヨーロッパの基軸産業であり、フランドル、フィレンツェなどその中心地では、織布工程でさまざまな種類の毛織物を生み出すことに注力してきただけでなく、縮絨《しゅくじゅう》や捺染、漂白などの仕上げ工程でも、技を高める努力を続けてきました。こうした毛織物産業に原料の羊毛を供給したのは、周辺の農村だけでなく、イングランドやスペインのように牧羊業はあるが、毛織物産業は充分に発展していない地域もありました。スペインでは専門の移牧業者がメスタという組合を結成し、国王から牧羊特権を付与されて、国内を移動しながら、羊を育てて、大量の羊毛を輸出してきましたが、農業や農村商工業の発展はメスタによって阻害されました。また、イングランドでも中世から、三圃制の休耕地や放牧地・共有地などで羊を育て羊毛を輸出していました。一四世紀のイングランドはヨーロッパ最大の羊毛輸出国であり、また、イングランドの総輸出額の八割ほどは羊毛で占められていました。イングランド各地で刈り取られた羊毛は、マーチャント・ステイプラーズという羊毛輸出商組合によってハンザ商人に引き渡され、それはドーバー海峡を越えてフランドルの毛織物産業の中心地ブルッヘ（ブリュージュ）に運ばれました。一四世紀には毎年三〜四万袋（羊毛は厚い麻布製の袋〔sack〕に入れて輸送され、一袋の量目は三六五ポンド＝約一六六キログラム）がフランドル向けに輸出されていました。

　ところが、一四世紀後半〜一五世紀後半に、イングランドの羊毛輸出量は減少して年一万袋ほどになります。イングランドは羊毛輸出に代わって、自らが製造した毛織物を輸出するようになったのです。その背景にイングランドの農村商工業の発展が作用していたのはいうまでもありません。イングランドは一五世紀中葉には年間およそ五万反《たん》（反〔cloth〕は毛織物の量目を計る単位で、ダブル幅〔幅一・五〜二ヤード〈一三七〜一八三センチメートル〉〕の毛織物二四ヤード〔約二二メートル〕が一反）を、一六世紀には年間十万反もの毛織物が輸出されました。毛織物はマーチャント・アドヴェンチャラーズという毛織物輸出商組合によって、フランドル東部のアントウェルペンに送られました。フランドルの毛織物産業都市の多くが、イングランド産毛織物の輸入を禁止したのに対して、アントウェルペンはイングランド産毛織物を受け入れたのです。羊毛一袋から約四・三反の毛織物が製造されましたので、羊毛量に換算するなら一五世紀後半頃にはイングランドは輸出される羊毛の量より多くの羊毛を用いて製造された毛織物を輸出するようになっていました。イングランド国内での毛織物消費量も含めるなら、イングランド農村は原料供給地から製品（とはいえ、仕上げはロンドンやフランドルに依存していましたので半製品）供給地へと変貌していたのです。イングランドの第一次囲い込み（牧羊エンクロージャ）は、こうした状況で羊毛価格の高騰に乗じて牧羊業を拡大しようとした領主（修道院を含む）・富農層によって推進され、土地を追い出される貧農層が発生しました。トマス・モアはこうした状況を批判して、初期共産主義思想を唱えたのでした。

こうして、イングランド産羊毛で栄えた毛織物中心地のブルッヘは、その後、スペイン産羊毛に依存するようになりますが、周辺の水路への土砂の堆積もあって、徐々に衰退して、一九世紀にはローデンバックが描いた『死都ブリュージュ』へと変貌します。これと対照的に、アントウェルペンがフランドル東部の毛織物集散地・仕上げ業地として栄え、ハンザ商人や南ドイツ商人だけでなく、ヴェネツィア、ジェノヴァ、ポルトガル、スペインの商人も来航して、北西ヨーロッパの金融・商業の中心地として栄えます。フランドルには充分な食料供給力を有する農村が乏しかったため、アントウェルペンの繁栄は食料面ではバルト海沿岸（ポーランド）からの穀物輸入に依存していました。繁栄したアントウェルペンは、当時、軍事大国ではあっても、産業・金融面の弱かったスペインにとって魅力的な場所で、スペインはフランドルをはじめとする低地地域（ネーデルラント）への支配権を強めようとします。ネーデルラント北部七州はスペインの勢力拡張に対抗するために一五七九年にユトレヒト同盟を結成し、アントウェルペンなど南部諸都市もこれに加わります。スペインはこうした抵抗に遭い、また食料補給も続かなかったため、いったん進攻を止めますが、一五八五年にはアントウェルペンを包囲し、同市内への食料補給を断って陥落させます。この結果、アントウェルペンに住めなくなった新教系の市民はアムステルダムに移住し、ネーデルラントの金融・商業の中心地はアムステルダムに移行します。

こうした近世初期の毛織物を基軸としたヨーロッパ内の国際分業に大規模な構造変化をもたらした起動力は、イングランドが農村商工業の展開によって、原料輸出国から製品輸出国へと変化したことでした。近世初期に強大な勢力を誇ったスペインが毛織物を産出できず、新大陸で獲得した銀もヨーロッパ諸国に流出するばかりで衰退し、逆にイングランドが徐々に経済力・海軍力を背景にして繁栄するようになる勢力交替の背景にも、この農村商工業の有無が作用していました。

文献案内

本章全体については馬場・山本・廣田・須藤〔2012〕の第I部が好適な参考文献です。「商業革命」と「価格革命」については石坂・船山・宮野・諸田〔1985〕とBowden〔1990〕を、農村商工業・プロト産業化については斎藤〔1985〕と馬場〔1993〕を参照してください。ヨーロッパ的結婚・就労・家族形態や、広く歴史人口学ないし人口史の知見については、J. Hajnal (1965), "European Marriage Patterns in Perspective" の和訳などを含む速水〔2003〕、ラスレット〔1992〕、トッド〔1992・1993〕、トッド〔2006〕、速水・鬼頭・友部〔2001〕および鬼頭〔2010〕がお薦めです。近世の国際分業の変化については諸田〔1998〕、船山〔1967〕、および佐藤〔2007〕をそれぞれ参照してください。

第10章 近世の経済と国家

前章で、農村商工業（農民的商品経済）の展開が、封建制の経済的な危機を意味したと述べましたが、封建制は、こうした危機にただ無為無策で滅んだわけではありません。政治や文化の領域と同様に、経済でも、新勢力が勃興し擡頭《たいとう》したときに、旧勢力が何ら抵抗せずに新勢力に道を譲り渡すということは常識的にはありえません。そこでは、新勢力の勃興・擡頭という作用（action）に対して、常に旧勢力の側から何らかの反作用（reaction）＝「反動」がなされます。ただし、政治・文化・経済のどの領域でも、古典力学の反作用のように、作用と反対の方向に等しい力で反動が発生するとは限りません。封建制の危機に際して発生した反作用＝反動は、必ずしも封建制の経済秩序の外側に発生した新種の経済活動の逆方向へ、つまり、農村商工業を禁止する方向へと経済を誘導しようとしたわけではなく、それは、しばしば、新しい経済活動の展開と国際関係に影響されながら、農村商工業と奇妙な癒着・相互依存関係をもたらすこともありました。

以下では、封建制の危機に対する反作用としての絶対王制を説明したうえで、その効果の諸類型を概観することにします。また、絶対王制と密接な関係にありながら、理論的には異なることを意味する重商主義についても本章で概観し、重商主義がなにゆえ、しばしば絶対王制の経済政策を意味すると考えられてきたのか、その理由を考察することにします。

1 絶対王制

絶対王制（絶対王政、absolute monarchism, absolutist monarchy）とは、封建秩序の外側に展開する資本主義的経済活動（＝封建制の危機）に対応する封建制の最終的な統治形態および政策体系と定義されます。言い換えるなら、それは封建制の危機に対応する封建領主層の権力集中であり、その結果、権力が集中した先に絶対君主が発生することになります。

こういう意味での絶対王制が成立する条件は以下のように四点ありますが、そのうち最初の二点はまさに封建制の危機の経済的内容を意味しています。①絶対王制は、農奴制（領主＝農奴関係）が弛緩して、領主特権、殊に領主の農奴に対する人身的支配権が縮小し、また、封建地代の金納化や物価騰貴によって地代水準が傾向的に低下することに対応して発生します。②領主特権が縮小し、地代水準が低下する状況では、ほぼ例外なく、農村商工業が展開して、農村居住者の多くが封建制の社会的分業（都市による商工業独占とギルド規制）とは別のところで商工業を営み、彼らの間に民富が蓄積するという現象が発見されます。絶対王制は、封建制の経済秩序の弛緩にも対応して発生します。③前章でも見たように、領主特権の縮小、地代水準低下・物価騰貴、農村商工業の展開は、ヨーロッパ域内および域外貿易の拡張と時期的に重なりますが、当時の経済観では、貿易にともなって金・銀が流出入することが「国富」を減退させ、また増進させると考えられていました。一国の富を国内に存在する貴金属の量で評価しようという考え方を「重金主義（bullionism）」といい、また貴金属の流入を促進し、流出を抑止するために、輸出増進・輸入制限（ないし輸入代替）的な通商政策を採ることを「貿易差額主義」といいます。こうした経済政策思想の登場も絶対王制の成立条件の一つです。④スペインを絶対王制の最先進国とするなら、それ以外の諸国はいずれも、先に絶対王制となった外国の外圧への対応として否応なく絶対主義化を余儀なくされたという面があります。他国の経済的、政治的・軍事的、また、宗教的な圧力を感ずるからこそ、絶対君主に権力を集中させて、外圧に対応・対抗できるように、一国の資源を効果的に配分しようとしたのです。

スペインに次いで絶対王制を形成したイングランド（一四八五年、薔薇戦争＝内乱の終結とテューダー朝の開始）は、初代のヘンリー七世の時代にはスペインに対抗する力はありませんでしたから、皇太子アーサーとスペイン王女との婚約で、スペインとの平和共存の道を探るとともに、他方で、経済面の先進地域ネーデルラントに対応するため、貿易と毛織物産業の振興をはかりました。ヘンリー七世の子、ヘンリー八世の時代には、兄アーサーの死後、その妻カタリーナ・デ・アラゴンと結婚し、やはり当初はスペインとの関係に配慮しましたが、その後、男子継承者を求めて、カタリーナを離縁し、再婚するためにローマ教皇の支配から脱け出して、自ら国教会の長となり、修道院所領を没収し、聖俗両面の絶対君主として強大な支配権を行使するようになります。その娘エリザベスの治下にイングランドはアルマダの海戦（一五八八年）でついにスペインを破るなど強勢を誇ることになります。フランスでも一六世紀後半の内戦（ユグノー戦争）後にブルボン朝を開始したアンリ四世によって、イングランドより約一世紀遅れて絶対王制が始まります（一五八九年）。それは内戦後の国内的な宗教和解だけでなく、西南（イベリア半島）と北東（ネーデルラント）をスペインの勢力に、北をイングランドに、東を神聖ローマ帝国に囲まれたフランスの外圧への対応であったと解することができます。

Column 8

スペインにとっての「外圧」

スペインはヨーロッパで最も早く絶対王制を確立した最先進国ですが、スペインにとって外圧は作用していなかったのかというと、スペインのキリスト教諸王国よりも先にスペインを支配していたイスラム勢力やその下でのユダヤ人が「外圧」として意識されていた可能性があります。イスラム勢力は、古代ギリシアの科学や古代ローマの技術を継承して、独自に発展させていましたから、レコンキスタ以前のスペインではムスリムやユダヤ人はギリシア科学・哲学やローマの技術を学ぶうえでの師の役割を果たしていました。それだけでなく、恋愛や叙情的文学という点でも、それ以前のヨーロッパでは、恋愛とは男が性的欲望を満足させることであり、女はその対象物として遣り取りされる物品のような存在であったのに対して、一一～一三世紀にオック語（現在の南フランスからスペインやイタリアの一部で話されていたラテン系の言語）地域で花開いたトルバドゥール（吟遊詩人、いま風にいうならシンガーソングライター）の文化にも、スペインを支配していたイスラム教徒の女性讃美とアラビア語の叙情詩形式が影響していたといわれています。彼らは、未婚の若い女性ではなく、既婚の貴婦人に対して、一方的に熱烈な愛を捧げる歌によって一世を風靡し、ヨーロッパに初めて「ロマンティック・ラヴ」の観念を広めたとも考えられています。ところが、スペインはレコンキスタの末期に統一王国を形成し（一四七九年）、絶対王制への道を歩み始めると、軍事力を高めて、ムスリムをイベリア半島から一掃してしまい、また、ユダヤ人にもさまざまな差別と重税を課すようになります。その結果、スペインは軍事力には優れているが、科学・哲学・文化の点でも、建築や灌漑農法などの技術の点でもイスラム教徒・ユダヤ人より劣ったままで、イベリア半島の支配者となってしまったため、ムスリム支配時代の科学・技術の水準を継承できませんでした。したがって、ヨーロッパでいち早く絶対王制を形成したスペインにとっては、実はムスリムとユダヤ人が「外圧」であったのだといわれているのです。

絶対王制は封建制の危機と外圧へ対応するための封建領主の権力集中ですから、以下の三つのことを主たる課題としました。第一は、産業規制です。いうまでもなく、農村商工業の展開こそが封建制の危機の根本的な原因ですから、それにいかに対処するかが何よりも絶対王制の成否を問うことになります。農村には農業を強制し、農村商工業を近隣都市のギルドに再編しようとし、また、農村の織元の所有織機の数と徒弟数を制限し、農村の職人にも都市ギルドの正規の徒弟修行を求めるなど、農村商工業を抑制・禁止することが絶対王制の第一の課題でした。イングランドの織布工規制法（一五五五年）や職人規制法（一五六三年）、フランスの産業一般規制法（一六六九年）やギルド勅令（王室宣誓制、一六七三年）などはその代表的な法令です。しかし、外圧という面にも配慮するなら、絶対王制は農村で展開した新たな経済活動を抑圧するだけでは済まず、君主自らが企業を設立・誘致して、新産業を育成し、先端技術を導入し、また、軍隊を強化するための兵器生産に乗り出さざるをえないという殖産興業の課題も同時に担わなければならなかったのが、絶対王制の産業政策の二重性でした。こうした企業の多くは、それぞれの分野での独占権が付与された特権企業（特権マニュファクチュアなど）でした。

絶対王制の第二の課題は貿易規制です。貿易にともなう貴金属の流出入が国富を増減し、国力を左右すると考えられた時代ですから、絶対王制は、輸出を奨励し、また輸入を抑制するために保護関税、産業育成、輸入代替国産化などの政策を採用しました。これは要するに第一の課題の後半部分の殖産興業に連続する政策課題です。また、輸出入を君主権力が統制するために、君主によって貿易独占権を付与された特権的貿易商組合（前章のマーチャント・アドヴェンチャラーズや、イングランド、オランダ、フランス、デンマークで相次いで設立された東インド会社、ヴェネツィアやオスマン帝国との地中海貿易を独占するレヴァント会社、バルト海貿易を独占する東国会社などが特権的貿易商組合の実例です）を組織させるとともに、特権の見返りに諸種の営業税（冥加金《みょうがきん》）を課し、また王室や政府への融資を求めました。

Column

仲間、組合、会社

現在の日本ではEast India Companyを東インド会社と訳しますが、絶対王制期の特権企業がすべて、現在の企業のような会社組織を有していたわけではありません。中世のヨーロッパでは、一回の長距離貿易ごとに会社が組織されました。その一つの形態がコンメンダ（委託事業、commenda）で、出資者が企業家（船主・船長など）に投資して貿易などの業務を行わせるものでした。いまひとつの古い会社形態が「海の会社（societas maris〔羅〕）」で、企業家も出資持分を払い込むようになり、利益の取り分も経営権も増大します。societasやsocietyは元来は、現在の日本語の「仲間」に近い意味ですから、会社の起源は仲間関係でした。これは近世日本の独占的商工業者組合が仲間と呼ばれていたのとたいへんよく似ています。レヴァント会社や東国会社（Eastland Company）は、会社と訳されてはいるものの実態は独占特権を付与された貿易商の組合でしたから、やはり「仲間（company）」の系譜をひいています。一六〇〇年に設立されたイングランドの東インド会社は、主な出資者は従来の仲間・組合と同様に有力貿易商でしたが、独自の経営組織と従業員を有するようになった点で、単なる仲間・組合の域を超えて、現在わたしたちが知っている会社組織に近い合本会社の形態をとるようになりました。

絶対王制の第三の課題は中央集権的統治機構の整備でした。各封建領主がおのれの領地や荘園で農民の剰余を収奪しきれず、また、農民の自由な経済活動を統御できなくなったことが封建制の危機ですから、従来のような各領主の分権的な統治機構では危機には対処できず、君主に権力を集中させることが必要でした。そのためには、従来の地域別・身分別の分権性（particularism）を統合して、君主の下で全国を一円的に統一的に統治するための行政機構（君主直属の中央官僚制）、課税・徴税機構、そして君主直属の常備軍を整備することになります。行政機構と課税・徴税機構が絶対王制の第一・第二の課題と密接に結び付いていることはいうまでもありません。直属常備軍は外圧への備えであるにとどまらず、一六世紀頃よりヨーロッパの諸国間で頻発するようになってきた諸種の戦争で、配下貴族の裏切りや怠慢を防止して対外戦争を有利に戦うためにも必要でした。さらに、薔薇戦争やユグノー戦争などの内乱を制して成立した絶対王制は、各地方・身分の旧来の慣習や特権を廃止して中央集権的に統治しており、全国一律の徴税に対する反発から新たな反乱や内戦が発生する可能性を免れなかったため、そうした反乱・内戦を収めるためにも、君主直属の常備軍は不可欠の権力基盤でした。軍隊とはいつの時代にも外敵に向けられていると同時に、内側の反乱や裏切りに対処するためにも用いられてきたのですが、絶対王制期以降、現在まで続く常備軍の機能は常に内外両面に向けられてきました。

2 絶対王制の効果の諸類型

上述のとおり、絶対王制は、封建制の経済秩序の外側に展開する資本主義的な経済活動に対応・対抗することを課題としていましたが、その実際の効果は、国と時代によって大きく異なりました。ここでは、絶対王制の効果を、①寄生、②抑圧・阻害、③権力的推進の三類型に整理してみましょう。

第一の寄生類型では、絶対王制が農村商工業を禁止・抑圧する法令を発し、それを施行しますが、農村商工業の勢力が強く、また、末端で農村商工業の取り締まりに当たる者（国王の監督官、イングランドでは治安判事〔justice of the peace〕）が、農村商工業経営者に対して土地を賃貸したり、羊毛を売ったりするなどの関係にあったため、禁止は徹底されませんでした。結果として、禁止・抑圧の法令は、罰金収入等の源泉にはなりましたが、実際に禁止する効果は乏しく、むしろ、絶対王制は農村商工業に代表されるような資本主義的経済活動に対して寄生的な関係を形成することになります。その中で絶対王制は、農村商工業をギルドに、また新たな産業や貿易に従事する者たちを特権組合に組織しようとするなど、しばしば、新しい経済活動を絶対王制の秩序の中に包摂しようと試み、諸種の初期独占（資本主義の初期に国家権力と癒着して形成された独占体）を発生させます。むろん、絶対王制の秩序に取り込まれた者もいましたが、農村の織元をはじめとする農村商工業の担い手の間では反独占・反特権の運動も巻き起こり、それが絶対王制の打倒を求める市民革命の基盤を形成します。この寄生類型が最も典型的に現れたのはイングランドでした。

第二の抑圧・阻害類型では、農村商工業の勢力に対して、絶対王制の側の規制力も充分に強かったため、新しい経済活動を封建制的ないし絶対王制的に再編成することに成功します。この類型では、農村商工業を既存の特権団体（ギルド）に再編しようとする政策がある程度成功するとともに、ギルド自体の規制緩和とギルドへの国家統制が導入されました。この抑圧・阻害類型に該当するのはドイツ語圏西部諸国であり、また、フランスは抑圧・阻害と寄生の両類型の性格をあわせ持っていました。フランスでは農村商工業に対して絶対王制は強大で、諸種の独占特許を濫発していましたから、絶対王制に群がるさまざまな経済的・政治的利害も発生し、市民革命は激烈な闘争とならざるをえませんでした。

第三の権力的推進という類型は、絶対王制の定義からするならいささか矛盾していますが、周囲の外圧に対応して、封建領主層の集中権力自らが、新たな資本主義的な経済活動の基礎を、王室財政も動員しながら、強力に形成しようとする絶対王制による殖産興業政策に当たります。農村商工業の展開が外国市場での競争に耐えるほど充分ではなく、また技術水準にも懸隔がある場合に、権力的な産業基盤の形成政策が採用されることになります。その例が、プロイセンやオーストリアなどドイツ語圏東部諸国や、ロシア、そして幕末明治維新期以降の日本です。

3 重商主義

重商主義（mercantile system, mercantilism）は、資本主義を育成し、その基盤を整備する政策体系とその学説を意味します。広義には、幼弱産業の保護育成策一般を、時代を問わず、「重商主義」と呼ぶこともありますが、経済史的には、資本主義を育成する政策とは、資本主義自体が自己生成的ではない部分、すなわち賃労働を創出する（資本の原始的蓄積の）過程が、重商主義の最も枢要な政策であると考えられています。

重商主義の政策体系は、①基盤整備、②資本主義の育成、③賃労働の創出・維持の三面に分けて考えることができますが、実際の政策は、しばしば、これら三つの面にまたがっていました。①の基盤整備とは、(a)営業・職業（trade）の自由――なお、free trade といっても、重商主義期の通商政策の基調は保護貿易・輸入代替輸出促進政策ですから、重商主義においては自由貿易は意味しません――と移動の自由の確保（すなわち、封建制・身分制・共同体の廃棄）と、(b)貨幣・信用・金融制度の整備で、いずれも資本主義が自らは生成できないもの／ことを国家権力が、初発の過程で整備することを指します。このうち、営業・職業の自由と移動の自由は、身分制・共同体的な諸規制と保護から民衆を解き放つことを意味していますから、そうした自由の確保や個人の解放は、市民革命として考えられてきた変革の主たる内容であって、次節で述べるように、前近代から近代への移行の過程のどこかで達成されなければならないことがらです。②の資本主義の育成策とは、資本主義経済が自生的に展開しうる過程を補助して加速させることを意味し、(c)産業保護、殊に貿易海運規制、(d)殖産興業政策（企業創出、技術導入、教育制度の整備など）、および(e)海外市場（原材料供給地と製品輸出先および輸入品の再輸出先）の獲得です。このうち、貿易・海運規制や海外市場の獲得という点で重商主義諸国は相互に対立する契機を含んでいます。③の賃労働の創出と維持こそが、資本主義の成立にとって最も重要な政策となります。ここでも、(f)賃労働が身分制的・共同体的規制から解放されて、職業の自由と移動の自由が確保されることが必要です。次に、(g)生産手段からの分離と、(h)救貧事業が必要です。順番に見ていきましょう。

職業の自由と移動の自由が確保されただけでは、彼らは自営業者になる可能性があり、他人に雇われる賃労働者にはならないでしょう。したがって、賃労働を創出するためには、封建制（ないしそれ以前の生産様式）の下にいる直接的生産者を生産手段と保護から分離しなければなりません〔g〕。前近代の生産手段の最も源基的な形態を土地であるとするなら、農民から土地を奪うことが賃労働創出にとって決定的な意味をもつでしょう。そのために採られた政策が土地の囲い込みであり、また、上級所有権の償却でした。囲い込みによって農民が土地を奪われることはわかりやすいですが、上級所有権の償却がなにゆえ農民から土地を奪うことにつながるのでしょうか。封建制の下での土地所有権は封建領主の上級所有権と、農奴の下級所有権とが二重に設定されています。この上級所有権に対して支払われるのが封建地代（年貢）ですが、農奴を封建制の隷従的な身分から解放するためには、領主の上級所有権を消滅させなければなりません。イングランドの自由土地保有農民（free holder）や慣習的土地保有農民（customary tennant）のように上級所有権が事実上うやむやになっていれば農民にとって大きな問題はないのですが、ヨーロッパ大陸諸国のように確固として上級所有権が存在している場合、それを有償で償却すると、年賦で支払うとしても、農民には一時に多額の貨幣支出が求められることになります。そのため、高利貸から借金をして償却金を支払ったものの、借金を返済できずに、土地所有権が最終的には高利貸の下に集積されることにより、農民は、上級所有権が処分される過程で、土地からも保護からも自由な存在、つまり賃労働者へと作りかえられるのです。

日本では明治初期の秩禄処分で武士の年貢収受権を消滅させますが、従来の封建地代であった年貢は地租へ再編され、その過程で、それまで質入者や永小作人が保持してきた事実上の土地所有権を失ったほかに、高率地租の金納が求められたため、殊に不作・不況時には農民が経済的に没落して、土地を手放し小作人となることを余儀なくされました。小作人は状況次第では耕作をやめて賃仕事に従事する可能性がありましたから、地租改正によって賃労働者の予備軍が形成されたことになります。ロシアのように共同体が農民に土地を割替えて分与する機能をもっている場合、この共同体そのものを解体することが、賃労働創出の機能を果たすでしょう。

次に救貧事業〔h〕の意味を考えることにしましょう。こうして賃労働者の創出（資本の原始的蓄積）がなされて、それで資本主義は自動的に展開できるようになったわけではありません。第15章で改めて見るように、いったん発生した賃労働者は不況や企業倒産で失業した場合、おのれの労働以外に売るべきものをもたないがゆえに賃労働者になったのですから、生産手段も保護もない彼らは生きていくことができません。失業のたびに労働者が死滅していたならば、失業の発生速度の方が、新たな子が産まれて彼らが労働者になる速度（育児期間）よりも速い――前近代社会でも成人年齢はほぼ二十歳でしたから、乳児が一人前のおとなになるまでの期間に何度も失業が発生して、失業者が死滅し、賃労働人口が減少する危険の方が高い――ならば、数年後の景気回復期に追加的労働力が必要になったときに、充分な労働力が供給されず、景気回復そのものが阻害されるでしょう。

このように、賃労働には労働市場では安定的に再生産できないという本質的な無理があるため、失業した労働者を死滅するに任せるのではなく、彼らを失業したままで生かしておき、いざ必要となった場合には適宜に労働市場に放出する機構が資本主義社会には絶対的に不可欠です。この機構をおもに担ったのが救貧事業です（そのほかに私的慈善と共済も同様の機能をもちました）。絶対王制期に「浮浪者（vagabond）」（≒流動的で半失業状態の賃労働者）に対処するために救貧法（poor law）が生まれ、それが、たびたび改正されて、現在の公的扶助（public assistance, 日本では生活保護）として維持され続けてきたということは、失業労働者を「冷凍保存」し、景気回復期にはそれを解凍して労働市場に投入するという機能が資本主義には不可欠であったことをよく表現しています。

4　移行の諸段階

以上のように述べてきた前近代から近代への移行を、古典的な経済史の通説は、次のように図式的に理解してきました。

移行の諸段階

封建制 ⇩ 封建制の危機 ⇩ 絶対王制 ⇩ 市民革命 ⇩ 重商主義 ⇩ 産業革命 ⇩ 資本制の確立

この一連の移行の諸段階の中で、歴史研究の実証の問題として、最大の難点は市民革命でした。市民革命（bourgeois revolution）とは、文字通りには、すべての民衆（people）が中世ヨーロッパ都市の市民（bourgeois）と同様に、身分的に自由な存在となることを意味しますが、本章でこれまで述べてきたことを用いて表現するなら、封建制の最終的統治形態である絶対王制を打倒して、市民（資本家という意味でのブルジョワ）の統治権力を成立させるとともに、特権企業と初期独占を廃棄して、営業・職業の自由と移動の自由を確立させる一大変革ということになります。こうした変革が、封建制から資本制への生産様式の移行過程のどこかで必要であることは、本章第1～3節で見てきたような仕方で移行を理解しようとするなら、理論的に要請される命題です。ところが、実際に資本制を確立させた社会の実例を見るなら、明瞭な市民革命を欠く事例が非常に多いのです。古典的にはイギリス革命（ピューリタン革命と名誉革命）、アメリカ独立革命、フランス革命などが市民革命の実例とされてきましたが、イギリス革命についてもフランス革命についても、そうした意味での変革の性格を消極的ないし否定的に評価する実証的な研究がなされるようになりましたし、ドイツについては三月革命（一八四八年以降）は挫折した市民革命という位置付けしか与えられません（馬場・小野塚［2001］第3章（小田中直樹、唐沢達之、山井敏章執筆））。たとえば、イギリスについては、「経済還元論的な革命」の必要性ではなく、「政治過程の相対的な自立性を重視する」越智［1966］や、さらに、イギリス革命は「ジェントルマン」の支配権を再確認したにすぎず、上述の市民革命の経済史的な意義を否定する川北［1983］などの登場によって、経済史の理論的な要請としての市民革命概念はイギリスにおいてすら維持されがたくなっているのです。

さらに、それ以外の資本主義化した諸国（ドイツ、オーストリア＝ハンガリー帝国、ロシア、イタリア、日本）などについては、そもそも市民革命が検出されません。それらの諸国のそれぞれについて、市民革命に匹敵する変革の画期を探そうとする試みはなされてきましたが、大方の賛成を得る結論には到達していないといって差し支えないでしょう。

そこから、「市民革命」を封建制から資本制への移行の画期として理念型として維持しつつも、市民革命が不在の移行過程を承認する立場から、それらの国々でもどこかの時期に何らかの仕方で「ブルジョワ的変革」がなされ、前節の(a)～(h)の変化が実現したのだという解釈も生み出されました。そこでは、政治権力が君主・貴族・地主などの旧勢力に掌握されていても、実際に政策的に追求された変化の中身が大切である——変化が資本主義の基盤整備と育成の方向に作用するなら、それは「ブルジョワ的変革」である——ということになります。

本書はこの点について、これ以上に積極的に論じることができません。「市民革命」も「ブルジョワ的変革」も歴史研究の分析的な道具としてはいまやほぼ無用になっていて、おもに教育上の概括的な意味しか残されていないのかもしれませんが、第7章第2節で概観した移行の意味（何から何へ）を考えるためには、最低限、経済活動が身分制・共同体から事実上解放されて、「営業・職業の自由」が確保されなければ、市民社会・市場経済・資本主義への変化は不可能であること――それは現在の開発独裁型の社会にもあてはまること――は確認しておきましょう。

このように考えると、絶対王制が、外圧の作用もあって、実質的に、営業・職業の自由を確保する変革を行って、なし崩しに重商主義に遷移するという移行過程を承認しなければならないでしょう。絶対王制（ないし開発独裁）による殖産興業・富国強兵政策が、その目的のために、経済活動の最低限の自由と賃労働者の創出を推進しなければならないということです。現在、多くの概説書で、重商主義とは絶対王制の経済政策であると述べられているのは、こうした研究状況の変化を背景にしています。かつてヴェーバーが整理した身分制的で前期的な重商主義（絶対王制期の重商主義政策）の方が、固有の後期重商主義よりも一般的な範型として理解されているのです。この点については、石坂・船山・宮野・諸田［1985］の補論（一二四～一二七頁）、馬場・小野塚［2001］第3章をぜひ参照してください。

Column

封建制・身分制・共同体的な資本主義の可能性

封建制・身分制・共同体を厳格に維持したままでは市民社会・市場経済・資本主義の成立は無理であるというのが、現在までの経済学・政治学等を含む人文社会科学分野での、おそらく暗黙の常識でしょう。それゆえ、開発経済学も、開発政治学も、民主化や人権・自由、さらに、それらの基礎となる教育を重視してきたのですが、いまや、異なる資本主義観を形成せざるをえない転機にきているのかもしれません。二〇世紀末以降の中国・インド・ブラジル等の新興国の発展の態様を冷静に観察するなら、身分制の廃止、営業・職業の自由という最低限の経済的自由、その他の人権・自由と民主化という点で、大きな欠落（欧米日本的な基準から見るなら）もしくは別種の特質を備えて、しかし、非常に旺盛な資本主義・市場経済が展開しているのだと見るべきでしょうし、そちらの方が、この数十年の経済的な実績という点で良好なのだとすると、本書が第Ⅲ部で論じてきたような「移行」はすでに過去の残影にすぎないという見方もありうるでしょう。いずれも、今後の研究を俟つべきことがらです。前近代の持続可能性や滅亡事例、封建制・身分制・共同体的資本主義・市場経済の可能性など、経済史は近代より前の時代にも、現在の問題と密接に関連する主題がたくさん転がっていることがわかるでしょう。

📖 **文献案内** 📖

本章については、多彩な事実に基づいて、資本主義の勃興と旧勢力との関係を活写した中村［1994］がお薦めです。移行の諸段階については、石坂・船山・宮野・諸田［1985］、馬場・小野塚［2001］も参照してください。イギリス絶対王制期の政策史研究としては岡田［1970］が、営業・職業の自由については、岡田［1987］と岡田［2014］が重要な文献です。

近代化をともなわない産業化の可能性については、大塚［1955］（岩波文庫版、二〇二一年）の解説を参照してください。

第11章 近世の経済規範

近世とは、前近代から近代への長い移行期ですから、前掲図7-1(b)ないし(c)(一三三頁)に示されているように、前近代的な要素と近代的な要素とが併存している時代です。人間＝社会の経済活動に関する規範についても同様で、古い規範と新しい規範とが、何らかの矛盾や齟齬を見せながらも同居・共存して、人びとと社会を揺り動かしていました。第7章で解説した人間関係を構成する原理と、分業の編成原理と、生産様式が大きく変わる時期の特徴を示すものとして、本章では経済規範に注目しましょう。それは近世の独自性を表すと同時に、近現代に生きるわたしたちにとってもにわかには否定しがたい規範であり、経済・社会が近代に移行したとはいえ、人の心の中にはいまだに古い規範がいくばくかは残っていることをも表しています。なぜ、いまも古い規範が生きているのか、その理由も考えてみることにしましょう。

1 経済生活の実態

近世の人びとの生活は、それ以前と比べるなら、ますます多くを市場に依存するようになっています。生きていくうえで必要な財・サービスをますます多く市場から購入するようになっただけでなく、モノを購入するのに必要な貨幣を得るためにも、ますます多くの労働を労働市場に販売するようになっています。人びとの日常の生活に、商品・貨幣・市場がますます浸透するようになりつつあった時代が近世です。遠隔地取引だけでなく、日用品の売買においても、必要な貴金属貨幣を節約するために、さまざまな信用の仕組みが整えられた時代でもあります。クレジットカードは二〇世紀の産物ですが、近世の人びとも現金貨幣を用いずに日用品を購入する（掛買・掛売）という生活をしていました。こうして、近世の人びとは、近現代の人びとが商品・貨幣・市場・信用について経験しているのとほぼ同等のことを知るようになってきました。まさに図7-1が表しているように、近世の経済はますます多くが市場経済・資本主義とそれに派生するさまざまな制度や慣行によって支配されるようになってきていたのです。

他方で、領主・農奴関係、身分制、共同体は弛緩し、それらが有していた保護機能も形骸化します。封建制・身分制・共同体の弛緩という意味でも、保護の弛緩という意味でも、彼らは前近代社会の制度や慣行からはますます自由になってきていたのです。殿様や村は、人びとにとっていざというときの寄る辺としては頼りないものに変貌しつつありましたが、しかし、まだ、領主も共同体も存在はしていましたし、それらに結び付いた制度や慣行も人びとの記憶から消えていなかったのが近世という時代です。

2 民衆の規範

第7章で見たように、近世とは際限のない欲望が解放され、肯定される時代です。ルネサンスも地理上の発見も宗教改革も、欲望解放と結び付けるなら、同時代の現象として統一的に理解することが可能でしょう。こうした時代に生きる人びとは、前近代社会において厳重に規制されていた個人的欲望を半ば肯定する規範の中に生きていました。彼らは、市場という欲望追求の場を受容し、そこで機会があるなら、より多くの貨幣を得るために、勝手気ままな経済活動をすることもあります。

ここで、注意すべきなのは、欲望の解放された個人というのが誰なのかということです。前近代において個人とは家のことであったと述べましたが、近世にあって（そして近現代社会においても）、家が個人として、貨幣（貨幣収入と貨幣支出の差額）をより多く獲得できるように、前掲図8‐1（一七二頁）の各象限で財・サービスを購入し、労働力を販売する事実上の主体となっています。しかし、若い頃に生家を出て奉公・賃仕事をする者も少なくありませんでしたから、ヒト個体が個人である局面も無視できないでしょう。市場での貨幣獲得機会をめぐって家と家の成員であるヒト個体との間に何らかの齟齬《そご》や軋轢《あつれき》が発生するというのも、この近世以降、発生した新たな事態です。

近世の人びとは一方では市場を受容し、際限のない欲望を充足しようとしますが、他方で、市場に起因する変動（生活・生存・人生〔life〕）の危機）において、「あるべき古き良き秩序」の「回復」を要求するといった規範の中に生きていました。その規範がただちに前近代の「伝統」の規範であるということはできませんが、「伝統」が再生不全に陥った場合に、それを「回復」しようとする規範が近世に生まれたのでした。ただし、近世初期（たとえば一六世紀）には、それは共同体（前近代社会における人の共同性の最も基本的な形態）の復活を志向する規範（初期共産主義思想）であったのが、近世の末期になると、もはや共同体復活はいかにも無理で、生の危機において「あるべき秩序」の回復を志向する規範へと変質します。そこに援用されたのがパターナリズム[*1]という人間＝社会の構成原理でした。

＊1　パターナリズム（paternalism）とは、上位の者が下位の者の利益を擁護し、また不利益を回避するためと称して、下位の者の意思に反してでも、その立場や行動に介入しようとする人間関係を意味する語で、日本語では、「家父長（的温情）主義」などと訳されます。pater とはラテン語で父を意味しますから、パターナリズムとは文字通り、家父長が家の中の女と子どもを保護するために、彼らの自由や自己決定権に介入する

お節介な性格をもちます。前近代社会のまったき家においては、家族成員であるヒト個体の自由意思や自己決定権という概念がそもそもありませんから、家父長が家族を支配していても、それはパターナリズムという言葉で表現すべき人間関係ではありません。しかし、家族成員個体の自由や欲望が芽生えてくるなら、家父長の家族支配はパターナリズムなどの概念によって正当化されなければ安定的には成立しなくなるでしょう。したがって、パターナリズムとは本来的に近世以降の社会について用いるべき語です。現在では、父・夫と家族との関係だけでなく、企業経営者の従業員に対する介入、医師や弁護士など専門家（パトロン）が患者・依頼人などのしろうと（クライアント）に対して行う誘導、国民と国家の間に発生するお節介な関係、宗主国（の人びと）の植民地（の人びと）に対する「善導・教化」の義務、大国や国際機関（たとえば国際連合やＩＭＦ）が、金融破綻した国や、秩序を維持できなくなった国・地域に対して行使する介入行為などにも、パターナリズムの語を当てはめて理解します。近世に登場したパターナリズムの原理は、近代には家族、企業、宗主国・植民地などに限定されて現れましたが、現代は、このパターナリズムの原理がさまざまな方面に拡張されて適用される社会（小野塚［2009b］、小野塚［2011］の「介入的自由主義」の社会）であると理解することができます。この点は第19章で再論します。

3　モラル・エコノミーと民衆暴動

生の危機において近世末期の民衆が見せた暴動に、独特の論理に基礎付けられた倫理と行動様式のあることを発見したのが、イギリスの社会史家Ｅ・Ｐ・トムスンです（Thompson［1971］）。トムスンによれば、一八世紀のイングランドで、戦争や不作の際に発生した食料暴動には次のような作法が貫かれていました。①食料が不足し、価格が騰貴し、商人が将来の利益確保のために買い占め、また売り惜しみをする状況で、②民衆は、従来通りの貨幣支出では充分な食料を確保できず、生の危機（飢餓）に直面します。③危機を感じた民衆は、地域社会の司法を担う治安判事に対して、買い占められ売り惜しみされている食料は「公正な価格」で販売されるべきだから、買い占めている商人に販売するよう命ずることを求めます。④むろん、治安判事が、この民衆の要求に従って商人に販売を命じ、商人がその命令に服従する（パターナリズムの成立）なら暴動は起きませんが、価格の上がりそうなものを予め買い占めて、価格が充分に高くなるまでは、販売を控えるというのは、市場では当然の機会主義的（opportunistic）な行動ですから、自らも市場を受容しつつある治安判事はそうした命令を出すことに躊躇するでしょうし、また商人もそうした命令に唯々諾々とは従わないでしょう。⑤そこで、民衆は、治安判事に自分たちの「正当な要求」を伝えたうえで、治安判事を実力で帯同して、商店に押し掛けます。治安判事の臨席のもとに、彼らは「公正価格での販売」という要求を商人に伝え、それは治安判事も承認している秩序回復であると主張します（実力による パターナリズムの再構成）。⑥それでも商人が商店を開け、販売に応じない場合に、民衆は商店を実力でこじ開けて、隠蔽されていた食料を各自入手します。ただし、彼らは入手した食料の公正価格に相当する貨幣を、商店に置いて、店を後にします。つまり、実力行使で商店を開け、食料を獲得する行為は、単なる暴動時の略奪ではなくて、あるべき秩序における正しい売買行為であるということを、民衆は意識的に示したのです。この場合、治安判事の帯同や食料の獲得などに実力を行使することは、かつてなら、当然のこととして実現されていた古き良き秩序を、治安判事が回復しようとしないし、商人もそれを守ろうとしないのに対して、そうした秩序を体現した民衆がそれを回復するという論理で、正当化されました。

こうして、食料暴動とは単なる無秩序な暴動や焼き討ちではなく、実力行使をともなって、あるべき秩序を回復しようとする、合目的的で、倫理的な行動だったというのです。それは一方では、市場で莫大な利益をあげる機会があるなら、それを活かすのは経済人（homo œconomicus）として当然のことであるとする経済学（その古い呼称は political economy）の教義に対抗して、買い占めと売り惜しみで将来の暴利を貪ろうとする悪徳商人に掣肘を加え、公正価格での販売とあるべき秩序の回復という道徳的な命令に従った行為であるとして、「モラル・エコノミー（moral economy）」の語をトムスンは用いたのです。また他方で、市場経済（market economy）では当然のこととされる行為が生の危機をもたらす場合に、それに実力で抵抗する行為を正当化する理屈をモラル・エコノミーの語で表現していると考えることができます。モラル・エコノミーとは、経済学の教義と市場経済の当然とに対抗する原理だったのです。

トムスンのあと、J・C・スコットもモラル・エコノミーと題する書物を著しています（スコット[1999])。そこでは、東南アジア諸地域を植民地支配した英仏両国とその植民地政府が、植民地民衆に、昔ながらの自給自足的な生活をやめさせ、国際市場で換金性の高い作物の栽培に特化するように促す政策に対抗して、徹底的に、陰に陽にさまざまな仕方で抵抗する現地民衆の行動原理を表現するためにモラル・エコノミーという語をスコットは用いています。すでに、民衆の間に商品経済・貨幣経済は浸透しつつあるし、税も金納なのだから、換金性の高いものを栽培することは、民衆にとっても利益であるはずだというのが、植民地官僚や宗主国の経済学者の見解であって、その見解はやはり経済学の理屈と市場経済における利益の機会によって正当化されています。これに抵抗・対抗する民衆の道徳的な論理がモラル・エコノミーなのです。そこでは、農業技術の進歩も換金作物の普及も、古くから守ってきた土地・自然を害し、民衆の「伝統」を損なうがゆえに、非難されなければならないし、少なくとも協力できる政策ではなかったのです。一八世紀のイングランドにも、また、世界資本主義の中に巻き込まれた一九世紀末〜二〇世紀の東南アジアにも、経済学と市場経済においては当然のこととされる事態・行動・政策に対抗する民衆の規範が存在していました。

4 近世文芸に見る経済規範

近世民衆に特有の経済規範は、近世の文芸によく表現されています。シェークスピアの一六世紀末の傑作『ヴェニスの商人』の物語を思い出してみましょう。そこで描かれる高徳の貿易商人アントーニオは、友人バッサーニオからの借金の申込を断れずに、悪徳なユダヤ人高利貸のシャイロックから借金して、友人に工面しようとします。シャイロックが用意した借用証文には、もし期日までに返済できない場合は、アントーニオはおのれの身体から肉一ポンドを切り取ってシャイロックに引き渡さなければならないという酷い条件が書き込まれていましたが、アントーニオは、いま航海中の自分の船がヴェニスに戻ってくれば借金など簡単に返せると高を括っています。ところがアントーニオの船は難破して彼は無一文となり、シャイロックに借金を返せなくなります（広域的な遠隔地市場における利潤獲得の不安定性）。他方、バッサーニオは恋人ポーシアとの婚約もうまく進み、一財産も手に入れたので、アントーニオの苦境を聞きつけて、金を持ってヴェニスに赴き、シャイロックにアントーニオの借金を支払おうとしますが、シャイロックは貸した相手ではないバッサーニオの金は頑として受け取ろうとせず、証文通りにアントーニオの肉一ポンドを要求して、訴訟を起こします。この訴訟で、若い裁判官に変装したポーシア――実は彼女は法学博士なのです――が登場して、シャイロックに対して、慈悲心を示すよう促しますが、シャイロックは応ぜず、結局、証文通りにアントーニオの肉一ポンドを切り取ってもよしとの判決が下ります。ただし、肉を切り取っても、契約書には血液まで引き渡すとは明記されていないから、血を一滴でも流したなら契約違反とみなし、シャイロックの全財産を没収するとの条件を裁判官に扮したポーシアは付けます。シャイロックは地団駄を踏んで悔しがりますが、仕方なくアントーニオの肉をあきらめます。その代わりにバッサーニオの金を要求しますが、いったん受け取りを拒否したものを支払ういわれはないとして、裁判官はそれも認めず、さらにアントーニオの殺害を企てたとの罪状で、シャイロックの財産は没収するとの判決を出します。アントーニオはこの判決に対して、キリスト教徒の慈悲心を示すために、シャイロックの財産没収を免じ、その半分を、強欲な父親に対して批判的であった娘ジェシカに与えようとの提案をします。結局、この提案が受け容れられて、駈け落ち中のジェシカに財産の半分が分与され、シャイロックは刑を免除される代わりにキリスト教へ改宗させられます。このあと、さらに、婚約指輪の遣り取りをめぐって変装前と後のポーシアとバッサーニオとの間の一場がありますが、そこはここでは省きます。

この戯曲を読み、また劇や映画を観た者は、強欲冷酷非道なシャイロックに掣肘が加えられ、バッサーニオとポーシアの指輪の一件も解決し、ジェシカは財産を得て晴れて恋人と暮らすことができ、キリスト教の徳が示されるという、八方丸く収まる物語に大いに満足することでしょう。観終わって、すっきりと精神の浄化（カタルシス）を感ずることのできる仕掛けがこの戯曲には満載されています。それがシェークスピアの手腕なのですが、この物語はどこか変ではないでしょうか。第一に、借用証文の通りに返済できなければ担保物権が移転するのは、こうした契約関係においてはあまりにも当然のことであり、そこに第三者（バッサーニオ）が口を挟んで、自分が借金相当額を支払うというのは、そもそも理の通らない話です。シェークスピアが巧妙なのは、高徳な貿易商であるアントーニオのバッサーニオへの友情に対して、友の危機に際してはやはり友情で応えようとするバッサーニオの侠気《おとこぎ》を観客に強調することで、この無理を感じさせないところです。第二に、借用証文の担保物件が借り手の生身の人肉一ポンドという、あからさまに公序良俗に反する契約内容となっていることも不自然です。これでは、まるでシャイロックは超変態か人を貪るゾンビです。むろん、シェークスピアはそれによって、シャイロックが主張する契約履行を、いかにも冷酷非道な要求であるかのように描くのですが、もし、シャイロックが本当に強欲で冷酷な高利貸であったなら、当然、そのように公序良俗に反する担保契約ではなく、もう少し、第三者（裁判官や観客・読み手）に了解可能で受容可能な契約内容——たとえば、アントーニオの家屋敷や動産に対する優先的請求権なり、アントーニオを奉公人として使役する権利なり、いくらでも考え付いたはずです——にしておいたはずでしょう。そうだったならば、これは単に契約履行の是非をめぐる話にすぎないのですが、いかにも無理な担保条件を強調することで、『ヴェニスの商人』では、契約履行の道理を説く高利貸が勝利する物語ではなく、悪徳に対して高徳と慈悲心が勝つという物語にすり替えられているのです。そして、第三に『ヴェニスの商人』が変なのは、高徳と慈悲心の勝利の物語へのすり替えを自然な話に見せるために、悪徳をユダヤ人に、高徳をキリスト教徒の貿易商（＝立くまでもアントーニオなのです。

派な市民）に割り振ることで、ごまかしているところです。これはユダヤ人に対する差別意識（と、キリスト教徒・貿易商・市民の優越意識）が存在している前提で初めて成り立つごまかしです。これは、シャイロックの強欲非道な気持ち悪さが際立つ物語ではありますが、題名役（ヴェニスの商人）はあくまでもアントーニオなのです。

シェークスピアの巧妙な仕掛けをすべて取り去って、担保条件も常識的なものに書き換えるなら――むろん戯曲としてのおもしろさは消滅してしまいますが――これは単なる金銭貸借契約をめぐる紛争にすぎず、理は一方的に高利貸の側にあり、バッサーニオやポーシアが介入する余地などこにもありません。ところが、これが初演された当時の人びとは、証文通りの契約履行という市場経済の道理が通らないことに憤ったのではなく、高徳と慈悲心が勝利する物語に喝采したのです。市場経済での契約関係を破壊してでも、回復すべき徳や人間性（友情や慈悲心）があることに惹かれるのが近世の民衆の経済規範であり、それは、一六世紀末のイングランドにおいて上は貴族・地主、大商人から、下は下層民衆までが受け容れた――観たがり聴きたがった――物語なのです。

これとほぼ同型の話は『水戸黄門漫遊記』（幕末の講談本の元ネタの『水戸黄門仁徳録』は一八世紀中葉の作）にも発見できるでしょう。たとえば、地震・台風・火事などの災害で材木市況が高騰しているときに、伊勢屋とか近江屋といった悪徳商人が材木を買い占め、充分に値段が上がるまで売り惜しみをしているおかげで、その地域の人びとは家屋の修理も、流れた橋の架け替えもできず、日々の生活に多くの困苦を抱え込まされています。しかし、市況が上がる際に買い占め、売り惜しむのは、市場経済ではごく当然の行為であって、それは悪徳や非道であるといって禁じていたら、市場経済（価格をシグナルとして、経済主体が自己の経済的利益を最大化するように行動し、その行動の集計によって、社会の資源配分が決定される仕組み）はそもそも成り立ちません。ところが、この町にやってきた水戸のご老公のご一行は、民の困苦を食い物にする非道として買い占めと売り惜しみをする商人を成敗するのです。

ここにも、巧妙な仕掛けが盛り込まれています。それは、伊勢屋が一人で買い占め・売り惜しみをしているのではなく、悪代官が結託して、事を権力的に進めているというエピソードです。むろん、悪徳商人は悪代官への贈賄を怠りません。それは、現在でも政治権力が特定の私人の利益と癒着したならば、単純に権力の不正行使・上位者への不当な忖度《そんたく》・政治腐敗と指弾されるのと同じことで、誰もが納得しない悪でしょう。こうして『水戸黄門』の物語は常に、悪徳商人と悪代官が結託するという定型で、買い占め・売り惜しみを非道として非難し、やはり観客・読み手の精神の浄化作用を果たしているのです。

市場では当然のことに掣肘を加える『ヴェニスの商人』や『水戸黄門漫遊記』は、原作の当時（近世）だけでなく、現在まで高い人気を誇っています。つまり、市場経済・資本主義の社会に生まれ、育ち、それを当然のこととして受け容れているはずのわたしたちにも、心のどこかに市場での当然を必ずしも、善良で美しいこととしては受け容れたくない心情が隠されていることを、これらの作品は暴露しています。では、現在のわたしたちにとって、善良で美しい話とは何でしょうか。

次に、「鶴の恩返し（鶴女房）」の物語を思い出してみましょう。現在では木下順二の戯曲『夕鶴』やその歌劇版（團伊玖磨《だんいくま》作曲）で知られている物語です。これは、貧しい男の妻となった女（実は、かつてその貧しい男に助けてもらった鶴）が自らの羽を用いて美しい織物を織って、家庭により多くの貨幣をもたらすという話です。市場経済の下での家とは、市場で獲得できる貨幣と市場で支払う貨幣の差額を最大化するように行動しますから、元は鶴である妻が、身を犠牲にして市場で高く売れる織物を織り出すことは何ら不思議な話でも、無理な物語でもありません。ところが、夫が強欲と好奇心を発揮して、もっと織れと望み、また美しい布ができる秘密を知ろうとして、妻との約束を破って、織っている姿を覗き見してしまうことによって、この家庭の貨幣獲得の機会は破綻してしまうというのが、「鶴の恩返し」の仕掛けなのです。しかし、夫がそれほど強欲でもなく、また妻との約束を守って布の秘密を知ろうとしなければ、この夫婦はその後も、たとえば一年に一枚くらい美しい布を市場で売って大金を獲得し、残りの期間は妻は養生して羽が生え揃うのを待つことによって、安定的に家庭の貨幣収入を維持できたのかもしれません。市場での貨幣獲得機会をめぐって家（ないしはその代表としての家父長＝夫）と家の成員との間に何らかの齟齬や軋轢が発生する物語にはならない可能性もありえたはずなのですが、この物語は妻が鶴、すなわち人ではない異種の存在であることによって、人の家との間の齟齬・軋轢の発生が自然に納得できるようになっています。鶴ではなく、夫や舅《しゅうと》・姑《しゅうとめ》に酷使されて布を織り続けた妻は、日本の近世・近代には何百万人も存在したはずですが、その妻たちの隠された（家という制度においては発現しえない）不平不満を自然に描くのが「鶴の恩返し」（また、その変形としての落語「猫の恩返し」）の物語だったのです。

こうした近世の文芸や伝承は何ゆえに、また、何を目的として、市場経済の当然を拒否し、それを破綻させてきたのでしょうか。それは市場の道理や契約通りの履行という形式合理性を貫くことが、人びとに生の危機をもたらすことを拒んでいるのです。その代わりに、それらの物語が求めるのは、うるわしい生活・生存・人生を維持し、また回復することです。そこには生存（subsistence）の原理を貫こうとする一般的互酬性や局地的市場圏の規範にも通ずる、生の実質合理性を防護しようとする目的が表現されています。いまもこうした物語が人気を失っていないのは、現在のわたしたちにも、市場や契約の形式合理性とは別に、生の実質を守ろうとする心性があるからです。さらに、その心性の背後には、実質合理性という判断の彼岸に、人の役に立ちたい（利他心）とか、人に承認されたいとか、相互に承認し合いたいといった欲求や、美しいもの／ことを求め、醜いもの／ことを遠ざけたいといった美的身体感覚（たとえば、利益を貪るだけの生き方は「格好良くない」という感覚）が、生の実質合理性を担保する仕組みとして作用していると考えることすら可能でしょう。

他方で、市場や契約とは、他者をおのれの欲望充足のための手段として利用するための装置ですが、そうした装置に対する根源的な不信感や違和感がいまのわたしたちにもあるということを、これらの物語の人気は示しているのかもしれません。

しかし、こうした勧善懲悪の物語には何ら心惹かれないという方もいまや多いのではないでしょうか。これらの物語の体現する規範や価値観はわたしたちの内なる古き残滓《ざんし》にすぎないという考え方も当然ありうるでしょう。もし、わたしたちが、市場経済に飼い馴らされて、完全にそれに順応した暁には、市場や契約という形式合理性だけの世界で充分に満足して生きることのできる人に変容するのかもしれないという可能性をただちに否定することはできません。

市場・契約の形式合理性と生活・生存・人生の実質合理性がどのように、わたしたち人類に適合的でありうるのかは、まだ答の出ていない問題です。これも今後の考究を俟つべき問いであると同時に、現在のわたしたちが、その点について、どのような判断を下すのかに委ねられている部分も多くあるでしょう。この問題は、市場経済が発達しさえすれば、機械仕掛けで自動的に答の出るといった性格の問い（客観的必然性）だけでなく、わたしたちが今後、市場とどのように付き合っていくのかという主体的選択の問題でもあるからです。

📖 文献案内 📖

モラル・エコノミーについては、Thompson［1971］とトムスン［2003］、およびスコット［1999］を参照してください。また、『ヴェニスの商人』、『水戸黄門漫遊記』や『鶴の恩返し』などを、それらの物語が設定している型にとらわれずに、冷静に読み直してみることをお薦めします。いまも、カタルシスの得られる物語と感ずるか、それとも、市場・契約を破壊するろくでもない大ボラ話と読むか、あるいは、市場・契約の形式合理性と生の実質合理性を両立させる再話の可能性（第三の読み方）があるのか、考えることは、近世と近現代の両方を理解するうえで有益でしょう。

第12章　経済発展の型

西暦一年に約一億七千万人であった人口は二千年後には約六一億人へと、三六倍に増加しました。少なくとも三六倍の人びとが食べ、着て、住むだけのモノが増えたことは間違いありません。国民経済計算が確立するのは二〇世紀後半のことなので、それ以前については古く遡るほど、大雑把な推計値となってしまいますが、西暦一年の世界全体のＧＤＰが一〇五四億ドル（経済史統計でほぼ標準的に採用されているゲアリー＝ケイミス国際ドル（一九九〇年基準））であったのが、二〇〇三年には四〇兆九一三四億ドルへと三八八倍に増加しています。[*1] 一人当たりＧＤＰは二千年間で一〇倍以上に増加していることになります。

＊1　以下、特に断らない限り、本章でのＧＤＰや人口の歴史統計はマディソン［2015］の統計付表Ａの1～8の各表に依拠しています。

むろん、この二千年間、単調に一定の速度で成長してきたわけではありませんし、世界のどの地域も均等に成長してきたわけでもありません。本章では、時代による成長速度の相違と、地域による成長率の差異に注目することから、経済成長という単なる量的な拡大には還元できない、経済の質的な変化を探ることを試み、あわせて、成長する経済への移行の条件について考えることにしましょう。

1 前近代・近世の成長

(1) 世界全体の成長率

西暦一年から一〇〇〇年の、ほぼ古代から中世初期に相当する千年間に、世界全体のGDPは一四・二％増加します（表12-1）。百年当たりの成長率は一・三％、一年当たりにするならわずか〇・〇一％にすぎず、一人の人生の中で成長を感ずることのできない停滞的（しかし持続的）だった時代です。一〇〇〇年から一五〇〇年にかけての五百年間（中世盛期から近世初期にかけての時期）に世界のGDP総額は二倍強に増加します。百年当たりの成長率では一五・六％となります。人生の中で、経済の量的な拡張をかろうじて感ずることができる程度の成長です。当時の長命だった者の寿命を六〇歳とするなら、物心ついてから死ぬまでの半世紀で七％ほどの成長（人口が七％増えたり、

ゲアリー＝ケイミス国際ドル）

（単位：百万ドル）

1820	1870	1913	1950	1973	2003
36,232	100,180	224,618	347,850	675,941	1,280,625
35,468	72,100	144,489	220,492	683,965	1,315,601
26,819	72,149	237,332	265,354	944,755	1,577,423
22,535	41,814	95,487	164,957	582,713	1,110,691
37,678	83,646	232,351	510,243	1,513,070	1,552,231
12,548	98,374	517,383	1,455,916	3,536,622	8,430,762
20,739	25,393	71,653	160,966	1,242,932	2,699,261
228,600	189,740	241,431	244,985	739,414	6,187,984
111,417	134,882	204,242	222,222	494,832	2,267,136
694,598	1,110,951	2,733,365	5,331,698	16,022,888	40,913,389

身の回りのものがわずかに増えたりといった変化）を実感できる程度の成長率です。一六世紀の百年当たり成長率は三三・五％で、近世が明らかに経済成長の時代に入ったことがわかります。一七世紀は第1章でも触れたように気候冷涼化の影響もあって、百年当たり成長率は一二・〇％に低下します。これは、一七世紀の世界人口の増加率（一一・八％）をわずかに上回る程度の成長率です。一七〇〇年から一八二〇年の一二〇年間（近世末期）の百年当たり成長率は六八・五％の高率に達します。イギリス産業革命を経て、欧米諸国および日本で産業革命が発生した一八二〇～一九一三年（ナポレオン戦争後の近代に相当する時期）の百年当たり成長率は三六三％（年率で一・五％）へ及び、一九一三～二〇〇三年（現代）は二度の世界大戦を含んでいますが、百年当たり成長率は一九二二％（年率で三・一％）という爆発

表12-1　各国のGDP（1990年基準

年	1	1000	1500	1600	1700
イギリス	320	800	2,815	6,007	10,709
フランス	2,366	2,763	10,912	15,559	19,539
ドイツ	1,225	1,435	8,256	12,656	13,650
イタリア	6,475	2,520	11,550	14,410	14,630
ロシア	1,560	2,840	8,548	11,426	16,196
アメリカ	272	520	800	600	527
日　本	1,200	3,188	7,700	9,620	15,390
中　国	26,820	26,550	61,800	96,000	82,800
インド	33,750	33,750	60,500	74,250	90,750
世界全体	105,402	120,379	248,445	331,562	371,428

的な水準に達しています。

西暦一〇〇〇年以降の千年間の世界は、短期的および地域的な例外を除くなら、成長し続けてきました。しかも、一七世紀という成長率低下期を除くなら、経済成長率自体が増加し続けているという点で、人類はそれまでになかった経験をしてきたことになります。マルサスはかつて、生産力（殊に食料生産力）が算術級数（等差数列）的にしか増進しないのに対して、人の性欲は常に働いているため人口は幾何級数（等比数列、指数関数）的に増加するから、どこかで人口成長を抑制しなければ、食料不足で社会が破綻すると危惧しました。この千年間に、人口は確かに幾何級数的に増えましたが、食料生産力を含む経済はそれを上回って成長してきたのです。このように、ますます成長するようになる社会への最初の変化を経験したのが、第Ⅲ部が見てきた近世という時代です。成長する経済への移行という問題については、改めて、あとで考えることにします。

(2) 地域別の差異

古代から中世を経て近世までの経済成長を地域別に見てみましょう。ここでは、話を単純化するために、古代文明の中心地であったイタリア、中国、インドと、ローマ帝国の周辺領域（ガリア）にあったフランス、そして古代文明の辺境（イギリス、ドイツ、ロシア、日本）、そして新大陸のアメリカ合衆国とに分けて、[*2] 一～一五〇〇年（ほぼ古代と中世）と、一六～一七世紀の二百年間、そして、一七〇〇～一八二〇年の三つの時期の成長率の推移を見てみましょう。

＊2　本項で見る時期（一～一八二〇年）には、イタリア、ドイツ、日本はまだ存在していません。イタリア、ドイツ、日本の国家統一はそれぞれ、一八六一年、一八七一年、一八六八年で、アメリカ合衆国は一八世紀末の独立革命で東部一三州が連邦国家を形成し、大きな内乱（南北戦争）を経て一八六五年に再統一されます。表12-1～4の各地域の数字は、二〇世紀後半のそれぞれの国の地理的領域に相当する地域が各時代に生み出した富を表しています。ロシアは旧ソ連の領域を表しています。イギリス、フランス、ロシアの統一国家の形成はそれらの国よりも早いとはいうものの西暦一年には存在していません。インドと中国は、何度も分裂期・混乱期を挟みながらも、過去数千年にわたって統一国家を形成した経験を有する地域です。しかし、それらの国々も国制と国境はたびたび変わっていますから、本章が依拠するアンガス・マディソンが推計した

表 12-2　各地域ＧＤＰの百年当たり成長率

（単位：%）

		1〜1500	1500〜1700	1700〜1820
中心部	イタリア	3.9	12.5	43.3
	中国	5.7	15.7	133.1
	インド	4.0	22.5	18.6
周辺部	フランス	10.7	33.8	64.4
辺境部	イギリス	15.6	95.0	176.1
	ドイツ	13.6	28.6	75.6
	ロシア	12.0	37.6	102.1
	日本	13.2	41.4	28.8
新大陸	アメリカ	7.5	−18.8	1,303.8

数字は、特に二〇世紀前半以前については、ざっとした見当を付けるための、ごく大雑把な数字であると考えてください。そうした大雑把な数字であっても、何も数字の裏付けなしに議論をするよりは、多少はましというのが長期経済史統計の利用価値です。

表12-2を一見して明らかなとおり、古代帝国の中心部であったイタリア、中国、インドのＧＤＰは、一〜一五〇〇年の一五〇〇年間に約二倍程度に成長し、百年当たりの成長率は四〜六％ほどで、実感できる成長ではありませんが、古代帝国周辺部のフランスの百年当たり成長率は中心部の二倍の水準に、さらに辺境部は中心部の三倍の成長率を示しています。辺境部では、半世紀に六〜七％の成長を実感できる程度には成長率は高かったということができます。いうまでもなく、古代のうちに、当時の世界最高水準の科学と技術の水準を達成した中心部では、その後の技術・生産力ののびしろが小さかったのに対して、周辺部、さらに辺境部には、一〜一五〇〇

年の時期に中心部より伝播し、継承した先進技術が定着し、その効果が現れた結果が、こうした成長率の差を生み出しているものと解釈できます。こうした中心─周辺─辺境という図式では説明しがたいのが、アメリカの七・五％という成長率で、これは、アメリカに旧大陸から人類が移り住むのが遅れ、さらに農耕牧畜の定着（たとえば、中米から伝播したトウモロコシ、インゲン豆、カボチャの栽培）も、旧大陸およびその周辺島嶼が諸種の穀物栽培を始めたのよりもかなり遅れたことを示していると理解できましょう。

中心─周辺─辺境の成長率格差は一五〇〇～一七〇〇年の時期にも維持されていますが、ばらつきも発生しています。中心部ではインドはムガル帝国の盛期で、高い成長率を示し、辺境部ではドイツが三十年戦争（一六一八～四八年）による人口減少と社会・経済の混乱の影響で、一七世紀の成長率が百年当たり七・九％と非常に低くなったことを反映して、辺境部の他国に比して顕著に低い成長率となっています。とはいえ、近世（一五〇〇～一七〇〇年）に入ると、中心部でも人生のうちに、かろうじて成長を実感できる程度の成長率水準に達していることは、前の千五百年間と比べて特筆すべきことでしょう。これに対して新大陸では、主として、ヨーロッパ人の持ち込んだ疫病（天然痘、麻疹、ペスト、結核、コレラ、インフルエンザ、チフス、ジフテリア、マラリア等々）に対する抵抗力も低く、対処法も知らなかった先住民がそれらの病気で大量に死に、人口が半減したため、経済成長率も負の値を示します。

一七〇〇〜一八二〇年の時期になると成長率は総じて、一五〇〇〜一七〇〇年より高くなっていますが、各地域の差がさらに大きくなっています。古代帝国中心部ではインドの成長率が低下し、イギリス東インド会社による植民地化の効果（と、一八一〇年以降にイギリスでのインド産綿布の輸入禁止とイギリス産綿布のインドへの強行的な輸出促進によるインド綿業のこうむった壊滅的打撃）を見ることができます。辺境部では日本の成長率が、決して成長を実感できないほどに下がったわけではありませんが、前の時期よりも低下しており、人口も耕地面積も微減の時期に入ったことが示されています。これら二国を除けば、他はいずれも前期よりも成長率が増進していますが、殊にイギリス、中国、ロシアの成長率の高さが注目されます。アメリカでは疫病による大量死も終熄し、白人植民地のさまざまな経済発展の型（北東部の商工業発展、中西部の農業発展、南部の奴隷制プランテーション経営の発展、いずれも外部からの人口流入〔入植と奴隷移送〕に支えられた発展）が始まったことを受けて、最も高い成長率となっています。こうして、一八世紀から一九世紀初頭にかけて世界の各地で同時多発的に顕在的に成長する経済への転換が始まっていたと見ることができます。

(3)「経済大国」

以上、世界各地域の経済の、各時代の成長率を見てきましたが、表12-1からいまひとつ確認されなければならないのは、中国経済とインド経済の圧倒的な大きさです。両国は、西暦一年から一八七〇年まで一貫して、世界第一位と第二位の「経済大国」です。西暦一年から一八二〇年までのどの時代にあっても、中国もしくはインド一国の人口がヨーロッパの総人口に匹敵しましたし、地理的な大きさもほぼヨーロッパ全体に相当します。もし、中国とインドの君主の中央政府が国内の剰余を有効に収奪することに成功していたとするなら、両国は永らく、きわめて発達した都市文明と高い水準の工芸・科学を維持していたに違いありません。実際にさまざまな歴史研究は中国とインドが――そして近世にはオスマン帝国も――都市文明・工芸・科学の点で、ヨーロッパ諸国やアフリカ・アジアの他の諸国よりも高い水準にあったということをおおむね支持しています。

ただし、そのことは、中国とインドの経済が成長を継続しうる民衆的な基盤を有していたということまで意味しているでしょうか。もし、古代から一貫して、中国とインドが表12-1に示された水準の単一の一国経済を形成し、その中で、営業・職業の自由や移動の自由があったとしたなら、人びとはその大きな市場が提供しうるさまざまな分業の可能性を最大限に活かして、成長に結び付く経済活動を展開できたことでしょう。しかし、輸送手段や民族・言語の差が障壁となって、中国やインドの広大な領域は単一の市場ではなかった可能性が高く、人びとに与えられていた市場規模は、もう少し分断された地方ごとの市場であったと考える方が妥当でしょう。現在ですら、「中国経済」という語は、「イギリス経済」や「日本経済」と同じような意味では用いることはできず、むしろ「EU経済」よりもさらに多民族・多言語・多文化のさまざまな市場に分断されていると捉える方が適切だと考えられます。

このように中国とインドは、統一王朝が形成されていた時期に関しては、剰余の収奪によって高度な都市文明・工芸・科学を支える基盤となっていたという意味で「経済大国」であったということはできますが、それが、分業の利点を最大限に活用できる（「スミス的成長パターン」〔齋藤［2008］〕の）巨大な単一市場であったとまでいうことはできないでしょう。この後者の点では、中国やインドの経済的な大きさは、少し割り引いて考える必要があります。

(4) 一人当たりGDPの成長

ここまで、世界全体と各地域のGDPに注目して、経済成長のあり方を概観してきましたが、本項では、一人当たりGDP成長に注目します（表12-3）。人口増加に対応すべく食料生産能力も増加し（あるいはその逆で、食料生産能力が増大したため人口が増大して）、世界ないし社会全体のGDPが増加するということはもちろんありえますが、そうした水平的な量的拡張は、人が食べることのできる量には限りがありますから、人口増加率を大きく上回る経済成長をともなうことはできません。逆に、人口は増加しなくても、一人当たりが生産／消費する富の量が増えるなら、経済は成長することが可能です。ここでは、単純な水平的拡張ではない経済成長の側面を見るために、一人当たりGDP成長に注意を向けることにしましょう。

表12-3　一人当たりGDP（1990年基準ゲアリー=ケイミス国際ドル）

年	1000	1500	1600	1700	1820	1870	1913	1950	1973	2003
イギリス	400	714	974	1,250	1,706	3,190	4,921	6,939	12,025	21,310
ロシア	400	499	552	610	688	943	1,488	2,841	6,059	5,397
アメリカ	400	400	400	527	1,257	2,445	5,301	9,561	16,689	29,037
日　本	425	500	520	570	669	737	1,387	1,921	11,434	21,218
中　国	450	600	600	600	600	530	552	448	838	4,803
インド	450	550	550	550	533	533	673	619	853	2,160
世界平均	450	566	596	616	667	873	1,526	2,113	4,091	6,516

表12-3には記載されていませんが、西暦一年の世界各地の一人当たりGDPは西暦一〇〇〇年のそれと変わりません。人口はわずかずつ増えた時期ですが、一人当たりにするなら、何ら成長しなかった千年間だったというのがマディソン推計の大まかな見当なのです。また、西暦一年と西暦一〇〇〇年の一人当たりGDPは世界のどの地域でもほぼ同じ水準で、差がありません。しいて差を発見するなら、アジア・アフリカの豊かさに対して、ヨーロッパと新大陸は相対的に貧しいということができますが、わずかの差です。ところが、一〇〇〇年から一五〇〇年にかけては、アメリカを除いて、世界各地域が一人当たりの富を成長させています。このあと一人当たりGDPという点ではイギリスが一九世紀末まで世界で最も豊かな社会です。世界一の座は二〇世紀初頭にアメリカに譲りますが、イギリス（とその他のヨーロッパ北西部諸国）も豊かな社会の一員であることはかわりません。近世以降、ロシアと日本は徐々に一人当たりGDPを伸ばしますが、殊に一九世紀にはそれ以前よりも速い速度で成長して、近世・近代を

通じて、世界平均に近い一人当たりGDP水準を維持し続けます。その結果、二〇世紀初頭にはロシアと日本は、中国・インドとは明瞭に異なる（一人当たりGDPで二倍ほど豊かな）社会となりますが、イギリスやアメリカに比べるならまだ貧しい社会でした。ロシアは革命を経て一九二〇年代から急成長を始め、一九五〇年までの三七年間で約二倍になりますが、日本は、一九五〇年時点でまだ世界平均を超えていません。日本が明瞭に豊かになったのは戦後の高度成長期で、一九七三年にはほぼイギリス並みの豊かな社会を実現しています。中国とインドは一九五〇年まで一人当たりGDPで見るなら貧しい社会のままでしたが、近年、急速な成長を示しています。

西暦一〇〇〇年から一五〇〇年までの世界平均の一人当たりGDPの百年当たり成長率は四・七%ですが、これを明瞭に上回る成長を示したのはイギリス（一二・三%）と中国（五・九%）だけです。以下、現在までを大きく六つの時期に分けて、各地域の一人当たりGDP成長率を見てみましょう。

近世に入ると（一五〇〇～一七〇〇年）、**表12-4**に示されている通り、イギリス、ロシア、アメリカは明瞭な成長を記録しています。中国とインドが停滞的であるのに対して、アジアの中では日本が相対的に高い成長を示していますが、百年で六・八%、つまり一人の人生の中で三%ほどの成長は、豊かになったことを実感できるかというと、いささか微妙な成長率です。近世末期（一七〇〇～一八二〇年）にはアメリカの成長率が急伸し、百年当たりで一〇〇%を超え、以後、現在まで

表 12-4　各地域の一人当たりＧＤＰの百年当たり成長率

（単位：％）

年	1000〜1500	1500〜1700	1700〜1820	1820〜1913	1913〜1950	1950〜2003
イギリス	12.3	32.3	29.6	212.4	153.1	730.6
ロシア	4.5	10.6	10.5	129.2	474.3	235.6
アメリカ	0.0	10.6	106.3	370.0	392.4	713.4
日本	3.3	6.8	14.3	119.0	141.2	9,195.2
中国	5.9	0.0	0.0	−8.6	−43.1	8,687.0
インド	4.1	0.0	−2.6	28.5	−20.2	957.0
世界平均	**4.7**	**4.3**	**6.9**	**143.5**	**141.0**	**737.1**

三〇〇％以上の速度で成長しています。アメリカより遅れて、イギリス、ロシア、日本が、一九世紀以降は一〇〇％を超える速度で成長するようになり、やはり、現在まで続いています。注目すべき点の第一は、一八世紀以降、二〇世紀中葉にいたるまで、中国とインドはしばしば負の成長を経験していることであり、第二は、一九五〇年以降の日本と中国が爆発的に一人当たりＧＤＰを伸ばしていることです。百年当たり九〇倍の成長率とは、十年当たりで五六％、年率でも五・一％の成長で、誰もがいやでも成長の果実を実感せざるをえない速度です。

現在、多くの先進国で、また中国でも、成長率は鈍化していますが、百年間で二・五〜八倍に膨らむような高成長経済が一九世紀以来、二百年以上も変わらずに持続することはありえないであろうことは、多くの人びとが直感的に気付いていることです。同時に、こうした高成長をまだ充分に経験していない人びとが次は自分たちが成長する番であると考えているであろうことも容易に想像できます。

2 資本主義・市場経済への道

(1) 移行をめぐる問い

表12-2からは、世界を成長する経済へ移行させたという点で、中世から近世にかけて一貫して古代帝国の周辺・辺境部が重要な役割を果たしていたことは明瞭でしょう。表12-2から確認できるように、近世末期（一七〇〇～一八二〇年）になると、周辺・辺境が成長を主導するという型は崩れますが、近世末期の成長率の差異は、近世までの成長の結果、分業（殊に社会的分業）の進展度、人口増加、土地生産性と労働生産性に差が発生したことの合成として説明可能でしょう。中国の高い成長率は表12-4も合わせて参照するなら、ほぼ完全に人口増加（とそれを可能にした食料生産）で説明できるでしょう。それに対して、イギリス、ロシア、アメリカの高い成長率は、むろん人口増加も作用していますが、それ以外の要素（生産性の上昇、労働時間の延長、分業の進展）なしには説明できません。

では、前近代の経済から近代の爆発的な成長を常態とする経済への移行はいかにして発生したのでしょうか。移行が世界のさまざまな地域で近世には始まっていることは明らかです。しかし、それを最終的に完了させたのは、表12-3の一人当たりGDPの水準を見るなら、イギリスが世界で最初に豊かな社会への変化を開始し、一九世紀中葉までにはイギリス（およびヨーロッパ諸国とアメリカ）がそれをとりあえず、確立し定着させたと見て大過ないでしょう。一九世紀中葉の時点で、当時まで世界最大の経済大国であった中国とインドは、一人当たりGDPで計るなら完全に停滞的であって、人口増加以外の要素が成長にほとんど作用していません。日本は古くは中国や韓国から文字、技術、文明を借用し、東アジア漢字文化圏の辺境の社会でしたが、近世にはすでに、中国・インドとは異なる一人当たりGDP成長を始め（表12-4参照）、以後、二〇世紀末まで着実に成長率を伸ばしてきた、アジアでは稀な、近世から近代・現代にかけての長い成長を経験した社会です。とはいえ、その日本も近世末期には、その独自の成長には鈍化傾向が見られ、そこから新たな成長の型に転換するには幕末開港とそれ以降の世界資本主義への包摂が作用していたことはいうまでもありません。日本は世界資本主義に包摂された非欧米地域の中で、ほとんど唯一といってよい植民地化されなかった社会です。開港以降の資本主義的な発展を――そこにはさまざまな弱点や歪みが指摘されてきたとはいえ――可能にするだけの経験が近世までに蓄積されていたと考えることができるでしょう。しかし、鎖国状態で、また身分制・共同体的な規制の強く残る社会のままでは、経済発展にも大きな制約が待ち構えていたであろうことは想像に難くありません。

したがって、日本のような例外的な近世的発展を経験した事例も含めて、近代の経済は世界資本主義的なそれとして、一九世紀中葉（以降）に成長の型を確立したと考えるなら、その世界資本主義を主導したのはどの国・地域かということが次に問われるべきことになるでしょう。それが、イギリス（をはじめとした欧米諸国）であったことは、幕末の日本人も知っていたことがらであって、その答自体は何ら新しいものではありません。それゆえ、ここで考えなければならないのは、イギリスをはじめとした欧米諸国が近世以来の成長の型を発展させて、一九世紀の世界資本主義の確立にまで到達させることができたのはなぜかということです。なにゆえ、かつての古代帝国の中心地ではなく、欧米諸国が、また、欧米諸国の中ではなにゆえ、イギリスが、近世以降の持続的な成長の中心的な役割を果たしたのかという問いに収斂するでしょう。

(2) ヴェーバーの問いと「勤勉革命」

こうした問いを経済史研究の問題として最初に設定したのは、一九世紀末から二〇世紀初頭にかけてのドイツの研究者たちでした。ドイツはヘイナル線以西のヨーロッパの中では最も遅く、近代への移行を経験した社会でした。しかし、一九世紀末の時点では、「欧米列強」の一国に数えられるようになっていました。当のドイツ人たちの間には、世界資本主義の一角を成すにいたったドイツの特殊性や優越性をたとえば、ドイツに固有の文化や精神に求める議論もありましたが、他方では、ドイツを含むヘイナル線以西のヨーロッパはなにゆえ前近代から近代への移行を成し遂げ、さらに、ヨーロッパ以外の地域を植民地化して「未開民族」を「善導・教化」する責務を負っているのはなぜかという、ヨーロッパに共通する問いを、一番最後にその成員となったドイツが最も自覚的に追求したのです。

ドイツの研究者以外に同様の問いを設定したのは、マルクスをはじめとした社会主義者たちでした。彼らは資本主義の一歩先に社会主義を展望する中で、なにゆえ、自分たちは資本主義に到達したのかということを考えざるをえませんでしたし、植民地獲得とナショナリズムの鏡像的競争に狂奔する資本主義諸国の文化を相対化するためにも、資本主義を諸他の先行する生産様式と分かつ要因は何かという問いを意識せざるをえなかったのです。ただし、マルクスにとって、その点で最大の関心事は、封建制と資本制を分かつ要因ではなく、アジア的な貢納制の社会と、「封建制から資本制」という移行を経験した社会との相違であり、また、植民地・宗主国関係を理解するという実践的な課題からは、両社会が遭遇した場合に、後者が速やかに資本制に移行するほかに、いかなる関係が発生しうるのかということがらでした。しかし、マルクスの原初的な問題意識を社会主義内部で継承する者が生まれず、レーニンは先述のとおり、むしろ、ロシアにおける資本主義発展を強調することで革命の可能性を示すことに傾注しましたから、ロシアの社会主義者たちの間でも、この問いへの関心は継承されませんでした。

こうして、わたしたちは、ヴェーバーが設定した問いに立ち返らざるをえないことになります。なにゆえ、世界のほかのどこか、たとえば古代文明が成立し、豊かな文明を長く誇ってきた諸地域ではなく、北西ヨーロッパにおいて前近代から近代への移行や、封建制から資本主義への転換が可能だったのか、その歴史的な個別性と普遍性はどこにあるのかということを、ほぼ生涯かけて問い続けたのがヴェーバーです。

ヴェーバーが解こうとしたのは、利潤を――偶然的にではなく恒常的に――獲得し続けることをよしとする行為類型はどのようにして、ヨーロッパ近世の社会に生成し、定着して、資本主義の精神的な基盤を成したのかということです。人の行為の問題として利潤の必然性を説こうとしたわけですから、ヴェーバーは当然のように「勤勉」に着目します。すると問題は、人はなぜ勤勉に現世的職業に励むようになったのかという問いに変換されます。それに対するヴェーバーの答は第7章第4節で概観したような、プロテスタンティズムの職業倫理、なかんづく、カルヴァンのきわめて過酷な、見方によっては悪魔的ともいわれる救霊予定説こそが、人びとに否応なく現世的職業に勤しむことを自己目的化させたというのです。ここで、勤勉の目的は、家業の繁栄でも、欲望の充足でも、消費の拡大でも、ましてや生産量増大や生産性向上ではありません。救霊予定説という革命的な教説は信者に対して厳格に禁欲（現世的快楽の否定）を求めましたから、幸福や快楽や欲望充足は決して勤勉の目的ではありえなかったという点で、ヴェーバーは資本主義の精神という問題を初めて設定したW・ゾンバルトやL・ブレンターノとの間に熾烈な論争を展開したのでした。勤勉になり利潤を安定的に獲得できるようになったのに、その目的は幸福・快楽・欲望充足ではなく、むしろその否定であるという徹底的に非合理的な態度こそが、一般的互酬性や局地的公開市場に見られた、まったりとした生存（subsistence）の原理や、あるいはルネサンスの享楽的・欲望肯定的な文化――ある程度の蓄財をしたら、引退して、芸事で余生を楽しむという井原西鶴的な人生訓――を、やむことのない利潤獲得に転換させることにより、移行過程を決定的に進行させ、完了させた秘密だというのです。これが、ヴェーバーの説く「勤勉＝資本主義起源」論のあらましです。

「勤勉」に注目したのは、ヴェーバーが最初ではありませんでした。ゾンバルト自身が資本主義の多元的系譜のうち、慎重で、計算高く、合理的・市民的・契約的な系譜において勤勉に注目していますし、そもそも近代への移行が完了する前の近世において、ドイツでもイギリスでも、また日本でも勤勉を説く通俗道徳は何通りも唱えられていました（たとえば、石田梅岩、安藤昌益、二宮尊徳）。ヴェーバーがそれらの「勤勉」論と異なるのは、宗教改革によって家業繁栄なり、欲望充足・消費拡大なり、あるいは生産量増大、生産性向上という近代の経済社会の明るい可能性を見ようとしたのではなく、むしろ、西洋近代をある種の悲劇ないしは牢獄（「鉄の檻」）として捉えたところです。その意味で、他地域でそれ以前に発生していたさまざまな経済発展や合理化とは異なる形式合理性・計算可能性・機能主義・非人格的な規律、そして合法的支配（その典型が官僚制的支配）の有する平等主義的傾向などが発揮する逆らいがたい波及力・伝播力を明らかにすることによって、その普遍性――出発点に作用したプロテスタンティズムを欠いても、資本主義が、上述の力をともなって世界を制覇する（＝世界中の人びとがその力を自ら内面化して受容する）こと――にまで論及したのでした。

　これに対して、近年唱えられている諸種の「勤勉革命論」は、経済成長・経済発展を肯定する明るい議論であり、むしろゾンバルトの系譜を引くものです。速水《はやみ》融《あきら》の「勤勉革命」とは、イギリス産業革命とは異なる経済発展の型が近世後期の日本に存在したことを主張するものです（速水[2003]）。産業革命が資本集約的に産出を増加させた変化だとするなら、江戸時代の勤勉革命とは労働集約的に産出を増加させようとした変化ということになります。内田義彦ならそれを純粋力作型の勤勉の倫理と呼んだでしょうか（内田[1967]）。ヴェーバーの「勤勉＝資本主義起源」とは異なる型の勤勉を速水は近世日本に発見しました。これに対して大島真理夫が再発見した近世日本の勤勉は、倫理というよりは、土地稀少・労働豊富な状況における産出増加・収穫逓増に結び付く行動様式の変化で、それを「勤勉革命」としました（大島[2009]）。

　近世のオランダやイギリスにおいて、実質賃金が長期低落傾向にあったのに、遺産検認目録を分析するなら耐久消費財などの消費に向けられた貨幣支出が増加したのはなぜかという問いを立てて、そこには「勤勉革命（industrious revolution）」ともいうべき変化があったと主張したのがデ・フリースです。第9章第1節で見たように、近世の価格革命において、賃労働（農業や建築業の一日当たり標準賃率）は食料品や工業製品と比べるなら、最も価格上昇率の低い商品でしたから、名目価格は増加していても、実質価格は低下していました。それでも、従来よりも、より多くの消費財――それも家具や上等な衣服などの高価な耐久消費財——を購入することができるようになったのは、オランダやイギリスの下層民衆の家族が賃労働に従事する時間を従来より増加させて、家族の貨幣所得を増加させたからであることを明らかにしました。その背後に作用したのは、消費性向の増大、すなわちより多くの欲望を満たそうとする行動でした。このように、より多く消費したくなることが、労働時間の増加を経て、所得増大と消費支出増大へと帰結する変化をデ・フリースは、産業革命(industrial revolution)とその後に続く生活様式を先取りした変化であると考えて、勤勉革命を産業革命とは異なる経済発展の型と考えるのではなく、産業革命に先立って生じていた人びとの経済活動の動機の変化を表現していると考えました。

Column

「実質賃金」と生活水準

これまで経済史研究では近世以降の下層民衆(労働者)の生活水準(所得)の変化を知るために、実質賃金の変動を調べてきました。古いところでは、すでに一八三〇年代には英国商務院(Board of Trade, 経産省に相当)で初代の統計課長となるポーターが、賃金統計を用いて労働者階級の生活状態が産業革命を経て改善されていることを主張し、エンゲルスは同様の統計を用いて生活状態が悪化していることを主張しました。

名目賃金を消費者物価指数で除した実質賃金で民衆の生活水準（の変化）を知るというのは、むろん、経済学的には正しい方法なのですが、実は経済史では、そこに大きな落とし穴があります。生活水準を知るために必要なのは、労働者が実際に稼いだ金額、つまり稼得額（earnings）ですが、稼得額に関する系統的な統計は二〇世紀後半にならなければ得られません。国民の実際の賃金所得を知ることで経済政策や経済計画に役立てよう（また、国民全員から所得税を徴収しよう）という発想がなければ、稼得額に関する情報を系統的に取得して、整理して、保存するということはなされないからです。二〇世紀前半以前に関して得ることが期待できる稼得額の情報は、ある個人の家計簿や日記に記された毎週ないし毎月の賃金額であるか、あるいは、ある企業の賃金支払い台帳が残されていれば、毎週ないし毎月の支払総額はわかります。しかし、いずれも、長期にわたって、さまざまな地域の稼得額の動向がわかる情報は、いまのところ、ほとんど整備されていません。それにもかかわらず、経済史研究者はどのようにして労働者の生活水準を調べてきたのでしょうか。

古くから情報が残されてきたのは稼得額ではなく、賃率（wage rate）でした。賃率とは、各人に支払われる賃金額を計算するための基礎となる指標で、時間賃金の場合は、その労働者が一時間当たりいくらの賃金に格付けされているかを表示し、出来高賃金の場合は、製品一つを正しく完成させたらいくら支払われるかを表示します。これは労働者にとっては自分の労働者としての格付けを表現する大切な情報でしたし、経営者にとっても労務費用を算出するための重要な情報でしたから、労使双方が時間賃率や出来高賃率に関する記録は残し、それは後代に伝えられました。時間賃率も出来高賃率も労働市場や製品市場の動向を反映して変動しますから，それを物価指数で除せば「実質賃率」の変動のありさまを知ることができますが，そうした「実質賃率」をいくら調べても，労働者が実際に何時間働いたのか，また何個作ったのかがわからなければ，実際の稼得額はわかりません。これまで経済史研究者が行ってきた生活水準に関する議論は，ごくわずかの例外を除くなら，この「実質賃率」の変動をもって暗黙の裡に所得金額の変動を「捉えて」きました。ただし，第9章で用いたバウデンも，デ・フリースがイングランドの賃金変動を知るために依拠したフェルプス・ブラウン（労働経済研究者）も，彼らが整理した数字が「賃率」であること（すなわち稼得額ではないこと）を明瞭に断っています。

しかし，経済史研究者の多くは賃金を支払われる職ではなく，俸給（salary）を受け取る職に就いているためか，彼らはしばしば賃率で稼得額を表そうという無理をしてきました。俸給には率と稼得額の相異はなく，彼らの格付け（賃率に相当する概念）は，彼らの受け取る俸給額によって表示されますから，賃率と稼得額というのが速度と距離の関係と同じであることを理解しにくいのかもしれません。賃金とは実際になされた労働に対して支払われる対価ですから，単価×時間（あるいは個数）で金額を決定するという理屈が貫かれますが，俸給とは身分に対して支払われるものなので，実際になされた労働を計測することは不要です。俸給の場合，当人の企業・団体に対する貢献や能力を，上司・取締役会が評価して，額を決定し，その額は労働時間や作業成果に関わりなく一定です。イギリスではいまも賃金と俸給との相異が実質的に存在しますが，日本では「賃金」という語が実務上はほとんど死語となり、「給与」「給料」などの語に一本化されていますし、時間給のアルバイトや非正規労働者でなければ、標準月俸が給与額（earnings）を計算する基礎となっており、労働時間や製造個数は給与額の最も決定的な要因ではありません。理由は何であれ、これまで経済史研究は実質賃率の変動で労働者の生活状態を計ろうとする――まったく不毛とはいわないまでも――隔靴掻痒の努力を重ねて、論争を繰り広げてもきたのです。兎と亀の瞬間的な速度を比べても、実際の競走の勝敗はわからないのです。しかも、近世であれ、近代であれ、労働者が定時に出勤し、定時に退勤することは決して常態ではありませんでした。無断での遅刻、早退、欠勤がむしろ労働現場の常態といっていいほどに、彼らの勤務態様は変動しましたから、労務管理の最も基本的な機能は勤怠管理であったといっても差し支えありません（日本の高等教育でもかつて学生の「勤怠」が大問題だったのですが、近年は総じて学生の出席率が高くなってきたため、勤怠ではなく、理解度とか学生の「学びへの姿勢」といった、より難しい指標が教育上の大きな論点に変わりつつあります）。労働者全体が同じように怠ける傾向だったのではなく、個人差が大きく出るのが、この勤怠問題でした。また、雨天・荒天や資材・原料の未着で作業ができない場合（労働者側に責任のない非労働時間）には、賃金は支払われないというのがほぼ二〇世紀前半までの慣行でしたから、労働者側の意思や行動とは無関係にも稼得額は変動しました。さらに、職種や労働者の民族によっては、賃率を上げても、一定の稼得額で満足するため、実際の労働時間を減じてしまう効果が発生することもあるし、逆に、働けるだけ働いて、稼げるだけ稼ごうとする労働者もいました。不況の年に比べると好況年の稼得額は五割増しほどの差が出ることは稀ではありませんでした。また、労働者自身が意図的に怠けたり、あるいは高能率を発揮したりして、賃金額と仕事量を調節することも、当たり前のように行われていました。現在も労働時間短縮の課題を政労使が一致して認識しているにもかかわらず、残業時間がなかなか減らない一因は、労働者自身が残業で割増手当を稼ごうとしているからだという見解もあるほどです（「年俸制」推進の「論拠」！）。

実際の稼得額を知りたければ、実際の労働時間や完成させた個数を知らなければならないのですが、その情報を整備することを怠ってきたのが経済史研究の現状です。経済史統計の多くが断片的な情報の継《つ》ぎ接《は》ぎであって、それでも何らかの目安にはなるのですから、何人かの研究者が何年間か努力すれば、それなりの信頼性のある稼得額情報を一国について再構成することは不可能ではないと考えられますが、一九世紀の昔から現在にいたるまで、商品一個の実質価格の変化だけの情報で、実際に何個売買されたのかは無視して、家計・企業が実際に販売・購入した金額の変化を知ろうとするのと同様の無理が続けられています。近年では多少の工夫もなされてきましたが、それらが、全労働者が一週間の標準労働時間を完全に働いたという仮定をおいて賃率からじかに「完全雇用実質賃金」を算出したり、労働者が年間二五〇日働いたとするならいくらの所得になるといった仕方で、「稼得額」を「推計」しようとする無理を重ねている状況は変わりません。なお、本項で紹介したデ・フリースの研究は、実質賃率が低下し続けたのに、耐久消費財の購入が増えたのは、家族の賃労働時間が増えたからだという、経済学的にまっとうな結論を導いていますので、賃率統計の用い方として不当ではありません。

こうして、速水、大島、デ・フリースは経済成長・経済発展する経済への移行の条件として、「勤勉」に関わる何らかの倫理や合理的行動様式が作用していたことを明らかにしましたが、そこには、百年前にヴェーバーが格闘した近代社会の悲劇というテーマは忘れ去られてしまっているようです。経済学ないし経済史が、一世紀ないし二世紀前に比べて、近代の経済・社会や近代産業文明について、むしろ楽観的になっているのは、経済学以外の諸分野では、環境問題・資源問題・人口問題や過労死・「社畜」などがますます認識されるようになっている状況と比べるならいささか奇妙なことですが、その点は第Ⅳ部で詳説することにしましょう。

(3) 「大分岐」

ヨーロッパが近世以来の成長の型を発展させて、一九世紀の世界資本主義の確立にまで到達させることができたのはなぜか、また、欧米諸国の中ではなにゆえイギリスがその中心的な役割を果たしたのかは、百年以上前と同様に、現在は、むしろさまざまな数量的情報に基づいて、新たな研究がなされています。近年のそうした諸研究の中で最も話題となり、論争の対象ともなったのがポメランツの「大分岐（The Great Divergence）」に関する研究でしょう。東アジアには近世まではヨーロッパと同程度に富み栄えた地域もあったのに、なぜ、それは自生的な産業革命・資本主義に発展せず、ヨーロッパにおいてその道が進行したのかという、ヨーロッパとそれ以外の地域（おもにユーラシア大陸と周辺島嶼の経済の発展した地域）との大きな分岐は、いつ、どのようにして発生したのかというのが、ポメランツの問いです。ポメランツは、人びとが勤勉に働くようになるという行為の動機を理解しようとするヴェーバー的な方法ではなく、統計情報に基づく東西比較を積み重ねたうえで、産業革命に到達したヨーロッパ（イギリス）と、自生的にはそこに到達しなかったアジアとの相違を決定した要因についての仮説を提示しました。

ポメランツは長江下流域、日本の畿内、および北西ヨーロッパ（おもにイングランド）の生活水準（砂糖などの奢侈品から必需品へと転換しつつある商品、綿布、家具調度などの耐久消費財の消費量）と市場経済の発展度合いを、さまざまな指標を挙げて比較しました。その結果、一八世紀において、これら諸地域の民衆の生活水準には大きな相違は認められず、どこも同程度に豊かになりつつあった（一八世紀には生活水準の分岐は発生していない）のであって、生活水準の大きな差が発生したのは一九世紀も後半以降のことであろうというのが彼の主張です。次に、市場経済の発展という点でも、これら三地域は、農村での商品作物（原料）の栽培と加工業の発展が見られ、プロト産業化論が近世ヨーロッパに発見したのと同様の農村商工業の展開がアジアにも発見できることを示しました。

ポメランツの東西比較に説得力があるのは、さまざまな統計情報を駆使したことだけでなく、「中国」や「日本」を一国として集計値で扱うのではなく、その中の経済先進地域に、しかも都市だけでなく、農村にも注目したことです。いうまでもなく、近世にも外国貿易はありましたし、遠隔地商業もありましたが、民衆の生活と、彼らが展開する市場経済は、一定の地理的領域の中で営まれる比重が大きかったわけですから、一国で比較してしまうと、日本や中国のように近世における地域的差異の大きかった国では、実像を綺麗に切り出して見ることができなくなってしまうからです。

さて、このようにして、近世までの中国やアジアの先進地域と、ヨーロッパの先進地域の間に有意な相違が検出できないのだとすると、東西を分かつ変化はいつ、どのように発生したとポメランツは説くのでしょうか。ここでもポメランツの議論では、地域への注目が活かされています。近世までの経済で、土木建築用の基本的な資材は木材であり、加熱に用いる燃料は基本的に薪炭で、製鉄原料（鉄鉱石の還元剤）も木炭でした。また、農業でも、金肥（人糞尿や干魚）の普及以前ないしは金肥が入手困難な地域では、緑肥が重要な役割を果たしていました。これらを提供したのは、その地域と周辺の森林でしたから、近世までの経済は土建資材、燃料・原料、肥料の点で利用可能な近隣の森林資源によって根底的に制約されていました（『大分岐』第5章および本書第5章参照）。長江下流域も畿内もイングランドやオランダの農村工業地域もこうした「共通の制約」の中で、農村商工業が展開し、市場経済を発展させていたのですが、イングランドがいちはやく、「土地の制約を外す」ことに成功したというのです。イングランドはアジア・アメリカからの食料・棉花輸入で、土地の制約を外しただけでなく、石炭の利用も大きな意味をもちました。イングランドでは早くから石炭が薪炭に代わる燃料として用いられてきましたが、さらに一八世紀には石炭を乾留したコークスを製鉄原料に用いる技法が開発され、大量の製鉄が可能となったため、土建資材も木材を鉄材に代替することで、土地の制約を外した経済成長が可能になりました。この点については、あらためて、第Ⅳ部第16章で論ずることにしましょう。

3 移行の三条件

前近代から近代への移行について、第Ⅲ部でさまざまな側面と局面を見てきましたが、以下では、ごく簡潔に、この移行過程が進行する条件について整理しておきましょう。移行には以下の三つの条件が関与していたと本書は考えます。第一は市場経済が展開する条件であり、第二は資本主義が発展する条件、そして、第三は市場経済・資本主義が自然的な制約から——一時的にではあれ（第16章参照）——解放されるために必要な資源賦存の条件です。これら三条件は並列ないし独立の条件ではなく、第一の条件が満たされて市場経済が展開した場合に初めて第二の条件が意味をもち、また第二の条件が満たされて資本主義が発展した場合に第三の条件が活かされるという具合に構造化された条件です。自然的制約から解放する資源賦存条件が先に満たされていても、第一の条件が満たされなければ市場経済は展開しないし、また、第二の条件が満たされていても、第一の条件が満たされて市場経済が展開しなければ、第二の条件は活きないということを意味します。

(1) 市場経済展開の条件

本書は第8章で市場経済を、「①身分制的・共同体的な定や掟によらず、②市場での「自由な商品交換」を行うことを通じて、③社会的分業（社会が必要とするさまざまな財・サービスの生産のために労働が配分されること）が成立する経済・社会である」と定義しました。こうした意味での市場経済が展開するための条件は、(a)前近代社会が許容する生の多様性の少なさ、(b)市場の信頼性および私的所有の安定性の二つです。

前近代社会が許容する生（生活・生存・人生〔life〕）のあり方に多様性が少ないことが市場経済展開の条件であるというのは意外であると受け止められるかもしれません。しかし、前近代社会においてすでに、さまざまな生のあり方が承認されてしまっているのなら、そこでは、封建制（ないしはその他の前近代の生産様式）の経済秩序の外側にわざわざ出て、農民的商品経済を発生させる必要もありません。領主的とも農民的ともいえない癒着した商品経済は発生しても、領主権力にとってそのことは特段の問題ではなく、そうした商品経済を抑圧しようとも奨励しようともせずに、ただ放置するに任せ、そして、権力と経済主体との間に当然のこととして癒着（初期独占と贈収賄の関係）が発生するなら、それは常に市場での「自由な商品交換」を損なう可能性を秘めていることになりますから、充分に発達した市場経済にまで展開するにはいたらないでしょう。市場経済とは前近代社会との間に何ら緊張関係のないところに発生するのではなく、前近代の経済秩序と闘いながら、またその秩序の隙間や裂け目を狙って、封建制・身分制・共同体によって邪魔されない自由な経済（＝欲望充足）主体（という観念をともなった形式）による「自由な商品交換」が拡大することによって、初めて発生するのです。それ（第6章で提示した私的取引）が、領主による局地的公開市場という契約履行の秩序や取引に関する紛争の裁定機能を利用することはあったとしても、局地的公開市場が保全しようとする生存の原理に甘んじていては、本質的に「自由な商品交換」はありえませんし、ゆくゆくは資本主義に継承されるであろう利潤の必然性も生み出されないでしょう。

前近代社会が許容する生の多様性の少なさとは、領主＝農奴関係においてのみ捉えるべきことがらではなく、民衆の半ば自発的な共同体規制や慣行的に維持されてきた結婚・就労・家族形態の多様性の少なさをも意味します。農村商工業は、結婚や家族形成に制約の少ない早婚・皆婚社会においてではなく、晩婚・非婚という制約を負わされ、それゆえに結婚前に奉公人としてさまざまな経済活動に従事するという状況においてこそ、展開したのでした。

また、前近代社会が許容する生の多様性の少なさは自然条件によっても決定されます。自然条件が人の欲望充足にとって非常に寛容である場合、人はそもそも狩猟採集をやめて（あるいは狩猟採集をしながら、同時に農耕牧畜のための準備作業も進めて）、農耕牧畜という、より多くの労働を投入しなければならない経済へ移行する誘因は働かないでしょう。逆に自然条件が人の欲望充足にとって非常に過酷である場合、人は広い地理的領域に薄く散居して狩猟採集経済で生きる以外の生存方法を開発する余力も機会もなかったでしょう。一九世紀から二〇世紀にかけて世界の各地（一方はおもに熱帯で植物と動物の生産力の高い地域、他方は極地で自然条件が過酷な地域）で、市場経済を育む土壌となった農耕牧畜に移行していない「未開民族」が多数発見されましたが、そこには、自然条件も市場経済が展開することを可能／不可能にする条件の一つであったことが示されています。

次に、市場経済が展開するためには、市場が信頼できる欲望充足の場であり、また、市場で獲得したモノの私的所有権が安定的でなければならないことは（上述(b)の条件）、ほぼ自明でしょう。ただし、市場が信頼できる場であるために、契約履行・市場秩序維持・紛争解決の機能を備えなければならず、そうした諸機能が前近代社会では領主権力やギルド・株仲間のような独占的同業組合の力によって提供されていたということは、上述の(a)と重ね合わせて理解すべきことがらです。前近代の権力や身分制・共同体が市場での経済活動に対して完全に無関心（indifferent, disinterested）であったなら、「自由な商品取引」という理念がそもそも発生しないし、自由な商品取引の安定性も担保されないのであって、むしろ封建制・身分制・共同体が市場での民衆の経済活動に対して、濃厚に、さまざまな下心をもっている（interested）状況において市場の信頼性は担保されるのです。

他方、私的所有の安定性の方は、前近代的な要素との間に明瞭に両義的な関係があります。岡崎［2016］は株仲間には成員の誰かに代金支払いをしない仲買人が発見された場合、株仲間は成員全体がその仲買人との取引を停止することによって、成員の所有権を保護する機能（岡崎［2016］では、「権益擁護機能」ないしはマグリビ商人と同様の多角的懲罰機能）があったと述べます。ここで、保護されている所有権は株仲間成員の所有権です。しかも、それは株仲間という共同体によって保護されている所有権ですから、本書の定義では、それは私的所有権ではなく、共同体に媒介された個人的所有です。むろん、共同体に媒介された形であれ所有を保護する機能があることが、市場取引の安定性を増したことは疑いを容れませんが、それが担保したのはあくまで成員の所有権（ないし権益）であって、成員以外の誰でも所有権が保障されたわけではありません。同様にして、農民が土地を担保物権として借金をして、返済できずに土地が質流れしたにもかかわらず、相変わらず元の農民が、その質流れした土地の耕作権を事実上保持しているという近世的な事態も、共同体に媒介された個人的所有の安定性を示しています。株仲間の場合も質流れ地の耕作権（さらに質地・質物返還要求）の場合も、共同体成員の所有権は安定ですが、それは逆に成員以外の者の所有権を排除する可能性があります。質地の場合、農民に金を貸した商人・高利貸が主張しうるはずの権利は著しく制約されています。したがって、前近代ないし近世の共同体は成員の個人的所有を安定化させはするが、共同体に媒介されない私的所有権の生成に対しては抑制的・阻害的に作用したと考えることができます。つまり、市場秩序であれ所有権であれ、前近代的な要素がそれを保障することによって、商取引が円滑かつ安定的に進行するという側面と、前近代的な要素が最終的には排除されないと、私的所有・私的取引は確立しないという側面の両方があり、それは市場経済の展開過程のどの局面にそれぞれの側面が作用したかによって、意味は異なるのです。市場経済の最終局面になっても領主や共同体の機能が強力に作用しているなら、それはむしろ市場経済の完成を阻害する要因ともなります。

(2) 資本主義発展の条件

資本主義発展の条件は、いうまでもなく、(c)営業・職業の自由と移動の自由、(d)賃労働の存在（資本の原始的蓄積）、(e)日用品購入（自給自足から商品購入への転換）と奢侈品需要の下方拡張（欲望解放）の三つです。このうち、(c)と(d)は、明瞭に、(a)の背後に作用した封建制・身分制・共同体的規制と両立しません。したがって、市場経済を展開させた条件のうち、最終的には(a)を排除して、許容される生のあり方の多様性が承認されなければなりません。逆にいうなら、(a)がいつまでも強力に維持された場合は、市場経済は展開しても、その上に、資本主義経済の発展は望めないということになります。(e)については説明を要さないはずですが、デ・フリースの「勤勉革命」（斎藤修の言い換えによるなら「家計革命」）の背後にも、また奢侈品需要の下方拡張の背後にも、際限のない欲望の解放という事態（「消費のサイレン」斎藤［2008］六二一‐六三頁）が作用していたことはいうまでもありません。

(3) 自然的制約から解放する資源賦存の条件

ここで、問題となるのは経済活動が必ず何らかの有限の自然の中で営まれていることから発生する制約を突破（ないし回避あるいは先送り）するうえで、いかなる資源賦存の条件が必要であったかということです。それは、(f)食料や棉花などの原料の他地域からの輸入による確保、(g)化石燃料・原料の利用の二つの条件です。第5章で概観した滅亡した前近代社会の例を普遍化しうるとするなら、(f)と(g)はいずれも、当該地域での森林資源の枯渇と、他地域では森林資源がいまだ確保されているということと密接に結び付いています。この「当該地域」への食料輸入を前提にしないのならば、マルサスの提起した「人口問題」を自覚せざるをえませんし、「当該地域」が食料・原料輸入の増加と拡張によって地球大にまで拡大した場合には、リカードやJ・S・ミルのように、「定常状態（stationary state）」を自覚せざるをえないことになり、また、化石燃料・原料の有限性を自覚した場合に到達するのがジェヴォンズの『石炭問題』（一八六五年）であって（第16章）、いずれも、自然的制約からの完璧な解放をもたらす解法ではなく、一時的な突破（回避、先送り）にすぎないことは論理的には一九世紀においてすでに明瞭でした。しかし、まさにこの一時的な突破によって、資本主義は確立しえたのですから、資源賦存の条件は資本主義の持続性を考察するうえでも非常に重要な論点となるでしょう。また資源賦存の条件を活かすためには、コークス製錬法や産業革命期の諸発明に見られるように「発明」が発生し、それが社会全体に普及する力にも注目しなければなりません。それは、発明による新規の方法をよしとする非伝統の規範であり、また、しばしば設計主義的な発想によって支えられると同時に、社会の制度としては、発明を奨励し、それへの貢献に酬いる特許（知的財産権）の制度化が不可欠ですが、これは、歴史的には、絶対王制期の独占特許（patent）が完全に再編されて、特許権として再利用されることを意味します。

(4) 世界資本主義への再編成

最後に、第Ⅳ部への展望として述べておくなら、前近代から近世への移行は、市民社会、市場経済、資本主義への移行として進行しますが、資本主義への移行は最終的には、世界資本主義の形成として完遂されますので、移行の必要条件ということとは別に、移行の最終的な指標として、一八世紀中葉から二〇世紀中葉にかけて、資本主義諸列強が世界各地をくまなく植民地に編成し直す過程に注目しなければならないということを予告しておきましょう。近世との関わりでは、近世の最初に世界帝国への突進を見せたスペインが、新大陸を短期間で収奪し尽くして、それ以後は収奪対象として持続可能な形で経営することに失敗した（それゆえ、ヨーロッパ内でネーデルラントの征服に乗り出さざるをえなくなり、それが一六世紀と一九世紀に独立した後はスペイン帝国には富の源泉は何も残されていなかった）という、スペイン（およびポルトガル）による世界資本主義への再編成がありえなかった事実に注目する必要があるでしょう。これに対して、イギリス東インド会社によって植民地化された広大なインドをはじめとして、イギリス、オランダ、フランスによる植民地経営（＝持続的な収奪機構）の開始こそは、世界資本主義への再編成の最初の一歩として、植民地支配の倫理的是非の問題とは別に注目すべきことがらです。

世界資本主義を形成する動きは、一九世紀中葉にはイギリスをはじめとするヨーロッパ諸国の東漸運動と、アメリカ合衆国の西漸運動とに分かれて両方向から、世界を再編しようとしますが、その両方向の運動が出会ったのが幕末開港期の日本においてでした。その日本は、白人植民地（アメリカ合衆国、カナダ、オーストラリア、ニュージーランド）以外では、世界で唯一、植民地化されずに資本主義発展に成功し、早熟的に帝国主義へ進化しました。その結果、日本が東アジア・太平洋地域に植民地を有する帝国へと成長して一九世紀末以降の世界資本主義形成の舞台に、政治権力と軍事力をともなった最後の主体として登場したことも、その侵略性や軍国主義のもたらした災厄や、現在まで残る東アジアの「歴史」問題の当否は別にしても、やはり注目すべきことがらであるといえましょう。

文献案内

ヴェーバーの資本主義起源論については、まずは、山之内〔1997〕を是非一読してください。大塚〔1966〕や大塚〔1977〕が触れなかったヴェーバーの暗い深層を知ることになるでしょう。近世の経済発展と産業革命・資本主義との関係やそこに発見しうる型については何よりも斎藤〔2008〕が先行研究を踏まえて有益な整理と問題提起を示しています。話題となったPomeranz〔2000〕はいまではポメランツ〔2015〕として日本語で読めますし、日本語版への長い序文もたいへん示唆に富みますので一読をお勧めします。

第IV部

近代

欲望の充足を求める社会・経済

Wirtschaftsgeschichte

ドイツ語

экономическая история

ロシア語

第Ⅳ部では、個人の際限のない欲望――人がおのれの際限のない欲望に従って、おのれのもてる手段を自由に用い、他者と自由に契約することを通じて、欲望を充足し続けること――が承認された時代としての近代を概観します。人の欲望が何重にも規制されていた前近代の社会・経済から、欲望が解放された近代の社会・経済への変容は、産業革命によって最終的に完了します。まず第13章で、産業革命の経済史上の意味を明らかにします。そのうえで、近代の社会・経済を成り立たせているいくつかの要素（経済制度、国家、自然、家）を論じ、最後に、第18章で、近代資本主義が、地理的な広がりとしては世界資本主義体制として完成したことに論及します。近代は、産業革命の始期から一世紀少々を経て現代に取って代わられますので、決して前近代社会のような持続可能性の高い社会ではありませんでしたが、わたしたちの生きている現在の社会の原型は、この近代に形成されました。いまを知るうえで、直接的な起源となるのは近代です。第Ⅳ部では、近代の社会経済の特質を概説しますが、その中には現代に継承された要素と、現代への転換期に否定された要素とがあります。

第13章 産業革命

「産業革命（industial revolution, révolution industrielle〔仏〕）」とは、元来はイギリスで世界最初の産業革命が進行している一九世紀初頭に、ベルギーやフランスの人びとが、ドーヴァー海峡の対岸では産業上の一大変革が進んでいるようだと、当時の現状を認識した際に、用いた言葉です。したがって、この言葉には、産業の進歩や発展に対する同時代人の憧憬が込められていると理解することができます。しかし、この言葉を用いた最初の学問的な研究は、産業革命がもたらした社会的な災厄や苦難に向けられましたので、「産業革命」には、それ以来、常に、一方では憧憬に満ちた楽観論と、他方では産業革命を近代資本主義に特有の社会問題の元凶と見る悲観論の両様の意味が含まれてきました。このように、産業革命とは、一九世紀末以降の経済史研究の確立以来、常に、一方では現実の経済成長政策や開発経済戦略と結び付いた政治的・政策的な意味を帯び、他方では資本主義社会の矛盾や災厄を際立たせるという思想的な意味も帯びた概念でした。以下、本章では、産業革命観の変遷を追いながら、そこに込められた意味を探ったうえで、現在でも維持しうる産業革命像を提示することにしましょう。

1 産業革命の古典的概念

産業革命の古典的な概念には、産業革命を経済構造や社会構造の変動の画期とみなすか否かという論点と、産業革命を経済成長率や投資率の変動の画期とみなすか否かという論点とがあります。

(1) 構造的見解

初期の経済史研究（一九世紀末～二〇世紀前半にかけてのアーノルド・トインビーやポール・マントゥーの古典的な産業革命論）では、産業革命とはおよそ以下のような経済構造・社会構造上の不可逆的で断絶的な変化であると考えられていました。第一は、道具から機械への変化、工場制と近代産業の確立など、産業の技術・生産組織・生産力面での次の変化を意味します。①労働手段が先史時代以来の道具から機械へと変化することが、この技術・生産組織・生産力的な側面の変化の起点をなします。道具とは人が目や手足などを用いて直接的に操るもので、たとえば、凧を起こす作業ではうちわはその道具です。機械とはその機構の中に労働対象へ働きかける動作が組み込まれており、人が直接的に操らなくても作業が進行する仕掛けで、たとえば、扇風機は風を起こす機械です。紡績という、産業革命期に一連の技術革新がなされた分野を例にとるなら、古来の紡ぎ車では、繊維を撚《よ》り合わせて一本の糸にする作業は人の指が行いますし、できあがった糸を車に巻き取る作業も人が操作しました。ところが、最も初期の紡績機（ハーグリーヴズが一七六四年に発明したジェニー紡績機）でも、糸を紡ぐ作業は機械仕掛けが行い、一台のジェニー機で一人の労働者が一度に一〇本から最大八〇本程度の糸を紡ぐことができるようになったため、紡績工程の労働生産性は飛躍的に上昇しました。②従来、人が道具を用いて仕事をしていた作業場（workshop）やマニュファクチュアから、機械（労働対象に直接的に働きかける作業機だけでなく、それを駆動する動力機と、動力機から作業機に動力を伝える伝動機構）を備えた工場へ変化しました。③こうして、道具と人力によって限界を画されていた長い時期を終えて、機械の性能と機械の力によってモノを生産する近代産業が完成することになります。近代がいかに個人の際限のない欲望を解放しても、その欲望を次々と満たし続ける生産力をともなわなければ、欲望の解放は絵に描いた餅になってしまいますから、産業のこうした技術・生産組織・生産力の面での変化は、近代の経済社会にとって必須の要因となります。

産業革命とは、第二に、こうした技術革新によって、従来の道具を用いた作業場の自営生産者が駆逐され、彼らの一部は機械を備えた工場の所有者へ、大半はそうした工場で働く賃労働者へ、これら二つの階級に両極分解することを意味していました。こうして、近世までは、広範に存在しえた自営業者が、資本家と労働者の両階級へと変化する最終的な画期が産業革命であると考えられました。従来の通説では、このことをもって、資本主義社会の確立としてきました。

第三に、生産だけでなく、運輸・通信や金融業などの工業以外の分野にも、技術・生産組織・生産力の面での変化が波及し、それに対応した変化が形成されることを意味しました。これによって、資本主義の経済制度と経済基盤（infrastructure）とが確立します。最もわかりやすいのは蒸気機関を動力源に用いた鉄道システムや汽船が生まれて、輸送のあり方に大きな変革がもたらされたことですが、それは単に運輸にとどまらず、金融・保険業や、それらと密接に関係する通信業にも変化は及びました。金融や保険については、第14章で改めて説明します。

第四は、すでに第9章でも説明したように、第二次産業と第三次産業が発展する（より多くの非農業人口を養う）ための論理的な前提として、農業生産力（殊に農業の労働生産性）の上昇が産業革命に先立って、あるいは産業革命と同時に進行しなければならないことを意味します。農業生産力の上昇は、非農業人口を食料面で養うことと、農村から過剰人口を排出して、新たに発展する商工業に供給することの二つの役割を担いました。

こうした構造的見解の多くは、マルクス主義や諸種の社会主義・社会改良主義の議論と親近的な関係にあり、経済構造・社会構造の変化とともに生活水準の低下に注目する断絶／悲観説的な見解でしたが、トインビーやマントゥーの議論を批判する仕方で連続／楽観説も二〇世紀前半には何通りか唱えられます。それについては、本章第2節で触れます。

(2) 数量的見解

こうした構造上の変化に注目する見解に対して、産業革命を経済成長率や貯蓄率、投資率などの数量的な側面に劇的な変化が発生したのか否かを重視する見解もあります。こうした見解を最初に定式化したのは、アメリカMITで経済史を担当していたロストウの『経済成長の諸段階』（一九六〇年）です。ロストウによれば、経済成長は、①伝統的社会、②離陸の準備、③離陸、④成熟への前進、⑤大量消費社会の五段階に分けられ、その段階区分は投資率（社会全体の投資額がGDPに占める比率）の水準でなされます。伝統的社会では労働生産性が低く、経済活動の大半は食料確保のために向けられており、投資率は五%未満と、減耗補塡分しかないので、経済は実質的に成長できません。離陸の準備段階になると、投資率が五%を超えて、経済は成長するようになります。離陸段階では貯蓄率と投資率が急増し、GDPの一〇%以上が投資に向けられるため、経済は持続的に成長するようになります。この段階では経済成長を主導する産業分野が出現して他分野へ成長を波及させるとともに、持続的な経済成長に適合的な政治・社会・制度の仕組みが整えられます。成熟への前進段階では投資率は二〇%に及び、全分野に近代産業技術が波及し、重化学工業を中心とした第二次産業の比率が高まり、また成長率も離陸段階よりさらに高まります。大量消費社会で経済成長は完全な成熟の段階を迎え、一人当たりGDPが上昇して、耐久消費財やサービス需要が増大します。

ロストウの経済成長段階論は、後述のように、発展途上国向けの開発モデルを提示することを目的としていましたが、この段階論に刺激されて、イギリス産業革命期の成長率などを数量的に叙述する研究が現れました。イギリスのディーンは、数量的方法で経済成長史を描き、持続的成長が常態化したのは産業革命期以降であるという点でロストウ説を裏付けましたが、ロストウがイギリスの離陸段階を一七八三～一八〇二年と短く取ったため、綿業中心の産業革命像となり、製鉄業が果たした役割が軽視されている点を批判して、より長い時間の中で産業革命を捉えるべきだと主張しました。

2 「産業革命」論争

(1) 断絶／連続説と悲観／楽観説の古典的論争

こうして、一九世紀末から一九六〇年代にかけて、産業革命研究は方法的には前説で解説したA：構造的見解とB：数量的見解が、また産業革命の歴史像としては、断絶／連続説と悲観／楽観説が登場することになりました。それらの相互の関係を示すと図13-1のようになります。

図 13-1　産業革命論の諸類型

	断 絶 説	連 続 説
悲 観 説	A：トインビー，マントゥー	A：鈴木成高　B：クラフツ
楽 観 説	B：ロストウ，ディーン & コウル	A：クラッパム，アシュトン，五島茂

最初に唱えられたのは、断絶／悲観説としての構造的見解（トインビーやマントゥー）で、それは世界最初の産業革命であるイギリス産業革命の研究を通じて提示されました。彼らは、産業革命によって、技術・生産組織・生産力の面で、それ以前の社会とは異なる局面に入ったことを強調すると同時に、産出される富の総量は増えたのに、多くの労働者の生活水準はむしろ低下したという産業社会の否定的な側面をもあわせて強調しました。一九世紀前半に、自ら資本家・経営者として産業革命終期から直後のイギリス社会をつぶさに観察し、経験したエンゲルスが、ポーターとの論争で、労働者階級の生活水準が低下したと主張したのも、この断絶／悲観説に位置付けることができるでしょう。

それに対して、二〇世紀前半にはクラッパムやアシュトンによって、連続／楽観説の構造的見解が唱えられました。彼らは、成長率、貯蓄率、投資率などの経済史統計の推計値は開発せずに、トインビーやマントゥーと同様の構造的な観点から産業革命を論じましたが、産業上の革命的な変化は、基軸産業であるはずの綿業においてすら検出できず、一六世紀の初期産業革命（J・U・ネフの唱えた early industrial revolution, 絶対王制期の殖産興業政策による産業発展）から、連続した長く緩慢な産業発展こそが産業革命の本質であると考え、また、「古き良きイングランド（Merry old England）」は神話にすぎず、実態は産業革命以前は貧困と汚濁にまみれた社会であって、産業革命によって生活水準が低下したとするトインビーらの説を否定して、産業革命を経験した幸福を主張する論を展開しました。

たとえば、アシュトンの『産業革命』（一九四八年）の末尾にはたいへん印象的な一節があります。

ある史家は、「産業革命の不幸（the disasters of the industrial revolution）」について書いている。もしこのことによって彼の意味するものが、一七六〇年から一八三〇年にいたる時代が、戦争によって暗黒化し飢饉によって陰鬱になったということであるならば、この言葉に対して何ら反対はできない。しかし彼の意味するところが、技術的・経済的変革そのものが惨禍の源泉であったということを意味するならば、この意見はたしかに不当であるだろう。この時代の中心問題は、それ以前の時代よりもはるかに多くなった幾世代かの児童に、いかにして食べさせ、衣服を着せ、雇用するかということであった。アイルランドもそれと同じ問題に直面していた。そしてこの問題を解きえなかったアイルランドは、［一八］四〇年代に国民の五分の一を移民と飢餓と疾病とで失った。もしもイングランドが、耕作農民と手工業者の国にとどまっていたならば、イングランドもまず同じ運命を免れなかったであろうし、またうまくいっても増大する人口の重みがイングランドの活力の源泉を押し潰してしまったに違いない。英国が救われたのは、その支配者によってではなく、疑いもなく、新しい生産用具と新しい工場経営方法を発明するだけの機智と資金とを持ち、自分自身の当面の目的を追求していた人びとによってであった。今日でもインドや中国の平野には、疫病に悩まされ空腹を抱えた男女が、昼間は彼らとともに働き夜は彼らと寝床を分かち合う畜牛の生活と、少なくとも外見上は大して良くもない生活をしている。こうしたアジア的な生活水準、そうした機械化されない恐怖が、産業革命を経験することなく人口増加した人びとの運命なのである。

イギリス最大の植民地であったインドが独立にいたる過程にあり、激しい国共内戦で中国が混乱のさなかにあり、そしてアイルランドの英連邦離脱を目前にした、その時期に、産業革命も経験せずに独立して有頂天になっている愚かな民族・国を露骨にあざ笑い、産業革命を経験した自らの幸福を誇っているかのようにすら読めるからです。

日本でも、明治末以来トインビーが諸種の翻訳で読まれ、またウェッブ夫妻やハモンド夫妻、マントゥーらの断絶／悲観説も紹介されて、イギリスの先例に注目しながら、産業革命を資本主義確立だけでなく社会問題の発現とともに捉える構造的見解が最初に定着し、次に五島茂『経済史』（一九五一年）がクラッパムやアシュトンと同様の連続／楽観説を導入しました。

また、鈴木成高《しげたか》は、『産業革命』（一九五〇年）で、戦時の「近代の超克」（日本が「大東亜」を率いて西欧近代文明を乗り越えるとする）論を発展させて、産業革命とは一八世紀から現在まで完了せずに継続しているが、それは同時に、人間疎外、恐慌と失業、労働問題、スラム、貧困問題などの病弊を生み出してきたとする独特な連続／悲観説（＝西洋近代の産業文明に対する否定的な見解）を唱えました。

断絶／悲観説と連続／楽観説の対照的な二通りの構造的見解に対して、一九六〇年代に登場したのがロストウらの断絶／楽観説の数量的な見解です。その背後に作用していたのは、アメリカ合衆国の外交・軍事戦略でした。第二次世界大戦後、ソ連や中国の援助を受けた開発が、「反帝国主義」の倫理的優位性をもともなって、第三世界の各地で試みられましたが、それに対抗して、資本主義的な経済成長と産業発展の方が優れていることを主張するためには、産業革命はむろん明るい未来を導く楽観説で描かなければなりませんでしたが、それが、クラッパムやアシュトンが描いたような、何世紀にもわたる長く緩やかな変化では第三世界の人びとを魅了することはできなかったでしょう。したがって、さまざまな大統領の下で、経済外交政策顧問、国務省政策企画本部長や国家安全保障担当大統領特別補佐官などを務めたロストウは、「産業革命以前の悲惨」を「産業革命を経験した幸福」と、誰の目にも対比可能な形で示す必要があると考え、投資率や成長率などの数字を駆使して、一世代のうちに感得できる急激な経済成長として産業革命を描かなければならなかったのです。ロストウの『経済発展の諸段階』に付された副題が「一つの非共産主義宣言（A Non-Communist Manifesto）」であったのは、この書物の政治的な性格――ロストウ自身の共産主義との訣別――をよく物語っています。イギリスのマルクス主義史家として著名なホブズボームは、ロストウのこうした政治的立場の対極にいたはずですが、諸種の連続説が唱えられる状況に対応して、あえてロストウの「離陸」概念を支持して、断絶説を主張しました。ロストウの産業革命論はそれゆえ、学問的な性格よりも、低開発地域向けの開発戦略という性格を濃厚に帯びていました。ディーンやコウルは、アシュトンやロストウの「幸福な産業革命」観を受け継ぎますが、実証的な経済史の研究によるなら、イギリス産業革命はロストウが誇張するほど劇的な変化ではなかったという修正を加えたのでした。

(2) 「断絶/連続」と「悲観/楽観」の新しい議論

こうした一九六〇年代までの研究状況に一石を投じたのが、クラフツに始まる一連の成長率再推計でした。クラフツらは、ディーンとコウルのイギリス産業革命期に関する成長率推計の方法的な誤りを指摘し、彼らの推計値は高すぎるとして、一七八〇〜一八〇一年と一七八一〜一八三一年について、より低めの推計値を提示しました。ディーンとコウルもクラフツらも産業革命が本格的に始まる以前の時期(一七八〇年以前)の成長率を〇・七〇%以下と推計している点では変わりません。人口増加も加味するなら、一人当たりの成長率は産業革命以前はかなり控えめな数字(百年当たりの一人当たり成長率は、一七〇〇〜六〇年は三六%、一七六〇〜八〇年はマイナス五%)となります。ディーンとコウルは、ロストウの「離陸」期に当たる一七八〇〜一八〇一年の年成長率を二%以上、産業革命の後半期に当たる一八〇一〜三一年の年成長率は三%以上と推計しましたが、クラフツらの再

表 13-1　イギリスのＧＤＰ成長率と人口増加率（1700-1831 年）

（年率%，括弧内は百年当たり）

期間	GDP 成長率推計 Deane & Cole (1962)	GDP 成長率推計 Crafts (1985)	GDP 成長率推計 Crafts & Harley (1992)	人口増加率 Wrigley & Schofield (1981)
1700-1760	0.66（ 93）	0.69（ 99）	0.69（ 99）	0.38（ 46）
1760-1780	0.65（ 91）	0.70（101）	0.64（ 89）	0.69（ 99）
1780-1801	2.06（668）	1.32（271）	1.38（294）	0.97（163）
1801-1831	3.06（1937）	1.97（603）	1.90（557）	1.45（322）

（データ出所）　齋藤［2008］231 頁より作成。

推計によって、それぞれ一・三八%と一・九〇%とかなり低めに修正されました（表13-1）。人口増加を加味して一人当たりの成長率を百年当たりで示すなら、ディーンとコウルは一七八〇～一八〇一年は一九二二%、一八〇一～三一年は三八二二%と劇的な――一人の人生の中で一・五～三倍に豊かになる――成長となりますが、クラフツらの再推計によって、それぞれ五〇%、五六%となり、一人の人生の中では二～三割ほど豊かになる程度の成長の像へと描き直されたのです。

クラフツらはこうして、ロストウに由来する産業革命の劇的成長の像を大きく修正しましたので、ロストウの数量的に見ても断絶説的な産業革命観に対抗して、漸次的な成長率上昇を唱える新たな連続説を提示したことになります。クラフツらは同時に、ロストウの楽観説にも批判を加えました。一七七〇～一八二〇年の間に、労働者の多くの生活水準は向上していない可能性を示唆しましたし、労働者のうちで生活が良くなった者が悪くなった者よりも多かったとするアシュトンの見解に疑義を提示しました。さらに、余暇時間の低下、労働時間の増加、環境の悪化、新しい階級関係、農業から製造業への人口移動などにも注目するなら、従来の楽観説は再検討の必要があるというのが、クラフツのもう一つの結論です。

こうして、かつて鈴木成高によって直感的ないし思想的に唱えられていた連続／悲観説が、クラフツらの研究によって、より堅固な数値的な裏付けをもって主張されるようになり、古典的な論争では悲観・断絶説と楽観・連続説が対立していたのが、新たな対立軸として断絶／楽観説と連続／悲観説が浮かび上がっているように思われます（図13-1参照）。

(3) 「産業革命」概念の死滅と復権

成長率や、その背後に作用していた貯蓄・投資などマクロ経済指標を推計した結果、イギリス産業革命は決して、一国経済の全体が劇的に変化した現象ではないことが現在では多くの研究者に受け容れられています。それゆえ、ロストウ的な意味での「離陸」としての「産業革命」はもはや死滅したと唱えた論者もいましたが、クラフツの研究が刺激となって、イギリスでは産業革命に関する多面的な研究が巻き起こりました。

その結果、下層民衆の時間規律、公害など環境・景観の変化、工場制のもたらした影響などについて新たな知見も付け加えられ、産業上の変化と密接に関係するその他の分野でのさまざまな不可逆的な変化を総合的に意味するものとして、むしろ「産業革命」概念の復権（rehabilitation）が主張されるようになってきました。第1章の図1-2や第12章の表12-4を見て、ただちにわかるように、目に見える経済成長が常態化したのは産業革命期以降です。また、第18章で見るように、世界を一つの経済に繋ぎ合わせたのも、産業革命を経て世界資本主義体制が形成されたからです。こうしたことも考慮するなら、単にマクロ経済指標のみで、産業革命はなかったとか、あるいは産業革命という変化の意義を小さく考えるのは、やはり適切ではないでしょう。以下では、この二世紀の間の産業革命研究——それは、ほとんど経済史研究の歴史に重なります——の成果を踏まえて、現時点で、わたしたちが支持することのできる「産業革命」の意味を簡単に示すことにしましょう。

3 産業革命概念の諸相

(1) 産業発展の断絶と連続

機械の導入、工場制の普及といった、産業の技術・生産組織・生産力面での革命的な変化という意味では、産業革命は、産業による相違と地域による相違が大きいため、一国の全産業・全地域で、一斉に革命的変化が進行したということは、いまではできません。資本主義が生産様式として確立し、産業社会に移行する過程で、一部の産業や地域が技術・生産組織・生産力面での革命的変化を確かに経験したことは、否定できません。しかし、それは決して全般的ではなく、他の産業や地域では、道具を用いた作業場での手工業が問屋制やマニュファクチュアという形態と結び付いて営まれていたり、機械・工場での作業の前工程や後工程に、道具・手作業を主体とした工程が新たに生み出されることすらありました。つまり、産業革命期に、すべての産業・地域で道具を用いた手工業が駆逐されたのではなく、それらは多くの産業・地域に残存しましたし、また、機械制大工場に対応して、道具・手作業による、一見したところ、古い技術・生産組織に見える工程が新たに再編されることすらありました。産業革命を代表する繊維産業では、多くの場合、捺染・漂泊・裁断加工などの後工程はそうした手作業でなされていましたし、機械産業では、機械各部の部品製造（金属の鍛造や切削加工）は機械化されたものの、それら部品を必要な精度に仕上げて（鑢《やすり》掛け）、組み立てる工程は、道具による手作業に依存する部分がほとんどでした。

このように見てくると、産業革命期に、それ以前とは断絶した新たな技術・生産組織・生産力的基盤を獲得した産業と、そうではなく、在来の技術・生産組織・生産力的基盤の上に成立した産業とが併存し、補完的な関係にあったことがわかります。こうして、純粋に産業上（industrial）の変革として見るなら、産業革命には断絶と連続の両側面の両方があったということになります。革命性だけを強調するのも、連続性・漸進性・停滞性を一方的に強調するのも、いずれも誤りです。

(2) 産業化過程で発生した不可逆的かつ総合的な変化

しかし、純粋に産業上の変化以外の点にも目を向けるなら、産業革命とは、以下のように、機械と工場を起点とするさまざまな変化の複合であったことがわかります。

a 自営小生産者の両極分解

機械は道具に比べて構造が複雑で、大型で、高価になります。したがって、従来の自営の小規模手工業者ではそうした機械を購入できない場合に、機械は、自営小経営より大規模な工場に設置されることになります。本章の最初に述べたように、このようにして機械が導入された産業では、自営小生産者が労資の両階級に分解して、資本の原始的蓄積を最終的に完了させることになります。

b 労働の長時間化

機械が高価なことから、導入した場合に初期投資額を早く回収するために、経営者は機械をできるだけ長時間運転しようとするでしょう。従来の道具を用いた手作業なら、道具を操る者（職人）の疲労で、一日当たり、また一週間当たりの労働時間にはおのずと限界がありましたが、機械は疲労して休憩を必要とするということはありません。したがって、労働者を交代制にして、一日中、機械を運転するという新しい働き方が発生することになります。また、動力機の導入も労働の長時間化をもたらします。アークライトの水力紡績機の動力源は水車でしたが、川の水は夜間も日曜・

祝日も流れていますから、夜間や日曜・祝日に仕事をしない従来の労働慣行では、水車が空回りして、機械が遊んでいる時間というのが目に見える形で露呈するようになります。蒸気機関を動力源に用いるようになることも同様の長時間化と昼夜兼行を要請しました。蒸気機関はいったん運転を止め、汽罐（ボイラー）を冷ましてしまうと、次に再起動する際に、汽罐を温めて、充分な蒸気圧にまで高めるために無駄な燃料を必要とします。こうして、蒸気機関を導入した工場では、昼夜違わず蒸気機関を回し続けて、すべての機械を可能ならば日曜・祝日も運転する方向へ経営者を誘導する力が作用します。

c　時間の規律――「遅刻の発生」

労働時間・営業時間が長時間化しただけでなく、近代産業社会に特有の時間規律が産業革命によって発生します。たとえば、蒸気機関は負荷（蒸気機関が駆動する機械の数）が大きく変動するよりも、一定の方が効率的に運転できますから、すべての機械に労働者が配置されて働いていないと、遊休する機械が発生して無駄になってしまうので、労働者の勤怠（欠勤、遅刻、早退、離職）管理が重要になります。工場には時計が設置され、始業時間までには位置に付かなければなりませんし、監督者が見張っていますから、トイレや茶の休憩も自由に取ることができなくなりました。

産業革命より前の時代の職人は、勤勉な者は夜が明けてから日が暮れるまで、日照を頼りに働き、さらに仕事が多い場合は、夜間も燈火の下で働いたことでしょうが、毎日、何時から何時まで働くという外在的な規律はありませんでした。極端な場合、日曜日は一日中飲み続けて、月曜日の朝は二日酔いで起きることができず、仕事を休んで（そのついでに、また飲み始めて）しまう「聖月曜日（Saint Monday, lundi saint〔仏〕）」といった習慣もありました。それでも、職人たちは仕事の納期までには夜鍋でも何でもして間に合わせるといった、自分で自由に労働と余暇を定めることのできる時間規律の中に生きていたのです。機械の導入と工場の普及は、こうした習慣の撲滅を求めました。平日は毎日朝から夕方まで規則正しく働くというのは、いまではそれほど珍しい生活習慣ではありませんが、産業革命期までの人びとの時間はもう少し自由で、伸縮自在で、余裕のある生活が営まれていましたし、時間の進行を主体的に決定できていたのですが、産業革命以降、人びとは時計が指示する時刻に束縛されて生きることを余儀なくされるようになったのです。

こうして、産業革命期に、自発的・内在的な時間規律が、外在的な時間規律に取って代わられるようになるというのは、人類の歴史上、おそらく初めての経験でした。規律は時間だけに及ぶのではなく、生活態度、衛生、健康、性など生のさまざまな面に外的な規律が及ぶようになったのが産業革命期の生み出した新しい変化（M・フーコーの「生権力〔biopouvoir〕」・「生政治〔biopolitique〕」を通じた個人の規律化）です。

d　家庭の変質

労働時間が長くなり、夜間や日曜・祝日にも及ぶようになると、家庭の中で、全員が朝食や夕食を共にし、夜は皆が寝るという、家庭内での共有時間が減少します。お父さんは家で朝から晩まで手織り機で布を織っているが、お母さんは工場の夜間労働に従事し、子どもたちもそれぞれ工場での補助的作業に就くようになると、生活を共にするという家庭の機能は実質的に崩壊し、単に寝るだけの――ただし、寝る時間は人によって異なるから、顔を合わせて言葉を交わしたり、食事を共にする機会も極小化した――場所になってしまいます。こうして、長い前近代社会から近世まで続いた家庭のあり方は産業革命期にいったん危機に瀕しますが、その後、男と女の分業、おとなと子どもの関係が再編されて、「近代家族」が生み出されることになります。この点については、第17章で詳述することにしましょう。

e　熱源と還元剤の変化

人類が用いてきた熱源は、古くから、薪か炭の火に限られていました。また、鉄鉱石（諸種の酸化鉄）を還元して鉄を得るための材料も炭（溶鉱炉内で鉄鉱石を還元しているのは直接的には炭から発生した一酸化炭素）でした。それゆえ、第5章でも概観したように、森林を伐採し尽くした文明は滅びざるをえません。エネルギー源という点では人類は長い間、自らの人力のほかに、畜力、風力、水力などを用いてきましたが、産業革命期に登場した蒸気機関によって、人類は初めて人工的なエネルギーを獲得し、人力や畜力の疲労という問題からも、風力・水力の自然への依存からも解放されました。薪炭に代わる熱源、製鉄工程で炭に代わる還元剤、そして新たなエネルギー源を供給したのは石炭でした。人力・畜力、風力・水力などの再生可能エネルギーに加えて、化石燃料を広範に利用するようになったのも産業革命期に発生した大きな変化です。現在では、製鉄以外では石炭への依存性は低下していますが、石油や天然ガスなどの化石燃料に依存した文明である点では、産業革命以来、同一の基盤の上に、現在の経済・社会も成り立っています。化石燃料への依存は熱源、製鉄原料、動力源にとどまらず、土木建築の主たる材料を木材から鉄材に変えることで、その供給にかかっていた自然的な制限を突破しました。また、農業にも機械力と化石燃料を用いた肥料や農薬が利用されるなど、経済・社会の根幹部分を大きく変更したのが産業革命でした。この点は第16章で詳述することにしましょう。

f　人口の自然的制約の「突破」

かつての経済では、人口はその社会に与えられた自然の大きさ、殊に食料供給力に大きく制約されていました。この制約を突破しようとして森林を伐採して耕地・牧地を拡大しても、そうした経済は永続きせず、崩壊・衰退しました。ところが産業革命によって、石炭が熱源だけでなく、土建資材の原料としても、肥料や農薬の原料としてもさまざまな役割を果たし、また蒸気機関や蒸気船（さらに冷凍庫を備えた蒸気船による食肉の長距離輸送や、大型の網の巻き上げ機を備えたトロール漁船による大規模漁業）などが、食料供給に大きな革命を起こして、ある社会は、外部からの恒常的な食料輸入によって、その社会に与えられた自然が許す以上の人口に増加することが可能になりました。こうした自然的制約を突破して人口増加し、産業も発展した最初の例が、産業革命期のイギリスだったのです。

g　景観の変化

機械の導入、工場の普及は、人びとの身の回りの風景を大きく変えました。煙突からは黒々とした煙が日夜昇り続け、工場の中では大きな機械が力強く動き、騒音を発生します。鉄道や運河の普及によって、都市中心部だけでなく、近郊や郊外の風景も変わりました。わたしたちにとって馴染み深い鉄道や工場という風景も産業革命の産物です。

また、農村の土地制度の変化（たとえば囲い込み）や農業経営形態の変化（たとえば借地農業経営の増加）など、産業革命には農業面での変化を伴うことがほとんどですから、農村でも、共有地（入会地）の私有地化や、一年間を通じて生活する場としての農村が衰退するなど、農村にも景観上の大きな変化が発生した場合もあります。

Column　イギリス食文化の衰退

イギリスは食事がまずいことで有名な国です。ただし、食文化史の研究によるなら一八世紀までは非常に豪華で、また変化に富んだ多彩な食が行われていました。しかし、一八世紀後半から一九世紀前半にかけて、産業革命と同時並行した農業革命や第二次囲い込みによって、中世以来のイギリス食文化の伝統は途絶え、また、食文化を育んできた人的な基盤の再生産もできなくなります。イングランドの農業地帯では農業生産力を増大させるために、土地を囲い込み、大地主が借地農業経営者に土地を賃貸し、借地農業経営者は季節ごとに農業労働者を雇って、農作業を行うようになりました。それまでは小農が一年を通じて農村に居住し、農閑期には農事暦・教会暦に従って、一年に何回も祭事があり、貧しい村人たちも含めて村中全員で、日常的には食べない豪華な料理を作り、飲み、歌い、踊って、楽しむ中で、人びとは幼い頃から土地と季節の個性に彩られた料理を作り、それを宴席で楽しむ経験を積み、食文化の基礎的な能力が涵養されてきました。しかし、借地農業経営の下での農業労働者は農閑期には一時解雇されますから、祭を楽しむこともできなくなりました。また、こうした祭の料理には、共有地で採れた茸、漿果《しょうか》、鱒《ます》や川カマスなどの大型淡水魚、鹿、猪、白鳥などの野生大型鳥獣も用いられましたが、共有地も囲い込まれて私有地となると、村人にはそうした食材を用いる機会が閉ざされたのです。こうして、イングランドの豊かな農村では、産業革命期に、季節的・個性的な食を楽しむ祭が消滅し、一年を通じて居住する生活空間としての農村も消滅し、共有地の食材も利用できず、食を自発的に行う能力を育む機会が途絶したために、食文化が衰退したのです。イギリス産業革命は確かにモノの豊かさをもたらす一要因とはなりましたが、逆に、民衆のこうした文化的能力を弱くする効果もありました。他国の産業革命では、イギリスほど抜本的に、農地制度と農業経営形態が変わらず、また農村と祭が産業革命後にも維持されたため、食の能力は維持されたのです。小野塚［2010］、小野塚［2017b］を参照してください。

h　同時代人の認識

「産業革命」とは、後の歴史家の捏造物ではなく、同時代にすでに使われていた言葉でした。同時代の人々、殊に、世界最初の産業革命を成し遂げたイギリスを外側から観察した人びとにとって、機械の力強い動きをともなって、モノが次々と生み出され、売りさばかれ、消費されるさまは、まずは驚きをもって受け留められ、次に、自分たちも同じ力を獲得するなら、より豊かになれる（より効率的に際限のない欲望を満たすことができるようになる）という見通しが発生して、産業革命は、イギリス一国を越えて、最初はヨーロッパ大陸の北西部（フランス、ベルギー、スイス）へ、次にドイツ語諸地域、北イタリアやカタルーニャ（スペインの北東部）へと波及し、一九世紀末までにはアメリカ、ロシア、日本にまで伝播していきました。こうした強い伝染性をもった社会現象としても、産業革命は認識されなければなりません。この伝染力は、第二次世界大戦後の発展途上国や現在の新興経済国にまで及んでいます。「産業革命」とは、物的に豊かになることを端的に表現する言葉・目標として、世界各地で広く受け容れられるようになったのです。[*1]

＊1　資本主義の確立や産業社会の形成が、産業革命を経ずに行われる可能性は論理的にはありうるかもしれませ

んが、現在までの世界各地の経済発展・産業発展は、いずれも産業革命の一変種として理解することができるというのが、本書の立場です。その意味で、産業革命は、現在の先進国が一八〜一九世紀に経験した過去のできごとであるに留まらず、現在のできごとでもあるということができます。

i 「市場の離床」

産業革命以前の経済は、食料生産という点でも、熱源という点でも、また、土建資材という点でも、所与の自然の許す範囲内でしか可能ではありませんでした。したがって、そうした自然的制約を超えないように、来期の富を増やすために今期の剰余を用いない規範が堅く前近代の経済を縛っていました。そこでは、経済活動の動因である際限のない欲望も、身分制や共同体といった社会の仕組みを通じ、また、さまざまな宗教規範や慣習によって、厳重に規制されていたのです。ところが、産業革命によって、食料生産と熱源と土建資材に課されていた自然的制約を突破することを通じて、経済活動は、社会・掟・規範・慣習の束縛から解放され、市場経済が、社会や制度から自立して、独自に展開するようになります。こうした事態を、K・ポラニーは「市場経済の離床」という言葉で表現しました。市場は前近代社会にも存在していたのですが、それは局地的公開市場のように慣習的な生存の原理に縛られていたか、あるいは広域的遠隔地市場の場合、騙《だま》し欺《あざむ》かれる取引関係は、領主が収奪した富の範囲内で営まれていましたから、やはり市場外の要因（たとえば封建地代の収取）に強く緊縛されていました。こうした前近代の市場は、近世になると、社会の制約から解放されて、徐々に、自律的な市場経済として動き始めるようになります。市場経済が近世社会にもなお残存していた前近代的な制約から最終的に解放されたのは、産業革命によって、前近代社会の諸種の制約の根拠であった自然的制約からとりあえず自由になったからです。ただし、この解放が、最終的な解放・解決であったのか、それとも単に問題を先送りしたにすぎないのかは、いま鋭く問われています。この点については、後の諸章（第16章、終章など）で再考することにしましょう。

以上見てきたa～iの変化は、通常、何回も繰り返して発生するものではありません。それゆえ、産業革命は、歴史上、一回しか発生しない変化です。[*2] また、イギリスに限らず、資本主義的な生産様式が確立し、産業社会が成立するためには、どこでも、同様の変化を経験しなければなりませんでした。

＊2　古典的な産業革命概念に対して、古くから、「初期産業革命」（産業革命以前の産業革命）や、「第二次産業革命」、「第三次産業革命」等々の概念が唱えられてきました。産業の技術・生産組織・生産力的な側面での変化にのみ注目するならば、変革が何回もあったということは不可能ではありませんが、上述のa～iの諸変化の総合として、産業革命を捉えようとするなら、それは何度も発生する変化ではなく、一回だけ発生するできごとです。産業の技術・生産組織・生産力的な側面での変化を指摘したいのならば、「～技術上の変化」とか、「生産組織のかくかくしかじかの変化」と表現すればよいことで、大仰な「革命」という語を濫発する

ことに本書は慎重でありたいと考えています。

文献案内

産業革命とその前後の変化についての最も簡便な案内としては長谷川〔2012〕と小野塚〔2023a〕が優れています。また、馬場・小野塚〔2001〕第四章（小野塚知二・小田中直樹・三ツ石郁夫執筆）は、産業革命の長い研究史を手際よく整理しているので参考になります。高橋〔1965〕は産業革命に関する古典的な共同研究の成果で、工業と農業の両面での変化に注目している点で、またランデス〔1980・1982〕もイギリス一国に留まらない産業革命の同時代的な展開を描いている点で、それぞれ有用です。イギリス産業革命期の技術・技術者・企業について知るには大野〔2017〕が簡便で有益です。産業革命の技術的な三つの側面（機械革命、エネルギー革命、原料革命）の現状と、原料革命からの卒業の難しさについて知ろうとするなら小野塚〔2020〕が有益です。日本の産業革命については石井・原・武田〔2000〕、石井〔2012〕、阿部・中村〔2012〕、および深尾・中村・中林〔2017〕第三巻を参照してください。

第14章 資本主義の経済制度

前近代の経済にもさまざまな制度が作用し、経済活動を規制すると同時に、分業関係を成り立たせていたように、資本主義経済にも特有の経済制度が作用しています。以下、制度の意味を簡単に考察したうえで、近現代の資本主義を成り立たせている重要な制度を五点（信用、金融、株式、保険、倒産）説明します。

1 制度

制度とは容易には無視したり、逆らったりすることのできないルールの体系を意味します。無視したり、逆らったりすることができないのは、そうする者にもたらされる何らかの制裁（sanction）や不利益が、ルールの体系に組み込まれているからです。経済活動も必ず何らかの制度のうえでなされています。貨幣や市場のように、経済にとって空気のような存在でも、それらは自生的な生成物ではなく、人びとの約束事という側面をもっています。経済理論は、ひとたび確立した市場経済を前提にして、その運動法則を解明しますが、その市場経済を成り立たせるための論理的・歴史的前提としての制度の生成を説明することを苦手としています。

市場経済や資本主義経済も特有の制度を前提にして成立してきました。しかも、それらの制度は、その社会の前近代ないし近世のあり方に大きく影響・制約されて形成されますから、すべての経済制度が経済的に合理的である――たとえば取引費用や情報費用を極小化する――わけではありません。むろん、経済的に合理的な制度は、そうでない制度よりも長く持続し、また、他地域・他分野に波及しやすいということができるかもしれませんが、すべての制度の生成や個性を経済的な合理性で完全に説明し尽くせるわけではありません。本章で概観する信用、金融、株式、保険、倒産は、経済的な合理性が比較的明瞭ですが、次章で見る国家は、経済的に合理的な側面（私的制裁の禁止と紛争解決による私的所有権の担保など）もありますが、他方では官僚機構や軍事機構が独り歩きして経済に悪影響をもたらす場合もあります。それゆえに、経済学では国家（ないし行政権力としての政府）は必ずしも経済的に合理的なことをするわけではないから、国家の経済への介入はできる限り少ない方が望ましいという自由放任主義の教義が尊重されてきました。また、第17章で見る近代家族も、家事・育児・介護を市場化・専門化して効率的に行い、しかもそれによって非市場的な経済活動が市場化することによってGDPが増大する（経済が成長する）という経済的合理性を損なう側面がありますが、現在でもほとんどの社会において、家族が完全に解体し、消滅してしまったわけではありません。経済的に合理的な制度だけが残っているとはいえないのです。

2 信用

信用という言葉は普通の生活でも、また経済においてもよく用いられます。経済制度としての信用とは、非常に単純化していうなら、相手の将来の支払能力を信用して掛売や貸付を行う制度です。信用でものを買い、また貨幣を得る者は、その債務（将来の支払義務）を明示するための証文＝手形（note，特に約束手形〔promissory note〕）を発行し、相手に渡します。図14-2で売り手のAは買い手のBに信用を与えた（授信ないし与信）といい、BはAより受信したといいます。AがBの将来の支払能力を信用して、代価の支払いの前に、商品を渡すのです。

図14-1と比べるなら、現金売買と信用売買の相違は、商品の代価として現金貨幣が買い手から売り手に支払われるのではなく、手形（債務証書）が渡されることです。むろん、手形はそれ自体は単なる紙切れにすぎませんから、一定期間（たとえば三カ月）を経過したなら、買い手は商品の代価を現金貨幣で支払い、売り手は預かっていた手形を買い手に返すことによって、信用売買は完結し

図14-1　現金売買

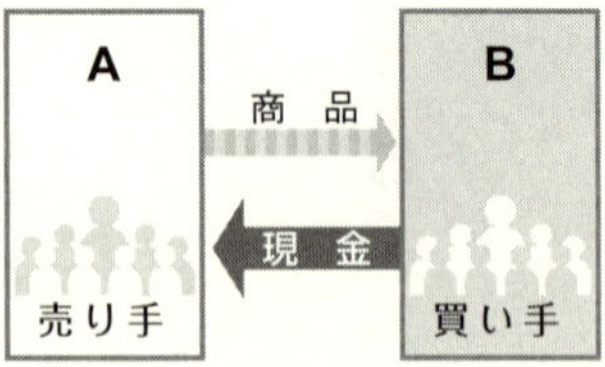

図14-2　信用売買

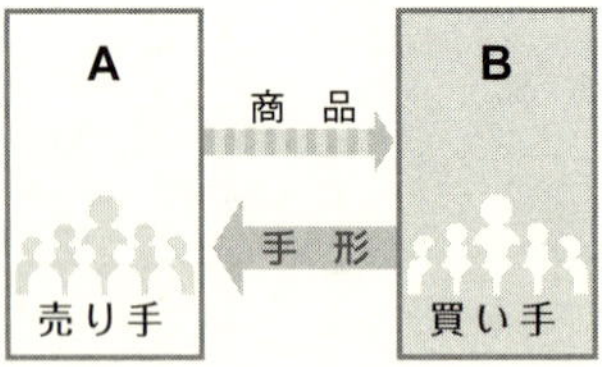

ます。

つまり、信用売買とは商品の引渡しの時点では現金貨幣を使用せずに済むという点に最大の特徴があります。これは、金貨・銀貨などの現金貨幣の流通量に制約がある状況において、現金貨幣流通量の制約以上に経済活動を行わせるという効果があります。

仮に、マンチェスタの綿織布業者が当初一〇〇〇万円の資本金で、労働力を五〇人（五〇〇万円）と綿糸を五〇トン（五〇〇万円）購入して、一週間かけて綿布を一〇〇〇反織り、市場で販売すると一一〇〇万円の現金が獲得できると仮定してみましょう。一〇〇〇万円を投入して一一〇〇万円の売り上げですから、企業の管理費用や土地・工場建物・機械設備などの経費を無視するなら、一週間で一〇〇万円の利潤が発生し、利潤率は一〇％となります。ところが、綿糸を信用で購入できる（綿糸商がこの織布業者の振り出す手形を受け取ってくれる）なら、綿糸一〇〇トンを額面一〇〇〇万円の手形で入手して、当初の一〇〇〇万円すべてを投下して一〇〇人の労働者を雇い入れ、二〇〇〇反の綿布を織ることができます。これを市場で売れば二二〇〇万円となります。むろん手形

図 14–3　信用売買の連鎖＝手形流通

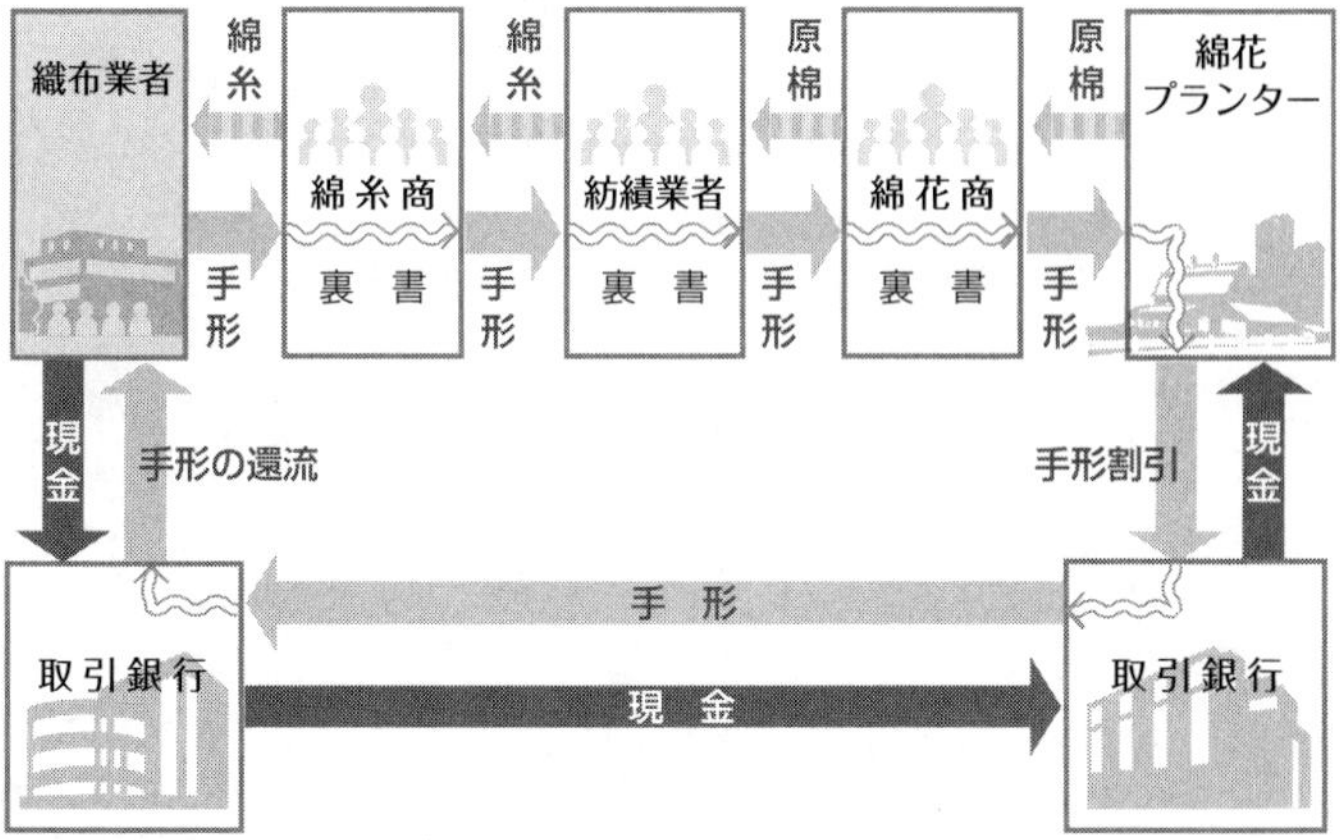

で購入した綿糸代金はいずれ支払わなければなりませんが、当初投下した一〇〇〇万円で、二〇〇万円の利潤が発生しますから、利潤率は二〇％に倍増します。

このように、信用売買は、売買の媒介物としての現金貨幣を節約することにより、取引量を増やす効果があり、また、それゆえに、個々の企業から見るなら、同一の資本投資でより高い利潤率を可能にする効果もあります。

さらに、これまでの説明では、手形は一組の買い手と売り手の間だけで用いられる設定でしたが、もし、手形が第三者にも受け取ってもらえるなら、それは、売買を媒介する点では、現金貨幣とほとんど同じ役目を果たすことができます。たとえば、次のような例を考えてみましょう（図14–3）。

ここでマンチェスタの織布業者が綿糸商に対して

振り出した額面一〇〇〇万円の手形が綿糸商の手許に留まるのではなく、綿糸商が綿紡績業者から綿糸を購入する際にも、綿糸商が裏書（手形の譲渡記録）をして用いることができるとするなら、この手形は、綿糸商にとっては現金貨幣と同じようなものです。同様にして、紡績業者はリヴァプールの綿花商から原棉を購入する際にも、また綿花商がアメリカ南部の綿花プランターから原棉を輸入する際にも、元々はマンチェスタの織布業者が振り出した手形を、裏書をしたうえで用いることができるのだとすると、この一連の取引過程には一切、現金貨幣は介在せずに、しかし、それぞれの業者が必要とするものは確実に売買されることが可能になります。

こうして、手形が転々と各業者の間を流通して、現金貨幣と同じ役割を果たすことを商業信用といいます。商品売買における信用の機能です。ところが、この商業信用には重大な欠陥があります。図14-3で最後に手形を受け取ったアメリカ南部の綿花プランターは、プランテーションの労働者に対して、その手形で賃金を支払うわけにはいきません。賃金は現金で支払われなければなりません。あるいは、奴隷制のプランテーションであったとしても、奴隷を養うのに必要な衣食住の資材を売るアメリカ南部の小売商は、外国のどこの誰とも知れない者が振り出した手形など受け取ろうとはしないでしょう。綿花プランターは手形を受け取って原棉を売っても、その手形を渡す——その手形を受け取って、何か（労働とか衣食住の資材とか）を売ってくれる——者がいなければ、その手形はただの紙切れになってしまい、プランテーション経営は一夜にして破綻してしまうでしょう。

つまり、手形は誰かが受け取ってくれる限りでは現金貨幣と同じ役割を果たすことができるのですが、どこかで、誰も受け取ってくれない終端に達してしまうことが判明したとたんに、それはば抜きのばばと同じようなものに変容してしまうのです。こうした終端があるというのが、商業信用の大きな限界です。そして、この限界がある限り、手形が広範に流通するのは不可能ですから、本当に対面的で永続的な関係で、相手が将来必ず支払ってくれるという信用——そうでなければ、たとえ支払ってもらえなくてもその相手なら許すことができるという意味での、これもある種の信用——があるときだけしか、手形は用いることができず、現金貨幣を節約し、取引量を増加させ、利潤率を上昇させる効果はすべて水泡に帰してしまいます。

現実に成立した資本主義経済は、これまでのところは、短期的な変動や停滞を除くなら、長期的には成長してきましたし、その背後では広く手形が用いられてきました。ばば抜きのばばを引き受けてくれる者がいることによって、この手形を用いたばば抜きは円滑に成立します。終端で手形を引き受けるのが銀行です。そこで銀行が果たす役割は、前の例に即していうと以下の三様になります。①アメリカ南部の綿花プランターは自分が受け取った手形を近くの都市の取引銀行に持って行くと、その銀行は、その手形を振り出したのは誰か、どういう業者の手を経てきたのか（裏書）などを調べたうえで、その手形の支払期日以前であっても、綿花プランターに対して現金を支払ってくれる場合があります。この場合、その銀行にとって、その手形を受け取った結果、それが「焦げ付く」（その手形の満期日に額面の現金を入手できない）危険を計算して、手形額面よりも少し少ない金額の現金を綿花プランターに渡すでしょう。こうした手形と現金との交換を手形割引（discount）といいます。②アメリカ南部の銀行は、取引関係にある、イギリス・マンチェスタの銀行に、その手形を送り、現金を送り返すように求めます。③アメリカ南部の銀行から手形を受け取ったマンチェスタの銀行は、自分の取引先である織布業者（あるいは、その織布業者と取引関係のある別の銀行）にその手形を提示して、期日までに手形額面を支払うよう求め、最終的に現金貨幣を回収します。手形を振り出した織布業者の取引銀行なら、わざわざ現金を受け取らなくても、自行における、その織布業者の当座勘定に手形額面の支払を記帳すれば、ここでも現金は少しも動かずに、手形流通は完結します。このようにして、手形流通の始点と終点を結び付けることによって、手形を貨幣の代わりに流通させる銀行の機能を、銀行信用による商業信用の補完といいます。

Column

銀行信用と手形割引業者の相違

右の例では、商業信用による手形流通の終端に銀行が登場して、手形を期日前に割り引いて、最終的な手形譲受人（右の例ではアメリカ南部の綿花プランター）に現金を供給しました。そして、その手形は銀行の支店網や提携行関係を通じて、元の手形振出人の取引銀行に還流して、そこで手形の決済がなされるというように、すべて銀行が関与する仕方で商業信用は補完されていました。しかし、現実には、銀行や信用金庫などの金融機関が引き受けることをためらうような「危険な」手形や、信用のおけない手形持参人もいますから、すべての手形が銀行などによって処理されるとは限りません。手形の歴史を見ても、銀行が割り引き業務に乗り出すよりも前に、手形割引業者（bill brokers）がいて、支払期日前の手形を引き受けて、その危険や信用に応じた割引率で、現金と交換するという業務を営んでいました。現在でも銀行・信金などが引き受けない手形を、手形割引を専門にする業者が引き受けてくれることがありますが、割引率は銀行・信金よりも相当高くなるのが通例で、五〇％を超えるようなことすらあるそうです。この手形割引業者は引き受けた手形を自社で、または他社に転売して、元の振出人から支払を受けるわけですから、図14-3の下側に描いた銀行信用による商業信用の補完と同じ機能が営まれている点では変わりはありません。銀行信用と手形割引業者の相違は、扱う手形の危険や信用の程度に差があり、それゆえ、割引率にも相応の相違が生まれるところにあります。

銀行が介在することによって、現金貨幣が一度も登場しなくても一連の商取引が可能になるのだったら、実際に現金貨幣が動く場面も、銀行の発行する手形で代用することができるでしょう。銀行が発行する定額で一覧払い（誰が手形を持参しても、持参人の身許や手形の流通経路などを調べることなく、ただちに額面の現金貨幣を支払うこと）の約束手形を銀行券（bank note, 紙幣）といいます。

銀行券は、かつての金（ないし銀）本位制の時代に、現金貨幣（金貨・銀貨や秤量貨幣）を商取引に用いることで貨幣が摩滅劣化したり、紛失したりという危険を防止するために、開発されたもので、手形割引や預貯金の引出しの際に、本来なら銀行は現金貨幣で支払うべきところを、手形持参人や預金者から銀行が信用を受けて、一覧払いの定額約束手形で現金貨幣の代用をするものです。ここで、銀行が手形持参人や預金者から信用を受ける背後には、銀行はいつでも、誰に対してでも（一覧払いで）、銀行券を現金貨幣と交換（兌換《だかん》）するという約束が作用しています。むろん、この兌換要求に応ずるためには、銀行は自らが発行した銀行券の額面の一定割合は現金貨幣を準備金として金庫に保有していなければなりません。銀行券の背後に現金貨幣が控えているという安心感が、現金貨幣の実際の商取引で使用することにともなう危険や損失を防いでいたのです。

3　金　融

金融とは、文字通りには、資金の余っているところから資金の足りないところへ貨幣を融通することです。こうした融通には、個人間、企業間、ないしは国家間などでの一時的な貸し借りも含まれますが、融通を効率的に行うためには、余っている資金を一手に引き受けて、それを貸し出す金融業者の存在が必要となります。銀行のように、一時的に遊休している資金を預かり、その一部を資金不足の経済主体に貸し出す金融業者が存在することによって、社会的な遊休資金が、期限付きで商品化――資金の一定期間の自由な利用を商品とし、その代価を利子として、貨幣が商品化――されることになります。ここでは、こうした社会的遊休資金の商品化の制度を金融と呼ぶことにしましょう。

このように、遊休している貨幣を貸し出す主体は、古くから高利貸――『ヴェニスの商人』のシャイロックのような金貸し――として存在していましたが、近世以降、都市・農村の双方で経済活動が活発化し、一時的な遊休資金と資金需要の双方が増大しつつある中で、旧来の高利貸に代わって、一定の法的基準を満たした金融業者が銀行として登場し、広く遊休資金を預金として集め、それを貸し出す（融資する）業務を行うようになります。こうした銀行にとって、どれほど多くの遊休資金を低利で集めることができるかが、業務の出発点における成否を決めます。それは、結局、農民、商人、職人などのごく普通の中小の経済主体が、不意の出費のために手許に用意してある貨幣や、手形決済期日までの間、当面手許に余っている貨幣を預けても、必要な場合には必ず、ただちに引き出すことができるという信用があって、初めて、銀行は社会的遊休資金を広く集めることが可能となるからです。銀行は他方では、融資主体でもありますから、もしそちらが焦げ付いた場合に、預金者の引出要求に対応できないのでは、預金者から信用を勝ち得ることはできません。預金者からの信用が低い場合は、預金利子を引き上げなければ預金を集めることができませんから、貸出金利と預金金利との利ざやを主たる収入源とする銀行にとっては、預金者からの信用は初発から非常に重要な要件であるということができます。

しかも、その信用を広範に確保できるなら、多くの者から預金を集めることが可能となり、そうなれば、預金者の一定割合が預金を引き出すことがあっても、残りは預金として銀行に残りますから、その資金は手形割引や貸出しに用いることができるようになります。預金者一人当たりの預金額が大きくても、預金者数が一人ないし少数の場合には、一時に巨額の引出しが発生する可能性がありますが、少額でも多数の者から預金を集めることができるなら、預金額の一定割合はある確率で常に銀行に預けられているであろうという計算が可能になります。これが銀行にとっての預金の意義です。

それゆえ、近代ないし産業革命期に、各地に一定の基準を満たす銀行ができる際に、それなりの財産を有し――いざとなれば自分の財産を崩してでも引出要求に対応でき――また、地元の人びとから人格的に信用されている地方名望家が銀行の発起人とならざるをえませんでした。決して、仕組みとしての金融業がはじめから存在するのではなく、人格的な信用とその私的財産への信用とが、初期の銀行設立の大きな条件だったのです。

Column

無尽や頼母子講と近代の銀行

単に金銭を融通するという機能は前近代社会でも、たとえば無尽や頼母子講のような講（もしくは講中）という、共同の金融組織がありました。これは多くの場合、地縁や職業・信仰などを共にする者が集まって、定額の掛け金を拠出して、毎回、籤《くじ》で誰か一人に所定金額が給付され、講の全員が給付を受けるまで継続されるという、共同性が強く、出入りの自由が保証されない有機体モデル（第7章）の金融のあり方でした。近代の銀行では、預金するかしないか、預金者がいつ全額ないし一部を引き出すか、また預金者がその銀行から融資を受けるか否かも、すべて完全に預金者の自由に任されていますから、この場合の金融のあり方は協同性モデルに近いということができるでしょう。出入り自由であっても、銀行に一定の預金が貯まっているのは、保険原理と同様に確率の問題として計算・予測可能なこととなります。それゆえ、退出や引出しを個人の自由に委ねる仕組みで、銀行にも預金者にも不都合は発生しないのです。

こうして地方銀行が各地に設立されると、その地域内では、その銀行の発行した銀行券が事実上の貨幣として流通するようになります。むろん、各銀行は発券量の一定割合は現金準備をしなければなりませんし、また、地域を越えた取引（送金、決済、為替など）の場合に地方銀行ごとに、異なる通貨単位や営業規準だと、さまざまな不便が発生します。こうして地方銀行は、近代のある時期までには、共通の営業規準を備えた系列行に編成されることになります。また、地方銀行ごとに準備金を用意しても、その地域で一斉に引出要求が殺到するような事態——たとえば、その地域の基軸産業産品の価格暴落など——には対応できず、銀行そのものが倒産する危険性もあります。

銀行業とは、その初発において地方名望家の信用を背景にして成立しますが、それがいつまでも地方ごとに分立しているのでは、金融業として見た場合には効率は高まりません。そこで、一方では、地方銀行の提携関係の再編を経て、合併や吸収を通じた大銀行の設立へという道で、他方では、発券機能を一国に一つの中央銀行に集中させて、準備金も中央銀行に集中させるという道で、金融業の効率化と安定化が進みます。

日本では、一八七二年の国立銀行条例に基づき、アメリカの国法銀行の制度を導入して、七三年から七九年にかけて各地に一五三の国立銀行（国の法に準じて設立された銀行という意味）が設立されました、ほぼ例外なく、どれも地方名望家が発起人に加わっています。それらのうちで、生き残った銀行も再編・合併で他行に吸収されたものが多いのですが、現在でも、第四銀行（新潟）、十六銀行（岐阜）、十八銀行（長崎）、七十七銀行（宮城）、百五銀行（三重）、百十四銀行（香川）などが、明治初期の名称のまま営業しています。

4　株　式

株式とは社会的遊休資金を資本に動員する制度です。社会的遊休資金には、前節で見た中小の農民・商人・職人などの、一件ずつは少額の遊休資金から、大地主の地代収入のように巨額の遊休資金まであります。巨額の遊休資金を有する資産家は、自ら企業を設立することも可能ですが、少額の資金しかない者には、企業の資本家に参加する道が閉ざされているというのでは、資本形成にはおのずと限界が画されてしまいます。そこで、多数の少額出資によって大きな資本を形成して、大企業を設立できるように、資本持分を定額の少額面の証券にして、商品化するのが株式という制度です。

株式所有者には、企業の業績に応じて配当が支払われますから、それ自体が収入源となりますが、その株式の証券市場での人気が上がり、売買時価が上がれば、元来は額面で買った株式をはるかに高額で売却して現金に換えることもできますから、それは同時に、価格の上下する商品でもあるのです。少額の出資でも、持ち株数に応じた配当金収入を生み、また、現金が必要な場合は容易に換金もできる株式とは、大資産家だけでなく、中小の自営業者や、さらに労働者に対しても、出資者となる機会を与える可能性があります。

実際に、一九世紀中葉のイギリスで株式会社制度——いったんは南海泡沫事件など株式会社設立絡みの詐欺や投機が一八世紀に続発したために、設立条件が厳格になっていました——が再整備される過程で、有限責任制が採用されたのは、少額出資者を保護するという意味もありました。少額を出資したばかりに、会社が倒産した場合に、出資額を超えて、財産の最後の一片までかけて負債を支払わなければならないのでは、危険で出資などできませんが、有限責任なら、悪くても出資額を失うだけで済むというのが、少額出資者を誘い込む要因となったのです。これと同様の発想で、やはり一九世紀中葉には労働者が自ら生産協同組合を設立することで、賃労働者から出資者(≒資本家)になることによって、「労資対立」の解消が期待されたのです。

Column

労資関係、労使関係、労指関係

一九世紀にはイギリスに限らず、ヨーロッパ諸地域、またアメリカや日本など、資本主義と近代産業の発達しつつあった地域では、労働者と雇い主(企業)との間に発生する問題を「資本と労働(capital and labor)」の両階級間の問題として認識する枠組みが流布していました。前近代の身分制から脱け出した人びとは、近代には、財産所有の有無と労働の要不要とで三階級に区分されるようになっていました。おもに土地などの財産を所有し、そこから発生する収入(地代)だけで生活が可能で、収入目的の労働をする必要がない地主や貴族などの階級、財産も所有するがそれを用いて企業を経営する（働く）ことで収入を得る資本家（ブルジョワジー）と、財産がないために人に雇われて働く以外に収入の道がない労働者（無産者、プロレタリアート）の三階級です。地主階級と資本家階級との間にも選挙制度や関税政策などをめぐって対立は発生しますが、資本主義社会を代表する階級対立は労資関係であるという認識枠組みは、社会主義者だけに特有のものではなく、一九世紀には広く用いられていました。これに対して、労働力を雇い入れて用いる使用者と労働者との間には労働市場でも労働現場でも和解しがたい対立が発生するのだと考えるのが労使関係（industrial relations）という考え方で、二〇世紀には労資関係とともに、産業社会の最も基本的な人間関係を意味する語として広く使われました。本書はこれら両様の「ろうしかんけい」の意義を否定はしませんが、それら両方の関係の背後には、労指関係という第三の分業関係（第2章参照）が通底していると考えます。複数の人間で分業して効率的に事に当たろうとするなら、その分業に携わる者たちは単一の意思によって指揮・命令されなければならず、現場で働く者たちはその意思に服従して実行するという関係が発生せざるをえないということを、労指関係（ないし労支関係）という言葉は意味しています。それは、資本主義社会では労資関係という階級関係の形態をとり、また近代産業社会では労使関係という形態もとりますが、より根源的なのはあらゆる分業関係に通底する労指関係の方であるという考えです。これらの点については小野塚［2023e］を参照してください。

株式会社も、出資は多数の者を糾合しうるとしても、実際の経営は単一の意思に従わなければ、効率性を達成できないだけでなく、社会的責任も果たせません。たとえば、営業部が受注してきた契約を、工場がそんなものは作りたくないといって別のものを作ってしまったなら、その企業は契約違反で訴えられるかもしれません。また、企業が知り得た秘密を従業員が自分の私的利益のために外部に漏らすなら、やはり企業の情報管理と労務管理の責任を免れないでしょう。したがって、多数の少額出資者を募るとしても、ひとたびできあがった企業は単一の意思の下に統括されていないなら、烏合の衆であるだけでなく、外部への責任を果たせない無責任集団となってしまいます。それゆえ、株式会社は法人格をもって、単一の権利・義務主体としてふるまわなければなりません。前近代社会における都市やギルドも corporation として、ある種の法人格を有していましたが、その人格そのものは身分制に堅く緊縛されていたのに対して、近代社会の法人は、身分制の縛りもなく何でもなしうる、ほとんど無限に近い力をもつ可能性があります。それゆえ、自然人（ヒトの個体）と同様の権利・義務関係の世界に、法人を入れるためには、法人内部を単一の意思の下に統括する力（たとえば従業員に対する懲戒処分権）だけでなく、法人の外側の諸主体との関係においても、さまざまな定をしておかないと、株主や社長が代わったとたんに従来の権利義務関係が消滅してしまうなどの不都合が発生するのです。

このように株式とは一方では少額出資を奨励し、少額出資者を保護する——出資者の出入りの自由を承認する――制度ですが、他方では、永続的な事業体（going concern）としての安定性と責任――出資者の変化にもかかわらず単一の連続した人格としてふるまわなければならないこと――も企業に求める制度となります。

5 保険

保険とは、直接的には、保険加入者が何らかの危難（たとえば、疾病、死亡、火災、盗難、海難等々）に見舞われた場合に、保険約款に従って何らかの現金給付をすることで、その危難のもたらす経済的損失を埋め合わせ、また極小化するための制度です。それが、保険業者という専門集団によって営利業務として行われるようになるには、以下の事情が関与しています。これまで見てきたような信用や金融の連鎖でさまざまな経済主体が複雑に関係し合うようになった場合、そのうちの誰か一人・一社でも火災や海難などの偶発的危険から経済的に破綻したら、その破綻は信用・金融連鎖を通じて、ただちに多くの経済主体に波及し、社会全体に大きな混乱と喪失を招くこととなります。したがって、各主体は取引相手が偶発的危険に見舞われても保険で生き残ることができることを望みますから、保険に加入していない者を取引相手としては忌避するようになるでしょうし、また、貿易や海運などの取引行為そのものにも保険を掛けようとするでしょう。このようにして、信用・

金融連鎖を偶発的な危険から防御する制度として保険は、単に自分の危険に備えるだけでなく、他者の危険に巻き込まれることを避けるためにも、必要とされ、発展してきました。

近世までのように、取引が対面的な関係に限られ、しかも、双方が何らかの共同体の成員で、危難の際に共同体が成員保護機能を発揮するなら、保険はほとんど不要ですが、取引相手が広がり、その連鎖は、さらに各主体にとって統御しがたいほどの範囲に拡張し、しかも共同体などの保護機能が消滅した後の近代・資本主義の経済にとって、保険が欠くべからざる機能であることがわかるでしょう。

保険業の起源はしかし、初発から営利企業ではありませんでした。むしろ、おのれの元来属していた共同体の保護は受けられないが、しかし、類似の境遇にある者たちが、自分たちの仲間内の危難を相互に防御するために、共済組合を形成して、疾病、死亡、盗難等に備えるようになったのが保険業の始まりです。こうして多くの人びとの危難に際して共済組合規約に定められた通りの給付を行って、それでも、組合財政が破綻しないような危険確率と給付水準は、共済組合が長期間存続すれば、おのずと経験的にわかるようになります。この危険確率と給付水準とを適切に算出する技が保険数理（actuary）で、近世末期から近代にかけて、地域別・職種別・宗派別などの共済組合が活動を続ける中で、保険数理に必要な統計が蓄積されたのです。民間の営利目的保険企業は、一つにはこうした保険数理の経験のうえに発生することができました。

しかし、他方で、海難や火災のような損害保険は、危難の発生確率を正確に見きわめるのが難しく、かつ、一回の危難での給付水準は巨額となりますから、共済組合には対応しにくい分野でした。火災で都市の一角が丸焼けになってしまう確率や、大型商船が海難で沈没し、高価な積み荷が文字通り海の藻屑と消えてしまう確率は、いまでこそ、ある程度の蓋然性をもって推算できますが――いまでも甚大地震の被害確率の推算は非常に難しく、地震保険は保険業にとって難しい分野であるため、独立の保険種類としては成立せず、火災保険の特約という形で、しかも政府への再保険も導入して、行われています――初期には、損害保険の保険数理は非常に困難でした。それでも火災や海難に対する保険需要は大きかったので、それらも保険事業として成立することになりますが、それに応えたのは、地方銀行の発起人の場合と同様に、名望家たちでした。損害保険は保険金額も大きいので、いかに大きな資産を有する名望家でも、一人で引き受けることはできませんから、ロイズ組合（The Corporation of Lloyd's）という保険引受人（underwriters）と保険仲介業者（brokers）の私益法人を設立して、彼らの資産をいざという支払時の最後の頼りとして、複数の保険引受人によって構成される保険種類別の諸シンジケートによって損害保険は始まりました。ここにも、近代の経済を円滑に動かす制度に、近世以来の名望家の信用と財産が活用されていたのです。

6 倒産

倒産とは、経営が怪しくなった企業が単に潰れるだけのことにすぎないと考える方もいるでしょう。それ自体は誤りではないのですが、倒産というのは資本主義経済を考える際に欠くべからざる制度でもあるのです。

まず、倒産がない経済というのを考えてみましょう。村に一軒の豆腐屋さんが代々受け継がれて営業してきました。当代の店主はそろそろ高齢なので、数年前から一人っ子の惣領息子に豆腐作りや店の経営の仕方を教えてきました。ところが、この惣領が豆腐作りは苦手で、旨い豆腐を作る技をついに身につけることなく親は亡くなってしまい、彼が豆腐屋を継ぎ店主となりました。村人はそれから、彼のまずい豆腐しか食べられないので、非常に大きな不満を覚えますが、その村では昔から豆腐屋は一軒と決まっており、子もしくは娘婿が家を継ぐのが慣例ですから、村人もその惣領の豆腐屋に文句を言うこともできずに、まずい豆腐を食べ続けるしかありません。このように、実は、前近代の共同体・身分制的な社会では、倒産は当然のできごとではなく、むしろ、家業を代々継いで行くことがあるべき正しい道でした。跡継ぎがいて、一応、それらしい豆腐ができるのだったら、誰もその人物が豆腐屋を営業することに文句を言えないのです。

このように経営者に適性や能力が乏しいのに、ある仕事をし続けなければならないというのは、周囲の取引相手（この例の場合、豆腐を食べる村人たち）にとって決して幸福なことではありません。同様にして、何度も支払期日に完済できず、いつも誰かに借金ばかりしている商店主というのも取引相手にとっては困った存在です。あらゆる経営者が、自分の店の経営について適性や資質に恵まれているなら問題はないのですが、どの経営でも経営者が適性・資質に恵まれている保証は、社会的には存在しません。ある経営が、取引相手に対して、また、社会的に、不良な経営である場合に、その経営体をいったん消滅させる方が、社会的に望ましい場合というのは必ずありうるのです。倒産がない社会というのは、不良経営が永く続きますから、非常に大きな問題をあちこちに抱え込まざるをえません。まずい豆腐や、不良品や、度重なり積み重なる借金などの問題を、周囲が負わされることになるのです。

不良経営を消滅させる制度が倒産です。むろん、いかなる経営にも資産と負債とがありますから、それを多くの人びとが納得する仕方で精算して、企業を消滅させなければなりません。資産をすべて投入しても負債の完済には足りない場合には、債権（者）間の優先関係が予め定まっていないと、債権者の間でルールのない争いが延々と続くことになるでしょう。近代の経済・社会が、人の際限のない欲望を満たすためにさまざまな技術と生産力と経済制度を生み出してきても、不良企業を淘汰できずに放置するのは、欲望充足という観点からいっても、また、経済主体間の信用・金融の連鎖への悪影響という観点からいっても、望ましくありません。そうした望ましくないことを、関係者の納得を得ながら終わらせるのが倒産という制度の意味です。それは資本主義経済にも、ある確率で発生しうる不良経営や財務的に経営の破綻した企業が、それ以上、災厄を他者・他社に波及させないようにする最後の防波堤の役割を果たしているのです。

倒産を単なる失敗や悪い結果として見なかったことにするのではなく、倒産によって社会の災厄が減少し、また、倒産した経営者自身にとっても、もっと適性や資質のある他分野に転進して再起するための機会として、積極的な意味を有する制度なのだと考える必要があります。

文献案内

本章で扱った信用・金融・株式について、資本主義経済の運動法則と関わらせて合理的な説明をしたものとして小幡［2009］をお薦めします。また、保険や倒産についても、諸種の経済学事典ないし経済辞典などを参照してください。信用・金融・株式・保険・倒産の歴史については、国際銀行史研究会［2012］が、西洋中世以降現在までの、イギリス、フランス、ドイツ、帝政ロシア、アメリカ、アルゼンチン、インド、中国、日本について扱っており、とりあえずの手掛かりとして有益です。各制度の実務面についてはさまざまな概説書から研究書までありますが、それを紹介するのは著者の手には余りますので、それぞれの分野の専門家に相談してください。

第15章 国家と経済

近代の市場は社会の他の側面から離床していますが（第13章）、しかし、市場経済はすべてを経済システムのうちで生成できるわけではなく、経済の外側に国家、自然、家を必要としています。しかも、経済は国家、自然、家をゼロから生み出すことはできませんので、すでにある国家、自然、家に依存しながら、その機能を利用しています。第15～17章では、近代の「離床した経済」に対して、国家と、自然と、家とが、それぞれいかなる役割を果たしているかを概観することにします。無限の時空間を前提にする経済学、ことに経済理論が、認識対象の外側に追い出してしまった国家、自然、家と経済との関係を見直すことから、近現代の経済の特質を知ろうというのが、これら三章の狙いです。本章では、近代資本主義経済にとっての国家の役割を「夜警国家」とする俗説とその由来を紹介したうえで、国家のいかなる機能が経済を成り立たせているのかを考察することにしましょう。

1 「夜警国家」

近代社会とは古典的自由主義（第19章）の社会であり、そこで、国家は夜警（安全保障や治安維持など）の役割を果たすのみであったという俗説があります。その背後にあるのは、「治安さえ保たれるならば、経済・社会は自然にうまく機能する」という考え方であるとされます。こうした考えは以下の三点を前提にして成り立ちます。第一に、市場が経済を自動的に調節する機能を有するから、経済への国家介入は有害でこそあれ無益であるという判断です。第二は、市場に登場するのは、おのれの際限のない欲望を遺憾なく発揮し、また、そうした欲望を十全に充足することのできる主体（市場での自由な取引主体、free agent, homo œconomicus）であるという前提です。第三は、むろんそうした完全な主体でも、市場で失敗する可能性は否定できないが、しかし、彼ら自由な取引主体は、失敗を教訓として成長し、「自助（self-help）」を通じて完全な主体へと自らを作りかえるのだという期待です。

しかし、こうした前提に対しては、ただちに以下のような反証を挙げることが可能です。第一に、市場は確かに、その市場に現れる需給を調節するかもしれないが、それは市場が経済全体を自動的に調節することは意味しないということです。すでに第8章でも述べたように、市場経済の社会にあっても市場は、経済の全体を覆い尽くしているのではなく、一部を成しているにすぎません。したがって、市場の自動調節機能がただちに経済全体に及ぶと考えるのは、贔屓目《ひいきめ》に見ても早計ということになるでしょう。第二の前提である「市場での自由な取引主体」とは、どのようにして生まれたのかを問う必要があるでしょう。市場とともに自動的に生成されることが証明されない限り、市場での自由な取引主体とは自然な存在ではなく、何らかの仕方で創出され、維持されなければならない存在であると考えざるをえません。しかも、市場に登場する者がすべて、自由な取引主体であるとみなすことも非現実的でしょう。近代社会は、産業革命によって、ますます多くの児童労働を市場に放出しましたが、彼らが一人前のおとなと同様に十全な判断力・取引力・行動力を有する市場主体であるとみなすことは不自然でしょうし、おとなの中にも市場主体としての資質には大きな差があると見る方が現実的です。第三に、市場での失敗は、無限の「自助」過程によって克服されるというのは、個々の例を見るならば、そのように説明可能な場合もあるのかもしれませんが、社会全体に適用とするなら、それは単なる期待か願望にすぎません。

このように考えると、近代社会に対応する近代国家の機能が治安維持だけであると考える「夜警国家」論は素朴なわかりやすさはあるものの、現実を的確に描写していないと考えなければならないでしょう。近代国家には資本主義・市場経済が自ら生み出すことができないものを創出し、維持するという独自の働きがあり、それを俟って、初めて資本主義・市場経済は永続的に機能しうるのです。

Column

「夜警国家」論の提唱者の意図

右で見てきたように、「夜警国家」とは一九世紀の古典的自由主義思想や古典派経済学と親近的であり、新古典派経済学の「小さな政府」論に継承されたと俗説的には理解されていますが、この概念を最初に提唱したのは、こうした系譜の思想・学説ではありませんでした。「夜警国家（night-watchman state, Nachtwächterstaat）」という概念を最初に提唱したのは、ドイツの社会主義者ラッサールでした。ラッサールは同世代のマルクスやエンゲルスが、国家とは階級支配の抑圧的な道具にすぎないと消極的な意味しか見出さなかったのに対して、国家にはもっと積極的な役割があるはずだと主張したのです。ラッサールの「賃金鉄則」では、賃金は労働者がぎりぎり生存できる水準にまで縮減される傾向があるので、労働者は自ら生産協同組合を結成して、そこで働くとともに、生産と分配も自らの手で行うことにより、賃金と利潤（配当）の両方を獲得できるという独自の労働全収権論を主張し、国家は、こうした社会民主主義的な方向への改良を促進する役割を担わなければならないと論じました。「夜警国家」などというのはブルジョワ的なイギリスの幻影にすぎない——けれども、それがドイツでも「マンチェスタ学派（Manchesterschule）」や「スミス主義（Smithianismus）」として、一定の影響力を行使している——のだから、そうした国家観に満足している古典派経済学者を批判し、他方で、そうした国家すら揚棄してしまおうとするマルクスとエンゲルスを返す刀で切って捨てるのがラッサールの意図でした。夜警というのは当時のイギリスやドイツでは、誰もが就きたがる人気の高い職業ではなく、それほど尊敬もされていませんでしたから、国家の役割を治安維持に限定して小さくかつ低く見ようとする発想を論難するために、ラッサールはわざわざこの「夜警」という言葉を選んだのです。

2　経済制度の法的表現と維持

前章で見た信用、金融、株式、保険、倒産などの制度は、近世以前からあった類似の制度を近代になって再編利用したものですが、それらを安定的に運用するためには、商取引や会社や銀行についての法の中に規定されなければなりませんし、また、それらの制度をめぐる紛争も、共同体や身分制が解体したあとは、国家の司法機能で裁定しなければ、解決できなかったでしょう。したがって、経済制度を法的に表現するとともに、それを現実に行わせるためには紛争解決機能を国家は提供しなければなりませんでした。

市場経済・資本主義の先発国は、多くの場合、自国の経済・社会が生み出した自生的なルールを体系化し、それらのルールの体系（制度）の強制力を法的に担保することが、経済制度との関係では、国家の役割でした。先発国のルールは、自生的であるがゆえに、類似のルールや、重複した規定があちこちに残り、煩雑で、また混乱を招きますから、国家はそうしたルールを整理し、統合して、単純で明晰な民法・商法・会社法・銀行法を用意しなければならないのです。後発国の場合は、自生的なルールがあったとしても、国際的な取引や係争事項が増えるに応じて、どこかの時点で、先発国から輸入した制度に接ぎ木する必要があったでしょう。近代の経済制度という点では、多くの場合に、イギリスやフランスが参照対象となった先発国でしたが、会計や為替などについては中世・近世にイタリア語諸地域（地中海沿岸の商業）で開発された制度も参照対象とされました。後発国にあっても、国家が制度の強制力を法的に担保した点は先発国と同様です。

3 生産要素市場の形成——土地と労働の商品化

生産要素（土地、労働、資本）のうち、資本の元は貨幣であり、貨幣は人がモノの移転・交換・互酬性の際に発明した創造物ですから、資本は元来、商品であるといって差し支えありません。しかし、土地と労働は、人の経済が生み出したものではありません。市場機構を通じて生産量を調節することができないものが、生産要素となっているところに、資本主義経済にとっての国家の役割の最も重要な必要性が表されています。

(1) 土　地

土地とは、人によって利用されている自然の一部です。埋め立て地などの例外を除くなら、土地は元来、人が生み出したものではありません。しかし、人は、際限のない欲望を満たすために土地を含む自然の一部を占有し（第1章）、また他者との関係では、それを所有し、切り取られて所有された土地を、人はあたかもモノであるかのように、売買したり、貸借したりしてきました。前近代社会のように、疑われざる規範の下に、共同体と身分制に媒介されて土地所有がなされている時代には、売買は例外的な現象であるか、あるいは、開墾などの人為と密接に結び付いた場合になされる行為でした。しかし、そうした前近代的な土地所有（共同体的所有と個人的所有、領主の上級所有権と農奴の下級所有権）を解体・償却して、近代には土地の私的所有が生まれるのですが、それを安定的に担保する規範もルールも近代社会のために初発から用意されていたのではありませんから、土地の私的所有と売買・賃貸借に関する特殊なルールを生み出さなければ、生産要素としての土地の効率的な配分も利用も困難となるでしょう。

近代国家が土地の私的所有に対応して整備しなければならなかったのは、自然の一部を切り取って誰かが排他的に所有していることを証明するための登記（land registration）の制度であり、また、売買や貸借のための特殊なルールの創出でした。売り手と買い手の間で納得できる価格（土地市場での相場）が形成されているのであれば、土地の売買自体はそれほど難しい問題ではありませんが、土地自体が不動産として担保物権となるため、抵当権の設定されている土地の売買をどのように処理すべきかについては、ありうる事例に即した特殊ルールが必要となります。

一般的に、より多く発生するのは、土地を賃貸借する場合の特殊ルールの必要性の方でしょう。土地は移動することができませんから、利用者を変更するための手続きとしても、売買よりも貸借の方がよく用いられてきました。しかし、たとえば借地農場主が、借りた土地の排水工事をし、そこに客土を入れ、灌漑設備を施し、近隣の公道に通ずる道路を作ったりといった事業を行って、その土地の利用価値を高めようとした場合に、そうした土地改良事業の経費や、改良事業の結果発生するより多くの収穫を、賃貸借関係にどのように反映させるかといった問題が――地味が良く、便利な土地の地代は、そうでない土地よりも高いのが当然ですから――ただちに発生します。また、地主が悪辣な場合、借地農場主が一連の土地改良事業を終えて、いよいよその成果を回収しようとし始める頃を狙って、賃貸借関係を更新しないと宣言して、改良された土地をただでわがものにし、そのうえで、より高い地代で他の借地農場主に貸すならば、明らかに地主と借地人の間で紛争となるでしょう。あるいは、こうした紛争が頻発するのであれば、借地人は土地改良事業に真剣に取り組まず、どの土地も生産力が低く、また使い勝手の悪い不便な土地のままとなりますから、産業化と同時に農業生産力を高めなければならないという社会的課題は達成が覚束なくなるでしょう。

こうした借地人の出費・努力による土地改良や資産価値の増価を賃貸借契約の終了や更新の際にどのように評価して、地主と借地人との間で処理するのかについても、やはり、ありうる事例に対処できる特殊なルールが必要となります。

つまり、土地を商品化するための特殊ルールとは、土地を切り取って所有するという行為をいかに安定的に保障し、また土地の生産力や価値を高める行為に対していかに公平に酬いるかという、自然に対して及ぼされた人為を評価するためのルールなのです。それらの人為は、自然を対象になされたことであるだけに、対象物である土地から切り離すことができません。切り離すことはできないが、人為は人為として正当に認めなければ、生産力も産業も発展しません。こうした自然（土地）の特性に制約された人為が、土地を商品化し、土地（売買と貸借の）市場を成立させるうえで、最も考慮を要することがらだったのです。

(2) 労働力創出（原蓄）政策

これはすでに第10章で述べた通りで、職業・営業・取引の自由と移動の自由を保障し、また直接的生産者を土地と共同体（の保護）から切り離して、労働市場でおのれの労働を売るほかない存在に作りかえることです。これは市場経済・資本主義がその内在的な機能として完遂できることではなく、国家の関与が——その自覚的な意図が資本の原始的蓄積の推進にあったとまでいうことはできませんが——必要でした。

(3) 雇用関係の担保

労働力とは、土地と共同体から切り離されて、創出されれば、そのあとは、自由に売買と利用ができるという便利な商品ではありません。使用者が労働力を購入すると、その労働力にはもれなく、元の所有者、すなわち労働者が付いてきます。普通の商品の売買・消費と労働力の大きな相違はここに表れます。あなたが豆腐屋で豆腐を買っても、豆腐屋の主人はあなたの買った豆腐に付随して、あなたの家に来たりしません。また、豆腐屋は、あなたが、その豆腐を何に使おうが――冷や奴にしようが、鍋物にしようが、がんもどきの材料にしようが――あるいは夫婦喧嘩の末に豆腐を投げたとしても、不平も意見も言いません。通常の商品は売買と引渡しが済めば、元の所有者からは切り離されるのですが、労働力はそもそも、人が生きて活動する能力ですから、その人から切り離して引き渡すということができません。

したがって、売買されたあとの労働力を使おうとすると、元の所有者である労働者は、労働力が消費される場に必ずいて、その使い方についてあれこれと不平や意見を言うでしょう。曰く、「もう少し高尚な仕事がしたい」、「暑くて疲れたから休みたい」、「腹が減って働けないから旨いものを喰わせろ」、「臭いから、どうにかしてくれ」。買い取ったはずの商品の元の所有者からこうした無理難題を突き付けられるのが、労働力という商品の売買の特性です。こうした商品を買って、それが使用者の思いどおりに使うことができないのならば、そもそも産業資本の運動など成り立ちませんし、企業経営も安定的には立ち行きません。

そこで、国家が乗り出して、労働力を買った者は、公序良俗に反しない限り、おのれの意思に従って労働力を用いてよい、つまり労働者に対する指揮・命令権があることと、労働者がその指揮・命令に従わない場合は懲戒する権利もあることを、使用者に保証しなければならないのです。こうした、労働力を買った者と売った者との法的な関係を雇用関係といいますが、雇用関係は私的な権力関係を帯びなければ、使用者の期待したとおりに労働力を使うことはできませんし、その私的権力関係を正当化できるのは、使用者によるあからさまな詐欺瞞着と暴力と心理的統制（要するにブラック企業でなされていること）を除くなら、国家権力しかないのです。労働力を、使用者にとって役に立つ商品として維持する機能が、その社会で承認されている標準的な生き方と働き方から外れない範囲の中において、国家によって果たされているのです。

(4) 救貧政策

労働力にはもう一つ困った特性があります。それは売れ残った場合の始末です。通常の商品だと、生鮮品でなければ、売れ残りは保管して、明日、来週、来月、あるいは来年売ればよいでしょうし、生鮮品だったら価格を下げて今日中に売ろうと努力し、それでも売れなかったら、商品価値はなくなりますから廃棄することになります。労働力はどうでしょうか。労働力とは人が生きて合目的な活動をする能力を随時発揮することです。いま発揮されない労働力は売れない労働力で、次の瞬間には商品価値はなくなり廃棄するほかありません。昨日の労働力を今日売買して、働く／働かせるということは論理的に絶対にできません。売れなかった労働力の所有者は失業者です。失業期間が数日程度だったら、賃金以外に収入のない労働者でもわずかな蓄えで生き延びて、また売れる（＝賃金を得て生活できる）機会を狙うことができるでしょう。しかし、失業期間が一週間とか一カ月間とか続けば、労働力以外に売るものをもたない労働者（無産者）は死滅するほかありません。もし、ここで、共同体や身分制に由来する保護機能が作用しているならば、人はわざわざ労働者になりはせず、その村や町に留まって、元来の生業を続けようとするでしょうが、彼／彼女が労働者になっているということは、そうした保護からも切り離されているということを意味するからです。したがって、一週間も一カ月も売れなかった労働力の持ち主は死ぬほかないのです。これが市場経済・資本主義社会の原理に照らした場合の、売れ残った労働力の末路です。

しかし、これは、死んで行く当の労働者にとって生存の危機であるだけでなく、資本主義にとっても大層困った問題となります。

図15-1で表されているように、もし、市場経済・資本主義が純粋な形で運動しているなら、恐慌や不況で失業が発生するたびに、失業者のほとんどは死に絶えることになります。むろん、新たな

図15-1　資本主義経済における労働者人口

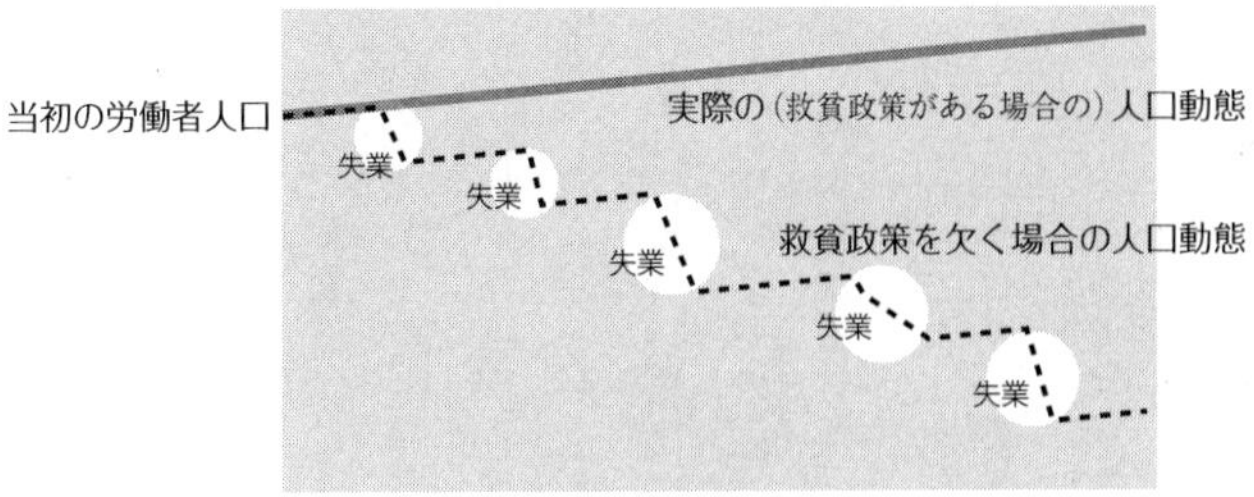

子が産まれ、子は育っていきますから、長期的に見るなら失業者が死に絶えたあとも労働者人口は徐々に増えていくでしょうが、それには一五～二〇年といった長い時間が必要です。失業はそれよりも短い間隔で繰り返し発生します。二〇年後に元の労働者人口に戻る前に、再び恐慌が襲って失業が発生し、失業者が死に絶えるなら、その社会の労働者人口は長期的な趨勢としては失業発生のたびに段階的に減少することになります。景気が回復しても、雇うべき労働者の数が減っているのでは、資本主義経済は供給面で労働力の制約に阻まれ、需要面でも人口減少に阻まれて、成長することができないでしょう。共同体・身分制の保護機能が消滅しており、資本主義経済では労働者とは労働市場でおのれの労働力を売るしか生きる道がないのだという前提を設定すれば、図15-1の点線のように、労働者人口は段階的に着実に減少し、経済も成長ではなく、縮小することを免れることはできないでしょう。

　しかし、実際の資本主義経済は、多少の紆余曲折や停滞はあっても、成長し続けてきました。それを可能にしたのが、救貧政策です。かつて機能していた共同体と身分制による保護機能が衰弱した近世には、多くの国で、原因は何であれ困窮した人を生かしておくための救貧政策が始まります。それが始まったのは、生まれ育った共同体を離れて、各地で賃労働に就く者（当時の用語では「浮浪者〔vagabonds〕」）が、あちこちで行き倒れて野垂れ死ぬことが頻発すると、そうした行き倒れを抱え込む町や村の人びとが困ったからです。救貧政策によって、失業者とその家族が何らかの仕方で生かされるなら、それは労働市場で売れなかった生鮮品としての労働力を冷凍保存するのと同じ機能を果たします。次に景気が回復した際に、冷凍保存されていた労働力を解凍して市場に供給すれば、労働者は再び市場経済の中で生きていくことができるようになり、資本主義経済は成長することが可能になります。

このように救貧政策は資本主義経済が存続するために不可欠の役割を果たしています。それは、近代初期には、多くの国で、財政的には地方ごとに、しかし、制度の枠組みは国家が設定する仕方で、広く運用されました。むろん「怠け者が救貧政策を頼って働こうとしない」のは望ましくない事態と考えられましたから、救貧政策で受給する者にはさまざまな負の烙印が捺され、人びとを救貧政策からできる限り遠ざけ、本当に生存の危機に瀕している者だけが救貧政策の受給対象となるように、受給抑制のためにあれこれの厭らしい仕掛けが施されました。それゆえ、同時代の人びとや、当時のルポや小説は、救貧政策の惨めさを強調しましたが、それが失業した労働者を生かして、資本主義経済の成長を可能にした面は正当に評価していないようです。失業した労働者を生かしておく制度が、当時にあっては悲惨なものと忌み嫌われたのは事実ですが、同時に、救貧制度が資本主義にとって必要不可欠であったことは認識しなければなりません。その後、近代から現代への移行にともなって、失業などの困窮に対しては、権利として受給できる諸種の社会保険が整備されて活用されましたから、救貧政策は社会保障（人の生存保障の社会的機能）の最後の拠り所となりましたが、いまも、生活保護や公的扶助（public assistance）という名で社会を下支えする役割を果たしていることはご存知のとおりです。

文献案内

本章の内容に最も大きな刺激を与えてくれた書物を二冊紹介しましょう。資本主義国家の必然性を社会政策・労働問題に注目することから説いた中西［1982］と、近代の自由な諸個人の間になぜ指揮・命令と服従・実行の関係が成立しえたのかを解明した森［1988］です。

第16章 自然と経済

本章では自然と経済の関係に注目して近代の特質を論じます。自然と経済との間に発生する問題を、資源問題、環境問題、人口問題に分けたうえで、それらが産業革命を経て、史上最初に発現したイギリスの例を見ながら、当時採用された解決方法が、それらの問題の先送りにすぎないことを指摘します。また、同時代のイギリスの経済学者たちが、これらの問題をいかに認識していたかを概観することにしましょう。

1 自然の生産力

わたしたちは、富や価値、有用性の源泉を人の労働にあると考えます。それ自体は誤りではありませんが、富・価値・有用性を人が無から生み出せるということはほとんどありません。逆に、人の労働が一切介在しない財はあります。わたしたちが必要としている財の中には、わたしたちの需要量をはるかに超えて自然が供給しているため、その財の希少性が発生せず、経済学の認識対象にもならないものがあります。そうした財を自由財と呼びます[*1]。空気（地球の大気）や海水はその代表的な例です。日本では地域によっては、汚染されていない真水や川砂も自由財となっているところもあるでしょう。空気や海水は、少なくとも現状では、価格はゼロで、誰もが自由にいくらでも消費できます。それを生産しているのは自然です。しかし、水の中や宇宙空間など、空気の存在しないところでは、空気がわたしたちにとって一時《いっとき》もなしでは済まされない重要な財であることがわかるでしょう。

＊1　自由財でない財を経済財と呼び、それは供給量よりも需要量が多いため、分配の問題が発生し、また、供給曲線と需要曲線に交点があるため価格が発生します。経済財のほとんどは、何らかの仕方で人の手の加わった財です。人の手が加わって生み出されているのに、自由財であるものは――ネット上に供給されている無料の情報などを除くなら――ありません。もし、あるとするなら、騒音とか大気汚染、水質汚染などの、人にとって負の富・価値・有用性をもつ財だけです。

このようにして、自然の生産力に注目するなら、通常、わたしたちが生産と考えていることも、自然が生産したものを消費しているにすぎないことがわかります。たとえば水産業の生産量とは、養殖漁業によるものを除くなら、ほぼすべてが自然の生み出したものの捕獲と消費にすぎません。林業の生産量も自然が生み出した木材を人が伐採して消費していますし、石炭鉱業の生産量も同様にして、過去の地球が長い時間をかけて生産したものを採掘して消費しているにすぎません。

自然の生産力という概念を設定するなら、自然と人間の経済との間に発生している諸問題を簡潔に定義することができます。資源問題とは、その資源を自然が生産する速度・量より、人間の消費速度・量の方が過大な場合に発生する問題です。最もわかりやすいのは水産資源の乱獲や、石油の枯渇の可能性などです。環境問題とは、自然による自由財（大気や海水など）の生産・浄化の条件が人為によって急激に、また不可逆的に変わり、それら自由財の質が人の利用に適さなくなる問題を意味します。現在、最も広く知られ、またさまざまな取組みがなされているのが、温室効果ガス（二酸化炭素、メタン、対流圏オゾン〔光化学オキシダント〕など）の問題です。人口問題とは、所与の自然を前提にした人間＝社会の持続的な生産力水準で維持可能な数を超えて人口が増加することによって発生する諸問題です。現在の世界で生産されている食料の総量は地球の総人口を養うのに足りており、各地で発生している飢餓は総人口の一一%（八億一五〇〇万人）に及んでいますが、それは、紛争などによって農耕と商品流通が阻害された結果発生した、地球規模での分配の問題であると考えられています。その裏側では、生産量の三割以上に及ぶ大量の食料の廃棄・損失が発生して、人びとの口に届くことなく浪費されています。つまり、現状では総量では足りているはずなのですが、あとで述べるように現在の農業生産力を今後も永く維持できるのか否かという問題は残されています。

以下、第2節と第3節では、近代イギリスにおいて、どのような仕方で資源問題と人口問題が発生し、それがどのようにして「解決」されたのかを見ることにします。

2 コークス製錬法

イギリスは近世後期から人口が増加し、それに応じて産業が発展しました（図16-1参照）。殊に、港湾工事や、低湿地の排水工事、および水車の設置などに、大量の木材と鉄材への需要が発生しました。人口増加に対応して耕地・牧地面積を増大させるために森林を伐採しただけでなく、土木建築資材としての木材と製鉄原料としての木炭を得るためにも森林を伐採したため、一八世紀には森林資源が枯渇し、イングランドの多くの地域は現在もそうであるように、森林のない草地（牧草地）・畑と市街地で覆われるようになりました。

つまり、イギリスではすでに一八世紀までには、土木建築資材という点でも、製鉄原料という点でも、自然の有限性の問題が発現していたのです。この問題に対応するため、当初はスウェーデンやスペイン（バスク）から鉄材を輸入しましたが、それが可能であったのは、スウェーデンとバス

図 16-1　イギリスの人口推移（1000 ～ 2003 年）

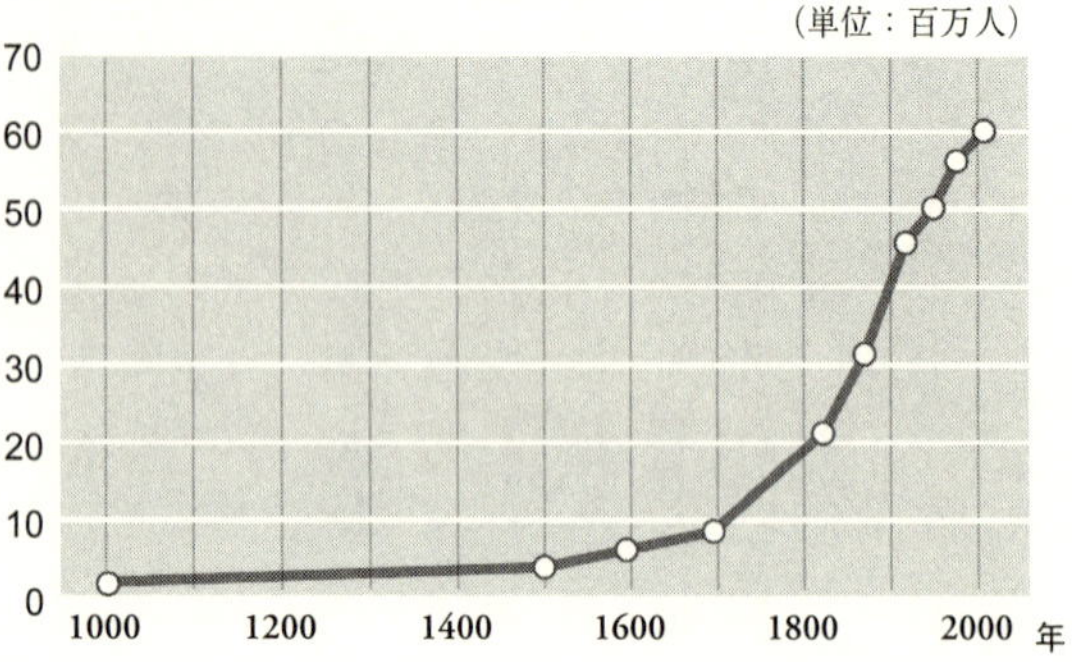

（データ出所）　マディソン［2015］付録統計 A-1。

クには豊富な森林（木炭の供給源）が残っていたからです。つまり、イギリスは自国の森林資源が枯渇したあとも経済成長を続けるために、他国の自然を用いて生産されたものを輸入することで、当面の問題をしのいだのです。

しかし、一八世紀になると、もはや、当時の海運技術で輸入できる鉄材だけでは明らかに不足するようになります。一八世紀初めに黄銅製造業から鉄の鋳物屋に転身しつつあったダービー（Abraham Darby, 父）は、石炭を乾留することにより、製鉄工程で有害な作用をする硫黄やコールタール、ピッチ、アンモニアなどの不純物を取り除いて、コークスを製造し、それで、製鉄が可能であることを実証しました（一七〇九年）。このコークスを用いた鉄鉱石の製錬法は、同名の息子によって、一八世紀後半にはほぼ完成され、従来の木炭製錬をしのぐ生産性を達成しました。

木炭の元となる森林資源は一度伐採してしまえば、植林しても、早くとも数十年、長ければ百年以上、元の水準には再生しません。これに対して、過去に生育した植物の化石である石炭は世界各地の地中に大量に埋蔵していますから、それを加工して製鉄原料に用いるなら、その地域の森林資源という自然の有限性を突破して、製鉄業を発展させることができます。ポメランツ『大分岐』は、イギリス産業革命が達成したこのような変化に注目しています。

ここでは、過去の自然が生産した石炭を用いて、現在の自然の有限性を突破していることになります。むろん、過去の自然の生産物である石炭の生成速度は、人間が石炭を消費する速度よりはるかに遅いですから、地中の石炭をすべて使い切ってしまえば、コークス製錬法で鉄を得ることは不可能になります。つまり、資源問題を本質的に解決した――ある資源を人間が利用する消費速度・量を、自然がそれを生産する速度・量の範囲内に収めた――のではなく、過去の自然に依拠して、当面の自然の有限性を「突破」してはいるものの、問題を先送りにしているにすぎません。しかし、現在も世界の製鉄業はコークスを主たる還元剤として用いて銑鉄を生産していますから、わたしたちの産業文明は、いまのところ、問題を先送りにする状態の中で鉄を得ていることになります。コークス使用量（コークス比）を下げた製錬法や、石炭微粉や天然ガスを用いた製錬法などの開発と実用化は進んでいますが、化石燃料（過去の有限な自然）に一切依存しない製錬法――たとえば、風力・水力発電で水を電気分解して生成した水素によって鉄鉱石を還元する製錬法――は構想されてはいて、数年以内に実験炉が完成する予定ですが、実用化には、まだかなりの時間を要するでしょう。

3 食料輸入と現代農業

産業革命期のイギリスでは、全体に人口が増えただけでなく、総人口の中の非農業人口の比率も増大しました。ますます多くの非農業人口が食料に対して従来よりも大きな需要を生み出すわけですから、食料価格は全般的に高騰傾向にありました。食料価格が上昇すれば、従来は耕作されなかった（地味が悪いため、従来の食料価格では、食料を生産しても利潤が得られない）劣等地まで耕作されるようになります。こうして、従来の未耕作地にも地代が発生するようになると、それよりも優等な土地の地代はすべて、最劣等地の地代に相当する分だけ上昇することになり、地代水準は全般的にあがります。産業革命期の古典派経済学では、社会が生み出した富は、各生産要素に対して生産への貢献に応じて分配されると考えられていましたから、土地への報酬である地代が増えれば、資本への報酬である利潤は圧迫されざるをえません。イギリスの産業が発展し、非農業人口が増えれば増えるほど、地代水準が上昇し、利潤はその分低下していくと、最終的には、資本主義経済が成り立たない水準にまで利潤率が低下してしまうでしょう。ここに表現されているのは、イギリスの土地、殊に食料生産用の優等地には限界があるということで、この自然の有限性に近付くほど利潤率が低下すると当時は考えられていました。あとに見るように、一九世紀初頭には、古典派経済学者の間でこの問題をめぐる論争が繰り広げられましたが、現実の問題として、イギリスの自然の有限性に規定されたイギリス資本主義の危機は、食料輸入によって解消されたのです。これは鉄材輸入について指摘したのと同様に、外国の自然に依存して、当面の問題を先送りしたことになります。

Column

地代論という分野

かつて古典派経済学にもマルクス経済学にも、地代論という理論分野がありました。それは自然の有限性（土地の希少性）から発生する地代などの経済現象と、それらにともなう諸問題を経済学として認識するための重要な一分野でした。優等地と劣等地の差から説明する差額地代論と、およそあらゆる土地に、それゆえ最劣等地にも発生する絶対地代論などがありましたが、いずれの場合も、人が生み出すことができず、しかも有限の資源である自然をめぐる問題群を経済学がいかにその体系の中に取り込むかの努力がなされてきました。

しかし、現在の主流派の経済学の理論には、地代論という分野はありません。むろん現在も「地代（rent）」という言葉は経済学の中にありますが、それは、もはや自然の有限性の問題ではありません。「レント」とは、完全競争市場であるならば生産要素の供給者が受け取るはずの利潤（所得）

を上回って受け取る特別な利潤を意味する概念に一般化しており、そうした超過利潤が発生する原因も、その生産要素の供給が価格に対して非弾力的であるからだと説明されます。供給量が価格非弾力的な例として土地が取り上げられることはありますが、土地が、経済学の中にうまく位置付けにくい自然の問題を指し示していたことは、いまでは忘れ去られて、完全競争とは異なる特殊な需給状態の問題に回収されています。日本の経済学教育でも、「地代」の語は用いず、「レント」と、英単語のカナ表記が定着しています。

このあと、イギリスは一九世紀を通じて傾向的に食料自給率を下げ、第一次世界大戦前には四二%ほどにまで下がりますが、大戦を経験して、食料自給が安全保障上もっている重要な意味に気付いたイギリスは農業復興・食料自給化の路線を採用し、またEC加盟も自給率を押し上げる方向に作用したため、現在は熱量で七割ほど、穀物では十割ほどの自給率に回復しています。日本の食料自給率が二〇世紀を通じて低下し、現在は、熱量で四割以下となっているのとは対照的ですが、現在、世界の先進国の中で、日本と韓国の極端に低い食料自給率は、その自然条件（温帯に位置して、農業に適していること）を考慮するなら、際立っています。カナダ、オーストラリア、アメリカ、フランスなどは一〇〇%をはるかに超えており、その他の先進国も多くは七〇〜九〇%ほどの水準を維持しています。

しかし、イギリスや日本を含めて、現在の先進国の食料自給率は現代農業によって達成されている数字であることに注意する必要があります。ここで、現代農業とは、化石燃料を用いた農業機械と、化石燃料を主原料とする化学肥料や化学合成農薬に依存して、その高い生産性を維持している農業を意味し、それは一九世紀末に登場して、二〇世紀を通じて世界各地に定着しました。農業機械によって、土地を深く耕すことが可能で、全般的に労働生産性を高く保つことができます。また、従来の緑肥や魚肥に比べるなら合成肥料は、化学農薬とともに、現代農業の高い生産性を支える大きな要因となっています。現在の農業は、製鉄がそうであるのと同様に、過去の自然の生産物に依存して、高い生産力を発揮しているのですが、それは、化石燃料を一切用いない農業の生産性と比べるならば、格段の差があります。日本を含む現在の世界各地の農業が享受している生産力は、過去の自然に依存したものであって、それに依存できない場合には維持できない水準なのです。現代農業が「過去の自然（化石燃料）」に依存している点については、小野塚［2021］および小野塚［2023a］を参照してください。

現在の先進各国は人口増加率も概して低く、また、流通過程や消費過程での食料廃棄量も非常に多く、飽食の時代を満喫しているように見えますが、上述の意味での人口問題（所与の自然を前提にした人間＝社会の持続的な生産力水準で維持可能な数を人口が超えていないか否か）を長期安定的に解決したわけではない可能性があることは認識しておく必要があるでしょう。

4 経済学における自然

第2節と第3節で概観したような資源問題・人口問題を当時のイギリスの経済学者たちはどのように考えていたのでしょうか。そこからは、いくつも興味深い論点が浮かび上がってきます。以下では、人口増大をめぐるリカードとマルサスの論争、経済が物的に成長しない定常状態、ジェヴォンズの石炭問題などを見ることにしましょう。

(1) リカードとマルサスの論争

一九世紀初頭には前節で見たように、人口増大に起因して食料価格が高騰することから発するさまざまな問題が認識されていました。

ナポレオン戦争の頃、殊に食料価格が高騰したことをきっかけとして、一八一五年の穀物輸入規制法をめぐる政策論争が発生し、当時の経済学者の間でも、この問題をいかに解くべきかについて論争が発生しました。リカードは、食料を輸入して、他国の自然を利用するなら、イギリスにとっての当面の問題は解消するから、自由貿易を行うならば、イギリス資本主義は当面は成長可能であるという「明るい解決策」を提示しました。この解決策の理論的な正当性を示すために、リカードは、自由貿易が双方にとって有利であることを説明する比較生産費説（現在のミクロ経済学における

T. R. マルサス

写真提供　leemage

D. リカード

写真提供
Bridgeman Images／時事通信フォト

機会費用概念と比較優位概念の原型）を開発しました。

これに対してマルサスは、食料生産は算術級数的にしか増えないが、人口は幾何級数（ねずみ算）的に増えるので、社会全体が深刻な食糧不足に陥る前に、人口増大を抑制しなければ、資本主義経済は長期安定的に存続できないと論じました。人口を抑制する仕組みとしてマルサスが想定したのは、戦争・疫病・姥捨てなどによって死亡率が高まる積極的な（いま生きている人の数の）制限と、晩婚・禁欲・性交中絶・堕胎・間引きなどによって出生率が低下する予防的な（今後生まれるであろう人の数の）制限でしたが、政策的には積極的制限を主張するわけにはいきませんでしたから、マルサスが力説したのは予防的制限（殊に晩婚と避妊）の重要性でした。こうして、前近代と同様に人口が停滞的な（「マルサスの罠」にはまった）社会となっても、上流階級が奢侈や顕示的消費によって有効需要（貨幣支出をともなって実際に市場に発現する需要）を維持すれば、経済は縮小することなく維持できると考えました。マルサスの唱えた解決策は人口抑制やそのための避妊・晩婚など、当時の人びとの価値観からは「暗い解決策」であり、しかも当のマルサスが大学卒業後は英国国教会の牧師を務めていましたから、牧師にあるまじき罰当たりな主張と受け止められて、この論争では、議論の当否とは別に、マルサスの方がはじめから分が悪かったのです。

現実の政策としても、一八二〇年代以降、自由貿易と営業・職業の自由（どちらも英語では“free trade”）を求める運動が活発化し、結局、一八四六年には穀物輸入規制法は廃止されますから、リカードの主張が勝利を占めたように見えます。ただ、リカードとマルサスの相違の背後に作用していたのが、とりあえず他国の自然に依拠することをよしとするか、それとも、それは一時しのぎにすぎないから全地球レベルで考えるか、という問題設定の相違であったことは注意を要します。

(2) 「定常状態」と「石炭問題」

この論争で、非常に興味深いのは、他国の自然を利用するなら、イギリスの自然の有限性にともなう諸問題はとりあえず先送りできることを、貿易理論も用いて主張したリカード自身が、地球全体が自然の有限性に到達した場合にどうなるかということを、真剣に考えていたことです。それが「定常状態（stationary state）」という概念です。定常状態とは、各経済主体にとって新たな努力や工夫の余地がなくなり、経済は物的に成長せず、人口増加も技術革新も資本蓄積も発生しない状態です。経済発展が一国を越えて全地球レベルに波及するなら、早晩、地球の経済はこの定常状態に達するというのがリカードの到達した結論です。つまり、リカードは食料輸入が当面の問題の先送りにすぎないことを正確に認識していたのです。

リカードらを継承して古典派経済学を集大成したJ・S・ミルも、この定常状態という概念を用いて、そこに行き着く前に、意識的に人口増大を停止しないならば、地球上のすべての土地が耕地・牧地となり、公園や花園などの文化的な余裕のまったくない社会になってしまうと警鐘を鳴らしました。

J. S. ミル

写真提供
Bridgeman Images／時事通信フォト

古典派経済学から新古典派への一歩を進み始めた最初の人物とされるジェヴォンズは、一八六五年に『石炭問題』という書物を刊行して、当時、眼前に広がる産業文明は石炭に依存

図 16-2　イギリスの石炭消費量についてのジェヴォンズの予想

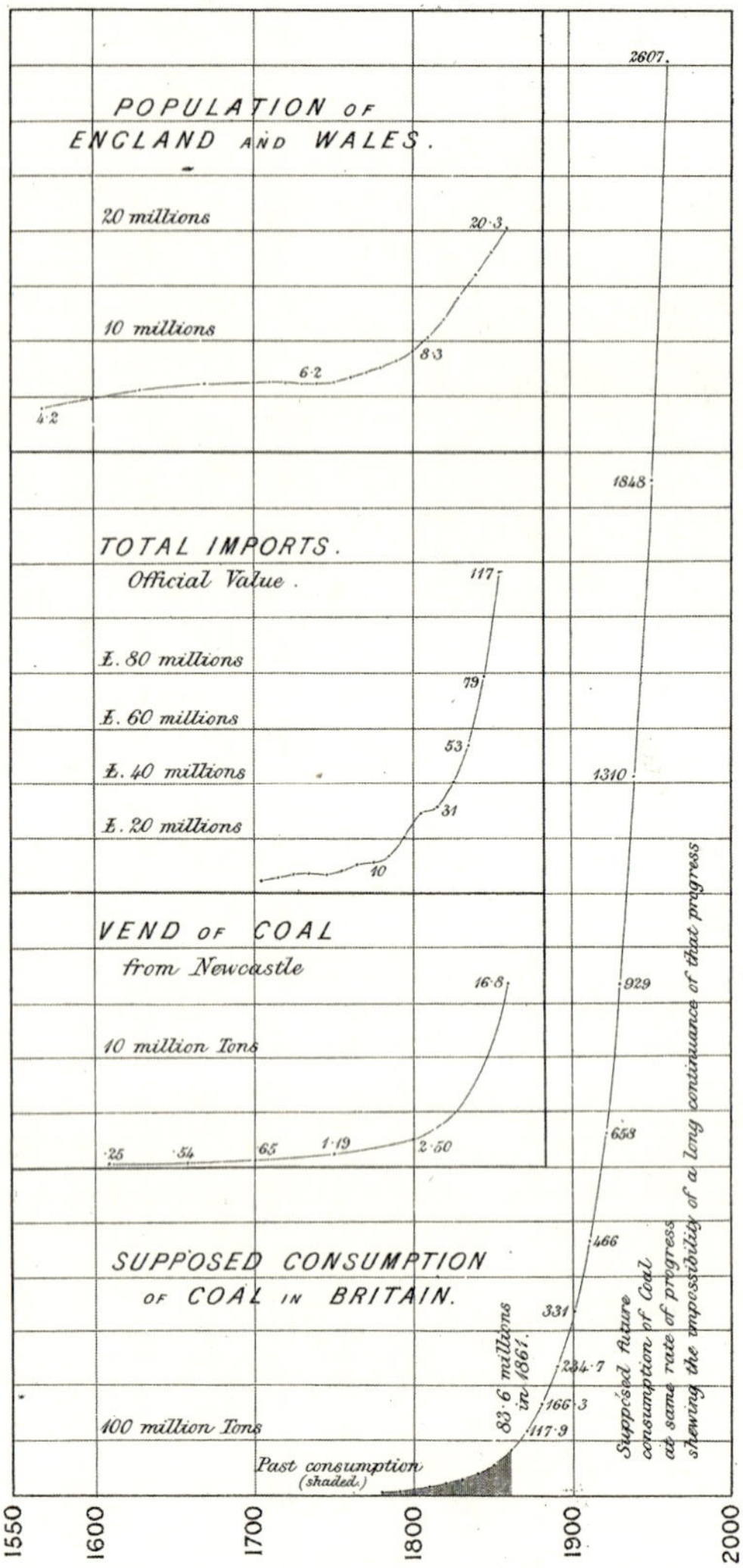

（出所） Jevons［1865］，標題紙の左側頁。

しており、それは枯渇する傾向にあり、完全に枯渇してしまったならば、産業社会を維持することは不可能だから、農業に基づく持続可能な社会への転換が必要ではないかという問題提起をしました。

このように、当時の経済学を代表する研究者が、自然の有限性の問題を、それなりの仕方で指摘してはいたのですが、世界中が産業革命に狂奔し、そこから発生する機械需要や海運需要、資本需要などでイギリスも繁栄する状況にあっては、それらは広範な議論を巻き起こすにはいたらず、世界全体がますます経済的に発展する中で忘れ去られたのです。古典派経済学を批判して、より弁証法的な（社会と時代の変化を見透《みとお》すことのできる）学問を切り拓いていると自負したマルクスやエンゲルスは、ミルやジェヴォンズの指摘はむろん知っていましたが、科学・技術・生産力は無限に発展するのだから、それによって、現在は自然の有限性の問題と見えていることも、ゆくゆくは無限に発展する科学などによって弁証法的に解決されるのであって、その理をわからずに、ことさらに発展の限界を説くのはブルジョワ経済学の限界であると唱えました。したがって、古典派経済学の批判者によって、自然の有限性の問題は正しく受け止められませんでしたから、それは一九世紀末以降の人びとの問題認識を大きく制約しました。端的にいうなら、自然と経済との間に発生する問題は、経済学の認識対象の外側に打ち捨てられたのです。

限界革命以降の新古典派経済学では、認識対象は純粋に市場現象に集中していきましたから、たとえば、資源枯渇であれ、農業生産力の限界の問題であれ、稀少資源の価格は高騰し、その結果、需要が減少するから、常に、市場が資源とその需給を適切に調節するのだという認識が支配的になりました。それは、確かに、経済学的には正しい説明ではあるのですが、自然の生産力を超えた人類の経済活動は長期安定的に持続的には成立しえないという本来の問題を忘れてしまって（あるいは意図的に無視して）います。

こうした忘却や無視を可能にした要因には、経済学の認識論的な傾向——認識と考察の対象を経済成長や産業発展の条件に限定し、他方で、負の外部性（外部不経済）に気付くのが遅れた認識の傾向——もあります。また、他方では、それとは別に、現実に食料生産力は化石燃料を用いる現代農業によって飛躍的に上昇して、一九世紀と二〇世紀に爆発的に増加した人口を現実に支えているし、石炭も石油も調査が進めば新たな埋蔵地が発見され、採掘技術進歩もともなって、可採埋蔵量がほとんど減少してこなかったという現実、さらに、水力・火力発電を代替して、電力に革命的な変化を起こすはずであった原子力の登場など、一連のできごとによっても、問題の忘却と無視は助長されてきました。しかし、それらは自然の有限性という問題が消滅したことは意味しません。

現在、石炭・石油・天然ガスの枯渇は目前の問題であるとは考えられていません。その点では、ジェヴォンズの心配はまだ現実のものとなってはいません。ジェヴォンズは「現在と同じ成長率で将来の石炭消費を予想するなら、消費量の伸びが長期間継続するのは不可能であることを示している」と述べて、一八六一年のイギリスの石炭消費量が八六〇〇万トンであるのに対し、一九〇〇年のイギリスの消費量を三億トン強、一九六〇年には約二六億トンと予想しています（三七四頁の図を参照）。一九六〇年のイギリスの消費量予想値は世界全体の実際の消費量とほぼ同じで（石油や天然ガスなど代替化石燃料が普及したため、石炭消費量はジェヴォンズの予想ほどには伸びていません）、現在は世界で年間八〇億トンを消費しています。現在の可採埋蔵量は八千億トンですから、資源問題は眼前に迫っていません——とはいえ、現在の消費速度では百年しかもちません——が、化石燃料を燃やし、また諸種の経済活動の結果、大気中に放出した温室効果ガスによる問題の方が、気候変動など現実の問題もともなって、より大きく認識されるようになっています。自然の生産力を問題にする場合、木材や化石燃料などの生産速度と消費速度の関係（資源問題）も大切ですが、現在では、地球の自由財（大気や海水など）の生産・浄化の条件が人為によって急激に変わり、自由財の質が劣化していること（環境問題）の方が注目されているといってもよいでしょう。

また、現在の技術水準において、すでに、鉄道や自動車などの陸上交通機関や農業機械・産業機械は化石燃料に依存せず、風力・水力・地熱などで発電したエネルギーを用い、また燃料電池を用いるなどの仕方で、脱化石燃料化する方法は現実化しつつあるといっても差し支えありません。船船も電力と風力の利用とで脱化石燃料化する可能性があることは明らかです。航空機は重量が大切な要素となりますので、実験的なものを別にするなら（水素燃料航空機を含め）、長距離高速空輸を化石燃料に依存せずに今後も成り立たせる方途はまだ開発されていませんから、化石燃料に依存する最後の分野として残る可能性があります。動力源という点では、化石燃料に依存し続けなければならない分野はかなり限定されてきました。

化石燃料の用途は、これ以外に金属製錬の還元剤と、有機化学工業の原料です。こうした広範な分野で化石燃料に依存しない経済システムを構築できるなら、近現代の産業文明は、技術的な意味では初めて「千年王国」を実現できるのかもしれません。それらのいくつかは原理的には可能であると考えられているものの、実用化の目処は立っていません。

現在、自然科学を研究する者の多くは、地球のもつ生産力や調節能力を超えて人間の経済活動が進んだ場合に訪れるであろう限界を定性的には理解しており、それが、いつ、どのような仕方で発現するのか、あるいは地球が持続的に養える人口は何人なのかといった定量的な問題ではさまざまに異なる見解があるものの、限界の存在そのものを否定する議論はほとんど発見できないでしょう。地球が物質的に閉鎖系である以上、化石燃料とか原子力のように、地球が処理でき、また人類が耐えうる以上の物質を放出する経済活動のあり方は、地球に不可逆的な変化をもたらし、持続可能で

はないことはほぼ共有された認識となっているといっても差し支えありません。

文献案内

本章に関しては、産業革命と人口増加と化石燃料利用との関係を論じたリグリィ［1991］、長い環境史の俯瞰を試みた湯浅［1993］、経済学が自然の有限性をどのように扱った（扱わなかった）のかを論じた中村［1995］、小野塚［2020］、および小野塚［2021］の五点が参考になります。食料貿易の歴史的な意味については小野塚［2023d］を参照してください。自由貿易思想と自由競争市場の教条については小野塚［2023b］を参照してください。

第17章 家と経済

通俗的には、企業とは人びとが働いて、財・サービスを生産する場であり、家庭は生活して、財・サービスを消費する場と考えられています。経済学の初学者向けの教科書などでも、企業は生産主体、家計は消費主体として描かれています。しかし、水産物・木材・化石燃料などの生産が、自然の生産力が生み出したものの消費でもあるのと同様に、企業による財・サービスの生産とは、同時に労働力の消費過程でもあります。では、その労働力はどこで生み出されたのでしょうか。労働力とは人が生きて活動する能力ですから、生きているということ（生活・人生・生存、life）に労働力の起点はあります。

1 労働力の再生産

図 17−1　企業と家計の関係——労働力の再生産

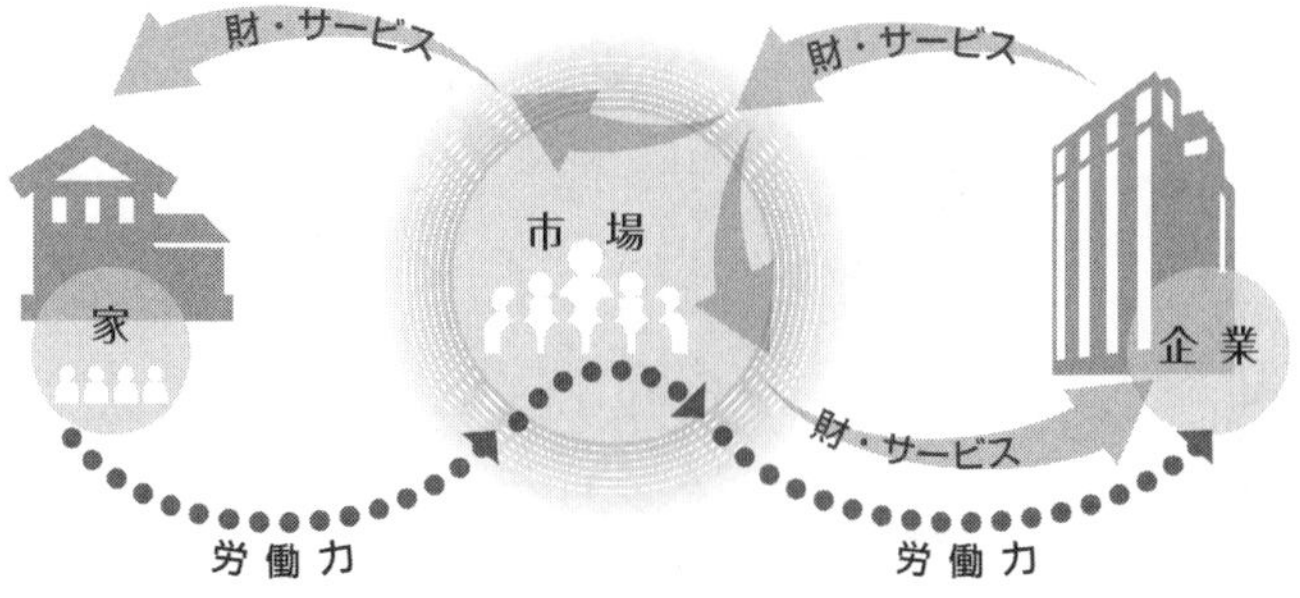

右で見た企業と家計の通俗的な解釈は、図17−1の上側の矢印のように表現されるでしょう。企業で財・サービスの生産の際に用いられている労働力は市場で調達されますが、市場に労働力を供給しているのは家——家族や知人と一緒であれ、単身であれ、人が寝て、食事をとり、風呂に入り、また余暇を過ごすなどの生活の場——です。つまり、家とは、単に消費や生活の場であるだけでなく、労働力の生産の場でもあるのです。いまの労働力は労働すれば——労働しなくても——次の瞬間にはなくなりますし、また、労働すれば、労働力の持ち主は疲れます。ずっと働き続けることはできません。したがって、疲れた心身を休め、明日また働く元気を回復しなければなりません。また、病や怪我で一時的に働けなくなることもありますが、介抱され養生するなら、再び働く力は復活します。このようにして、個々の人の労働力は日々、再生産されなければなりません。

また、個人の生命は永遠ではありませんし、労働可能な年齢は人生の中でも限られた時間です。乳児は労働できません。幼児から少年期にかけて労働する能力が高まり、青壮年期にはさまざまな経験や知識も蓄積されて、労働する能力が高く維持されます。しかし、誰もが加齢に逆らうことはできず、次第に労働する能力は低下し、最後には労働できなくなります。したがって、社会全体で、労働力を維持しようとするなら、労働力を世代間で再生産しなければなりません。

現世代を再生産するために家でなされている行為が家事であり、病人・障害者などの介護です。また、次世代を産み出し、労働力の世代間再生産をする行為が生殖であり、育児です。図17-1の上側の矢印で表示されているように、家は生活に必要な財（たとえば肉やジャガイモ）を市場で買ってきますが、それだけで、人の労働力が再生産されるわけではありません。泥付きの生のジャガイモも生肉も調理しなければ人を養う栄養素としての機能を果たすことはできません。市場で購入してきた財・サービスを用いて、実際に現世代と次世代の労働力を再生産するためには、家事・介護・生殖・育児などさまざまな行為がなされなければならないのです。家計を消費主体とのみ認識してしまうと、そこからは、こうした大切な要素が認識の対象外に零《こぼ》れ落ちて、労働力を再生産する家の機能が見えなくなってしまいます。

「介護（care）」とは、現在の日本では、ほぼ自動的に高齢者介護を指すように使われている言葉ですが、元来は、病人や障害者に付き添って日常生活の世話をして、彼らの心身の回復を助け、また、生活の自立を支援することすべてを指す語です。行為内容という点では、幼児の食事・着替え・排便などの手助けをするのも、介護と重なる部分が大きいのですが、相手が病人でも障害者でも高齢者でもなく、成長しつつある子であるために、幼児向けのこうした世話は育児という言葉で括られています。日本では、病人向けの介護には看病という言葉が使われたこともあって、最初に、傷痍《しょうい》軍人向けの、次に障害者向けの身の回りの世話という意味で介護という語は用いられるようになりました。元来は身の回りの世話一般を指す介護という言葉が、現在のように、ほぼ高齢者専用で使われるようになり、また、それが大きな社会問題となったのは比較的最近——早くとも一九七〇年代以降、殊に、日本では介護保険法の制定（一九九七年）・施行（二〇〇〇年）以降——のことです。そこには、むろん各国に共通する高齢化が作用していますが、そのほかに重要な要因は、介護が労働として可視化されるようになったことと、家族の介護負担が注目されるようになってきたことです。特に、高齢者介護において家族の果たす役割（あるいは家庭という場の役割）が非常に大きい家族主義的福祉レジームの諸国（日本・韓国・台湾など北東アジアと南欧諸国）では、高齢者介護は、より若い世代の人びとにとって重い意味をもっています。これらの点については、森川［2015］、エスピン＝アンデルセン［2000］を参照してください。

とはいえ、家事・介護・生殖・育児は必ず家でなされなければならないというわけではありません。労働力再生産のためのこうした機能を家の外から調達する（＝市場で諸種のサービスとして購入する）可能性はあります。現在、日本を含む先進国で、前掲図8－1の第Ⅲ象限に示された家事に投入された労働時間は、無償労働と有償労働の合計の三分の一から三分の二程度を占めます。家では、相当の労働がなされているのです。家でなされている家事・介護・生殖・育児に投入されている労働力を市場に販売して賃金を得て、市場向けに生産された家事・介護・生殖・育児と同等のサービスを家計が消費するなら、家で小規模かつ非専門的になされている家事・介護・生殖・育児が専門化・効率化される可能性があります。しかも、そうすれば雇用もGDPも増加します。第8章で見た経済企画庁の推計によるなら、これらを完全に市場化すれば、それだけで、GDPは一五～七〇％ほども増加します。家で無償で行われ、無償で提供されているこれらの機能を市場化するのは経済的には良いことずくめのようにも見えます。

しかし、現実には家事・介護・生殖・育児の多くは家でなされています。つまり、労働力の再生産を市場化させずに、家を維持して家でそれを行わせる力が社会的に働いているのです。その力とは、近代家族の規範や、その規範を裏書する慣習や法などの経済外的な力です。近現代の市場経済とは、時代や地域・国による相違はありますが、家（＝性別・年齢別の分業関係）やそれを支える家父長制などの家族形態を前提にして、それを利用して成立しています。

2 前近代・近世の家

さて、ここで、前近代や近世の家について復習しておきましょう。前近代の家とは生（生活・人生・生存、life）の最小の単位であり、また、生の場でした。それは多くの前近代社会において、経済活動の最小の単位でもありました。つまり、単に生活や互酬性・扶養だけでなく、生産と消費の最小の単位が家であり、また、それは近現代の家と同様に労働力（つまり人間）を再生産する場でもありました。家事・育児・介護などは特定の年齢・性別の者に固定的に担われるのではなく、家族成員の年齢構成・性別構成に応じて柔軟に分担されていました。

前近代の家は共同体の成員であり、共同体に媒介された個人的所有の主体であり、それゆえ、また他の経済主体との交換——商品交換だけでなく、家族成員の交換——の主体でもありました。こうした意味で、前近代社会における個人（individual）とは家だったのです。家は複数のヒト個体から構成されますから、家の人格を代表し、家族成員を統括する者として、家長が存在していました。このような前近代の家は、現在の家の機能（生活の場、労働力の再生産）に加えて、現在ならおもに企業が行っている財・サービスを生産し、他の経済主体に供給する役割も果たしていました。家は、その属する共同体の中で、消滅（倒産）することのできない永続的事業体でもあったのです。経済（economy〔英〕、Wirtschaft〔独〕、khozyaistvo〔露〕）の語源が家産管理や農場経営を意味していたのは、こうした前近代の家の機能を背景にしています。前近代の家は、このように共同体的・身分制的な定を負っていますから、家族成員の紐帯も、「血縁と愛情で結ばれ」ているというよりは、むしろ、家の果たすべき機能を効率的に遂行できるように、家族成員は繋がっていました。

そうした機能的な家族成員の紐帯を最もよく示すのが、家族成員の交換です。前近代の家では家族成員の交換は決して例外的なことではありませんでした。婚姻もその一つのあり方ですが、それ以外にも養子や丁稚奉公の仕方でも、人は属する家を換えることがありました。むろん、「交換」とはいえ、現在のプロ野球球団における一対一のトレードのような交換ではなく、それほどきちんとした等価性の成立しない交換です。家族成員の交換には、血統が途絶える危険を回避することのほかに、家が保有する労働力を有効に配分するという意味もありました。子や働き手の足りている（あるいは余っている）家から、足りない家に、人を移動させることにより、社会全体の労働力配分は、家族成員交換のない場合よりも、効率的になります。比較的幼い年齢で交換されるなら養子や継子となりますし、ある程度成長してからの即戦力としての交換なら丁稚奉公となります。そしてこの丁稚奉公が、市場経済・資本主義を特徴付ける賃労働の起点となります。ただし、前近代・近世にあっては、労働力の売り手は本人ではなく、家が売買や交換の主体となります。個人はヒト個体にまで完全に分解していなかったのです。

3　産業革命期の家――家父長制の危機

長く続いた家の性格は、産業革命期に、大きく変動します。家長や相続予定の子（多くは長男）はそれまでと同様に家の正業に従事します。家長や長男以外の、女性と子どもは、かつてなら家の副業をしたり、季節的に他家で賃仕事をしていましたが、産業革命期になると、女性と子どもは安くて使いやすい労働力として、家の外で恒常的に賃労働に携わるようになります。しかも、それが工場労働となると、第13章でも述べたように、夜間や休日も含む長時間労働となりました。こうなると、家族は同居はしていても、共に食事をとるとか、夜は共に休むという、共通の時間は減少し、家族生活は解体する傾向にありました。

家族成員のうち、家の外で長時間労働に従事する者は、食事を家の外でする機会が増え、現金支出も増えるでしょう。

Column

女性と子どもの使いやすさ

なぜ、産業革命期に女性と子どもが安く、使いやすい労働力となったのか、その理由を綺麗に説明することは現在の研究水準では困難です。とはいえ、産業革命を経験したすべての地域・国で同じことが発生していますから、それが産業革命期までの古い家父長制を背景にして成立した慣行であると考えることはできるでしょう。その慣行とは、産業革命期までに、同じ業種・職種の者たち（労働者だけでなく、経営者・技師・職長など下級監督者も含む者たち）で構成され、彼らは共通の技と物（道具・機械、労働対象）を用いることにより、その職業について独自の価値観・判断基準・行動様式を共有したうえで、ある種の自律性が貫徹されていた「職業の世界」とも呼ぶべき慣行です。そうした自前の職業の世界を形成していなかった女性や子どもたちが、新たに職業に就く場合に、彼らは、従来の「職業の世界」で守られなければならなかった職業の格や賃金の格、処遇の通り相場などの適用対象ではありませんでしたから、安く、使いやすい、しかし、新たな労務管理という機能の対象とならざるをえない労働者として登場したのだと本書では、仮に考えておきましょう（榎・小野塚［2014］序章参照）。

そのうえ、家の正業や副業が、近代的な機械・工場との競争に敗退していく場合、家長や長男の現金稼得力は低下し、相対的に女性と子どもの現金収入の比率が増大します。しかも女性と子どもは外で働くようになると、家の外で過ごす時間と、家の外でとる食事が増えるのに比例して、家から自立する傾向を示すことになります。もはや、彼らは現金稼得の力も備えていますから、寝場所さえあるならば（あるいは全寮制・寄宿制の工場に入るならば）、家が市場に供給している労働力とい

う性格から、自らがおのれの労働力を売っているという性格に変わっていくでしょう。

こうして、産業革命期には、資本主義が生産様式として確立するとともに、他方では前近代以来の古い家父長制が危機に瀕することになります。家族成員は家長の統括の下から自立し始め、家が個人であるよりも、むしろ、ヒト個体が個人として際限のない欲望の主体となっていきます。

4 近代家父長制の再編——家を維持しようとする力

ところが、家は産業革命期に危機に瀕しますが、家が完全に解体してしまった社会はいままでのところ、ありません。家は危機から回復したのです。それは、(1)女性と子どもの労働力を保護の必要な二流の労働力にすること、(2)共同体解体後の社会的意思決定への参加権（＝近代的な参政権）がより多くの成人男性に広がること、そして(3)「近代家族」の規範が広がることの、三様の仕方で回復したのです。

(1) 工場法・教育法の効果

家父長の統括から事実上自立しつつあった女性と子どもを、成人男性とは異なる「弱く劣った」存在であり、自由な取引主体（free agent）ではないとする考え方が、女性と子どもの家の外での労働を、社会的な保護の下に置く工場法──現在の日本では、労働基準法の第四章〔労働時間、休憩、休日及び年次有給休暇〕、第五章〔安全及び衛生〕、第六章〔年少者〕、第六章の二〔妊産婦等〕、第一一章〔監督機関〕等が工場法の規定内容にほぼ相当します──が制定・施行されることにより、女性と子どもの長時間労働・夜間労働・危険作業などに制限が導入されて、女性と子どもは安価ではあっても使いやすい労働力ではなくなり、二流の労働力へと変化します。ここでも、産業革命を概観した際と同様に、イギリスの先行事例に注目してみましょう。一八三三年工場法では、九歳未満の児童労働の禁止、九歳以上一八歳未満の労働時間を週六九時間以内に制限、工場監督官の配置を規定し、また、一八四四年工場法では女性労働者にも一八歳未満と同等の労働時間制限を導入し、さらに四七年工場法では女性と一八歳未満の一日の労働時間上限を一〇時間に制限しました。これらの工場法では成人男性には女性や子どもとは異なる、事実上、保護対象とはしない扱いがなされていましたから、工場法の制定は、成人男性を工場の主たる労働力へと変更させる力を発揮しました。また教育法の制定・施行により、学齢の子どもは学校教育を受けることが義務──子どもを通学させるのが親と経営者の義務──とされ、これも子どもの労働を使いがたいものにする作用を果たしました。

(2) 選挙権の拡張

共同体の解体によって、かつて、共同体の意思決定に参加することを通じて、社会的発言や意思表明の機会が保障されていた下層階級の者たちの多くは、その機会を失いました。近世ないし近代初期の民主主義とは、財産所有者を一人前の市民と認めて参政権を付与していましたから、おのれの労働のほか、とりたてて拠るべき財産をもたない下層階級は政治的意思決定に公式に参加することができなくなったのです。かつては村の会議に参加して、家を代表して意見を述べ、村の意思決定に参加していた家長は、いまやただの年長男性にすぎないことは、女性・子どもを含む誰の目にも明らかでしたから、このことも家父長制を危機に陥れる役割を果たしたでしょう。

イギリスでは、ちょうど産業革命の終期に当たる一八三二年に、一五世紀の選挙制度以降で最初の選挙法改正がなされました。そこでは、有名無実化しつつあった選挙区の統廃合や議席数の削減が行われ、その代わりに新興の産業都市に新たな選挙区が多数設置されました。こうして、都市の資本家と農村の大規模借地農場経営者に新たに選挙権が付与されましたが、選挙権は財産所有（地方税評価額で一〇ポンド以上の家屋所有者もしくは地代五〇ポンド以上の自由土地保有農民）を規準としたため、この選挙法改正では労働者は選挙権を与えられませんでした。下層階級の成人男性にとっては、この選挙法改正は、家父長制の危機を眼前に突き付けられる効果を発揮しました。

しかし、産業革命の完了とともに、家父長制をめぐる世論の流れは変わりました。翌一八三三年、四四年、四七年の各工場法で女性と子どもの労働を保護対象としたのが、その最初の変化だとするなら、いま一つの変化は労働者たちが選挙権を要求する運動（チャーティスト運動）を広く展開し、それが上流階級や中産階級の中にも支持者を見出したことです。この運動自体は内部分裂などもあって、一八四八年に事実上解体して、ただちに労働者参政権を実現することには成功しませんでしたが、熟練労働者たちの穏健で実務的な労働組合（その機能の大半は共済組合）が定着した結果、チャーティストに理解を示していたディズレイリ（保守党の政治家）の活躍もあって、一八六七年に第二次選挙法改正がなされました。そこでは、郡部で地代一〇ポンド以上の定期借地農と謄本土地保有者の成人男性、および都市で一年以上にわたって住宅を占有した戸主と一年以上にわたって一〇ポンド以上の貸間に居住している成人男性まで選挙権者としたため、成人男性の中小農と都市労働者の多くが社会的意思決定に加わるようになりました。さらに一八八四年選挙法改正で農村および鉱山の男性労働者にまで選挙権が拡大し、一家を構える成人男性のほとんどが選挙権を付与されました。こうして産業革命終了後半世紀を経ずに、一方で女性と子どもの労働を保護し、他方で成人男性の選挙権を拡大する立法が進むことによって、一九世紀末までには、新しい家父長制によって危機に瀕した家庭は再編されたと考えることができます。

一八九一年の教皇回勅「レールム・ノヴァールム」も、労資対立や搾取、貧困などの問題について、一方では強欲な資本への規律を求め、他方では私有財産制と信仰を否定する社会主義への警戒を指摘しながら、第一一節では「父の権威によって支配される」家庭（つまり家父長制）の重要性を、また第一二節では、困窮した家族を国家が救うのは必要だが、家庭への介入は控えるべきであって、家庭（familia）の回復をこそはかるべきだと主張しています。家の回復は、産業革命を経た社会において、国や宗派の差を超えて共通の問題として認識されていたと考えて差し支えありません。

こうした近代家父長制の再編過程は、あたかも、階級や思想・信仰の相違を超えて、成人男性を中核とする家を回復しようとした大規模な社会的陰謀が粘り強く追求されてきたかのように見えます。「男性の陰謀」の存在は証明できませんが、女性と子どもを保護して二流の労働力とし、成人男性の選挙権を拡大することが符合しているのは、産業革命後にはイギリスだけでなく多くの国において、下層階級の家も含めて、家を回復させようとする広範な合意が作用していたからだと見ることができるでしょう。

これに対して、女性参政権はイギリスでは一九世紀からさまざまな参政権要求運動があったにもかかわらず、それを最初に実現したのは第一次世界大戦で多くの女性が――また婦人参政権運動の多くが率先して――銃後の経済活動を担ったあと、一九一八年の選挙法改正（人民代表法）でした。同法によって、二一歳以上（完全な成人）の男性全員の普通選挙権とともに、三〇歳以上の女性の選挙権が初めて実現したのです。まだ、この時点でも男女の参政権は不平等であって、男性と同様に、二一歳以上の女性が選挙権を獲得したのは一九二八年でした。

日本でも、すでに一八八〇年代の自由民権運動が普通選挙を要求していましたが、一八八九年の帝国憲法発布の時点で制定された衆議院議員選挙法は、二五歳以上の男性で、直接国税一五円以上の納税者に選挙権を限っていました。その後一九〇〇年の選挙法改正で選挙権者は若干拡大しますが、いわゆる成人（二五歳以上）男性普通選挙は一九二五年に実現します。二〇世紀初頭、殊に第一次世界大戦期が日本の産業革命を考えるうえで大切な時期だとすると、まさに、それを経て男性普通選挙が実現しますし、年少者や女性を「保護職工」とする工場法が制定されたのが一九一一年、施行が一六年ですから、産業革命を経て家が危機を経験したのは、日本でもほぼ同様であったと考えることができます。男女平等の選挙権は一九四五年の衆議院議員選挙法改正により実現し、また身分別の選挙権の差は一九四七年の貴族院廃止・参議院設置によって解消されました。

このように近代とは、法のうえで（工場法や選挙法だけでなく相続や財産所有についても）男女があからさまに不平等に扱われていた時代でした。では、なぜ、現代になると法のうえの男女平等が進むのか、その意味については、第19章で改めて論ずることにしましょう。

(3)「近代家族」規範

こうして、産業革命期に露呈した家父長制の危機は一九世紀後半には終熄に向かいます。その結果、外で働き、所得面で「家を支える」強くたくましい夫・父、夫を助ける良き妻と子を慈しみ育む賢い母親、父母の愛を受けて健やかに育ち、学ぶ子どもという絵に描いたような規範が成立します。それは、たとえば、いち早く男性が選挙権を獲得した熟練労働者や鉱山労働者の家庭では殊に強く、夫が現金収入のために妻や子を働かせるのは非常に恥ずかしい、著しく体面を汚すことでした（D・H・ロレンス『息子たちと恋人たち』一九一三年）、夫・父たる者は、おのれの収入のみで家族全員を金銭面では養えなければならないという「家族（扶養が可能な）賃金（family wage）」の思想が、広く下層階級の間に普及しました。

5　資本制・家父長制・国家の三元論

近代の経済・社会は、すでにさまざまな側面から見てきたように、市場経済と資本主義が自動的に運行することで、自己完結的に成立したわけではありません。国家と自然と家を不可欠の要素として、近代の市場社会・資本主義経済は成立しました。自然は、ヨーロッパで支配的な世界観では、人間によって征服され、利用されるべく運命付けられていると考えられていましたから、自然の生産力に配慮した発想や制度、運動などはなかなか定着しませんでしたが、国家と家は人間の生み出したものですから、それらと、新しい経済・社会の仕組みとをどのように関係付けるかは、すでに同時代にあって、何らかの整序がなされなければならない課題でした。中西［1982］が述べたように、資本主義は特有の国家（ないし法）の機能を必要とし、それによって生産要素市場は担保されましたから、資本制と国家は二元論的な構成と考えることができます。また、上野［1990］は、近代家父長制は資本制とは独立のものではないが、しかし、家父長制を資本制に還元できるわけでもなく、両者は歴史的に固有の関係を形成したのだという資本制と家父長制の二元論的構成を説くマルクス主義フェミニストの議論を擁護しました。

本章で概観したことを整理するなら、家父長制を危機から救い出し、近代家父長制に再編した作用のかなりの部分は、国家の立法とその施行によって担保されましたので、資本制と家父長制と国家との三元論的な構成で近代の市場社会・資本主義経済は把握すべきであると考えます。

文献案内

資本制と家父長制の二元論をわかりやすく論じた上野［1990］、近代家族という概念で近代を再検討した上野［1994］はいずれも近代家族を考えるにあたって重要な文献です。教皇回勅「レールム・ノヴァールム」の意味については小谷［1992］を、また親子関係をめぐる近代家族法については小谷［1995–96］が示唆に富みます。さらに、経済、社会（共同性）、政治（強制力に基づく支配・被支配関係）に注目して財政の意味を説いた神野［2002］（殊に第二章）を参照してください。

第18章 資本主義の世界体制

近代の市場経済と資本主義は、これまで第Ⅳ部の各章で見てきたような、さまざまな特徴と機能を備えて形成されましたが、それは、地理的な広がりという点では、一国・一地域ごとに独立に形成されたのではなく、各国・各地域の市場経済・資本主義が相互に関係し合いながら、資本主義の世界体制として確立しました。この世界体制は、均質な世界ではなく、階層化・序列化されて支配＝従属関係も含み込んで形成されました。本章では、資本主義の世界体制の形成を前史から完成期（一九世紀後半）まで概観したうえで、そうした世界体制が、一九世紀末には各国間の緊密な相互依存関係（第一のグローバル経済）を生み出すとともに、各国間に対立――最終的には第一次世界大戦にいたる未曾有の対立（第20章）――の契機が醸成されることとなった背景に論及しましょう。

1　一国的な認識方法

歴史学も経済学も、これまで、一国的な認識方法を多用してきました。国民経済計算や国別の経済政策、また、日本史、ロシア史、フランス史といった国別の歴史叙述も、その表れです。その理由は次の二つに求めることができます。

第一に、経済・社会の再生産が、一国で基本的に完結している場合、外との関係（移民、貿易、国際金融、技術や文明の移転等々）はとりあえず捨象する認識方法、あるいは、一国とその外側との関係を、国という認識枠組みで括ることのできる各国経済の間に成立する関係とみなすことは、知的な節約となります。はじめから世界や宇宙を認識対象に設定するのではなく、まずは国ごとに認識して、そのうえで、多数の国の間の関係を国際経済、国際政治などの国際関係として再構成する方が便利な場合はしばしばあります。第二に、重商主義期以降のように「国民経済（national economy）」という言説や、それに基づいた政策体系が存在している場合、現実の経済活動のあり方も、そうした言説や政策に左右されて、一国的な利害を帯びるようになり、それが、さらに各国経済間の関係にも影響を与えますから、一国的な認識方法は必要でもあります。

一九九〇年代以降、世界では、「グローバル化」とか「グローバル経済の時代」という言葉が何らかの願望や期待も込めて頻用されていますが、現在も、国家と国境は厳然として存在し、いかに

「自由貿易」の掛け声を叫んでも、関税は原則として廃止されていません。通商政策も通貨政策も各国がその主権を保持しています。したがって、わたしたちは、いまでもなお、「国民経済」という言説・政策・認識枠組みの中に生きているのだということができます。

とはいえ、この一国的な認識方法のみを過度に強調し、重用するなら、近代の市場経済・資本主義が世界体制という形をとって確立したことの意味を見失うことになります。資本主義の世界体制は、後述のように三重の意味で、産業革命に起源があります。つまり、産業革命とは第13章で概観したように、一国ごとの資本主義経済のあり方を根底的に変えただけでなく、各国・諸地域を資本主義的に再編し、結び合わせて、近代的な世界を生み出した変化でもあったのです。

2　世界体制の諸段階

資本主義の世界体制の形成と変容には、いくつかの段階を画することができます。本書は、それを、資本主義の世界体制の前史、移行、確立、完成、深化（第一のグローバル経済）、不安定・不均衡な二〇世紀、不安定・不均衡な第二のグローバル経済の七つの段階に区分します。

前史というのは中世ヨーロッパにおける商業の復活（一一〜一五世紀）や、アジアでは宋代・明代の中国・日本・朝鮮から、東南アジア、インド、西アジアにいたる海上貿易を指します。それらが商ったのはおもに香辛料・薬種・貴金属・宝石などの奢侈《しゃし》品であり、まだ広範な民衆の生活にまで浸透していませんから、前近代における収奪された剰余の範囲内の遠隔地商業でした。したがって、この前史を資本主義の世界体制と呼ぶことはできませんが、この時期に、すでにユーラシア大陸と北アフリカの諸文明が交易を通じて結び付いていたことは注目に値します。この時期には、西アジアのサラセン人・アラビア人が、ユーラシア大陸の東西でそれぞれ展開した遠隔地商業の結節点の役割を果たしており、それ以降はヨーロッパ商人・船団がアジアに直接出向いてくるようになったことと、大きな相違を見せています。

移行は、まさに第Ⅲ部で論じた前近代から近代への移行期（一六〜一八世紀）に相当しますが、ヨーロッパの商業が動揺しながらも拡大し、直接アジアに及ぶようになったこと、「新大陸」航路が新たに開発されたこと、そして、徐々に人びとの生活必需品の領域に遠隔地貿易が浸透するようになった（あるいは、逆に、局地的市場圏で生産されたもの——たとえば毛織物や麻織物——が遠隔地市場に進出するようになった）ことが、この移行期の特徴です。この時期には、キャリコ（目の詰んだ平織りの綿布で、捺染品〔インド更紗やバリのバテックなど〕と白地とがあります）、茶、コーヒー、諸種の香辛料の相対価格が低下してその需要は拡張しつつありました。温暖地域の産品である茶葉、コーヒー豆、香辛料はヨーロッパでの自給化は無理でしたが、キャリコは製品特性のうえでは、ヨーロッパで自給できる麻織物と重なるところがありましたし、綿花を輸入するようになってからは、麻糸と綿糸の混織で類似品を製造できるようになったため、憧れの東洋産品であったキャリコと同等の高品質の布を、近世末期にはヨーロッパで自給する可能性が見えてきました。それが綿業に発生した一連の技術・生産方法・生産組織上の革新の動因です。

Column

近世の東西非対称性

ポメランツをはじめ多くの研究者が、一八世紀までは日本、中国、ヨーロッパのそれぞれ先進地域の経済・社会・工芸・学問・文化の発展状況に大差はなく、大きな差が出現したのは産業革命期以降であると主張してきました。本書もそうした事実認識に異論は唱えません。しかし、長距離貿易の担い手という点では、すでに近世において東西に差が生まれていました。長距離を航行し、輸送する航海・海運技術はユーラシア大陸の東西で近世までに開発され、それぞれの域内では遠隔地商業もなされていました。しかし、近世に、域外に出て、アジアや新大陸にまで航路を延ばしたのはヨーロッパであって、東アジアや新大陸の人びとが船を仕立ててヨーロッパに出掛けていった事実はありません。この差は産業革命期から近代にかけてますます開きますから、それが何に由来するのかは大きな問題として残されています。航海技術に大差はなかったのだとするなら、現時点で判明しているのは、近世において、アジアの人びとはヨーロッパ産品をあまり欲しがらなかったのに対して、ヨーロッパの人びとはアジア産品を強く欲したという欲望の非対称性です。単なる好奇心という点では、近世のアジアにはヨーロッパの宗教・思想や工芸に対する関心はありましたが、相手地域産品への欲望という点で東西に非対称が発生したのはなぜかが今後解明されなければならない点の一つでしょう。

3 世界体制の確立と完成――産業革命と日本開港

資本主義の世界体制が真に確立したのは、イギリス産業革命から始まります。まず、第一に、産業革命は、ますます多くの外国産品（茶、綿花、砂糖など）を輸入するという、外国産品への需要を動因として始まりました。外国産品を輸入するためには、イギリスをはじめとするヨーロッパ製品を輸出すること――二国間でそれが不可能なら、大西洋三角貿易（ヨーロッパ―西アフリカ―カリブ海・アメリカ）や英印清三角貿易を通じて外国産品を獲得すること――が、産業革命の一つの動因でした。綿業をはじめとする繊維産業は決してイギリス国内で満たされる需要だけで発展したのではないのです。第二に、産業革命を最初に切り拓いた綿業は、その主原料（綿花）がイギリスを含むヨーロッパ内では供給できないため、北アフリカ、西アジア、インド、そして、アメリカ南部の綿花プランテーションから輸入しなければなりませんでした。それゆえ、産業革命は原料面でも、世界に広がらざるをえない性格を有していたのです。第三に、技術・生産方法・生産組織上の革新の結果、飛躍的に生産性が向上した分野では、その製品を売りさばくべき販路としても外国市場が重視されました。たとえば、産業革命期以降のイギリス綿業は当初、綿布をヨーロッパ大陸諸国とインドに輸出することで繁栄を謳歌し、ヨーロッパでも綿織布業が発展すると次は綿糸（殊に、ヨーロッパ大陸諸国の幼弱な綿業が苦手としていた高番手の強く細い綿糸）をヨーロッパに輸出し、諸種の機械や石炭とともにイギリスの主要な輸出品となりました。

こうした三重の意味で産業革命は資本主義の世界体制を生み出す実体的な効果があったということができます。しかし、産業革命は他方では、その神話的な影響力——産業革命によって、より多くのものを、よりたやすく獲得して、際限のない欲望を満たし続けることができるという憧憬——によって、世界に急速に波及ないし伝染する効果をもちました。イギリスで始まった産業革命は、同時代のヨーロッパ諸地域やアメリカ合衆国の人びとに知られて、それら諸地域に伝染し始めました。こうして、産業革命の実体的効果と神話的影響力の両面から、資本主義の世界体制の確立期はほぼ一九世紀前半と考えることができます。

産業革命や資本主義的な経済成長の力は、すでに同時代に、極東の中国や日本でも知られるところとなりました。資本主義の世界体制が完成するには、世界を一周する通商・経済網が必要ですが、それを完結させたのが日本の開港でした。ヨーロッパの貿易船はすでに、一八世紀までにはアフリカ喜望峰回りの航路でインド、東南アジア、中国に到達し、植民地化と貿易を進めましたが、アメリカ合衆国でも北東部から始まった産業化は、一八四八年にカリフォルニアに金鉱が発見されることで、一挙に西部開拓が進み、その余勢で、アメリカの捕鯨船や商船の薪水補給地として日本の開港を必要とするようになりました。一九世紀初頭からヨーロッパ諸国がたびたび開国を慫慂《しょうよう》してきましたが、一八五〇年代に入るや、アメリカも太平洋を越えて、日本に開国を迫るようになったのです。こうしたヨーロッパ諸国の東漸運動とアメリカ合衆国の西漸運動は、[*1] 一八五四年の日本の開港と、五八年の通商条約によって、太平洋西部において連接することになったのです。幕末の日本開港が資本主義の世界体制の完成にとって重要であったのは、まず第一に、こうした世界一周航路の可能性を開拓した点にありました。

＊1　一八五二～五三年と五四年のペリー艦隊（アメリカの東インド艦隊）は、太平洋を直接越えて来航したのではなく、大西洋、喜望峰、インド洋を経て琉球経由で、日本に来航しましたから、ヨーロッパ諸国と同様に東向きに日本に到達したことになりますが、その意図が西漸の延長上にあったことは明瞭です。

Column

一八四八年

一八四八年というのは、近代を考えるうえで非常に重要な年です。同年一月にシチリアで革命が起こり、二月にフランスで起きた革命では一八三〇年以来の七月王制を打倒して第二共和政を始めたのに続き、ヨーロッパ大陸諸国の各地で革命（三月革命）や暴動、民族運動などが激発します。イギリスでは、四月にチャーティスト運動の最後の大集会が開催され、また、ジャガイモ飢饉で辛酸をなめたアイルランドでも反乱が発生します。

こうして、ヨーロッパの王侯・貴族たちの国際的な支配体制（ヴィーン体制）が現実に崩壊しただけでなく、思想の分野では、次の時代を予期するものが出現しました。マルクスとエンゲルスが資本主義社会の次を担うのは共産主義であるとした『共産党宣言』を刊行したのが、この年の二月、逆に資本主義社会の運動法則を説く古典派経済学を集大成するとともに、常態としての経済成長のない状態（定常状態）を想定したJ・S・ミルの『経済学原理』初版が刊行されたのもこの年です。資本主義の完成は同時に、その終焉を予感させていました。

他方、アメリカではカリフォルニアに金鉱が発見されてゴールドラッシュが始まり、西漸運動が活発になります。インドではイギリスの支配に対抗して第二次シーク戦争が起こり、オランダがバリ島を征服します。中国ではアヘン戦争後、ヨーロッパ諸国への通商開放が進み、キリスト教に影響を受けた人びとによって清朝支配に対する反乱（太平天国の乱）が一八五〇年に始まります。日本も、欧米船の来航が盛んとなり、他方で最後の幕政改革（水野忠邦の天保の改革）が頓挫したのが一八四三年です。世界が、欧米諸国の四方八方への進出によって、暴力や軍事力もともないながら、一つの資本主義体制へとまとめ上げられる動きを示し始めたのがこの時期です。

日本の開港が資本主義の世界体制の完成のうえで重要な第二の点は、それが強制された自由貿易の体制にヨーロッパ外の諸地域を再編する過程を完成させたからです。ヨーロッパ諸国はすでに一八世紀から一九世紀初頭にかけてオスマン帝国に対しカピチュレーション（在留外国人に対してオスマン帝国が与える恩恵的特権）を口実として不平等条約を押し付け、ヨーロッパ人の自由な経済活動を認めさせ、また、イギリスの東インド会社はインドを事実上の植民地へと再編し、アヘン戦争（第一次が一八三九〜四二年、第二次が一八五六〜六〇年）では中国に対して自由貿易を押し付けることに成功しました。アヘン戦争についてさまざまな情報を得ていた幕府は、家康の祖法は枉《ま》げて、欧米諸国の開港・通商要求には抵抗せずに、自由貿易体制に組み込まれていきます。こうして日本の開港・通商開始によって欧米以外の主要地域がすべて自由貿易を強制されたのちに、ヨーロッパでは一八六〇〜七〇年代に、通商条約に基づく協定的な自由貿易体制ができあがります。自由貿易とは決して、リカードが比較生産費説で説いたように、両国がそれぞれの利益を自覚して、自発的に始めたのではなく、まず最初はヨーロッパ諸国がアジア諸国に強制すること（自由貿易帝国主義）から始まり、それが日本で完了してから、ヨーロッパ内の自由貿易がようやく開始します。つまり、日本の通商開始は、世界の自由貿易体制の形成史の大きな転換点に位置するのです。

日本の開港の第三の重要な意味は、それが最後の帝国主義国の生成の出発点になったことです。日本が幕末開港以後続けた近代産業基盤を確立する努力は、まさに産業革命の神話的な影響力に牽引されたものでした。そのことは、たとえば、明治維新後、新政府が行った大事業である岩倉使節団（一八七一〜七三年）の訪問地を見るだけでもわかります。久米邦武の記すところに拠るなら、彼らは「都ニハ工芸ヲ覧シ、市ニ貿易ノ情ヲ察」することを大きな目的としていたのです。しかも久米は「各国ノ官民、我使節ヲ迎ヘテ、懇親ノ意ヲ致スハ、即チ国人ニ懇親ヲ致ス所ニテ、其生業ノ実況ヲ示スハ、即チ国人ニ愛顧ヲ求ムル所ナリ」と、欧米諸国が日本を重要な販路と考えていることも認識していました。これだけなら、日本の殖産興業政策を意味するだけですが、日本は同時に富国強兵と対外進出も早くから始めました。殖産興業は富国強兵（日本の独立の維持）の手段であったのだという解釈もあるほど、富国強兵は幕末から明治・大正・昭和戦前期までの日本を縛り続けた目標でした。日本はこうして、周辺諸国に対していち早く強力な近代的軍事力を備えるようになり、そうした力を背景にして、琉球王国（一八七九年沖縄県の設置）を征服し、征韓論、台湾出兵（一八七四年）、江華島事件（一八七五年）、壬午事変（一八八二年）、日清戦争（一八九四〜九五年）と下関条約、閔妃《ミンビ》暗殺（一八九五年乙未事変）、韓国併合（一九一〇年）にいたる台湾と朝鮮の植民地化、日露戦争（一九〇四〜〇五年）と満洲（中国東北部）への進出など、開港から半世紀しか経ない間に、急速に早熟的な帝国主義への転化を遂げ、ヨーロッパの中小国をはるかに凌ぐ強国となり、資本主義の世界体制の次の段階（深化期）の主役の一つとして踊り出すことになったのです。

Column

「琉球処分」

琉球諸島には中世後期から統一国家が存在し、明・清との間で朝貢冊封関係にあっただけでなく、東南アジア諸地域や日本との間にも貿易関係がありました。琉球国のこうした富を欲した薩摩藩は早くも一七世紀初頭には侵攻して、琉球諸島を支配下に収めますが、琉球国自体はその後も外交的には独立国として存続してきました。一八五〇年代にはアメリカ、フランス、オランダとの間でそれぞれ修好条約を結んでいますから、欧米諸国からは日本や中国とは別の独立国として承認されていたと見ることができるでしょう。しかし、明治新政府は一八七一年の廃藩置県の際には琉球国を鹿児島県の管轄下におきました。さらに翌七二年には廃藩置県後であるにもかかわらず、琉球藩を設置して、琉球国王を藩王として華族に列し、新政府の体制への包摂を計りますが、意図通りに進まなかったため、七九年にいたって武力の威圧をともなう仕方で、改めて廃藩置県を布達して沖縄県として、日本に併合しました（「琉球処分」）。日本の帝国主義的進出は、朝鮮・台湾の前に、琉球で実践されていたのです。

4 世界体制の深化——相互依存的な近代とその破綻

一九世紀中葉に日本の開港と自由貿易体制への編入によって完成した資本主義の世界体制は、

一八七〇年代以降は、地理的な拡張はほぼ一段落して、次に内的に深化する傾向を見せます。それは何よりも国際分業の深化という仕方で現れます。すでに、イギリスでは一八二〇年代には自由貿易と職業の自由（free trade）を求める世論が強くなり、一八世紀末の団結禁止法（労使関係上の労使双方の団結〔労働組合と使用者団体〕の結成そのものを違法として禁止する法）は一八二四・二五年に廃止され、また機械輸出や職人渡航の自由化を求める世論に応えて、一八二四年と二五年には庶民院に特別委員会が設置されて調査が進められました。その結果、一八三〇～四〇年代に一連の自由化法が制定され、イギリスはいち早く自由貿易――それもアジア諸国を除くなら、欧米内では唯一の一方的な自由貿易――への方向を歩み始めていました。

一八六〇年の英仏通商条約によって、ヨーロッパ内での二国間条約に基づく双方向的自由貿易関係が始まり、六〇～七〇年代にヨーロッパのほとんどの諸国の間に関税引下げと最恵国待遇条項（most-favored-nation clause）を含む通商条約が締結されました。それらの条約は締約した二国間の貿易を活性化する作用を果たしただけでなく、最恵国待遇条項によって、第三国向けの関税引下げなどの好条件は、ほぼ自動的に、締約国にも適用されることとなりましたから、ヨーロッパはこの時期に自由貿易的な通商網を築きました。一八七三年以降のいわゆる「大不況」期（ヨーロッパ大陸諸国の産業革命と鉄道建設が一段落したことにともなって発生した相対的な低成長期）、殊に一八七九年恐慌以降になると、大陸諸国では再び関税を引き上げて、「保護主義」に回帰する動きも見られ、報復的に相手国も関税を引き上げるなど「関税戦争」ともいうべき事態も始まりましたが、関税率はアメリカ合衆国などの禁止的な保護関税政策をとる国と比べれば概してはるかに低く、また二国間条約で維持された最恵国待遇条項が網の目のように主要国を包み込んでいたため、保護主義への回帰と関税戦争はヨーロッパ内の貿易・資本移動・移民を減少させる効果はなく、ヨーロッパ諸国を中心として世界はますます深く、貿易と資本移動と移民とで相互に結び付くようになり、また、そうした条件の下で、一八九〇年代以降の大不況からの回復過程での着実な経済成長が可能となりました。こうして一九世紀末から第一次世界大戦開戦（一九一四年）までの四半世紀の世界経済を、第一のグローバル経済と呼ぶこともあります。

この第一のグローバル経済は、一九九〇年代以降、わたしたちが見てきた第二のグローバル経済に比べるなら、はるかに安定的で（国際金本位制によって貨幣価値も為替相場も高度に安定していて）、循環的で（多角的決済システムによって、特定の国に赤字・黒字が溜まるのではなく、三国以上の間で赤字・黒字が循環的に相殺されて）、総じて円滑かつ円満な世界経済のあり方でした。むろん、それが、帝国主義国による植民地支配という負の側面を帯びていたことを見落とすわけにはいきませんが、この第一のグローバル経済の時期は、植民地・半植民地も含めて、世界全体が着実に経済発展した時代でもあります。

文献案内

資本主義の世界体制を概観する書物としては藤瀬［1980］と藤瀬［2004］、および小野塚［2014］（殊に第三章（左近幸村執筆））が好適です。産業革命と資本主義の世界体制の確立との関係については竹田［2013］を、自由貿易帝国主義については毛利［1978］および吉岡［1981］を参照してください。また、国際金本位制の実態とそれが世界体制に果たした役割については藤瀬・吉岡［1987］と吉岡［1999］がお薦めです。

第V部

現代

欲望の人為的維持

histoire économique

フランス語

경제사

朝鮮・韓国語

現代とは、近代の市場経済・資本主義を継承した社会ですが、以下の三点で近代と異なります。第一に、社会政策、農業政策、市場政策（競争秩序創出策）などの背後に作用し、また、それらの政策に表現された思想が古典的自由主義から、介入的自由主義に変化しました。こうした政策思想の変化の裏側には、万人を際限のない欲望の十全な主体であるとはみなせなくなったことが関わっています。第二に、第一次世界大戦以降の一世紀に及ぶ経済・社会は、それ以前の「第一のグローバル経済」の安定性や循環性を欠き、総じて不安定・不均衡であり、世界経済はグローバルな性格よりも、むしろ分断された性格を深めました。第三に、それゆえ、現代の経済は意図的な国際協調の取決めや仕組みを必要とし、それによって近代とは異なる特徴を有しています。概括的にいうなら、近代とは一九世紀（イギリス産業革命から第一次世界大戦までの「長い一九世紀」）を指し、現代とは第一次世界大戦以後の二〇世紀を指すと考えて大過ありませんが、第一の変化はヨーロッパ諸国では第一次世界大戦に先立って始まっていました。以下、第19章では、第一の点を、第20章以降では、それに第二、第三の点も加味して、現代の経済・社会を概観することにしましょう。

第19章 近代と現代

本章ではまず第1節で、近代と現代の連続面と断絶面を整理したうえで、第2節以降では、おもに国内の経済政策・社会政策に作用し、そこに表現された政策思想の変化を概観します。

1 連続面と断絶面

現代はしばしば近現代として、近代と一括りに論じられることもあるように、近代と現代との間には連続している面があります。それは、第一に、際限のない欲望がヒト個体レベルで解放されていて、人はおのれの欲望の命ずるところに従って、その欲望を最もよく充足することが社会の当然の格率となっているところです。この点で現代は近代とまったく同じ原理に立ちます。ただし、近代では欲望の十全な主体（free agent）とされたのは成人男性に限られていたのに対して、その成人男性も皆が、近代が期待したようにはおのれの欲望を充足できていたとは限らないことが判明したので、後述のように、現代は近代と断絶する面も見せることになります。第二に、市場経済、資本主義、産業社会、近代市民社会という点でも現代は近代を継承しています。ただし、近代市民社会における市民の基本的な権利としての参政権という点で見るなら、近代は財産や身分による制限と性別による制限がありましたが、第17章でも概観したように、現代はそうした制限を撤廃して男女普通選挙を実現した時代でもあります。そして何よりも第三に、近代と現代は、「豊かさ」（際限のない欲望がとりあえずは充足されている状態）と「自由」（際限のない欲望以外のいかなる外的な規範にも縛られる必要がないこと）という二つの究極的な価値を共有しています。ただし、近代と現代はこれら二つの究極的な価値の実現の仕方に相違を見せるのです。

しかし、現代は以下の点で、近代を否定した断絶面を見せます。第一に、社会で通用する政策思想が古典的自由主義から介入的自由主義に変化します（本章第2節・第3節参照）。第二に、こうした変化の背景には、人間観の転換が作用していました。近代では市民たる者は当然のこととして「強く、逞《たくま》しく、自立できる」人間と考えられていましたが、近代末期に相次いで「貧困問題」が発見されることにより、むしろ政策思想としては「弱く、劣っていて、しばしば自立に失敗する」人間を標準にした方が、「豊かさ」と「自由」の両面をよりよく実現できると考えられたのです。第三に、これは次章以降で詳説することですが、近代にあっては国際経済（物財の貿易、資本の輸出入、移民等々）は市場に任せておけばよいことであり、人為的な介入はむしろ忌避された時代でもあったのですが、現代は、第一次世界大戦とその後の経験を踏まえて、国際協調を意識的・自覚的に追求する諸種の取決めや機関がなければ、望ましい国際経済の状態は実現できないと考えられるようになり、単純素朴な自由貿易主義とそこでの国益間の対立から、国益実現のための協調へと、国際関係を構成する原理が大きく変化しました。

こうして、現代とは一方では、近代から継承した「自由」と「豊かさ」を尊重する社会であり、他方では、その「自由」と「豊かさ」を人為的に維持・増進するために諸種の介入・保護・誘導・統制が導入された時代でもあります。自由と介入とは一見するなら相容れませんが、これら両面を有することが現代の特徴です。矛盾する二つの原理を調和させながら、人びとの「自由」と「豊かさ」を、社会として意識的に追求してきた動態が現代という時代です。

2　古典的自由主義の無理

近代社会の思想的基盤は古典的自由主義ですが、それを「夜警国家（ないし自由放任主義）」と捉えるのが俗説にすぎないことは第15章で述べた通りです。現在の社会科学ではこうした俗説はもはや支配的ではありませんが、新聞や雑誌に登場する評論家や財界人の中にはこうした俗説で過去を理解し、現在を解釈しようとする者は後を絶ちません。

一九世紀イギリスを例にとるなら、団結禁止法の廃止とか、重商主義的な貿易独占・航海統制の廃止とか、前の時代から継承した介入・保護・誘導・統制・規制策を解消しようとする政策過程において、この俗説に近い主張を発見することは必ずしも難しくありません。しかし、同時に、女性と子どもの工場労働、労使関係や労働組合、教育、労働安全衛生などの領域には新たに介入・保護が導入され、また救貧に関しては近世的なそれからの大きな原理転換を経験しています（大沢[1986]）。当初は労使間の取引にも個人主義的な free trade（職業・営業の自由）の言説を無理に当てはめようとしましたが、それは次第に影響力を低下させ、労働組合や使用者団体を当事者とする団体的な関係を承認する方向へと、労使関係とそれに関わる法の原理は転換されました。

一九世紀のさまざまな政策に表現された思想を再構成してみると、俗説的な夜警国家論で代表させるのは無理で、当時の人びとはもう少し重層的で複雑な原理で社会は成立する（社会を観念的に再構成できる）と考えていたことがわかります。

(1) 古典的自由主義の社会設計

古典的自由主義の社会設計（近代の諸政策に表現された思想）では、誰もが自由で自立した個人であるとは考えられていません。まず、成人男性は「強く逞しい人」として自助を通じて自立し、市場で自己と家族の幸福を物的に実現する完全に能動的な主体（＝際限のない欲望の十全な主体〔free agent〕）と考えられていました。それに照応して、成人女性と子どもは、こうした「強く逞しい」男の私的な保護・後見の下にあるのが当然と考えられていました。家は封建制や前近代社会の残り滓《かす》ではなく、近代社会を成立させる必須の要素だったのです（第17章）。成人男性の中でも、自立不能な者や自立を拒否する者は、社会的な保護・統制下におかれ、市民社会・市場経済からは隔離されるし、彼が保護・後見すべきであった女性と子どもも他に保護する成人男性がいなければ、やはり社会的に保護・統制されました。「働かざる者食ふべからず」は「強く逞しい」男を律する規範ではあったかもしれませんが、[*1] すべての成人男性に無理にでも適用されたのではなく、「働かざる者」は「救貧」の烙印を押されたうえで、生かされていたのです。

*1 「働かざる者食ふべからず」とは元来は、自立し（ようとし）ない「例外的」な者たちだけでなく、働かないのにのうのうと暮らしている上流階級（地主・貴族）にも向けられた中産階級的な批判でした。

(2) 古典的自由主義の社会が成立する条件

では、古典的自由主義の社会が成立する条件は何でしょうか。上で述べたことからただちにわかるのは、できる限り多くの成人男性が自立することです。[*2] 成人男性が自分の家族を支えられず、救貧や慈善の対象となることは近代社会でも想定された事態ですが、それは、あくまで例外的な現象に留めなければなりませんでした。当初、成人男性の自立は単なる期待か、男たる者すべからく自立しなければならないという当為命題でした（個人的自助論）。しかし、一人で立つのは困難であることが認識されるようになると、自助の集団的手段（個人の生計的自立を支援する友愛組合や労働組合などの集団）を通じて大多数の成人男性が自立することが期待され（集団的自助論、小野塚［1989］参照）、労働組合に被せられていた違法性や危険性の疑いを除去し、またそうした集団の基金を保護する仕組みが整えられたのです。

＊2　ここで、「自立」の意味が問題になります。一九世紀中葉のイギリスでは、自立には、生計の面での自立と、経済的自立の区別があることが知られていました。生計的な自立とは他人の世話や、救貧行政・慈善の対象にならずに、日々の生活を見苦しくない程度に送り、しかも将来への最低限の備えをもつことであり、経済的自立とは他者に雇われ、命令されて、生活の資を稼ぐのではなく、自ら独立の経営主体となることを意味しました。株式会社や生産協同組合に出資して、自ら働くとともに資本所有者になることで経済的自立を達成しようという構想もありましたが、イギリスでは議論の大半は生計的な自立に向けられました。独立自営の現実的な可能性が信じられていた開拓時代のアメリカで自立がまずは経済的自立を意味したことと、また、小農（および小商人と職人）の多かったフランス、西南ドイツ、日本などで小農の経済的自立が大きな論点であったこととも対照的です。日常的な衣食住などに関する最低限の家事を自分でこなせるか（「男の自立」）や、身の回りのことを自分一人でできるか（介護や障害者福祉で支援の目標となる自立）は、近代社会では「自

立」の主要な眼目ではなく、それは現代が「自立」に付け加えた新たな意味です。

もう一つ、上の古典的自由主義の社会設計が成立するための条件は、成人男性の私的保護・後見の及ばない場所で工場労働に従事し、また、寄宿舎で生活する子どもや成人女性に対しては公的な保護・後見が導入されることでした。女性・子どもが成人男性の保護・後見の及ばない領域で活動し生活するという、産業社会以前には想定されていなかった事態に対応するために工場法が新たに制定され、施行されたのです。

このように、近代は、個人・自立・市場・夜警国家といった単純で綺麗な思想で特徴付けられる静態的な社会としてではなく、古典的自由主義の社会を成立させようとする諸思想とさまざまな政策が進化的に作用する動態的な過程であったと解釈することができます。

(3) 自助の困難性（「貧困」）の発見

二つの条件（集団的自助と工場法）を、あとから付加することで、古典的自由主義の社会は最終的に成立しえたのでしょうか。答えは否です。工場法を制定して女性・子どもを保護することはどこの国でも可能なことです。しかし、古典的自由主義を成立させる第一の条件である自立は、人為的に創出することができないからです。むしろ、近代末期になって、集団的自助が承認され、それを通じた生計的自立が期待されはしましたが、それに加入できない者や、飲酒・賭け事・怠惰などで金銭的余裕を失い加入しようとしない者、ひとたび加入しても脱落する者が例外的にではなく多いことが判明したのです。二〇世紀初頭でざっと見積もって下層階級の成人男性の半数は集団的自助の団体に安定的には加入していませんでした。いくら期待され、集団的自助の団体に対する条件整備がなされても加入できない者や加入しない者が少なからずいることがわかっては、社会は自立できない成人男性と、その私的保護・後見の下におくことのできない女性・子どもを大量に抱え込まざるをえません。

Column

「貧困」の発見の経緯と意味

個人的自助や集団的自助が誰にとっても可能なことではないことは、一九世紀末から二〇世紀初頭にかけての諸種の貧困調査によって判明しました。当時、経済が発展しても貧困が消滅しないのは、貧困が偶然の不運ではないし、本人の怠惰などの人格的な問題でもなく、社会の何割かの人びとは貧困に陥る危険性から逃れられずにいるからであり、そこに資本主義の矛盾が現れているといった議論が、社会主義者をはじめとして、なされていました。これに対して、たとえば海運企業の経営者であったチャールズ・ブースは、それは貧困をことさらに強調する見解にすぎず、実態は、当時、常識的に考えられていたように、貧困に陥っている当の本人に何らかの問題や原因がある場合に限定されているに違いないとの仮説を立てて、それを証明するために、ロンドン東部の貧困地域の調査を一八八六年に実施します。ところが、調査を進めた結果、同地域の人口の約三分の一は貧困に陥っていること、彼らの大部分は当人の問題や原因とは関係なく、一定の確率で困窮に陥っていることを発見します。こうした貧困の実証的な「発見」を踏まえて、ブースはその後、社会調査・統計を通じた貧困問題の研究と実践の面でも活躍するようになります。自らの当初の仮定に反する結論が出たのに対して、ブースはおのれの仮説が妥当しないことを認め、貧困の存在と原因について、新しい見解を発表したのです。結論ありきの調査ではなく、調査結果を踏まえて仮説を根本的に見直すというのは、むろん、社会調査の基本ですが、ブースは年来の主張を変えたわけですから、そこには彼の知的な誠実さが表れていると見ることができます。

このブースの調査に触発されて、ヨークでチョコレート会社の経営者をしていたシーボーム・ラウントリーも労働者階級の全世帯調査を実施して、やはりおよそ約三割が貧困線以下であること、貧困には二種類——心身を維持するのに必要な最低限の収入に不足する第一次貧困と、その収入は得ているものの飲酒や賭博などで浪費する第二次貧困——があることを発見しました（一八九九年）。もし、人がみな合理的なら、収入の一部を支払って共済組合に加入して、将来の貧困の危険を防止するはずですが、実際には、それだけの収入がありながら、共済組合に加入せず（あるいは加入しても飲酒や賭け事で組合費を滞納して除名され）、集団的自助から零れ落ちてしまう者が無視できないほどに多くいるということは、集団的自助に期待する古典的自由主義の社会設計が困難であることを実証する結果となりました。

イギリスだけでなく、ドイツでも同様にしてK・V・ベーメルトが周到な調査の結果、「労働者問題の根幹は、現実の富の所有とその享受の格差に依存しているのではない。むしろ大部分は、賃金労働者階級の志操と感受性に依存しているのである。これこそが、彼らと、よりよい状態にある階級との違いなのである」という結論を導き出しています。

集団的自助を通じた生計的自立が多くの者にとって不可能ないしは困難であることが発見されたことへの直接の政策的な対応は、強制加入の社会保険の導入です。個人的であれ、集団的であれ、自助は自発的に（当人の自由な判断に委ねられて）なされてきたのですが、社会保険では、加入しない自由は承認されません。また、集団的自助に加入できなかった理由の一つが金銭的余裕の欠如だとするならば、そうした者たちを強制的に社会保険に加入させたところで、それは保険団体としては成り立ちがたいでしょうから、当人たちの拠出に加えて、使用者と国家の拠出で財政的に補完しなければならないでしょう。自発的な個人的自助・集団的自助から、「強制された自助」への転換は、自助という語で括ることのできない大きな変化を含んでいたのです。

しかし、自立の困難性が発見されたことは、強制された自助（社会保険）への転換をもたらしただけでなく、同時に、人間観の転換をもたらした点でも画期的でした。すなわち、少なからぬ成人男性が自立できないという事実発見は、彼らが「強く逞しい」存在であるはずだという期待や要請が通用しないことを暴露しました。むしろ、「弱く劣った」者を標準形として前提とする政策思想へと転換したのです。しかも、彼らは、ベーメルトが観察したように、能力や手段の点で「弱く劣っている」（それゆえ少額の組合費すら払い続けることができない）からだけでなく、自己の幸福が何であるかを正しく理解できないという点で決定的に「弱く劣っている」からでもあるということが判明したのです。節約すれば組合費を払えるのに、飲酒や賭け事で浪費してしまう「駄目男」は、この後者の意味で「弱く劣った個人」の、近現代転換期における典型的な像です。こうした意味で「弱く劣った個人」にいくら自助団体への加入を期待したところで無駄でしょう。したがって、自助団体への加入を自発性に委ねるのではなく、社会保険への加入を強制するという転換が選択されざるをえなかったのです。ここで、「強制」という、自由主義にとって最も居心地の悪い要素を導入することにより、古典的自由主義の社会を実現しようとする約百年間の努力の過程は終焉を迎えます。それに取って代わったのが介入的自由主義です。

3　介入的自由主義

介入的自由主義では、所得補償、健康の維持、雇用保障、大衆消費、「国民的な目標」の共有、製造物責任、労務管理・企業福祉、そして何よりも福祉国家など、人生の多くの局面において人びとは、定められた「幸福」に向かって誘導され、ありうべき危険・不幸から遠ざけるように介入・保護・誘導・統制されます。[*3] 人びとを誘導するのは国家だけでなく、労働組合・協同組合などの団体や企業も誘導の主体であり、何が「幸福」であるかはその指導者たちが正しく知っているのです。

＊3　強制加入の社会保険が個人の所得処分の自由に対して介入的であることはわかりやすい例ですが、現代社会にはそれ以外にも介入的な側面が多くあります。わかりやすい特徴を列挙するなら、「タバコの吸いすぎは健康に害を与える」ことや「こんにゃく状のゼリーを丸呑みすると窒息する危険性がある」ことや「シャンプーしたあとの猫を乾かすのに電子レンジを用いるべきではない」ことを製品に明記するのを強制し続けること、余暇（すなわち誰にも命令されない自由時間）の過ごし方を教えるさまざまな運動・政策・団体が存在すること、「民族」や「階級」の使命に人びとを動員しようとする思想と運動、まっとうな生活態度を涵養しようとする学校教育や企業の従業員教育、さらに諸種の修養団体等の運動、これらはすべて、幸・不幸のありかをエリートが判別し、当人に教え込み、幸福の方向に誘導しようとする点で同型の発想に導かれています。

人びとを、エリートが定めた「幸福」に向かって誘導する介入的自由主義は、個人の自由な主体性に根源的なところで抵触する可能性があり、強制はもとより、介入・保護・誘導・統制によって自由を実現するという思想は、自由主義としてはいかにも美しくありません。それゆえ、介入的自由主義が明瞭な言説をともなって、体系的に主張されることはきわめて稀であり、現代のさまざまな政策・経営・社会運動に表現された思想として再構成するほかには、それが自らを語ることはほとんどありませんでした。*4

＊4　明瞭に論じられることが少なく、また自らも積極的に主張しなかった介入的自由主義は、一九七〇年代以降、社会法・労働法が肥大化する状況を理解し、また正当化することを目的としておもに英語圏の法哲学の領域で盛んになったパターナリズム論の中で初めて学問の光が当てられ、近年では反パターナリズムの主張によって、自由な個人に介入する余計なお節介という負の価値を付与されて、明瞭な姿をとるようになりました。それにもかかわらず、本書が、現代の政策思想についてパターナリズムの語を採用しない理由は、パターナリズムが当該個人の利益のために他の個人（たとえば父親のような身近な年長者）が保護・誘導することを指す概念であるのに対して、二〇世紀の介入的自由主義は必ずしもそうした個人主義的な設定だけでなされてきたのではないからです。そこでは、「国民」、「民族」、「階級」などの集合的表象が利益や幸福の主体として語られているという点で、個人の対面的な関係の中でのパターナリズムとは一線を画しています。また、それゆえに、「同性愛者」、「未婚の母」、「常習的飲酒者」、「精神障害者」、「ロマ（「ジプシー」）」、「反革命分子」などの社会的な少数派や異端は集合的な幸福（「公共の利益」）の名において、社会による排除・矯正の対象となることすらありました。介入的自由主義では、個人の幸福はあるべき社会との関係においてこそ意味付

けられてきたのであって、個別的なそれぞれの幸福が手放しで保障されてきたのではないことに充分な注意を払うためには、前近代・近世の対面的な関係や家族・師弟・友人関係などに登場するパターナリズムとは、区別する必要があるのです。

古典的自由主義における成人男性による女性・子どもの私的保護・後見は、介入的自由主義にあっては、成人による未成年者の保護・後見に変化します。成人女性は私的保護・後見の客体から主体へ昇格し、男女同権が実現するのです。[*5] 成人男性と成人女性はいずれも「自由な個人」として、しかし「強く逞しい人」ではなく「弱く劣った個人」という標準形に当てはめられて、「幸福」へと誘導されるようになります。

＊5　多くの国で、「弱く劣った」成人男性が発見される過程は、女性参政権が主張され、さまざまな運動が展開した時期とほぼ一致し、「弱く劣った個人」を強制的な社会保険に包摂する過程は、女性参政権が実現する過程にほぼ一致します。こうした一致について、世界大戦・総力戦という外的ショックの影響を指摘する見解はすでにさまざまにありますが、「弱く劣った個人」の発見・組織化と女性参政権成立との内的関連を追究する余地は残されているように思われます。これらの点については小野塚［2022］を参照してください。

むろん、人びとが「幸福」に誘導される社会でも、自立不能な事態は発生するでしょう。しかし、そもそも介入的自由主義は、自立不能が例外的ではないことが発見されたあとに登場したのですから、それへの対処の主たる手段は、懲罰的な色彩を帯びた救貧事業から、権利としての社会保障（その中核は社会保険）へと変化します。それでも残る困窮は公的扶助（生活保護）が処理しますが、そこでも「国民的な幸福の最低限」は保障されます。

Column

社会主義運動と社会主義体制の影響力

成人男性のほとんど全員が自立できることが古典的自由主義の社会が安定的に成立する第一の条件でしたが、それが不可能ないしきわめて困難なことが判明したのが、介入的自由主義への転換の原因でした。この背後で、もう一つ、状況的に作用したのが社会主義でした。一九世紀末から二〇世紀初頭にかけては、ヨーロッパやアメリカ合衆国だけでなく、日本にも社会主義運動が定着し、資本主義の現体制への批判を強めていました。そもそも貧困の発見のきっかけとなったのも社会主義運動でした。そして、逆に貧困の発見は、資本主義体制の全般的な窮乏化を主張していた社会主義の正しさの証明であるとも考えられました。こうした状況を放置するなら、各国で社会主義勢力が増長し、革命の危険性が高まったでしょうし、革命を防止するためには、資本主義体制の側から、貧困や自助の困難に対する積極的な対策をとらなければならなかったのです。これが第一次世界大戦前に介入的自由主義への転換を促した状況だとするなら、さらに、ロシアに社会主義体制が成立してから、殊に、一九二八年以降の第一次と第二次の五カ年計画でソ連経済が――少なくとも公式統計のうえでは――飛躍的に成長したことは、長い大恐慌下のデフレに苦しむ資本主義諸国にとっては大きな脅威となり、介入的自由主義への転換を不可避としたのです。アメリカのニューディール政策やフランスの人民戦線政府は、大恐慌期に驀進《ばくしん》した介入的自由主義の代表例であり、逆に、自由にそれほどの価値を付与しなかったイタリア、ドイツ、日本などでは単なる国家主義的で暴力的な介入が一九三〇年代に進展しました。

4 福祉国家・労務管理・国民運動――お節介な社会

介入的自由主義は、近代末期から現代の社会のさまざまな局面に現れています。強制加入の社会保険・年金制度を中軸とする福祉国家はその最も普遍的な表現ですが、それ以外にも企業の労務管理や企業内福祉、合唱、ブラスバンド、サイクリングなどのクラブ活動やそれと密接な関係にある諸種の国民運動・労働運動・社会運動など、さらに宣伝やマーケティングによって喚起された欲望に従って実際にその商品を購入することなど、人びとに欲望充足に向かう行動に参加させ、関与する機会を与えるさまざまな組織的取組みは、人びとを予めわかっている「幸福」の方向に誘導します。介入的自由主義が人びとを「幸福」へ向かわせるのは、第一に、そうしなければ、人びとは

――「弱く劣っている」がゆえに――おのれの真の幸福がわからないからであり、第二に、人びとがおのれの「幸福」（≒おのれの際限のない欲望のよりよい充足）を実現できないのなら、高い経済成長率を達成できないだけでなく、人びとが正しく賢明な方向に成長できないなら、社会は発展せず、国も強くならないと考えられたからなのです。人びとは幸福になる自由があり、正しく賢く成長する自由があり、経済を成長させ、社会を発展させ、国を強くする自由があるのですが、そう（するための諸活動に参加）しない自由はなかったのです。

　何が幸福や成長・発展の方向であるかを判断できる人が必ずいて、彼らの指し示す方向に歩むなら、うまくいくという、ある種の権威的秩序――下の者が上の者を信頼して、その指示に従う関係――が介入的自由主義を支えています。むろん、社会の全員が「弱く劣った」人間では、介入的自由主義は成り立たず、それは必ず指導者を必要とします。指導者が、標準的な（＝弱く劣った）大多数の人びとを率い、人びともその指導者を信頼して、幸福・成長・発展・強国の方向に進む「自由」が、介入的自由主義における「自由」の核心です。

　これは、外側から観察するなら、いかにもお節介で、息苦しく、人の生き方や感じ方までが既定の路線のうえに整序されるシステム化された社会です。「君たちは若く、経験も乏しく、些末なことに惑わされるから、君自身の幸福を正確に理解できていないかもしれないが、わたしは君たちの真の幸福の何たるかを知っている」という指導者原理の下で、「幸福（≒「豊かさ」）」と「成長・発展」への道程を経験できるというのは、その中で生まれ育った者にとっては、それほど息苦しくも、お節介でもない社会だったのです。その証拠に、介入的自由主義は、短くとも、誕生からおよそ一世紀ほどは続きましたし、いまも、介入的自由主義のあとの自由と豊かさのあり方をわたしたちは開拓できていませんから、それは、近現代では最も長く続いた、欲望充足の社会的な体系（システム）であったといって差し支えないでしょう。「より自由で、より豊かに」なるために欲望し続ける人を人為的に維持するのが、現代という時代が、それ以前と——近代とも、近世とも、まして前近代とも——異なる最大の特徴です。

では、欲望はどこまで人為的に維持し続けることができるのでしょうか。一九六〇年代末に世界で同時多発的に発生した学生や若い労働者たちの反乱状況は、おのれの幸福まで外側から誘導し介入しようとする現代社会への忌避感の表現でした。この「反乱」自体の結果は国によって異なりますが、欲望の人為的な維持というお節介はこの頃まではすでに綻びを見せ始めていたのです。

文献案内

一九世紀末～二〇世紀初頭の貧困観の転換については毛利［1990］第二章を、また強制された自助への転換については四谷［2011］を、介入的自由主義については小野塚［2009b］と小野塚［2011］を参照してください。スウェーデンの福祉国家形成期の国民運動の性格については石原［1996］を参照してください。

第20章 第一のグローバル経済と第一次世界大戦

――繁栄の中の苦難

欲望と経済成長は、貿易と資本の輸出入と移民とを刺激し、産業革命以降の世界はますます相互依存的な経済を築くようになりました。それが頂点に達したのが、一九世紀末から第一次世界大戦勃発まで繁栄した第一のグローバル経済です。前章で見たように、その時期の欧米先進国は、欲望を人為的に維持する介入的自由主義によって安定的に成長する路線を、少なくとも国内的には歩み始めていました。では、繁栄は長く続いたのかというと、そこには落とし穴がありました。どの国も「繁栄の中の苦難」を否応なく国内に抱え込まざるをえず、それが逆に、繁栄の条件であったグローバル経済を破壊してしまったのです。

1 多角的決済機構と国際金本位制

この時期の安定的で循環的なグローバル経済は、多角的決済機構、国際金本位制、実需に結び付く投資機会、それらを支えた海運・国際金融・保険の制度という四つの要素によって成り立っていました。

第一の多角的決済機構（multilateral trade and settlement system）とは、複数の三角貿易の組み合わせによって、世界の諸地域が相互に貿易で結び付けられながら、貿易赤字／黒字がいずれかの国に蓄積し、不均衡が拡大するのではなく、赤字／黒字が多角的に相殺されることによって、循環的な貿易が世界全体で継続する通商関係を意味します。機構という訳語が使われていますが、この通商関係は人為的に設計されて作り出されたのではなく、一九世紀中葉以降の各地の産業革命・経済発展に対応した貿易の中で生まれた自生的な通商関係です。多角的決済機構を構成する大きな三角貿易は、①イギリス⇓ヨーロッパ大陸の産業革命を経た諸国⇓インド・日本・中国・オスマン帝国をはじめとするアジア・アフリカ・中南米諸国と、②イギリス⇓アメリカ合衆国⇓アジア・アフリカ・中南米諸国との間にそれぞれ形成されていました。イギリスは食料輸入が拡大し、工業製品の国際競争力の低下により、ドイツなど大陸ヨーロッパ諸国からの工業製品輸入が増加し、巨額の貿易赤字の原因となりました。しかし、経済発展したヨーロッパ諸国は生活水準も上がり、アジア・

アフリカ・中南米諸国から茶、コーヒー、食肉・食肉加工品、その他一次産品を大量に輸入するようになりましたから、これらの国・地域に対する貿易は大幅な赤字でした。そしてインドをはじめとするアジア・アフリカ・中南米諸国もイギリスから綿製品や鉄道車両、船舶、諸種の機械などを輸入していたのでイギリスに対して赤字でした。こうして二国のみを取り出すなら一方に赤字が、他方に黒字が蓄積する貿易関係であったのが、三つ以上の国の間では、支払義務が循環的に発生して、赤字/黒字が多角的に相殺される関係が生み出されたのです。同様にしてイギリスはアメリカ合衆国から大量の綿花を輸入し、アメリカはアジア・アフリカ・中南米諸国から一次産品および加工品を大量に輸入し、アジア・アフリカ・中南米諸国は前述のようにイギリスから工業製品を輸入するという多角的な相殺の関係が成立しました。むろん、このほかにもイギリスと、その自治植民地カナダ・オーストラリア・ニュージーランド、アメリカ合衆国、まだ充分に産業革命が完了していないその他のヨーロッパ諸国（東欧・南欧・北欧）との間にも、同様に循環的な支払義務が発生しましたから、当時のグローバル経済では赤字がいずれか一国に、黒字が他の一国に蓄積されるという不均衡を拡大する通商関係はありませんでした（多角的決済機構の概念図は藤瀬［1980］一一四、二七八頁、および藤瀬［2004］一五〇頁を参照）。

右の①と②の二つの三角貿易では、ドイツやアメリカが産業革命を達成した結果、イギリスからの工業製品輸入国ではなくなり、むしろイギリスへの輸出超過傾向を見せるようになっていたのに、イギリスがアジア・アフリカ・中南米諸国向けには変わらず工業製品輸出国として競争力を維持していたことが注目されます。幕末から二〇世紀初頭にいたる日本の富国強兵殖産興業政策もイギリスから機械・船舶・武器を大量に輸入することを、重要な一因として成し遂げられました。イギリスの工業製品輸出が可能であった理由は、イギリスが第三世界向けに、多様な注文に応じて諸種の製品を柔軟に供給できる能力（受注型の多品種少量生産型の工業）を保持していたことに求められます。粗鋼生産量などの基礎的な指標ではイギリスは一九世紀末～二〇世紀初頭にはアメリカとドイツに凌駕されるのですが、世界の隅々にさまざまなもの（殊に民間用および軍用の船舶）を供給する点では、米独に対してもいまだ充分な競争力を保持していたのです。

また、イギリスは貿易収支以外でも、アジア・アフリカ・中南米諸国から支払いを受ける関係を維持していました。それは、世界最大の資本輸出国であったからです。イギリスは、これら諸地域でコーヒー農場、茶園、その他農業牧畜産品の生産設備を作り、それら産品を輸送するための鉄道を敷設し、港湾を建設し、鉄道や港湾に修理施設を設置するなどのために巨額の資本を輸出し、その投資収益で、貿易赤字をはるかに上回る国際収支の黒字を稼ぎ出していたのです。さらに、第三世界だけでなく、ドイツ、アメリカなども含めて、第三国と貿易をする際はポンド建て決済が通例でしたから、当時の国際決済は基軸通貨ポンドによって媒介され、ポンド資金は、イギリス⇓欧米⇓第三世界という経路でイギリスに還流する仕組みができていたのです。しかもポンド建ての貿易の場合、貿易信用も、海上保険も、イギリスの金融・保険業者が請け負い、また、イギリスの世界最大の商船隊は第三国間の貿易も担いましたから、そうした貿易関連の諸役務《えきむ》による収入もイギリスの国際収支黒字の一因となりました。この黒字で、イギリスが世界各地にさらに資本輸出すると、それらの地域ではイギリス・ドイツ・アメリカなどの諸国に対して工業製品需要がさらに増加し、それによって増加した貿易役務をイギリスが担うことでイギリスの国際収支黒字がさらに拡大するという好循環が、この第一のグローバル経済を特徴付けています。

イギリスはいち早く一九世紀前半には金を本位貨幣（一国の通貨制度の基礎となる貨幣で、法定貨幣の中軸的な役割を果たし、無制限の強制通用力を有する貨幣）とする通貨制度を採用し、イングランド銀行券と金との兌換を行う金本位制を確立しました。世界の主要国も一九世紀末までには金本位制を採用するようになります。こうして成立した国際金本位制では、各国通貨はそれぞれ金という単一のものに裏付けられているため、各国の貨幣価値が安定的なだけでなく、為替相場も安定することになります。こうして第一のグローバル経済では、各経済主体は、貨幣価値の変化や為替変動の危険をそれほど考慮する必要なく、投資や取引を行うことが可能だったのです。

それゆえ、資金供給力のある者は、世界各地での農場・鉄道・港湾建設や工場建設のために、安心して投資することができました。それらの投資は、必ず新たな需要を獲得して収益をあげることが確実であり、しかも、その収益は貨幣価値や為替相場の変動に煩わされることなく確実に獲得できるからです。新たな投資が新たな需要を生み出し、その需要が海運・国際金融・保険にも新たな需要を生み出し、この第一のグローバル経済は、こうした投資と産業連関の点でも循環的に発展することができたのです。第一次世界大戦によって、この第一のグローバル経済が破壊されてしまったあとの、分断されて不安定かつ不均衡な時代しか知らない者にとっては想像もしにくいことですが、この第一のグローバル経済では世界の各国・各地域がきわめて密接に結び付き、奇跡的ともいうべき円滑で円満で循環的な関係を生み出していました。物財の貿易、資本の輸出入、人の移動・移住はいずれもほとんど何の障壁もなくなされ、世界各地の経済は、植民地も含めて、きわめて順調に成長し続けていました。しかも、世界の貿易・海運・金融・保険を安定的に成り立たせるために世界は海底電信網で結び付けられ、各地の情報は現在と同様に瞬時に世界の人びとの間に行き渡っていました。

Column

植民地支配と経済発展

植民地が宗主国によって経済的にだけでなく、政治・外交・軍事の面でも、また文化的にも支配されていたことは否定しがたい事実ですが、そうした植民地支配の下でも、経済発展は可能でした。植民地支配の下で、経済だけでなく、教育・医療・鉄道・港湾・都市などの整備でも、植民地経営の実を上げたのは、イギリス、フランス、オランダの植民地に多く――ドイツの膠州《こうしゅう》湾租借地（青島《チンタオ》）も支配期間は短期間ながら同様だったとの説があります――、逆に資源の収奪以外に植民地経営の実績をあげえず、植民地のみならず宗主国も経済的に停滞したのはスペインやポルトガルの支配地域に見られます。このように植民地下にも経済発展の可能性があったことを強調する議論は、現在では「植民地近代化論」などと呼ばれ、かつて植民地であった国々と旧宗主国の歴史研究の重要な論点となっています。日本の植民地支配（台湾、朝鮮、満洲）がどちらの型であったと各国の研究で論じられているのか調べ、考えることは、いまを知る手掛かりになります。

しかし、この奇跡的なグローバル経済は意識的に設計された国際協調の産物ではありませんでしたから、外的な衝撃によって発生する混乱に対しては脆弱であるという難点を潜在させていました。この弱点は、国際分業が深化するということそのもののうちにありました。

2　「繁栄の中の苦難」と「関税戦争」の効果

経済がますますグローバル化するということ、言い換えるなら、国際分業がますます深化するということは、リカードの説に従うなら、貿易に参加するどの国もますます富み栄えることを意味しますが、それは同時に、どの国も比較優位業種に特化し、比較劣位業種を捨てることを意味します。つまり、国際分業が深化し、かつ、国内のすべての業種・地域が繁栄するということは論理的にありえず、どの国も、比較劣位業種とそれが立地する地域は衰退せざるをえないという苦難を経験しました。また、比較優位を得るためにダンピング（国内の高価格で外国向けの低価格輸出を可能にすること）など過剰な価格競争に陥ることで、輸出産業でさえ苦難を経験しました。こうして、国際分業の深化にともなって、どの国も、繁栄の中の苦難を内側に抱え込むことになります。全体として世界経済も自国経済も繁栄傾向にあるのに、なぜ、自分の業種・地域は苦難を味わわなければならないかという問いは、殊に有権者が増え、民主化や言論の自由が増進している状況では、多くの人びとを納得させる何らかの答ないしは解釈を必要としました。

しかし、第一のグローバル経済を肯定的に捉える自由貿易讃美論者は、グローバル経済の円満な発展ゆえに、いまや国境も関税も意味を失った過去の幻影にすぎず、まして戦争など起こるはずもないと楽観的に考える自由主義的な平和主義（その代表がN・エンジェル『大いなる幻影』〔初版一九〇九年刊行〕、小野塚［2014］第四章・第五章参照）を唱えました。彼らは世界経済全体の繁栄を讃美することはしましたが、そのことは逆に、繁栄の中で必然的に各業種・各地に発生せざるをえなかった苦難の原因を明らかにするのを怠り、またそうした苦難への対処も怠るという特徴的な態度も示していました。こうした自由貿易讃美論は、実際に苦難を経験している人びとにとっては、それこそが幻影の妄論にすぎず、彼らはむしろ、後述のように諸種の保護主義・ナショナリズムに魅了されるようになったのです。

Column

ＦＴＡ・ＴＰＰに必要なこと

第一のグローバル経済を単純に讃美した議論が実際には第一次世界大戦の勃発によって破綻してしまった現実を知っているわたしたちは、現在、諸種のＦＴＡ（自由貿易協定、free trade agreement）やＴＰＰ（環太平洋パートナーシップ協定、Trans-Pacific Strategic Economic Partnership Agreement）を推進しようとする際に、それによって得る利益だけでなく、それによって確実に発生するであろう苦難をも正確に推算しなければなりません。利益だけを強調して、産業衰退やそれにともなう苦難を軽視・無視するのは経済学的にも正しい立場ではありませんが、それは政治的にも厄介な問題を引き起こすからです。国際分業の深化にともなって必然的に苦難を経験する状況に陥るであろう業種・地域に対しては、自由貿易によって発生する利益で充分に手当が可能であることを示さなければ、国際分業の深化は再び、「アメリカ・ファースト」などの諸種の保護主義・ナショナリズム・自国中心主義を生み出す危険性があることに注意する必要があります。

1870 ～ 2000 年（対 GDP）

（単位：%）

ロシア		イタリア		アメリカ		日本	
輸出	輸入	輸出	輸入	輸出	輸入	輸出	輸入
—	—	8.4	9.9	5.7	6.1	—	—
10.2	6.0	7.8	11.5	6.8	6.2	5.4	7.8
7.5	6.8	11.7	17.0	6.4	4.7	14.0	15.6
4.3	4.4	9.7	13.9	4.3	3.4	12.7	13.6
0.2	0.2	8.9	11.0	3.6	3.1	7.6	8.8
4.0	3.7	14.3	16.2	4.2	3.9	9.5	9.3
41.0	13.5	22.4	22.2	7.4	12.0	10.1	8.0

一八六〇～七〇年代のヨーロッパ諸国間の協定的自由貿易ネットワークは、七九年のドイツ関税法により、「関税戦争」の様相を呈することになり、以後、ドイツとロシア、オーストリア＝ハンガリー帝国とロシア、イタリアとフランス、ドイツとカナダの間でそれぞれ相互に関税引上げがなされ、さらに一八九七年には英独通商条約も破棄されました。

しかし、こうした各国の保護主義への転換にもかかわらず、それはヨーロッパ諸国および日本の貿易を減退させる効果はなく、むしろ一八九〇年から一九一三年にかけてのロシアの輸出と、極端に強い保護主義国であったアメリカの輸出入以外は、各国の貿易依存度はむしろ増大しています（表20-1）。各国間の通商条約に含まれる最恵国待遇条項が、網の目のように第三国にも均霑《きんてん》することによって、関税戦争によって特定品目のみ若干の税率引上げがなされはしたものの、それ以外の多くの品目については実質的に自由貿易に近い状態が保たれたことが、「保護貿易」下の国際分業の深化に作用して

表 20-1　主要国の貿易依存度：

年	イギリス		フランス		ドイツ	
	輸　出	輸　入	輸　出	輸　入	輸　出	輸　入
1870	22.6	28.1	11.7	12.0	—	—
1890	24.0	30.7	13.0	15.3	14.1	17.6
1913	27.0	32.7	13.9	17.0	19.3	20.5
1930	15.6	24.7	12.8	15.7	16.7	14.4
1950	20.0	22.8	10.6	10.5	8.6	11.7
1970	18.3	20.4	12.7	13.5	18.4	16.2
2000	19.7	23.4	22.8	23.1	30.6	26.0

います。したがって、イギリス（一九三二年のオッタワ協定で英連邦特恵関税地域を形成するまで、相手国の通商政策にかかわらず一方的な自由貿易政策を維持し続けた唯一の国）以外のヨーロッパ諸国は一八八〇年代以降、保護貿易の方向に傾いたとはいうものの、それは相手国からの輸入を実質的に禁止するほどの効果はもたず、関税収入を増加させる効果しかありませんでした。「関税戦争」という恐ろしげな言葉にもかかわらず、当時のヨーロッパ諸国の通商政策は自由貿易を基本線として守りながら、戦略的品目については若干の保護の導入と、税収増加とを狙っていたのだと理解されています。

ここで、注意しなければならないのは、保護貿易への転換や「関税戦争」が貿易実態には影響を与えなかったとはいえ、相手国民の心理には大きな影響を与えていた可能性があるということです。各国の関税法の改定や通商条約の改定によって、自国産品への税率をわずかでも上げることは、相手国から見るなら自分たちの製品をその国から締め出そうとする敵対的な意図を感ずることになるでしょう。「関税戦争」は各国の輸入量を減退させる効果はありませんでしたが、相手国に対して自国の「敵意」を示してしまうという意図せざる効果があったのです。

保護主義への転換は相手国の心理に影響を与え、相互に敵意や不信感を醸成する原因となりました。ドイツの一八七九年関税法と、その後のドイツの輸出増大は、主要な貿易相手国であるイギリスやロシアから見るなら、経済的な脅威でした。たとえば、一九世紀末以降のイギリスでは、自国市場にドイツ製品が氾濫しているという「ドイツの〔経済的〕侵略（German invasion）」という認識が作用しており、E・E・ウィリアムズ（社会主義者から保護主義のジャーナリストに転じた人物）が一八九六年に発表したパンフレット『ドイツ製（Made in Germany）』によって、イギリス産業がドイツ製品の進出によって苦境に追いやられているとの言説が広がります。比較劣位で構造不況に陥った金属加工業や小間物製造、印刷などの業種とその立地地域では、ドイツの不公正貿易によって、イギリスが当然享受すべき利益が損なわれているとの認識が徐々に強まったのです。

3　苦難の二つの解釈と世論

第一のグローバル経済期の「繁栄の中の苦難」に対する一つの解釈は社会主義が与えました。つまり、不況であれ、失業であれ、民衆が経験している苦難の原因には資本主義の根本的な矛盾が反映しているのであって、政治的・経済的・文化的な階級支配や、「資本主義社会における労働者の窮乏化」といった本質的な問題を解決しなければ、苦難を消し去ることはできないという答です。一九世紀末から二〇世紀初頭にはヨーロッパ諸国だけでなく、アメリカや日本にも、社会主義を唱える政治運動が存在し、その永続的な組織（諸種の社会主義政党）が勢力を増し、それらは労働運動にも大きな影響力を与えるようになっていました。ヨーロッパ諸国では国会にも社会主義政党が議席を有するようになり、第一次世界大戦直前のドイツ帝国議会の第一党は社会民主党（ＳＰＤ）でした。そうした政党の機関紙は広く読まれ、政府批判、軍部批判、資本家批判を繰り広げ、そうした中で「繁栄の中の苦難」は資本主義の矛盾の発現なのだという認識が労働者や貧農の間に広まりつつありました。

たとえば、当時の世界で最も繁栄し、最も強い外交力と海軍力を保持していたイギリスでは、社会民主連盟、フェビアン協会、独立労働党、社会主義同盟、そして労働代表委員会（現在の労働党の前身）などさまざまな社会主義団体が次々に誕生し、それぞれに資本主義批判と、その改良ないし革命の戦略を練っていました。

このように、不況や失業などの「繁栄の中の苦難」の原因を資本主義そのものに見出す社会主義者たちは、解決策として革命（による資本主義の揚棄と社会主義体制への移行）か、資本主義の抜本的

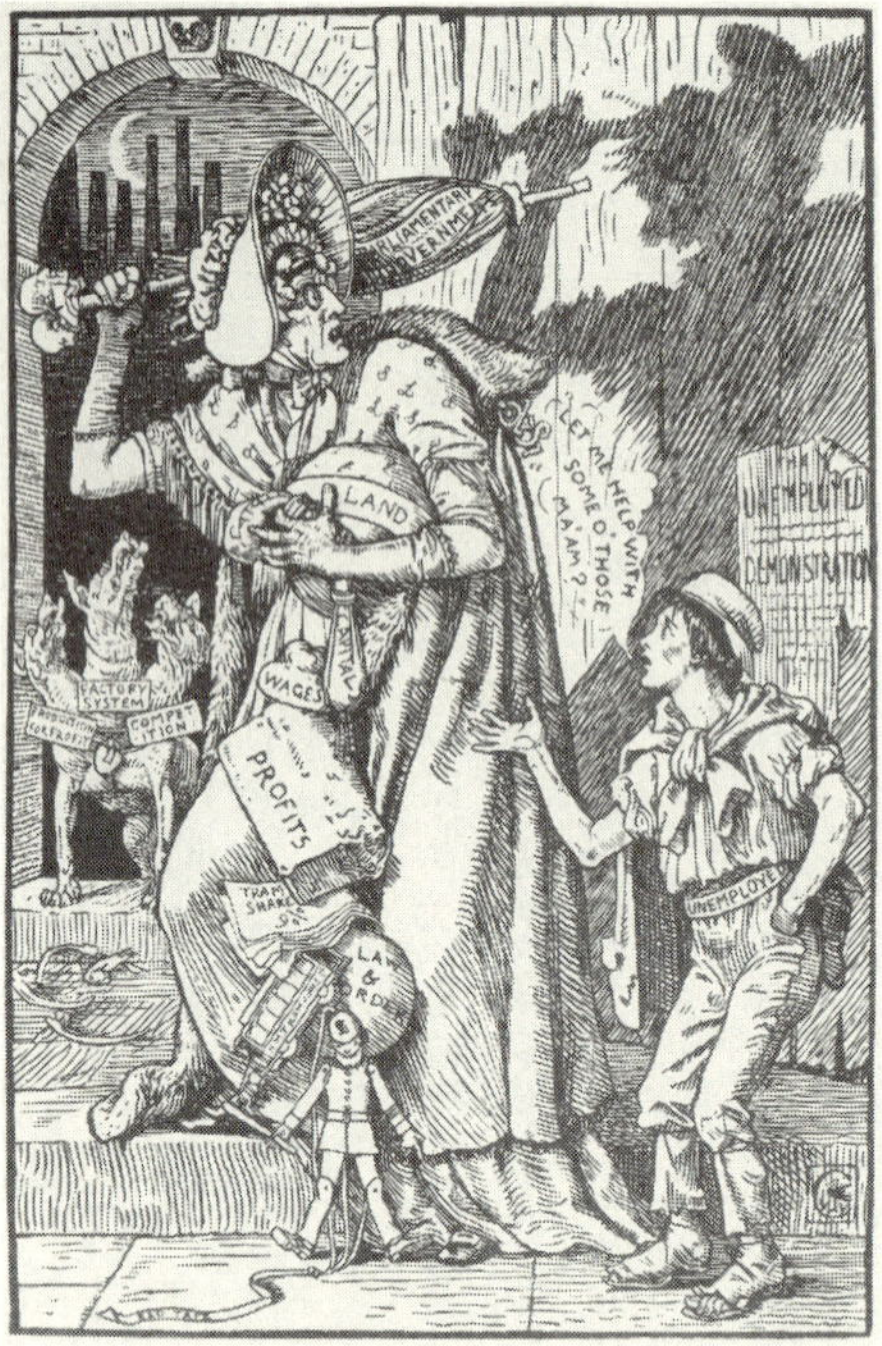

自分の影に怯える
グランディ夫人

ウィリアム・モリスとともに工芸・絵画と社会主義の双方で活躍したウォルター・クレインが社会主義同盟の機関紙 *Commonweal* に掲載した風刺画（1886 年）。「土地と資本と利潤、賃金、鉄道株、法令」などを抱え込んだグランディ夫人（Mrs.Grundy には世間体を気にする人という意味がありますが、ここでは巨万の富と権力をほしいままにする資本主義を表しています）が、『工場制度・利潤目的の生産・競争』という三つの頭をもつ犬を従えて、『議会制政府』という傘を振りながら夜道を歩いていて、ふと背後を見ると、大男の戦士が棍棒を振り上げて襲いかかってくる幻（自分の影）を見て、恐れおののいています。背後の壁には『失業者デモ』のポスターが貼ってあります。通りかかった少年（失業者）から、『奥様、その荷物、少し持って差し上げやしょうか』と声を掛けられています。富と権力を独占しながら、少しも安心することができず、しかも、失業や不平等という問題を解決できずにいる資本主義社会を揶揄しているのです。アーチの楔石《くさびいし》に彫り込まれた髑髏《どくろ》は、資本主義の命運を、また、工場の煙突に懸かる有明の月（下弦と晦《つごもり》の中間の細い月〔wan morning moon〕）は社会主義の夜明けが近いことを示しています。右下の鶴丸の印はクレインが日本画の落款をまねたものです。

（出所） Walter Crane, *Cartoons for the Cause: Designs and Verses for the Socialist and Labour, Movement, 1886-1896*, The Journeyman Press, London and the Marx Memorial Library, 1976.

な改良による平等の実現を主張していました。しかも彼らは、労働者階級の真の敵は資本家階級（ないし資本主義体制）であると考えていましたから、他国からの経済的侵略によって自国民の利益が損なわれているというナショナリズムとは一線を画し、労働者の国際連帯（インターナショナリズム）を堅持して帝国主義戦争には加担しないことを他国の社会主義者たちと誓い合っていました。

社会主義運動の隆盛を放置するなら、革命によって資本主義社会が打倒されるか、あるいは、諸種の政策によって労働者・貧農に対して所得の垂直的再分配を行うための財源を探し出すか、いずれかを余儀なくされるというのが、当時の支配階級の認識でした。しかも社会主義は、他国への憎悪や敵愾心《てきがいしん》ではなく、国境を越えた労働者の国際連帯が世界を救うと主張していましたから、「繁栄の中の苦難」を放置できないと考える非社会主義的な政治家にとっては、まことに扱いにくい存在だったのです。

ところが、「繁栄の中の苦難」に対しては、もう一つ別の、たいへんお手軽な解釈がありました。それがナショナリズムです。ナショナリズムとは、自国が当然享受すべき富や利益を損なう敵が外側に存在するという被害者意識と、そうした外敵に内通する裏切り者が国内で妄動しているという猜疑心《さいぎしん》との複合した心理に裏付けられた言説です。ドイツ側では、イギリスの金融業や海運業・造船業に対する劣位の意識だけでなく、海軍力でもイギリスとの差が縮まらないことを原因として、自分たちの利益が損なわれているという意識は二〇世紀初頭までには強く醸成されていました。

ウィリアムズの『ドイツ製』はイギリスにおける経済的ナショナリズムの一表現ですが、軍事的・外交的な被害者意識や敵愾心もナショナリズムの特徴です。『ジャックと豆の木』や『桃太郎』の物語のように、誰か「悪者」が、自分たちの幸福と安寧を奪っているという妄想だけでなく、諸種の仮想戦争小説や、外国の軍事的脅威の増大を喧伝するメディア（この頃は圧倒的に新聞・雑誌・パンフレットなどの印刷物でしたが、外国戦艦の進水式の場面や、三国同盟の君主たちが会っている場面を流すニュース映画もありました）や、そこで活躍する評論家の言説なども、この時代のナショナリズムを彩る材料でした。

「革命か、しからずんば、社会改良」を要求する社会主義の勢力拡大に対応するためには、革命を防止し、社会政策を実施するための財源を捻出しなければならなかったのに対して、ナショナリズムの言説が便利なのは、大概の苦難の原因は外敵と内通者の悪意に求めることができますから、何の財源も政策も必要としないことです。苦難への対処を必要としないという点では、自由貿易讃美論と同様ですが、苦難を現に経験している人びとをとりあえず納得させる理屈を含んでいるところが、ナショナリズムが第一のグローバル経済と民主主義の伸張しつつあるこの時期に政治家たちに手軽に用いられた理由です。

4 民主主義と平和主義の脆弱性

民主主義が本当に強靱で賢明な仕組みであったなら、国際分業の深化とともに必然的に深まる「繁栄の中の苦難」について、社会主義的な解釈は採用しないとしても、ナショナリズムに安易に逃げるのではなく、失業や産業衰退などの苦難を経験する業種・地域には、国際分業の深化によって発生する利益で、失業給付や転業対策などの手当が充分に可能であることを示して、国内問題として処理することが可能だったかもしれません。しかし、当時の民主主義は、外敵と裏切り者を安易に名指しする言説に傾き、一部の政治家たちもそれを利用しようとしました。

エンジェルらの自由主義的平和主義は、苦難への対処をそもそも何ら構想しない思想でしたが、もう一つの平和主義を唱えた社会主義は、外敵との対立の方向ではなく、労働者の国際連帯による問題解決を志向していました。しかも、それは各国で勢力を増しつつあり、たびたび国際的な会議や示威行動を行って、ナショナリズムや帝国主義が示す敵意と猜疑心に対して、平和をもって応えようとする運動を二〇世紀に入ってますます強化し、第二インターナショナル（国際社会主義会議・国際社会主義事務局）は、戦争の危機が迫るなら各国の労働者はゼネ・スト（すべての業種・職種の労働者が同盟罷業《ひぎょう》に立ち上がること）で対抗して、戦争を絶対に防ぐと誓い合っていました。それにもかかわらず、一九一四年の夏のある日、第一次世界大戦は突然勃発して、緊密に結び付いたグローバル経済は瞬時に破壊されてしまったのです。社会主義者たちの大多数は平和の誓いにもかかわらず、敵国に宣戦布告する自国政府を支持する側に急転し、戦争反対を唱え続けたのはごく少数に留まりました。社会主義運動はなぜ平和を保つことに失敗したのでしょうか。

この点については、フランスの哲学者・歴史家であったE・アレヴィが一九三〇年になって第一次世界大戦の開戦原因を振り返って述べた見解が重要です。

「大戦開始時に労働者階級の革命的感情は、国民の［外敵に対する］連帯という劇的な主張の前にはきわめて脆弱であったように思われる。社会主義の指導者個人ないし指導者集団としては無条件平和の教義に忠実であろうとする者たちがいたのは事実だが、結果は失敗に終わっている。教義に忠実たらんとした者たちは大衆の愛国熱狂に一蹴されてしまったのである。それどころか、彼ら［社会主義者］の大多数は彼らをとりまく大衆の好戦的熱狂に自ら心を奪われてしまったのだ。」

つまり、社会主義者たち個人の心の中には、平和を守るという社会主義の国際連帯の教義とともに、愛国心や好戦的熱狂という心理も密かに同居していたのです。後者の心理は、開戦前後の状況の劇変と好戦的ナショナリズムの増長とに刺激されて、目を覚まし、社会主義の教義に基づく平和の誓いを凌駕してしまったのです。社会主義者たちは社会主義の志をもつと同時に、近代の国民国家・国民経済・国民文化（nation state, national economy, national culture）などナショナルな要素の担い手でもあり、しかも彼らは、参政権の拡大とともに、ますます深く国民国家の支柱となりつつあったのです。社会主義的な平和主義・国際主義が、ナショナリズムにも愛国心にも惑わされずに純粋培養されていたわけではなく、状況次第では後者に道を譲ってしまうというのが、社会主義運動がこの時期に示した弱さです。

こうした民主主義と社会主義のそれぞれの脆弱性とは別に、ヨーロッパの中には戦争に参加しないことを利益とするはずの国がありました。それはイギリスです。イギリスはグローバル経済の中心であり、基軸通貨ポンドを世界に提供し、世界の貿易・海運・保険を担うことで、この第一のグローバル経済から大きな利益を得ており、それがイギリスの外交上の優位性の大きな源泉でもありました。イギリスの政治家、殊に一九〇六年から政権を担っていた自由党の政治家たちの多くはそのことを承知していましたから、参戦には大いに躊躇逡巡するのですが、いまの目から見るなら奇妙なほど、彼らは後ろ向きに、戦争という蟻地獄に向かって落ち込んでしまいます。参戦に躊躇する冷静な、そして平和愛好的な政治家たちは確かにいました。しかし、彼らは、イギリスを敵から守ろうとする愛国的な――それゆえ戦争を辞さない――民衆心理とそれを煽《あお》り立てる政治家やメディアの力を、どこまで躱《かわ》すことができるかを考慮しながら、同時に、その民衆心理が躱しきれないほどに強い場合は、平和主義・中立主義・孤立主義者たちをいかに説得して、参戦を納得させるかを一九一四年七月末には真剣に考え始めていたのです。

第一次世界大戦は、以上概観してきたように、経済的な問題や対立が原因で始まったのではなく、民衆心理とメディアの中で先に始まっていたのです。敵愾心・猜疑心・不信感が湧き起こり、各国で同時に発生したそうした心理が相手国側の示す敵意に刺激されて、鏡像的に増幅しつつある状況の中で、オーストリア゠ハンガリー帝国の皇位継承者が暗殺されるという事件が、民衆心理と政治・外交の複合状況に火をつけることによって大戦は勃発しました。その結果として、第一のグローバル経済は破壊されてしまいました。国際分業が深化し、経済が相互依存的であることは、決して平和の絶対条件にはならなかったのです。

イギリスは、参戦することによって経済的・外交的な利益を喪失しただけでなく、世界も有力な中立国・停戦仲介者を失って、オーストリア゠ハンガリー帝国とセルビアの間に始まった局地戦は一カ月足らずのうちに、日本も参戦することで、文字通りの世界大戦となってしまいました。この大戦は、イギリスの参戦によって停戦や終戦の手がかりを失ったまま漂流し、足かけ五年に及ぶ悲惨な災厄を世界にもたらすこととなります。その後一世紀以上、現在にいたるまで、第一次世界大戦前と同様の円滑で円満なグローバル経済は回復していません。第一次世界大戦後、現在まで一世紀の世界経済は、短い例外を除けば、概して、不安定と不均衡と分断とで特徴付けることができます。第二次世界大戦の戦後は、仏独和解・ヨーロッパ統合や「冷戦体制の終焉」（第21章参照）で、日本と中国・韓国・ロシアの間――では、まだ、第二次世界大戦の戦後処理が完了せず、それが問題としてしばしば露呈しています——を除くなら、世界ではすでに終わっていますが、第一次世界大戦の戦後は世界的にまだ終わっていないのです。

　誰も望んでいなかった不条理で不合理な戦争の原因について、通説となっている「帝国主義諸列強の対外膨張策の衝突」、「3B政策と3C政策の対抗」、「三国同盟と三国協商の対立」はいずれも開戦原因をほとんど説明できません。戦争責任論（ヴェルサイユ条約第二三一条のドイツ責任論）を離れて、開戦原因を冷静に再考することは、第一のグローバル経済が破壊された理由を知るために有益なだけでなく、現在のわたしたちにとっても喫緊の課題です。なぜなら、いま世界は再び——東アジアではすでに二〇世紀末から——経済的には密接に結び付きながら、外交的・軍事的な緊張が絶えず、民衆心理には対外不信感や敵愾心が静かに醸成されており、そうした心理を利用して票を獲得しようとするポピュリズムの政治があちこちで跋扈《ばっこ》しているからです。第一次世界大戦は、そうした意味でも、現在のわたしたちが避けて通ることのできない過去の躓《つまず》きの石となっています。

📖 文献案内 📖

　多角的決済機構については藤瀬［1980］、藤瀬［2004］を、国際金本位制については藤瀬・吉岡［1987］、吉岡［1999］、上川・矢後［2007］、および国際銀行史研究会［2012］を参照してください。「繁栄の中の苦難」と第一次世界大戦の開戦原因については、ジョル［1997］と小野塚［2014］、および小野塚［2023b］

をお薦めします。また、社会主義者の平和運動についてはジョル［1976］、西川［1989］、および小野塚［2014］第五章（渡辺千尋執筆）を参照してください。

第21章 第一次世界大戦とその後の経済

世界の諸国・諸地域の経済は、第一のグローバル経済の中で発展していたのに、そのグローバル経済が開戦によって断ち切られてしまい、しかも、この第一次世界大戦は、一九世紀までの通常の戦争とは異なり、戦闘状態が何年も続く長い戦争となったため、主戦場となったヨーロッパの交戦諸国は、長い戦時の経済と社会を支えるために、それまで国内で部分的に試みられていた諸種の介入的自由主義の手法を全面的に実施して、総力戦体制を樹立しました。本章では、総力戦体制の意味を押さえたうえで、それが戦後に何をもたらしたのか、戦債・賠償問題、ドル資金の循環、大恐慌とブロック化、第二次世界大戦へといたる一連の経緯を概観します。第一のグローバル経済期と第一次世界大戦期に拡大した生産力に対して、グローバル経済が破壊されたあとの、世界が分断されて貿易が減退している状況では、国内市場を豊かにしない限り需要が決定的に不足するという問題が、第一次世界大戦後に露呈しました。この新しい問題——外国からの欲望に多くを期待できず、しかし、国内の欲望も画期的には増大しないという欲望の短期的な限界――を処理しようとして、第一次世界大戦後の世界は再び、政治・外交的にも、経済的にも破綻して、再度の大戦にいたったのが本章の扱う時期です。

1　総力戦と食

古代以来、一九世紀までの戦争は、武器や戦術の変化はあったものの、ほとんどの場合、戦闘状態は数日か一週間程度しか続かないという共通性がありました。中国や日本の戦国時代や、ヨーロッパ中世の百年戦争、近世の三十年戦争や七年戦争のように、戦争の期間が長く続いた例はあります。しかし、そうした戦争でも、実際に戦火を交える戦闘の期間は短く、それ以外の期間は、「戦争中」ではあっても経済や社会（たとえば人びとの行き来）は平常に復したのです。戦闘が短期間で終わったのは、戦場の兵士を支える補給が、当時の兵站《へいたん》能力では続かなかったからです。ところが、鉄道の普及と、自動車の発明は兵站を一変させました。一九世紀までの諸戦争よりもはるかに多くの物資と交替兵員を、はるかに迅速に前線に送り込み、負傷兵・死体と故障した武器などを後方に送り返すことが可能となったのです。

こうした戦闘の長期化は、たとえば、ボーア戦争や日露戦争の二〇三高地攻略戦などでもすでに傾向として発現していましたし、一九世紀末になると、戦闘の（それゆえ戦争の）長期化を予想した者がいなかったわけではありませんが、多くの将軍・政治指導者たちは、戦闘の長期化ということを必ずしも明瞭には意識せずに、第一次世界大戦に突入したともいわれています。しかし、彼らの意識に関わりなく、鉄道・自動車・船舶を活用した補給力は、戦争の必要に応じて遺憾なく発揮され、戦闘は長期化することになったのです。

戦闘が長期化すれば、交戦国間の交通は途絶し、人・もの・かねの動きも大きく制約されます。グローバル経済の中で、高度に緊密な相互依存関係が成立していたのに、それが機能しなくなるわけですから、大戦は、外交・政治の失敗であっただけでなく、経済の失敗でもありました。平時なら、何ごともなく輸入できたものが入手できなくなり、輸出していた市場が敵国になってしまうのです。こうした経済状況に陥っても、――前章で見たように有力な調停者・停戦仲介者となるべきイギリスが参戦してしまったため――戦争を長く継続し、前線の兵士だけでなく、後方の者たちの生活も支え、そして従来以上に多くの兵器・弾薬・医療品・衣料品を生産するために、経済は平時とはまったく異なる仕方で営まれるようになりました。それが総力戦体制です。

Column

中立国の利益

交戦国間のもの・かねの動きは、実は完全に途絶えてしまったわけではありません。第一次世界大戦期のヨーロッパではスイス、オランダ、スウェーデン、スペインなどが中立を守ったため、たとえば、ドイツで捕虜になったイギリス兵に、イギリスの家族から小遣い銭や慰問物資を送るということは可能でした。むろん、それは、中立国や国際赤十字・赤新月運動を通じてなされましたから、赤十字はともかくとして、金品の送受を媒介した中立国はさまざまな仕方で仲介手数料を入手しました。中立国も戦時には国境の守りを固めるなど負担は増加しましたが、戦時の中立国にはこうした経済活動の機会が発生することを忘れてはいけません。また、それだけでなく、こうした金品の送受とともに、交戦国双方の情報が接触するのも中立国においてであって、双方が非公式に外交上の接触をはかり、停戦交渉を行うことも中立国の仲立ちによって可能となったのでした。

総力戦（total war）とは、交戦中の（ないし開戦を間近に予想した）国が、その国の有する人的・物的・金銭的な諸資源のすべてを戦争目的のために優先的に投入し、動員することによって戦われる戦争を指します。総力戦体制とは、こうした総力戦が可能となるように政治・経済・社会・生活を権力的に組織（organize）した状態を意味します。

総力戦の特徴は、①介入・統制の側面の強化、②自由・権利の制限、③物的・金銭的資源の集中と計画的配分、そして、④国民を戦争目的のために最大限働かせるための心理・行為両面での人間操作技術の進歩の四点です。順に見ていきましょう。ヨーロッパ諸国の多くはすでに第一次世界大戦開戦より前から、社会保険・労務管理・国民運動など諸種の介入的自由主義を経験していましたので、その経験を全面的に拡張して、自由の要素を極小化すれば、総力戦体制の第一の特徴（介入・統制の強化）は実現できます。むろん、そのために、新たな組織や機関を設置し、そこに人や資源を配置しなければなりませんから、そうした組織・機関の性格によって、総力戦体制のあり方も大きく変わります。第一次世界大戦期に見られたのは、文民統制の下に、軍が必要とする人員・物資を政府機関の指示・計画に従って生産・流通させるイギリス型と、軍の必要がじかに政府・民間企業を統制してしまう大陸諸国型に大別することができます。前者と後者の最大の相違は、前者では、工場や職場で必要とする熟練労働者や技術者を徴兵せずに、その現場で働かせ続けることに成功したために、生産・輸送等の現場の混乱は極小に押さえることができたのに対して、後者ではしばしば軍の要求どおりに兵員を先に確保してしまったため、銃後の生産・輸送に支障を来したことです。

第二に、総力戦体制では、言論の自由や、移動の自由、職業選択の自由、財産処分の自由など、平時ではごく当然であった市民的な自由と権利が、戦争遂行を阻害しないように、大幅に制限されました。

第三に、各国とも、もの・かねの輸入が大幅に減少しましたから、国内の物的・金銭的資源は、所有者の意図を抑圧してでも、強制的に集約され、戦争目的に従って配分されるようになりました。ただし、集中と配分の権力だけ国家が行使しても、それが効率的になされない場合には、むしろ平時よりも物的・金銭的な無駄が大きくなってしまうという逆効果もありましたから、ものとかねの動員は単純に権力の行使だけで的確に実行できたわけではありません。集約された資源をうまく配分できるかどうかは、介入・統制・組織化する機関の性格によって大きく左右されました。

そして、第四に総力戦体制の最も大きな特徴は、人間を操作する技術の進歩とその活用です。そのためには、旧来の新聞など黒インクで印刷された文書類だけでなく、多色刷りで意匠も工夫された諸種のポスターや、映画（当時は無声映画）やレコードなどの再生技術、さらに芸人・写真家・音楽家たちによる慰問活動、そして究極的には、国家（戦争指導当局）による思想・言論・文化・学問の全般的な統制まで、ありとあらゆる方面に、この第四の特徴は発揮されました。物財と貨幣は意思をもちませんから、所有者の自由・権利を制限しさえすれば、原理的には、動員可能ですが、人は意思をもつので――しかも近代市民社会では少なくとも成人男性は全員、十全な自由意思の主体であると考えられていただけになおさら――、彼らの人心を掌握することが戦争の帰趨《きすう》を決する重要な要因となったのです。また、成人男性の徴兵によって生じた工場・職場の欠員を埋めるために大量の女性や年少者も工場労働などに徴用されましたから、彼らの勤労意欲や労働安全衛生への関心を高めることも総力戦を遂行するうえでは決定的な意味をもちました。これらも、従来の、民主主義が発達する以前の戦争とは大きく異なる特徴です。オーストリア＝ハンガリー帝国は大戦になることを充分に予測せずに、一九一四年七月二八日にセルビアに対して宣戦布告したといわれていますが、この同日に、戦時報道部（Kriegspressequartier, KPQ）を設置して、戦時報道だけでなく、兵士向けと市民向け双方の情報・宣伝・慰問活動を指揮しましたから、こうした人心掌握の必要性は早くから認識されていたと見ることができます。

ドイツ帝国とオーストリア＝ハンガリー帝国（中央同盟国）は東をロシア帝国に、西をフランスとイギリスに、南をイタリア王国に押さえられ、イギリス海軍などの海上封鎖を受けましたので、海外からの輸入量は大幅に減退し、国内生産と、国内および占領地の資源の徴発とで、五年近くに及ぶ戦争を戦わなければなりませんでした。人・物資・資金の国際的な調達のほどんどできない

ドイツの戦時油脂委員会のポスター
（ユリウス・ギプケンス作，1917年頃）

一見牧歌的な絵柄ですが，「油が欲しければブナの実を集めよ」という極端な物資欠乏を表現しています。

イギリスの食料節約キャンペーン
（作者不詳，1917 年頃）

「小麦粉を節約して艦隊を助けよう。パンを食べすぎないように」。北米からの小麦輸入を減らせば，その分，船団護衛用の駆逐艦を，ドイツ潜水艦の攻撃に振り向けることができるということを主張しています。

状態で、これら両国が五年間も継戦状態を維持し、しかも戦線もほとんど後退していない（戦場では勝敗の帰趨が決まっていない）のは驚くべきことですが、さすがに、一九一八年の夏以降は国民のみならず、兵士の間にも厭戦気分が蔓延して、結局、同年一〇月から一一月に国内で革命が発生することによって、これら両国は戦争に敗れます。

これに対して、連合国側は、海路での相互の物資供給を維持し続けましたので、中央同盟国側よりは、もとから有利でしたが、ドイツ海軍は、その有利さを減殺するために一九一七年には無制限潜水艦作戦に打って出て、連合国の海上補給路を崩そうとしたのでした。この作戦によって、多数の商船が撃沈されましたが、それでも、英仏伊への世界各地からの輸入は途絶せず、これら西側・

南側の連合国では、中央同盟国やロシアほどには、食料不足（の虞《おそれ》）に起因する厭戦気分は高まりませんでした。

第一次世界大戦は、経済的に緊密な相互依存関係の中で発生した「繁栄の中の苦難」への国内的な対処を誤ったことが根本的な原因で発生しましたが、その結果、破壊されてしまった国際分業関係のあとには、最終的には「食べる」ことへの不安・不満から厭戦気分が嵩《こう》じて、革命が発生した国が戦争から離脱せざるをえなくなるという仕方で、大戦は終わりました。食べ（て生き延び）られるか、飢え死に（を目前に）するかという問題は、古来、人間＝社会のあり方を決定する重要な要因でしたが、それは二〇世紀になっても、総力戦という極限状況の中で戦争の帰趨を決する要因として作用したのでした。

2　戦債・賠償問題と戦後処理

第一次世界大戦において、中央同盟国でも連合国でも、国家が戦争に必要な資金を調達する第一の方法は戦時公債の発行でした。戦時中は各国とも、金本位制を停止していましたので、中央銀行は際限なく紙幣を発行し、それを戦時公債で政府が吸収すれば、戦争遂行に必要な資金をまかなうことは可能でした。しかし、戦後の償還を考慮するならば、際限のない公債発行に頼るわけにもゆ

表 21-1　連合国間の債権債務関係（1918 年 11 月）

（単位：百万ドル）

		債権国		
		アメリカ	イギリス	フランス
債務国	イギリス	3,696	—	—
	ロシア	188	2,472	955
	イタリア	1,031	1,855	75
	フランス	1,970	1,683	—
	ベルギー	172	422	535
	ユーゴスラヴィア	11	92	297
	総額	**7,077**	**7,015**	**2,238**

（出所）宮崎・奥村・森田［1981］127 頁，表 41。

かず、また、紙幣はあっても、国内の物財は次第に底を尽きますから、連合国側では、外国からの物資輸入と資金導入が重要性を増すようになります。

こうして蓄積されたのが連合国の戦債です。主たる債権国はアメリカ、イギリス、フランスですが、表21-1を見るとアメリカは債権だけを有して、休戦時で約七一億ドル（終戦後の復興費用の貸付もしていますから、その六年後には債権総額は一一八億ドルほど）の債権があります。イギリスも休戦時で約七〇億ドルの債権がありますが、アメリカに対して三七億ドルの債務もあります。フランスは総額二二億ドルの債権に対し、アメリカとイギリスへの債務が合計約三七億ドルあり、債務超過です。

これらの債権・債務関係が、戦後、円滑に解消されたなら、わたしたちが現在知っているような大きな問題にならなかったのですが、実際には、ロシアで一九一七年一一月に社会主義革命が発生し、レーニンやトロツキーらボリシェヴィキの率いる革命政府は無賠償・無併合を原則とする「平和に関する布告」（一一月八日）を発し、「帝国主義戦争からの離脱」を宣言します。ロシア帝国が英仏米各国から借りた総額三六億ドルにのぼる戦債も、帝国主義戦争の遂行のためであって、いまや労働者・農民・兵士の評議会（ソヴィエト）の国になったのだから、戦債の返済を履行する必要はないことを内外に明示したのでした。その結果、英仏の債権総額のそれぞれ三五％と四一％が焦げ付き、両国はアメリカに対する債務返済に窮するようになります。英仏両国は、アメリカに対して、自分たちは共通の敵であるドイツと一九一四年から戦っており、そのための費用の一部が対米債務となったのに、アメリカは一九一七年まで参戦せずに中立を決め込んでいたのだから、英仏の戦債については特別の配慮（一部減免や返済繰延べなど）をすべきであるとの主張をしますが、アメリカはこれら債権のほとんどは民間のものだから合衆国政府がそれを帳消しにすることはできないとして、英仏側の申し出に応じませんでした。

英仏両国はこうした債務返済の困難を軽減するために、ドイツに対する賠償要求を、民間人の被った損害額から、軍人恩給等も含む戦費全体を含む規模にまで拡大し、ヴェルサイユ講和条約第八部〔賠償〕の冒頭の第二三一条には、「ドイツとその同盟国の攻撃によって余儀なくされた戦争の結果発生し、連合国政府とその国民が被ったすべての費用と損害についてドイツと同盟国は責任を引き受ける」と定めたのでした。当初想定されていたのよりも過大な賠償をドイツから獲得するために、戦争の全責任をドイツに負わせる条項がヴェルサイユ条約に無理に盛り込まれたのです。
こうして戦後処理は、ロシア革命と戦債問題とが色濃く影を落として、ドイツの賠償責任という仕方に変換されてしまいました。当時、ヴェルサイユ講和会議にイギリス大蔵省首席代表として出席していたJ・M・ケインズは、民間人損害に対するドイツの賠償には賛成していましたが、英仏が支出した全戦費と今後支給するであろう軍人恩給まで賠償額として要求するのはいかにも無理だし、しかもドイツには英仏とベルギーの損害額と全戦費を支払う能力は到底ないのだから、それを無理強いするならドイツ経済は確実に破綻し、ドイツ国民は死滅し、したがって、ドイツ経済と密接な関係にあったヨーロッパの経済全体も大きな損失を被るとして、条約の賠償条項に反対しました。

Column

ケインズが重視した問題——経済的相互依存関係の意識的な維持

ケインズは、ヴェルサイユ講和会議で、ドイツへの過大な賠償要求が条約に盛り込まれることに抗議して、イギリス大蔵省首席代表を辞して、帰国し、その怒りをもとに、『講和の経済的帰結（The Economic Consequences of the Peace)』（一九一九年）を一気に書き上げます。そこで、ケインズは、レーニンらの「平和に関する布告」に盛り込まれている無賠償原則を支持したわけではありません。しかし、過大な賠償責任によってドイツ経済が破綻すればヨーロッパ経済もそれに列《つら》なって破綻するということを危惧し、そのような賠償要求をするのは道義的にも経済的にも合理的ではないと主張しました。一九一八〜一九年のケインズは、経済的相互依存関係を戦争によって壊した挙げ句に、講和条約で再びそれを完膚なきまで破壊してしまうことを、愚挙として憂慮したのでした。

その二五年後にケインズは、ブレトンウッズで開催された第二次世界大戦の連合国四四カ国の通貨・金融会議において、再びイギリス代表として臨み、諸国間の貿易関係を維持することが戦後復興に必要な条件であるとして、貿易赤字国責任論を否定し、貿易赤字に陥った国に対しては国際中央銀行が貸越をしてでも、貿易を維持すべきだと説きました。しかし、ここでも、ケインズの提起した問題は受け容れられず、アメリカ財務省を代表したH・D・ホワイトの為替相場の安定を重視した赤字国責任論に敗れます。ケインズというと、政府の財政出動で有効需要を創出することが不況から脱出する呼び水になるのだという、いわゆる「ケインズ主義（Keynesian）」政策の主唱者として有名ですが、それは長引く大恐慌からの回復のために必要な策として主張されたのであって、彼が後半生を通じて重視した問題は、むしろ、各国間の経済的相互依存関係をいかに意識的に保持して、資本主義経済の発展を可能にするかという点にあったように思われます。

こうしたケインズの憂慮にもかかわらず、英仏両国は対独復讐心に燃える民衆心理に圧され、また、戦債償還という背に腹は替えられない問題も抱えていたため、当時のロシアやアメリカの世論

から見るなら過酷な条件を講和条約に盛り込み、ドイツからさまざまな領土を割譲し、民間損害と戦費について賠償金を要求し、さらに、戦後には、条約どおりにドイツが石炭を提供しなかったことを口実にフランスがルールを占領するなど、ドイツに対して屈辱的な戦後処理がなされました。こうして、ヴェルサイユ体制は、それからの脱却を唱えてきたナチス（国民社会主義ドイツ労働者党）が大恐慌後の苦境の中でドイツ国民の約三分の一の支持を集めて政権を取得する背景をなし、第二次世界大戦開戦の遠因の一つを構成したのです。

3 相対的安定期

ヨーロッパ諸国は、軍人恩給、住宅政策、産業合理化などさまざまな課題を抱えていたため、戦後も戦時の総力戦体制を完全には解除することができず、経済・社会の組織化は第一次世界大戦後に継続します。ヨーロッパ諸国とアメリカ合衆国の財政規模は、一九二五年になっても、戦前の二〜七倍に膨脹したままであり、以後、大恐慌期と第二次世界大戦期にはさらに財政は拡張します。平時――戦前と同様の「常態（normalcy）」――への完全な復帰は、主観的には期待されてはいましたが、現実には多くの国民を戦争に動員した代償を戦後に支払わなければならなかったのです。また、戦前と同様の金本位制に復帰することが、各国の戦後通貨政策の当面の目標でしたが、その時期は遅れ、また多くの国が旧平価（戦前の金本位制において金の量で表示した貨幣の価値）を切り下げての復帰となり、この点でも、戦前と同様の平時の回復はかないませんでした。

そのうえ、ロシアの社会主義革命と社会主義政権樹立に干渉する戦争（日米英仏伊などによる革命干渉戦争、一九一八〜二二年）や、オスマン帝国の解体と中東地域の混乱、フランスのルール占領、ドイツの賠償支払停止などの一連の政治・外交的な危機が戦後六年間も続きました。その時期を経て、一九二四年から二九年にいたる短い期間を相対的安定期といいます。むろん、それは前後の時期と比べて相対的に安定していたという意味であって、本来的な意味で国際関係と国際経済を安定させる要因は欠いていました。

たとえば、日本は第一次世界大戦中にヨーロッパ・アジア諸国およびアメリカへの輸出額が四倍に拡大して、巨富を稼ぎますが（大戦景気）、国民の大多数が貧しく、国内需要が微弱なため、戦後の輸出需要と軍需の減退で恐慌を繰り返す経済的混乱期に入ります。また、カナダやオーストラリア、中南米諸国など大戦中にヨーロッパに農産物を供給してきた国々も、戦時の増産投資による生産力拡大と戦後の需要減退との差が露呈して、長期の農業不況に陥ります。かろうじて戦後も繁栄を維持しえたのはアメリカでした。アメリカは世界に先駆けて、一九二〇年代には大量生産・大衆消費型の経済を実現し、ラジオ、冷蔵庫、洗濯機、自動車などの耐久消費財需要で製造業企業は繁栄を謳歌しました。また、フロリダの別荘建設や住宅建設など不動産業界も繁栄しました。アメリカは少なくとも一九二〇年代には国内の消費と生活に関連した分厚い需要で、好況を維持しえたのです。しかし一九二〇年代後半の二度のハリケーンで不動産市況が下落すると、行き場を失った貨幣は証券市場に流入し、証券バブルを発生させます。連邦準備銀行は一九二八年に、公定歩合引上げで資金調達コストを高めて、バブルを冷却しようとするのですが、これは国外を循環していたドル資金の還流を呼び起こし、かえってバブルを加熱させてしまい、ついに一九二九年一〇月の証券市場の大崩落を迎えることになります。

第一次世界大戦後も好況を維持したアメリカでは過剰なドル資金が中南米諸国やドイツ、オーストリアなど中欧諸国に短期資金の形で流出していました。このドル資金のおかげで、ドイツは賠償金支払いが可能となり、英仏はその賠償金を受けて、アメリカへの戦債償還が可能となっていましたから、相対的安定期の米欧経済は、アメリカ⇓中欧⇓英仏⇓アメリカという仕方でドルが循環することで、かろうじて小康状態を維持していたのです。米連銀はこの当時、アメリカのドル資金が、そのように世界を循環していることを充分に認識しておらず、それゆえ、公定歩合引上げがかえって世界中のドル資金をアメリカに呼び戻してしまう効果があることに配慮していませんでした。英ポンドはすでに基軸通貨の機能を果たせず、かといって、アメリカはドルを世界の基軸通貨にする自覚も責任感も欠如していたというのが、この相対的安定期の世界の資金循環の実態でした。

4 大恐慌・ブロック化と第二の破綻

第一次世界大戦後の経済は、第一のグローバル経済が有していた好循環を喪失して貿易が減退したうえに、軍縮条約や軍縮機運の高まりで兵器需要も減退したために、戦前から戦時期にかけて膨脹した生産力に対して平時の国内民間需要だけでは決定的に不足する状況でした。このように、本質的に不安定で不均衡だった第一次世界大戦後の世界経済は、アメリカの証券市場崩落の影響を受けて、あちこちで綻びを見せ始め、中南米、中欧、日本などで破綻を繰り返して、一九三三年には再びアメリカを恐慌が襲います。こうして一九二九年から三一年にかけて世界に波及した大恐慌は、三五年ないし三六年までデフレ・スパイラルを続け、世界経済は確実に縮小しました。

大恐慌に対して、アメリカはニューディール政策で、フランスは人民戦線政府の経済・社会政策で国内の民衆の生活に密着した消費需要を維持する方向を追求し、他方、イタリアやドイツは投資によって重化学工業分野を強化し、公共事業と軍備と輸出からの需要に頼る方向性を追求します。ソ連は大恐慌の影響をほとんど受けていませんが、投資主導型の五カ年計画でやはり重化学工業が飛躍的に発展しました。生活・消費主導型と投資主導型の相違は、むろん、背後に作用した政策思想の相違に起因しますが、その政策思想は、国内市場がどれほど豊かであるかという現状認識(「豊かではないのだから公共事業・軍備・輸出に依存せざるをえない」)と、民衆の生活をどれほど豊かにすべきかという価値観（「民衆が豊かになることよりも企業に安定した需要を保証することの方が大切である」）に規定されていました。投資主導型は民衆の消費需要に多くを期待しないために、公共事業・軍備・輸出に依存するのですが、それゆえ、国民の生活は豊かにならないという自縄自縛に陥る危険性があります。

こうした中で、英連邦（British Commonwealth）諸地域を有するイギリスをはじめ、世界中に植民地をもつフランス、そして中南米と太平洋地域を事実上の自国専用市場（「アメリカの裏庭」）としつつあったアメリカ合衆国などの「持てる国々」は、経済のブロック化——域内での自国通貨による相対的な自由貿易と、域外に対する差別的保護関税政策——を採用することで、恐慌の打撃を最小限にしようとしました。これに対して、ヴェルサイユ体制で一切の海外領土を奪われたドイツをはじめ、イタリア、日本など、豊かな自国専用市場を「持たざる国々」は乱暴な仕方で国外市場の獲得に乗り出して、英仏米などと衝突を繰り返し、それが第二次世界大戦の直接的な原因となりました。

つまり、第二次世界大戦は、大恐慌によって世界経済が分断された状況で、有限の市場を奪い合うこと——つまり経済の失敗——に起因する外交的・軍事的衝突が嵩じて発生した戦争ですから、その開戦原因は第一次世界大戦とはまったく異なります。第二次世界大戦の開戦原因は、第一次世界大戦後の経済の不安定・不均衡と、ドイツの対英仏復讐心とが遠因となっていますから、第二次世界大戦は第一次世界大戦の戦後処理がもたらした戦争と考えることができます。世界経済は一九一四年に引き続き、その二五年後に再び破綻を経験せざるをえなかったのです。

第一次世界大戦が民衆心理にその原因の大きな部分があったために、戦争の終わり方にも各国民衆の厭戦気分の処理の失敗が直接的に反映していましたが、第二次世界大戦は経済の失敗に起因する外交的・軍事的衝突が原因であり、戦争の終わり方も、単純に軍事力の強い側が勝ち、軍事力に劣る側が負ける、非常にわかりやすい戦争でした。第二次世界大戦が一九三九年に開戦した時点ではドイツと英仏の軍事力は拮抗していたか、むしろドイツが優位でしたが、一九四一年六月にドイツがソ連にも宣戦布告して、東西二正面で戦争状態に突入したことによって、ドイツの勝利の可能性をドイツ自身が消し去ってしまいました。また日本も長引く日中戦争の中で、外交的にも軍事的にも次第に苦境に陥り、それを打開しようとして、一九四一年一二月に対英米開戦という「賭け」に出たのですが、それはアメリカ合衆国に参戦の口実を与えて、日本はこの賭けによって、独日両国の敗戦を決定したのでした。開戦の時点で自ら敗戦を決定付けたという点では、日本にとっての第二次世界大戦は世界史上たいへん稀な戦争であったということができます。

ドイツが構想した、ドイツを中心・頂点とする中東欧の統合構想も、日本が構想した「大東亜共栄圏」の夢も、それぞれの国内市場の貧しさがその背景にあり、外側への進出で、市場と原料の獲得を目指したのですが、そもそも軍事力の裏付けとなる経済力の極端の格差の前には、どちらの構想も初めから実現の可能性は乏しく、両国とも戦場での戦闘で負ける──しかも自国に攻め込まれて、そこが最後の主戦場となって負ける──という、軍事力の差が明瞭に勝敗を決した典型的な戦争となったのです。国民の消費と生活に根ざした分厚い需要に支えられない経済は、輸出と軍事（自国と他国からの兵器需要）に依存せざるをえない脆弱性を強く帯びています。経済的相互依存関係を意識的に維持するという発想が微弱で、貿易を安定的に維持できなかった戦間期（第一次世界大戦と第二次世界大戦にはさまれた時期）には、軍縮破綻後の軍拡と軍事的・暴力的な方法での海外市場獲得へと傾斜する危険性という形で、この脆弱性が発現したのです。

文献案内

戦間期の欧米の経済については、原・工藤［1996］、馬場・山本・廣田・須藤［2012］の第Ⅲ部、上川・矢後［2007］の第一章（平岡賢治執筆）と第二章（須藤功執筆）、および上川［2015］を参照してください。中南米諸国についてはバルマー＝トーマス［2001］が、日本については、原［1995］のほかに、橋本［2000］がお薦めです。一九三〇年代の大恐慌については秋元［2009］を参照してください。生活・消費主導型と投資主導型の相違、および経済の軍事への傾斜については小野塚［2023c］が簡便です。

第22章 第二次世界大戦とその後の経済

第二次世界大戦期から戦後にかけて、新たな国際協調の取決めや機関が多数用意されました。国際協調の機関としては、すでに一九世紀末には国際赤十字が、また第一次世界大戦後には国際連盟や国際労働機構（ＩＬＯ）が生まれていましたが、第二次世界大戦後は、さらに、貿易や資本移動を含む経済的な相互依存関係を維持・促進するための国際協調が志向されました。本章第1節では世界全体を対象にした国際協調について、また、第2節では特にヨーロッパで採用された新しい国際協調の試みについて概観します。第3節では、そうした国際協調の意識的な取組みにもかかわらず、第二次世界大戦後の世界が、東西と南北に分断した状況を脱することができなかった点に注目したうえで、ドルへの信認が低下し、ドルの金兌換と固定相場制が停止されて変動相場制にいたる過程を概観しましょう。

1 第二次世界大戦期からの国際協調

第二次世界大戦期の国際協調はおもに連合国間で進みました。枢軸国側のドイツとイタリアの間には若干の軍事上の共同作戦はありましたが、日独伊三国同盟は経済的相互依存を積極的に進めるにはいたらず、おもにドイツからイタリア・日本に対する若干の技術協力がなされた程度でした。まして、戦後の国際秩序について協同で構想するという協調の実はあがっていません。

これに対して、連合国間での国際協調の枠組みは、イギリスとアメリカの主導で進み、それに他の連合国が加わるという形で形成されました。一九四一年八月（独ソ戦の開始直後）に英米の首脳が大西洋の英戦艦上で話し合って作成された「大西洋憲章（the Atlantic Charter）」がその出発点です。日本が参戦の意図を固めるよりも前に、第二次世界大戦後の世界秩序を両国は構想し始めていたのです。それは、①両国は戦争によって領土を拡張しない、②他国が領土を変更する場合は関係国人民の意思が尊重されなければならない、③人民には政府形態を選択する権利がある、④自由貿易を拡大する、⑤国際的な経済協力を発展させる、⑥恐怖と欠乏からの自由が必要であり、そのためには、労働基準、経済発展、社会保障が重要である。⑦航海の自由を保証する、⑧戦後の全般的安全保障のための仕組みが必要であるという広範な内容を含んでいました。南北戦争以降、一貫して、非常に強い保護主義を採用してきたアメリカが、第二次世界大戦後を展望する際に、自由貿易の教義に転換したことが注目されます。

大西洋憲章が提示した自由貿易や国際経済協力の方針はその後、他の連合国にも承認されて、戦後処理の大原則となっただけでなく、国際連合、国際通貨基金（ＩＭＦ）・国際復興開発銀行（ＩＢＲＤ、世界銀行）や国際貿易機関（ＩＴＯ）・関税及び貿易に関する一般協定（ＧＡＴＴ）など、戦後の国際協調の諸機関によって担われることになります。この大西洋憲章のあと、日米の参戦（四一年一二月）を経て、四二年二月には英米相互援助協定が結ばれ、その第七条でも、財の生産・使用・交換・消費の拡大、貿易における差別待遇の除去、貿易障壁の削減が謳われました。世界が共有すべき価値として経済成長が設定され、そのためには諸種の国際協調が必要であることが確認されたのです。むろん、この条項の背後には、戦後の世界で、巨大な生産力を有するアメリカが世界経済の中軸を担い、また、英連邦特恵関税地域などの保護主義的なブロックを破壊したいとのアメリカの思惑が貫徹していたのですが、イギリスは特恵関税地域の廃止には抵抗を示し、第七条がただちにその廃止を意味するものではないとの覚書が作成されました。

その後、一九四四年七月には、ブレトンウッズ（アメリカ合衆国ニューハンプシャー州）で連合国通貨金融会議が開催され、金本位制を停止した大恐慌期と第二次世界大戦期の経験を踏まえて、戦後の安定的で、自由で無差別かつ多角的な国際取引を可能にする通貨制度が構想されました。前章のコラム「ケインズが重視した問題」でも述べたように、イギリスのケインズ案とアメリカの財務次官補ホワイトの案とが対立しました。ケインズが提案したのは、国際決済通貨バンコール（bancor）を導入して、金《きん》も各国通貨も国際決済では使用せず、バンコールによる多角的決済を、国際決済同盟（the International Clearing Union, 国際中央銀行）によって行うという案で、バンコールは蓄蔵も、金との交換もできず、また国際決済同盟における各国勘定の赤字／黒字の双方に利子支払いが発生するため、極端な赤字国・黒字国が発生することなく、均衡のとれた貿易関係が維持されることが期待されました。これに対して、ホワイトの案では、五〇億ドルを各国が拠出して国際安定化基金を設立して、各国通貨の為替相場の安定を主眼とし、支払手段の不足する国が発生した場合は、基金が各国より拠出された金ないし各国通貨を限定的に貸し付けることとされました。このホワイトの案では、金ないし各国通貨の自由で無差別な使用（どの国も金ないし各国通貨での支払いを受け取ること）が前提とされていました。ケインズは、貿易赤字に陥る国が必ずあり、また、支払い手段が不足する（あるいは相手国が受け取りを拒否する通貨しか用意できない）国があるという現実を前提にして、それでも貿易を維持するための仕組みとして、国際決済同盟による債権債務の相殺と、バンコールによる決済と、赤字国への貸越という機能を創出すべきであると考えたのに対して、ホワイトは自由・無差別・多角的な通貨秩序という理想を前提にして、為替相場の安定によって、投機や金の大幅な流出入を防止することを構想したのでした。ブレトンウッズ会議では、ケインズの革新主義的な案は支持されず、ホワイト案に近いＩＭＦとＩＢＲＤの設立が決定されます。

IMF設立理事会（1946年3月8日）
でのホワイト（左）とケインズ

写真提供　AFP＝時事

一九四四年八～一〇月にはワシントンＤＣ郊外のダンバートン・オークス邸に、米ソ英中の代表が集って、国際連合の基本構想を打ち出しました。それはさらに、翌四五年四～六月のサンフランシスコ会議で検討されて、当初案では、理事会の多数決で国際連合は紛争解決のために国連軍の結成・派遣など集団安全保障に乗り出すことが可能とされていたのを、常任理事国の拒否権や、国際連合による集団安全保障とは別に各国の自衛権をも承認する（当初の理想からは離れ、アジア・太平洋地域では日本軍が戦っている当時の国際政治の状況と常識に妥協した）方向に修正されました（第7章 *Column*「社会契約説、同盟関係・独占・派閥、集団安全保障」参照）。

このようにして、連合国内部の対立や齟齬と、妥協とをはらみながらも、第一次世界大戦とその戦後処理、国際連盟、一九三〇年代のブロック化と第二次世界大戦期の反省から引き出された教訓を踏まえて、協調的な国際関係を意図的に創出するための取決めが第二次世界大戦の末期までにはなされていたのです。

2　戦後復興とヨーロッパ統合

しかし、実際の戦後は、必ずしも構想された国際協調の枠組み通りには始まりませんでした。まず、第一に、ドイツと日本に対する占領政策は、第一次世界大戦の戦後処理よりもはるかに過酷で、一切の軍備と航空が禁止され、脱産業化が強制され、また、連合国による占領統治で、多くの改革がなされましたが、民衆の生活の安定や経済復興は当初考慮されていなかったため、戦後むしろ飢餓や不衛生の問題が激化しました。また、第二に、各国が貿易で受け取る支払手段は金《きん》かドルに限られていました――自由・無差別・多角的な通貨秩序という理想はもとより実現されていませんでした――から、金もドルも保有しないほとんどすべての国は、支払手段の決定的な不足から貿易が滞り、戦後復興も遅滞せざるをえませんでした。こうした状況に対して、ＩＭＦやＩＢＲＤは支払手段を融通する（国際流動性供給）という点ではほとんど役に立たず、設立早々から機能不全の状況に陥ってしまいました。ＩＭＦは、「自由な交換性を有する各国通貨」による「国際収支調整メカニズム」についてはは取り決めましたが、現実の貿易・国際決済で必要とされたのは単なる取決めではなく、支払手段――金か米ドル――だったのです。各国通貨は固定相場制で米ドルと結び付けられ、それゆえ、間接的に金の裏付けを得るという形で、戦後の実際の通貨制度は動き始めました。したがって、当時の通貨問題は、為替相場の安定性維持の仕組みから、アメリカが世界の必要とするドルをどれほど大量に供給し続けられるのかということへと変換されたのです。

国際連合が国際政治の実態に妥協して、大幅に理想から離れたのに対して、ＩＭＦは逆に、純粋な理想を前提として設立され、その結果、現実には役に立たない機関として出発することになったのですが、その背後にはホワイトの通貨主義的な理想（裏返すなら、流動性供給についての不寛容）が強く反映していたように思われます。

Column

ホワイトとソ連

ホワイトには経済学者としてはいわゆる「ケインズ主義」の側面と通貨主義（monetarism）の側面がありましたが、貿易を維持するために意識的な国際協調が必要であるというケインズの一九一八年以来の問題意識は共有しておらず、それがブレトンウッズでのケインズとの対立の根本的な原因でした。ホワイトは、一九四一年二月の武器貸与法、四五年の対ソ百億ドル借款案、ドイツの非軍事化・脱産業化を徹底するモーゲンソー・プランの策定など、ソ連に有利な政策形成に節々で携わっています。彼は戦後、米ソ冷戦が始まると、アメリカ国内での赤狩りの対象となり、四八年には非米活動委員会に召還され、スパイ容疑を否認していますが、その三日後に心臓発作で急死しています。

ソ連は当初、IMFの設立に積極的で一二億ドルの拠出を約束したりもするのですが、最終的には参加せず、またチェコスロヴァキアが加盟しようとした際も恫喝して取り止めさせて、ヨーロッパの社会主義国間の経済相互援助会議（コメコン）でIMF・IBRDに対抗するようになります。IMFがホワイト案に沿って作られた結果、通貨秩序としてはある種の理想を表現・宣言はしたものの、戦後の現実にはまったく対応できないものとなってしまった背後に、通貨基盤の弱い国の通商を破綻させて、戦後の資本主義諸国の復興を妨害しようとするソ連の意向が反映していたのではないかとも考えられますが、そこまでは史料的に証明されていません。

こうして、第二次世界大戦後の諸国の復興は遅滞し、一九四七ないし四八年頃まで、現実的な復興策が実施されないままに時間を空費しました。しかし、米ソ間で冷戦が始まると、自由・無差別・多角的の理念から外れてでも、アメリカが傘下諸国にドルを配布して復興を促さないと、冷戦を戦えないという問題が発生することになります。冷戦とは、一方ではギリシア、トルコ、中国、東欧などソ連の影響力が拡大する地域において、それを極小化しながら、アメリカの覇権をいかに確

保するかという問題であったと同時に、ヨーロッパや日本・朝鮮の内部に共産主義・社会主義の政治勢力が存在し、ソ連の影響を色濃く受けているという事態にいかに対処するのかという傘下国内部の問題でもあったのです。

こうした状況の中で、アメリカ合衆国の国務長官マーシャルは一九四七年六月にヨーロッパ復興計画を発表し、巨額のドル資金をヨーロッパ諸国に提供することを約束しました。ヨーロッパ諸国は、このマーシャル援助を受け入れるための共通の機関として、一九四八年に、ヨーロッパ経済協力機構（OEEC、一九六一年にOECDに改組）を設立します。これが、ヨーロッパ諸国が第二次世界大戦後に作った最初の常置の国際機関です。マーシャル援助は「飢餓・貧困・絶望・混乱の除去」という目的を謳い、特定の政治的目的はないとしていましたが、実際にはソ連とその影響下の諸国は参加しなかったため、東西分断を明確化する役割を果たします。また、一九四九年に北大西洋条約機構（NATO）が成立すると、相互防衛援助法や相互安全保障法が制定されて、五二年以降はアメリカの援助所管官庁も経済協力局から相互安全保障局に変わり、急速に軍事援助の性格を強めることになります。

なお、これに先立って、一九四六／四七年から、ドイツ・オーストリア・日本・朝鮮の占領を安定的に維持できるようにするため、アメリカは陸軍省予算から、占領地域救済政府資金（ガリオア資金）を支出して、疾病や飢餓による社会不安を回避しようとしましたし、また、やや遅れて日本・

琉球・韓国に対して、経済復興を目的として占領地域経済復興資金（エロア資金）も支出しました。いずれも占領地軍政の観点からなされた援助でした。

しかし、マーシャル援助等でもヨーロッパ諸国は支払手段に不足したため、域内貿易を促進するとともに、二国間決済に用いる貨幣を節約するために、一九五〇年にはヨーロッパ決済同盟（EPU）を設立します。これは域内貿易の債権債務関係をすべてEPUの各国勘定で相殺・決済し、赤字国への貸越を可能とする機関でした。域内貿易を促進するという関税同盟と類似の機能を帯びざるをえないため、IMF、アメリカ財務省、イギリスなどの反対意見もありましたが、西ヨーロッパの復興を急ぐ観点から設立され、各国が通貨の交換性を回復する一九五八年まで続けられました。

東西冷戦の開始は、ヨーロッパと極東にさまざまな影響をもたらしましたが、米英両国がドイツ占領方針を転換して、一九四九年には米英仏占領地域を西ドイツとして独立させ、再軍備と工業生産の再開を許して、冷戦の最前線を担わせるようになりました（日本でも一九五〇年には再軍備〔警察予備隊＝自衛隊の前身〕と日本企業による米軍機の点検・修理が始まり、五一年には日本航空が発足し、五二年には航空法が施行されて航空禁止が解除されました）。ただし、軍事的にも経済的にも強いドイツが野放しで復活することにはフランスをはじめとする国々に、大きな危惧が残ったため、フランスでは仏独伊ベネルクスの六カ国でヨーロッパ石炭鉄鋼共同体（ECSC）を結成して、石炭鉄鋼業を共同で管理・運営することによって、フランスに不足する石炭資源を確保しようとするシューマン・

プランが策定されました。そこには、フランスの産業復興を達成するとともに、ドイツ独自での復興に歯止めをかけて、安全保障に資するというフランス側の意図と、占領から脱したあとは他国と「同等の地位」を確保したいというドイツ側の意図が込められていましたが、こうして近世以来の仏独対立は、双方がそれぞれの国益のために相手と協調するという新しい路線へと転換し、これが現在まで続くヨーロッパ統合（殊に経済統合）の直接的な起源となります。

ＥＣＳＣの成立（一九五二年）のあと、六カ国はさらにヨーロッパ経済共同体（ＥＥＣ）とヨーロッパ原子力共同体を成立させるためのローマ条約を一九五七年に締結し、これら六カ国は、世界の他の地域よりも、さらに進化した国際協調の枠組みを経験することになります。それはヨーロッパが二度の大戦の発火点となり、経済的相互依存関係を破壊してしまった、辛《つら》く、重い体験を経たのちに到達した、一つの新しい解でした。前掲**表20-1**からわかるように、イギリス、日本、アメリカが一九七〇年になっても一九一三年（第一のグローバル経済期）の貿易依存度を回復できていないのに対して、フランス、ドイツ、イタリアの三国は二〇〇〇年にはほぼその水準を回復しつつあるのは、ヨーロッパ統合の経済面での成果の一つといえましょう。

3 東西冷戦・南北問題と金＝ドル交換停止

第二次世界大戦後、殊に朝鮮戦争（一九五〇〜五三年）を経て、ヨーロッパ諸国と日本の経済は高度成長期に入ります。そこでは、一九二〇年代にアメリカが達成したのと同様に、電気製品や自動車などの耐久消費財（三種の神器：電気冷蔵庫、電気洗濯機、白黒テレビ、新三種の神器〔3C〕：カラーテレビ、クーラー、自動車）の大量生産体制の確立によって、その需要が下方に拡張し、それらが普通の民衆にとって手の届く欲望の対象物となったのです。この時期の経済成長の特徴は、それら耐久消費財部門を中心とした生産性の大幅な上昇、耐久消費財の相対価格の低下、生産性上昇率の範囲内での実質賃金稼得額の上昇、耐久消費財や住宅への需要の拡大、さらなる生産性上昇と大衆消費の実現という好循環が、先進国の国内で形成されたことです。ここで、アメリカを含む先進国経済は、人びとの生活が賃金上昇と消費を通じて豊かになることを通じて、経済が成長するという生活・消費主導型の成長を実現し、外国市場を争奪する必要性は相対的に低下しました。むろん、この時期に、ドイツ、イタリア、日本などが「奇跡の経済成長」を遂げて、それら諸国の製品はアメリカや近隣諸国に輸出されましたが、それはブロック化やダンピングによるものではなく、生産性上昇・価格低下・品質向上の結果でした。

また、アメリカ、イギリス、フランスなどの経済は、耐久消費財生産よりもむしろ、兵器産業や航空・宇宙分野に諸資源を投入して軍産官学複合体を形成し、兵器の国内需要と開発資金を安定的に獲得するとともに、さらに余剰の兵器等を海外に輸出するというもう一つの先進国経済の型を形成しました。この中で、アメリカ合衆国は、軍事同盟関係を通じて世界各地へ兵器を輸出しましたが、他方で、国内の消費需要を満たすために大量の輸入も発生し、一九六〇年代になると貿易収支・資本収支ともに悪化し、また、ヴェトナム戦争の泥沼化とソ連との間の軍拡競争の結果、財政支出も膨張して、ドルへの信認が徐々に低下し、金の流出が拡大しました。一九六八年には早くも、ジャビッツ上院議員が、アメリカの金兌換停止を求める発言をして、それが、さらにドル離れと金投機に拍車をかける結果を招きました。

その後、資本主義諸国ではインフレが昂進し、またポンド切下げやマルク切上げなどの調整措置も採られましたが、ドル・ポンド・フランの信認が低下し、金・マルク・円への投機が過熱し、ついに一九七一年八月にアメリカのニクソン大統領は、ドルの金兌換停止を発表しました。金という裏付けを有していた最後の通貨ドルが、その価値の安定性への信認の最後の手がかりも失われたため、主要国はすぐさま外国為替市場を閉鎖して、自国経済への損害を回避しましたが、日本だけは外為市場を維持して、ドルを買い支え続けたため大きな為替差損を引き受けることとなりました。日本は、占領・軍政の終了後も、外交的・軍事的にアメリカ合衆国に忠実に付き随《したが》う事実上の属国であっただけでなく、経済面でもアメリカに忠実に追随したのでした。

このドル・ショックを受けて、主要十カ国蔵相会議（G10）での協議が同年末まで続けられ、円・マルク・スイスフランの切上げなど為替相場の人為的な調整が決定されますが、一九七三年一月には再びヨーロッパに通貨危機が発生して、二月から三月にかけて、主要国通貨は変動相場制に移行することになります。こうして、世界の通貨秩序は、通貨供給量を各国通貨当局がその裁量で決定できる管理通貨制度に、また各国通貨間の為替相場は市場の需給や投機を反映した変動相場制となって、それが現在まで続いています。第一のグローバル経済が有していた貨幣価値の安定と為替相場の安定という二重の安定性が失われ、通貨当局も各経済主体も、常に、二つの不安定性のもたらす危険性を考慮しなければならない状況へと変化したのです。

資本主義諸国だけでなく、コメコン諸国もこの時期には順調な経済成長を遂げ、それなりに豊かな――多少見劣りがするとはいえ、資本主義諸国と同様の耐久消費財を享受し、飢餓に煩わされないのみならず、失業がなく、産休・育休や年次有給休暇が充実しているという点ではむしろ資本主義諸国よりも労働者に有利な――社会を実現します。つまり、東西冷戦とは、一方では軍事力と、低開発諸国を含む同盟の力とを誇示した競争でしたが、他方では、民衆の「豊かさ」において競い合う関係でもあったのです。そこで争われたのは、資本主義と社会主義のいずれが、「豊かさ」をよりうまく実現できるのか、また、低開発諸国が「豊か」な社会に転換するためのよりよい針路をどちらが提示できるのかということだったのです。したがって、冷戦は、どちらかが「豊かさ」の実現において他方より劣ることが誰の目にも明らかになった際に、終焉を迎えることが、すでに一九六〇年代の時点で決まっていたといっても過言ではありません。ソ連を中心とした中東欧社会主義国は、コメコン域外との貿易関係が大きく制約されている中で、人びとを「満腹」にさせ、さらに科学・技術・文化・スポーツ等のさまざまな点で、アメリカを中心とした資本主義諸国よりも「優越」していることを「証明」する努力をし続けるべく運命付けられたのです。

豊かな北側の東西諸国とは別に、植民地支配から脱した南側の諸国は、産業基盤がモノカルチュア化しており、必要な資金は不足し、技術は未熟で、また人材を育てる教育機関も未整備であったため、経済発展には大きな困難を経験します。東西冷戦の狭間で、東西両方を天秤にかけて、有利な条件を引き出そうという試み――たとえば「非同盟中立」の路線――がなかったわけではありません。しかし、ほとんどの低開発諸国は外交的な自主性も乏しく、東西どちらかの援助を受けて開発を進めます。そこでも、輸出できる特定の産品の交易条件（輸出品と輸入品の交換比率（相対価格））が、低開発国産品の代替工業製品の開発などによって、傾向的に低落する――それゆえ、これまでと同じ量の輸出をしても、その対価は減少する――など、自国内の努力だけでは解決できない、低開発独自の問題が露呈して、先進国と低開発地域との格差を縮めることの困難性が認識されるようになりました。これが南北問題ですが、国際連合は低開発地域の経済開発と南北の経済格差是正を目的として、早くも一九六三年には国連貿易開発会議（UNCTAD）を設置しました。

また、EECはローマ条約第四部に従って、フランスの海外領土やフランス・ベルギー・オランダ・イタリアと特別な関係にある旧植民地などを、共通市場に接合するために、第四部連合を形成することとなりました。これによってヨーロッパ統合が、単に統合加盟国内の経済協力に留まらず、海外領土・旧植民地を共通市場に連結させて開発協力を進めることをも意味するようになりました。その後、イギリスのEC（一九六七年ブリュッセル条約により石炭鉄鋼共同体、経済共同体、原子力共同体が単一の理事会と委員会を共有して統合されたもの）加盟により、広大な英連邦地域をヨーロッパ共通市場にいかに接合するのかという問題が生じて、一九七五年のロメ協定で、アフリカ・カリブ海・太平洋（ACP）諸国とECとの間の開発協力体制が再編されました。

しかし、これらの努力によって、世界が単一の経済に結び合わされたわけではありません。東西は体制の相違で分断され、南北には大きな格差が残されていました。

文献案内

第二次世界大戦期からの米英中心の戦後構想とその実態については、神武・萩原［1989］第六・七章（萩原伸次郎執筆）、藤瀬［2004］第一三章、上川・矢後［2007］第四章（牧野裕執筆）を参照してください。ブレトンウッズ会議でのケインズとホワイトの闘いについてはステイル［2014］が有益です。また、ヨーロッパ統合史については、まず何よりも、遠藤［2008］がお薦めです。ドル・ショック前後の経緯と、通俗的に「ブレトンウッズ体制」ないし「IMF体制」と称される通貨秩序の理解の仕方については、上川・矢後［2007］第四章および第五章（伊藤正直執筆）と上川［2015］第四・五章を参照してください。また、IMFをはじめとした戦後の国際通貨制度の歴史については、須藤［2008］、伊藤・浅井［2014］、牧野［2014］、西川［2014］、浅井［2015］などの多様な研究蓄積が日本語で発表されていますので、ぜひ参照してください。また、矢後［2010］とヤコブソン［2010］は、IMFを国際決済銀行（BIS、一九三〇年創立）の側から見ることによって、「健全な貨幣」という構想を浮かび上がらせた好著です。戦後日本の復興と高度成長の通貨・金融面での条件であった一ドル＝三六〇円という固定相場制の成立と変容・終焉を克明に論じた伊藤［2009］もお薦めです。

第23章

第二のグローバル化の時代

中華人民共和国の「文化大革命」は「豊かさ」の実現という点でも完全な失敗に終わり、一九七八年には鄧小平によって「改革開放」政策が進められ、さらに、九二年以降は、「改革開放」下に進行した国内の格差拡大や腐敗・汚職の問題に取り組まざるをえなくなり、「社会主義市場経済」の下で、さらなる経済成長を目指すこととなりました。他方で、ソ連と中東欧の社会主義諸国は一九八九年の東ドイツ崩壊、九一年のソ連崩壊で、市場経済・資本主義への転換の道を歩み始めます。いずれも、「豊かさ」を実現するうえで、社会主義経済体制が「競争に負けた」ことを意味するできごとと受け止められ、これによって、政治と経済の両面で東西に分断された状態は終わり、第二のグローバル化（globalization）が期待される時代が始まりました。以下、本章第1節で、ネオ・リベラリズムという「現代批判」を概観したうえで、第2節では「願望のグローバル化」の実態を明らかにし、第3節では、社会主義体制との競争が終焉したあとも、介入的自由主義を放棄することができない事情に論及します。第4節では、国家と自然と家という近現代の社会・経済を支えてきた要素の衰弱した状態にも注目しながら、次代の構想を欠く「いま」を再確認します。

1 ネオ・リベラリズムという現代批判

(1) もう一つの「新自由主義」

一九七〇年代以降、福祉国家とケインズ主義的な経済・財政政策への批判が「新自由主義（neo liberalism）」の側から強まりました。百年前の世紀転換期のイギリスに出現した「新自由主義（New Liberalism）」は、介入的自由主義の一つの表現ですが、もう一つの「新自由主義」であるネオ・リベラリズムは、「強く逞しい個人」を前提にしている点では古典的自由主義の再版であって、介入的自由主義の色を帯びた現代への批判であると解釈することができます。しかし、政策思想として見た場合、ネオ・リベラリズムは古典的自由主義のきわめて不完全な再版にすぎません。自由で自立した個人と市場という、主体と場の設定は同じですが、成人男性による女性・子どもの私的保護・後見や自立不能な者の社会的保護・統制という領域にネオ・リベラルな言説は踏み込みません。それらの領域は語られないことによって、都合次第でネオ・リベラリズムによって補完的に利用されもするし、無視されもしたのです。また、古典的自由主義が自らを成立させる条件として到達した集団的自助と工場法については、ネオ・リベラリズムは明らかに否定的・消極的な態度を示しており、古典的な社会設計を放棄しています。

古典的自由主義が動態としては社会設計を完成させる方向に進化しようとし、また介入的自由主義は初発から「弱く劣った個人」を定まった「幸福」へ誘導するという完結した社会設計を示していたのに対して、ネオ・リベラリズムは社会設計としては完成の何歩も手前で進化を拒否した硬直的な政策思想に留まっています。

それにもかかわらず、なぜネオ・リベラリズムの主張が可能だったのでしょうか。それは、ネオ・リベラリズムが、社会保険や企業福祉や家などすでに存在している生活保障の要素に補完されたからにほかなりません。つまり、ネオ・リベラリズムは介入的自由主義の掌のうえで、古典的自由主義の一部だけを再現して見せようとした思想だったのです。それゆえ、ネオ・リベラリズムは戦間期に登場してから一九八〇年代にいたるまで介入的自由主義の体制に取って代わる方向性を明瞭に示すことはできず、土俵の外側から現代への批判を繰り広げていました。それは介入的自由主義の役割を完全に引き受けることを差し控えながら（むろん古典的自由主義の社会設計を完全に復活することは夢想もせずに）、「自己選択・自己責任」と「自由な市場を通じた効率化」というスローガンを振りまき続けたのでした。

一九九〇年代以降、それは社会保険など自らを補完してきた要素の改変に本格的に乗り出しますが、自己の政策思想の基盤を掘り崩すような挙《きょ》に出ることができたのは、この時点で、ネオ・リベラリズムはすでに、現代社会を設計し直して再編成することを放棄していたからです。資本の世界展開と労働力の弾力的で流動的な利用が確保できるなら、それ以外は主たる関心事ではなくなっていたのであって、せいぜい、私有財産制の秩序を安定的に維持する（暴動や革命や、社会の溶解を未然に防止する）ために最も安上がりな方策は何かが補足的な関心事であるにすぎません。

もう一点、ネオ・リベラリズムが古典的自由主義と明瞭に異なるのは市場観です。古典的自由主義にも市場の自動調節作用に対する信奉はありましたが、市場とは所詮、公正な条件の下で幸福を実現するための手段にすぎず、そのためには工場法や救貧法のような人為的な介入もありえたのが古典的自由主義でした。一九世紀イギリスの団結法認論、集団的自助論からケインズやベヴァリッジの政策思想にいたる系譜は、いずれも万能の自動調節作用を市場に期待しない点で連続していました。これに対してネオ・リベラリズムは市場の自動調節作用を神聖不可侵の「自生的秩序」にまで高めはしたものの、市場がいかにして万能の調節作用を果たすのかについて古典派以上に論証・実証したわけではありませんから、それは市場に対する信仰を深化させたのにほかなりません。

(2) 目的合理性の喪失

ネオ・リベラリズムは政策思想として社会を観念的に再構成できないだけでなく、個々の政策領域においても、目的合理性という近代市民社会に不可欠の評価基準を喪失しています。政策とは政策目的を達成するための手段です。この目的とは、何らかの思想に照らして発見された問題（あるべきではない状態＝反理想）を解決し、あるべき状態（理想）に近付けることです。あるべき状態とは神権政治でなければ、超人間的・絶対的な価値ではなく、人間的な価値（人の幸福・快楽≒欲望の充足）という基準で測定されるのが適当です。

こうした、明確に設定されて、多数に共有された目的を実現するために、所与の資源と情報の賦存状況を前提にして最も合理的な（通常は最も効率的に目的を達成できる）手段を選択してなされる行為を、目的合理的な行為とヴェーバーは類型化し、価値合理的な行為（結果を度外視して、行為そのものが倫理的・美的・宗教的・その他の絶対的価値をもつことを信じて行う行為、すなわち確信犯的・殉教者的行為）との明確な区別を主張しました。

近現代の市民社会では、大方の合意の得られる目的を設定し、その目的に対して合理的な手段・政策が選択され、その結果は定期的に（あるいは当初定めた状況に到達した時点で）評価されて、手段選択の正しさを検証するという仕組みで遂行されるのが常道です。つまり、政策選択の段階ですでに、目的に対して合理的な選択であるか否かについて明晰な説明責任を果たすことができるはずなのです。さらに、当初予想されたようには目的が達成されなかった場合、まずは手段選択が適切であったか否かを改めて検証し、適切ならば不測の事態が発生したのか否かを検証することで、政策の説明責任は事後的にも果たすことが可能です。

ところが目的が明瞭にされず、したがって、手段選択の合理性も検証できない価値合理的な政策が採用された場合、政治家も政策担当者も説明責任を果たすことは事前にも事後にも不可能となるでしょう。ネオ・リベラリズムの政策は実現すべき社会観と人間像を明確に主張しないがゆえに、しばしば価値合理性の世界に陥ってしまいます。たとえば、それは市場の競争秩序を強く要請します。なぜならば、「市場の自然的な本質は競争であり、その自生的秩序を誰も損なってはならない」からです。市場が競争的であるか否かは、競争の敗者の存在によって証明されますから、予算執行に当たって例外なく競争入札を求めたり、あるいは競争的資金の配分は広く薄くではなく、少数者に厚く支給することで、常に敗者が創出されるような政策が採用されます。それは競争的市場という価値あるいは信仰に殉じてはいますが、実現しようとする社会や人間の具体的な状態は明示していませんから、そうした政策が目的にとって合理的かどうかを検証することができませんし、結果を判定して事後的説明責任を果たすこともできません。敗者の政策的な創出によっていかなる結果が発生するかは問題ではなく、大事なことは敗者の存在によって競争の存在を確認できることなのです。失敗の社会的な処理のためにいかなる負担を誰が負うことになるかは、ネオ・リベラルな政策論の埒外《らちがい》の問題であって、こうした価値合理的政策は結果に基づく評価からは完全に自由な立場に最初から身をおいていることになります。

Column

ワークフェアとベーシック・インカムと目的合理性

ネオ・リベラリズムと強い親和関係にあるハードな「ワークフェア（勤労《ワーク》と福祉《ウェルフェア》からなる造語）」の思想は、「働けば何とかなる」という命題と、「勤労しようとする意思・努力を示さない者には給付・保護は与えない」という命題との組み合わせですが、誰でも「働けば何とかなる」わけではないことは、働いても自立にほど遠いところにある者が無視できないほどいることが発見された一九世紀末には、すでに確定していた知でした（小野塚［2009a］）。つまり、この命題は、掛け声か期待ではありますが、政策を誘導する力をもちえない言説であり、それゆえ自助に期待した古典的自由主義は介入的自由主義に道を譲らなければならなかったのでした。

これに対して、「働かざる者食ふべからず」には政策を誘導する力はありますが、それだけなら端的に働かない（いかなる理由であれ、働くことができない）者は死すべきことを意味するのみでしょう。それゆえ、ワークフェアは最低でも事後的な所得補償ないし生活保障をともなわなければ社会を維持できず、政策思想としての現実性は観念的にも保てません。ところが、事後的所得補償には、低賃金職種・産業を温存し、それらへの人的投資を疎かにするという問題点があることが古くから知られていました。一九世紀末のウェッブ夫妻の議論に習うなら、苦汗労働や寄生産業での労働は救貧・慈善・他者による扶養など社会的負担によって補償されなければならず、国民の効率性(national efficiency)を損なうから、競争的労働市場や自主的労使関係に委ねるのではなく、立法で一律に最低条件を規制しなければならないという問題設定です。ワークフェアとはこうした先人たちの格闘した政策思想に対するあからさまな挑戦あるいは隠微な無視なのです。すでに決着がついたはずの議論の蒸し返しというのは、しばしば見られる現象ですが、研究者がそれを見過ごすなら、単に知的頽廃というだけでなく、政策の進化も損なわれてしまうでしょう。

かつて社会政策は、概括するなら民主主義（あるいは同権化・参加・発言権）と社会的効率性（あるいは先進国の競争力確保という意味での「国民的効率性」）という二つの大きな目的を達成するための手段として展開してきました。そこでは、これらの目的が共有されている限りにおいて、手段の合理性は客観的に検証可能であり、政策の「進歩」は知的にはこうした目的合理性に担保されていました。ところが、経済・社会の効率性を損なっても、「勤労しない者には給付・保護は与えない」という命題は、結果を度外視した価値合理的な発想であり、そこでは、「勤労すべし」という価値に殉ずることはできますが、目的手段関係の合理的計算の外側にあるため、政策効果を検証し、結果を説明する責任を果たすことができませんし、さまざまな生活保障機能に補完されない限り現実には政策を誘導することすらできません。つまり、ここでもネオ・リベラリズムは政策思想として完結せず、不完全なのです。

ベーシック・インカムがネオ・リベラリズムに親近的な論者の間でも注目されているのは、年金や失業保険、生活保護（公的扶助）など個別的な必要に対応する社会保障機能を大幅に縮小し（福祉国家を事実上廃止し）ても、暴動・革命・犯罪多発や社会の溶解を未然に防止しながら、私有財産制の秩序を安定的に維持しようとする観点からであると解釈できます。勤労義務や勤労の意思の有無とはとりあえず切り離して、ひとまず生活だけは保障しなければ社会がもたないという発想は、上述のハードなワークフェアよりは一貫性があり、また制度的にも簡便な明晰さを保った主張です。しかし、全員に――それゆえ、充分な所得のある者にも――最低限の金額を給付することを正当化し、また、皆がそのことを納得する理由を探すのは困難でしょう。もし給付金額が「健康で文化的な最低限度の生活を営む」には足りない場合は、生活保護・慈善・扶養義務などほかの何かに依存しなければ社会は保てませんから、「ベーシック・インカム」の本義に反することになります。また、ベーシック・インカムを所得制限付きにするなら、それは生活保護を寛大に運用するのと本質的に変わりません。本書は、現代の次の社会における生活保障の基本線を、ワークフェアやベーシック・インカムの延長上に展望することについては懐疑的ですが、これは終章で論ずる自他二分法的な人間観とも関わる問題ですから、慎重な検討が必要でしょう。

(3) ネオ・リベラリズムの支持基盤

それにもかかわらずなぜ、ネオ・リベラリズムは二〇世紀末以降、勢力を伸張することができたのでしょうか。民主主義社会において、ネオ・リベラルな言説を提供する政治家・政党が選挙で勝利する程度に有権者の支持を集めるのはいかにして可能だったのか、有権者はなぜそれに票を投じたのかという問題です。ネオ・リベラリズムはグローバル資本の政策的な道具であるという本質主義的な理解では、そこに真理が含まれているとしても、支持基盤は説明できません。福祉国家が前提とし、またその存立基盤ともしてきた産業社会が変貌したために福祉国家の諸機能が不全に陥ったから、ネオ・リベラリズムが登場したのだという説明も、なぜ有権者がネオ・リベラリズムを支持したかは説明できません。

介入的自由主義への忌避感の蔓延こそが、ネオ・リベラリズムの支持基盤を形成してきたのです。この忌避感は、「個人の尊厳」、「自立・自律する個」、「自己の欲求や幸福を選択する主体性・能動性の回復」、「システム社会への怨嗟」、「自分の生き方は自分で決めたい」、「自己責任をとれない奴は屑だ」などの言説に表現されてきました。そして、この忌避感は、実は一九八〇～九〇年代に初めて表明されたのではなく、一九六〇年代末の世界同時多発的な学生・労働者反乱において原初的には表現されていました。この反乱・暴動の直接的な原因は各国の状況に応じて多様ですが、共通点は介入的自由主義の社会における主体性の形骸化への反発でした。しかし、このときの異議申立ての論拠となった諸種の左翼言説も、また介入的自由主義の指導者原理の色彩（「君の幸せが何であるかは僕がよく知っている」）を強く帯びていたため、提起された問題を解決できずに「挫折」しました。その後を引き取る形でネオ・リベラリズムは徐々に支持基盤を拡張し、一九七〇～九〇年代に先進諸国が高い成長率を維持する可能性を喪失する過程で、大きな影響力を発揮したのです。

2　願望のグローバル化と不安定・不均衡

第一次世界大戦と第二次世界大戦のいずれの戦後においても、第一のグローバル経済と同様な円滑で円満で循環的な経済の回復が願望されました。第一次世界大戦後は、単に願望されただけで、それを回復するための努力はほとんどなされませんでしたし、大恐慌によって数少ない努力も水泡に帰しました。第二次世界大戦中には、戦後の世界経済を緊密に結び合わせて、貧困とブロック化（対立・戦争原因）の両方を防止しようとする諸種の取決めがなされ、機関が作られました。しかし、ITOの試みは頓挫して、「関税及び貿易に関する一般協定（GATT）」という例外規定の集積物に後退しました。冷戦終了後、再びグローバル経済の夢を託されて、世界貿易機関（WTO）が一九九五年に設立されました。それは、自由（関税低減、数量制限原則禁止）で、無差別（最恵国待遇、内国民待遇）で、多角的な通商体制という原則を、大西洋憲章やブレトンウッズ会議の時代から継承していますが、それらの原則が現に必ずしも実現できていないことは、世界各国の間で、諸種の自由貿易協定（FTA）、経済連携協定（EPA）や、環太平洋パートナーシップ協定（TPP）のように、特定の国々の「ブロック内での自由・無差別・多角的通商」を目指す動きが後を絶たないところによく表されています。

ソ連と中東欧の社会主義体制が崩壊し、中国は「社会主義的市場経済」という名で、制動装置や補完規範も欠いた単なる資本主義経済の道を歩むことによって、一九九〇年代以降、資本主義が社会主義に対して勝利したと考えられてきました。現在、社会主義ないし共産主義という生産様式を現実的な選択肢としては構想できないことは、第4章のColumn（「『資本主義の次』の夢の喪失」）でも述べました。では、社会主義との競争に勝ったはずの資本主義とは、要するに何だったのでしょうか。思想的には、一九八〇〜九〇年代にネオ・リベラリズムが経済・財政政策や社会政策の領域に大きな影響を及ぼしたことは否定できない事実です。しかし、それが、政策思想として完結しえないだけでなく、近現代社会の政策に必要不可欠な目的合理性を欠いていることもすでに前節で述べたとおりです。

世界各国で金融の規制緩和がなされたことによって、現在の世界では、実体経済（人の欲望の具体的な対象となる財・サービスの生産・分配・消費過程の総体）が必要とする通貨量をはるかに上回る巨大な通貨が、過剰流動性として、安定的な統御装置も欠いたまま、瞬時に世界をめぐり、巨額の利潤と巨額の損失とを生み出し続けています。しかも、資産経済（金融経済、ありていにいうならマネーゲームの世界）で発生した金融・通貨危機は、実体経済に非常に大きな混乱と損害をもたらす危険性があります。金（ないし貴金属）という裏付けを失って、通貨当局がおのれの裁量でいくらでも通貨を発行できるようになることを、ケインズはかつて、金本位制という未開社会の「足枷《あしかせ》」からの解放として評価し、管理通貨制度の利点に注目したのですが、その管理通貨制度で管理されているのは、通貨発行量だけであって、その通貨が通貨当局のあずかり知らぬところで世界を踊り狂うのを誰も管理できないというのが、現在の管理通貨制度の実態なのです。

貨幣という、際限のない欲望の一般的かつ抽象的な対象物の量を、際限なく増加させるなら、人の際限のない欲望は、文字どおり、際限なく充足され続けたのでしょうか。実際には、人の欲望とはかけ離れたところに、統御困難なマネーゲームの世界（「カジノ資本主義」）が生み出されてしまいました。実体経済が必要とする貨幣ないし流動性を供給するのが、金融の本来の機能だったのですが、それは、金の足枷（金本位制・金＝ドル兌換）から解放されたいまや、本来の機能を見失って、暴走する傾向を強めつつあるように見えます。

一九九〇年代以降の願望のグローバル経済は、第一のグローバル経済には備わっていた通貨秩序も、多角的通商の利点も、実体経済と金融との幸福な相互補完関係も失って、不安定で、不均衡で、統御困難な状態に陥っています。一九八〇年代以降、ほとんど毎年のように世界のどこかで通貨・金融危機が発生していることが、そう判断する一つのわかりやすい根拠です。それらの通貨・金融危機は、一層の規制緩和と追加的流動性供給でいずれも終熄しているのだから問題はないということにならないのは、それが実体経済に、そして、人びとの生（生活・人生・生存）に望ましくない影響を及ぼしているからです。いま一つの判断根拠は、現在も世界の貧富の差は解消されていないことです。「フェアトレード（公平貿易ないし公正取引）」というはなはだしい人為的介入をともなう貿易をしなければ、「公平・公正な貿易」ができず、発展途上国の、たとえば茶園やコーヒー農園で働く人びとの生を持続可能な状態で維持できないというのは、明らかに不自然で不適当なことです。

3　退場できない介入的自由主義

資本主義が社会主義に勝利し、グローバル経済が再び回復しつつあるはずの、この二五年間の日本も、世界も、明らかに混迷しています。ネオ・リベラリズムはもとより社会を設計できないだけでなく、貧困、格差、社会的排除に対応する方向性も出せずにいます。それどころか、通貨・金融危機に際しては巨額の国家資金を投入して重要企業や銀行を半国有化し、国家管理下で支えるという「にわか共産主義」的な手法すら登場しました。いまは、昨日と同じ今日を過ごし、今日と同じ明日を展望できる伝統の規範に支配された時代ではありませんが、かといって、今日よりも豊かな成長した明日を展望し続けることのできる時代でもありません。明日、おのれの到達すべき場所を見失って迷走しているという意味では、むしろ昏迷していると表現する方が適切でしょう。

では、ネオ・リベラリズムが暴走する市場への従属しか意味しないのであるなら、わたしたちはどこに進むことができるのでしょうか。古典的自由主義の社会設計は進化を続けた末に不可能であることが判明して破綻しました。それに取って代わった介入的自由主義が二〇世紀に生み出し続けてきた機能の多くはいまや有効性を低下させ、ときには逆機能すら発揮しているだけでなく、そのお節介な本質に対する忌避感が社会の三分の一程度（選挙で過半数を獲得できる程度）には蔓延しました。

とはいえ、古典的自由主義の、それゆえ男女不平等で、近代家父長制に支えられなければ成り立たず、誰にとっても実現可能というわけではない自立に固執する時代に回帰することはできず、ネオ・リベラリズムも次代を切り拓く展望を示しうる政策思想ではないとするなら、わたしたちは当面は、二〇世紀に開発された介入的自由主義の諸種の手段——福祉国家や労務管理などのお節介——を怖々《こわごわ》と使い続けなければならないのでしょうか。

4　国家、自然、家の衰弱

いまの昏迷状況は、経済が不安定で不均衡で統御困難になり、現代を特徴付けた政策思想にも万全の信頼と満足はできないが、当面はそれを使い続けて、次代の構想が、いつか、どこかから現れるのを待つというところにだけ表れているわけではありません。国家と自然と家という近現代の経済・社会を支えた重要な存在も、いまや、わたしたちにとって、無意識に頼ることのできるものではなくなっています。現代（≒二〇世紀）は、国家という、国民によって構成され、同時に国民を総力戦にも動員する強力な装置に頼ることができました。近代（＝一九世紀）は家という、市場で可視化されない隠れ資産に頼ることができました。その国家や家の中身がいまどういう状況にあるのか検《あらた》めずに、今後、再び、国家や家を寄辺《よるべ》とする社会を構想することはできるでしょうか。近現代は共通して、自然を擬似的に無限として、それに頼り、過去の自然の賜を使い続けてきました。一五〇年前にジェヴォンズが危惧したように化石燃料が枯渇するよりも先に、わたしたちは地球温暖化という問題に直面しています。自然は近現代の人類が考えていたよりははるかに脆弱であった――言い換えるなら、自然の自己調節能力を超えるところまで人類の経済活動は到達してしまった――のです。しかし、化石燃料に依存できない場合の製鉄や農業や航空輸送をどうするのかという問題も未解決です。あるいは、どう贔屓目に見ても、誰もが納得できる解法はいまだ示されていません。

　国家と自然と家という、近現代の経済が外側に措定し、経済学が外側に追い出してしまったものが、いまやかつてほど確固として頼りうる存在ではないことは明らかなのですが、わたしたちは、国家と自然と家と縁を切って生きる術を知りません。

　いまとは、何重もの意味で行き詰まっているが、出口が見えず、次代の構想を描けない時代です。こうした次代の構想を欠いた状況は、おそらく人類の歴史の中で初めてのことでしょう。長い狩猟採集経済の中で、いつか食料をおのれの手で生み出し、飢えから解放される日を待ち望みながら、農耕牧畜経済への移行を粘り強く試み続けてきた人びとには次代の構想が明らかにあったことでしょう。古代から中世へ移行する際にも末法思想や千年王国思想のように、混迷を経たあとの秩序を——それがいまのわたしたちの目には夢物語と映るにせよ——構想することができました。中世から近世への移行は、いまわたしたちが経験している転換より、おそらく、はるかに緩慢な変化でしたが、そこにも、次代の構想は、欲望解放や市場での致富《ちふ》をよしとするルネサンスや宗教改革のような諸種の思想・運動から、逆に欲望解放や致富を人のあるべき状態ではないとして否定して、古きよき共同体の世に戻るべきであるとする諸種の初期共産主義思想にいたるまで、百家争鳴といってもよい状態でした。近世から近代への移行期は、市場経済・資本主義を可能にする自由をよしとする教養と、古き世の身分制的秩序をよしとするパターナリズムの教養と、資本の運動ではなく、自覚的で目的意識的な人間関係の追求の中でこそ際限のない欲望はよりよく充足することが可能で、また社会もよりよく展望できるとするアソシエーション（初期社会主義）の教養との三つどもえの状態が展開しました。そして、近代から現代への転換の際には、古典的自由主義の系譜を引く教養と、資本主義の打倒と革命を求める社会主義の教養との間に、古典的自由主義の無理と革命の双方を回避しようとする介入的自由主義・社会改良主義の教養とが割り込んで、やはり三つどもえの状態で競合して、少なくとも、政策や経営・運動を支える教養としては介入的自由主義・社会改良主義が相対的な勝利を収めたのでした。社会思想史のほとんどは、近世から近代へ、そして近代から現代への転換期における次代の構想の研究にほかなりません。

しかし、いま、現代が、幾重もの意味で、終わらなければならないこのときに、次代を展望する確たる構想は一つもありません。あるのは、現代の介入的自由主義の残骸か、ネオ・リベラリズムの空しい掛け声か、あとは一度も安定的には成功したことのないアソシエーション（「協同性」・「連帯」・「共生」・「自主管理」・「ネットワーク」などの耳に心地好いスローガン）の見果てぬ夢だけです。

もう一つ、いまあるのは、自分たちの享受すべき利益や安寧を外国（人）が損ない、それに内通する裏切り者が国内にいるという、被害者意識と猜疑心の複合したナショナリズムの言説です。国内にいる外国人を、自分たちの職と安全を奪う悪者として名指しして、排除しようとし、また、国内で大量に消費されている外国製品の輸出国を、公正な貿易・取引をしない加害者として非難する言説とそれを主張する政治勢力は、日本だけでなく、アメリカでも、イギリスでも、ヨーロッパ諸国でも強まりつつあります。外国（人）に不寛容で、国内の異物を炙り出そうとするナショナリズムは第一次世界大戦前にも広く観察された現象ですが、それはいま再び、ポピュリズムやポスト・トゥルースなどの特徴をともなって、わたしたちの眼前に展開しつつあります。しかし、そうしたナショナリズムが次代を切り開く思想たりえないことは明らかでしょう。

次代を構想する手がかりは、本当にどこにもないのでしょうか。その点は終章で、概観することにしましょう。

文献案内

ネオ・リベラリズムについては、小野塚［2009b］序章、ハーヴェイ［2007］第二章を参照してください。第二のグローバル経済の本質的な不安定性については、斎藤［2010］と矢後［2013］がいずれも歴史的な視点から的確な問題提起をしています。カジノ資本主義についてはストレンジ［1988］とストレンジ［1999］がまず何よりも参照されるべきでしょう。自然と経済の関係については中村［1995］のほか、森林破壊に注目した井上［2011］、現代農業の複合的な問題に経済学的な観点から迫ろうとした北原・安藤［2016］、東日本大震災に注目して電力や産業立地の問題点を示した松本［2015］をそれぞれ参照してください。また、二〇世紀の日本・東アジアにおける人の生存と都市の再生産に注目して現代社会の限界と可能性を論じようとした共同研究の成果として高嶋・名武［2013］、およびグローバル化と金融危機に注目して国民経済・地域経済再生の可能性を展望した伊藤・藤井［2011］も示唆的です。

終章　経済成長の限界と可能性

本書を締めくくるにあたって、序章で設定した入り口の三つの問いに対して、本書全体の叙述を踏まえて、簡単に答を提示することにします。そのうえで、出口の問いを二つ設定します。これは、読者の皆さまに自由に考え、議論してほしい問いですが、それに答えるいくつかの可能性を示すことで、本書からの出口だけでなく、現代からの出口を展望する手掛かりもつかむことにしましょう。

1　出口の問い

本書の入り口の問いとは、以下の三つでした。

a　経済はなぜ成長するのか?

b　人類はいかにして十万年もの間、生存してきたのか？
c　経済は実際にいかに成長してきたのか？

(1)　経済はなぜ成長するのか？

経済はなぜ成長するのかという問いに対して、本書は、まず、人とは際限のない欲望を備えた動物であるから、その欲望を充足し続ける――この欲望に際限はないので、充足してもまた新たな欲望が湧き起こり、それを充足する――ことが、経済成長の原動力だったのだという仮説を提示しました。そのうえで、前近代、近世、近代、現代の各時代について、際限のない欲望がどのようにして成長の原動力たりえたのかを考察しました。

その結果、前近代にも、農耕牧畜が定着する過程で西暦前四〇〇〇年頃から西暦二〇〇〇年頃まで、それ以前やそれ以後と比べて人口増加率の高い時期があったこと、したがって、一人当たりの富の量は増えなかったとしても、農耕牧畜が定着した地域の経済が成長したからこそ、人口増加は可能だったという解釈を示しました。農耕牧畜が定着した西暦二〇〇〇年頃から一四〇〇年まで（ほぼ古代末期から中世末期まで）は人口増加率が低下しており、また、一人当たりGDPに関する粗い推計値から、経済成長率も低下していたであろうとの見通しを述べました。そして、際限のない欲望がヒト個体に対して徐々に解放されつつあった一五世紀以降の近世は、農耕牧畜の定着期や中世よりも経済成長率が高くなっていることを、さらに、産業革命によって人の欲望が完全に解放された近代の経済成長率は近世よりもさらに高くなったことを示しました。欲望を人為的に維持する仕組みを内包するようになった現代も近代と同様の爆発的な成長を遂げたことはいうまでもありません。

　ここから、経済は、人の際限のない欲望が充足され続けることによって成長したのだと結論したうえで、その欲望がうまく充足された時期は、そうでない時期よりも高い成長率を示しているということが可能でしょう。①こうして、際限のない欲望を経済成長の動因と考えることによって、自己増殖の本性を備えた資本に経済成長の動因を求める見解よりも、より長い期間の経済成長や人口増加を説明できますし、また、資本の生成要因も説明できるでしょう。人の欲望の個別的・直接的な対象物ではなく、一般的かつ抽象的な対象物である貨幣（しかも過剰充足の苦痛がない貨幣）をより多く獲得したいという仕方で、際限のない欲望が発現したのが資本であると解釈できるからです。②しかも、資本という概念は、当の欲望主体である人は、それをおのれの欲望の発現として端的に認識するのではなく、より多くの貨幣を獲得する方向におのれを衝《つ》き動かす何らかの外力として認識してきたということも意味しています。③人が、際限のない欲望の主体であると自己を認識するよりも、むしろ、資本という外力が自分に憑依しているという迂回的な認識の方を選んだということは、人類の歴史の中で非常に長い期間、際限のない欲望には何重もの規制装置が作用してきたことを反映していると考えることができるでしょう。言い換えるなら、人類が「資本」という概念を生み出し、現に「資本」の命ずる論理を拒むことができずに――「資本主義」的に――生きているということは、際限のない欲望を積極的に肯定する（それゆえ、「資本」などという外的虚構を必要としない）思想よりも、その完全な否定（解脱〔釈迦の本来の教え〕）、あるいは老子の「小国寡民」から、「文化大革命」やポルポトの悲惨な実験にいたるまで）の思想、欲望を消極的には肯定するものの一時的・部分的には否定し、社会の一部の者が人生の一時期に欲望に対して否定的な経験をする上座部仏教やヒンドゥー教の思想、あるいは欲望を容認はするが、利子・利潤・致富に対しては慈善・慈悲・寄進・お布施などの補完原理と組み合わせる思想の方が、人類に圧倒的に大きな影響を及ぼし続けてきたことをも、意味しているでしょう。わたしたちは、少なくともこれまでのところは、おのれが際限のない欲望の持ち主であることをすんなりとは認めたがらない傾向を有する生き物であり、その欲望を「資本」という外的な存在に仮託してきたのです。人と際限のない欲望の関係は、自己認識の面でも一筋縄ではいかないようです。

(2) 人類はいかにして十万年もの間、生存してきたのか？

この問いに対しては、さまざまな学問分野から多様な答え方が可能でしょう。本書からは、人は際限のない欲望をもちながら、それを規制する仕組みをおのれの内的規範にも、また社会にも組み込むことによって、人が人として存在する条件である共同性を維持し続けることに成功したから、動物としてはきわめてひ弱で、特異な存在であるにもかかわらず、長く生存することができたのだという答を引き出すことができます。その一つの証拠は、前近代にあって、一瞬、際限のない欲望を解放してしまった社会は滅亡したというところに求めることができるでしょう。しかし、人は際限のない欲望を捨てることはせず――それを捨てることが可能であるのは釈迦が自ら実践して示しはしていたものの、それに続く者は多くはなく、また、社会的にも解脱を目指したことはなく――その欲望をわずかずつでも満たすために、絶えず、何らかの努力をし続けてきたのです。共同性を維持したのもその努力の表れですし、際限のない欲望をもたない獣の道に落ちなかったことも、人の欲望に向かう努力の結果でしょう。際限のない欲望がありながら、それを厳格に規制したうえで、細々と生きてきたことが、人が長く生存できた原因であると本書では考えます。特に、細々と生きるうえで、剰余の富を宮殿・工芸・服飾品や祭礼・蕩尽で非生産的に用いることは、欲望の発揮が厳格に規制された生の中に喜びをもたらし、また、彼らがその時代の生産力水準にはふさわしからぬ高度な技を磨くうえで大きな役割を果たしたことでしょう。

(3) 経済は実際にいかに成長してきたのか?

人が生存し続けることのできた理由は、際限のない欲望を野放しにはせず、統御しながらわずかずつ満たしてきたからですが、それだけなら、ほとんど感得できないほどの緩慢な成長の中で、富の非生産的な用法で技を育てて、強大ではないが、つつましく洗練された文化を有する諸民族が地球のあちこちに、それほどの人口密度ではなく散在しているという状態が長く続いたに相違ありません。現在、わたしたちが知っているように、極地から熱帯まで、平野から高地まで、湿潤な土地から砂漠まで、地球上のほとんどあらゆる場所に人が住み、殊に条件のよい場所では、その土地の食料生産力や水の供給力をはるかに超える高い人口密度で人が集住する都市が形成されているのは、人類が、つつましく、ささやかな成長しかしてこなかったからではなく、幾度《いくたび》か、つつましくささやかな成長を突破する革新《イノベーション》を経験したからです。

人類が誕生してから長い狩猟採集経済の時期にも、ただ狩猟と採集だけをして、食うや食わずやの生活をしていたのではなく、洞窟に彩色絵画を描き、死者を弔い、そして、おそらくは言葉や音を用いた技ないし遊び（歌や詩や呪術の元祖）などもあったことでしょう。彼らは活動可能な時間のすべてを当面の衣食住に必要なものを獲得するだけのために振り向けたのではなく、何らかの余裕の時間を捻出して、非生産的ではあるが、明らかに文化的といってよい活動もしていました。そうした活動の中には、農耕牧畜を準備する諸活動——開墾・灌漑、優良品種の発見と品種改良、野生動物の家畜化、疫病への対処法の獲得など——も含まれていたはずです。

何千年もかけて農耕牧畜を現実的な選択肢にまで高める努力を続けた結果、世界の各地に農耕牧畜が定着します。この農耕牧畜経済の定着期（ほぼ西暦前四〇〇〇年から西暦一年頃までで、殊に人口増加率から推測するなら西暦前一〇〇〇年からの約千年間）が人類にとって、第一の経済成長期であったことは、彼らが従来よりも多くの者が生きることのできる社会を作り、また農業には従事せず、商工業・学術・宗教・軍事などに専従する者たちを支えうるようになり、都市文明と文字とを生み出したことからわかります。

農耕牧畜がその適地にいったん普及定着したあと、人類は再び、前近代の農耕牧畜の生産力水準のうえで、つつましくささやかな成長をする社会に移行します。それが古代末期から中世末期まで約一四〇〇年間続きます。この時期にも、富の非生産的な用法によって開花した技が蓄積されたのはいうまでもありません。そして、この時期には、特にヨーロッパが生産力でも技術や学問の水準でも優れていたわけではなく、むしろ、人の知と技の活動の先進地域は中国、インド、そして西アジア・北アフリカなどでした。

近世の経済成長は、中世的な技術基盤のうえでなされました。ただし、従来のギルドや局地的公開市場の規制から自由な新しい取引機会を利用しながら、より効率的な製造方法（技術革新や分業）と入手方法（たとえばヨーロッパ外との直接取引）を開拓した者が利益を獲得し、また価格を下げることで需要を拡大することに成功します。近世には、長い欲望規制が徐々に解除されて、ヒト個体が欲望の主体として事実上承認されていく時期でしたから、この時期の経済成長は、再びつつましくささやかな成長に転ずることなく、産業革命と近現代の爆発的な経済成長へと連続します。

産業革命期以降の成長を特徴付けるのは、通常は道具から機械への労働手段の変化と工場制度の成立とされますが、機械の登場は古代・中世以来のさまざまなからくり仕掛け――茶坊主人形や自動オルガンのような非生産的な技――の延長上のできごとであり、工場制度もマニュファクチュア（工場制手工業）の延長上の経営革新です。むしろ、前近代以来の成長と滅亡事例に注目した場合、重要なのは、産業文明とは森林資源の有限性から解放された文明であるということです。土木・建築・造船の主たる資材は原始時代以来長く木材でしたが、それが鉄材・鋼材へ代わることにより、森林資源の枯渇による経済成長の上限が画されなくなり、また、その鉄を製錬し、製鋼する原料・熱源として木炭ではなく、化石燃料（当初は石炭）の大量利用が始まることにより、やはり森林資源という制約を突破したのでした。また石炭をエネルギー源として用いて動力を発生させる蒸気機関も、従来の風力・水力・畜力の限界を突破しました。当初は数馬力〜数十馬力程度にすぎなかった機関一基当たり出力は一九世紀末には一万馬力を超え、さらに二〇世紀に入ると蒸気タービンでは十万馬力（「鉄腕アトム」相当）を超えるものが出現し、動力源も化石燃料の使用により一変しました。いま、原発一基当たりの最大出力（電力）が大きなものでは約一四〇万kWですから、タービンの出力も確実に百万馬力を超えています。

こうして、産業革命は、人類にとって長く制約要因であった自然、殊に森林資源の限界から経済活動を解放し、過去の自然の蓄積物に依存して、大量の鉄材・鋼材を産み出し、それで土木・建築工事を行い、巨大で堅牢な船を建造し、また蒸気機関で多くの機械に動力を供給して、従来の動力源では不可能なほどに大量のものを効率的に作ることを可能とし、また、交通機関にも鉄道・汽船・自動車など革命的な変化をもたらしました。さらに一九世紀後半〜二〇世紀前半に諸種の内燃機関（ガソリンエンジン、ディーゼルエンジン、ガスタービン・ジェットエンジン）が発明されて、航空機も初めて可能となりました。

一五世紀以降の経済成長はほぼ一貫して――一七世紀の若干の成長率低下はあったものの――持続し、一九世紀と二〇世紀の目に見える形での成長が常態化した社会をもたらしました。それは技術・生産力の面で進歩しただけでなく、人びとの移動の自由や職業選択の自由などを拡張することで、欲望を充足する個々の活動も前近代に比べるならば、はるかに制約の少ない仕方で営まれるようになりました。そうした自由が近代にはほぼ確立したとするなら、現代は、そうした自由を付与しても欲望を十全に充足できない者（「弱く劣った個人」）でも欲望を追求できる方向に誘導する諸種の制度・運動・政策が採用されて、欲望は単に制約から解放されただけでなく、人為的・社会的に維持され、また創出されるようにすらなりました。

つまり、近代（≒一九世紀）と現代（≒二〇世紀）には、欲望の対象物をより効率的に産み出す方向に技術・生産力・生産組織が文字通り革命的に変化しただけでなく、欲望そのものも制約から解放され、さらに掻き立てられることによって、肥大化してきたのです。

(4) 出口の問い

しかし、この両面での変化は今後も持続可能なのでしょうか。以下では出口の問いを設定することにしましょう。そのために、まず、問いの前提条件を確定します。それは、地球は物的には閉鎖系であり、また、化石燃料は有限である（それが地中で生産される速度よりも、人類が消費する速度の方がはるかに速い）という簡単な二つの前提です。地球は——大気圏上部での大気の流出や隕石の落下などは無視するなら——物的に閉鎖系ですから、人類の経済活動の物的な側面が拡大するなら、それはいずれ、地球の自己調節能力を上回ってしまうでしょう。経済活動の物的側面を拡大する要因は、人口増加と、一人当たりの物財やエネルギーの消費量の増大と、流通や消費の過程で発生する無駄の三つです。

現在の世界では無視できない数の人びとが飢餓に苦しんでいますが、おもに先進国で発生している食料の無駄（フードロス）をなくし、効率的に配分するなら、飢餓は消滅すると考えられています。しかし、さらに人口が増えた場合にも分配の問題で解決できるという保証はありません。

地球上で植物が光合成できる有機物の量には限界がありますから、それを超えて人は食料を獲得することはできません。しかも、第16章で述べたように、現代農業は化石燃料を用いた化学肥料、農薬、農業機械に依存して、現在の農業生産量を維持していますが、それは永遠に持続可能な農業のあり方ではありません。さらに、乾燥地域で灌漑農業を長期間続けると地中深くの塩類が地表で蒸発する水の流れに乗って地表に到達し、そこに滞留するため塩害が発生します（水田稲作はこの弊害を免れています）。農業には表土流出や砂漠化という副産物もあります。わたしたちが将来も頼ることのできる食料生産力には何重もの制約があることをここでは確認しておきましょう。現代農業から退却したあとは現在の人口すら養えない可能性も否定できません。

Column

農業と兵器

農耕牧畜というと、のどかで平和的、田園的な印象を抱きがちですが、農業とは人間＝社会による自然の利用ないしは改変、収奪です。農耕牧畜の結果、近代よりも前に、砂漠化してしまった土地は世界の各地にあります。また、現代農業の手段は兵器に転用され、兵器は農業に転用されました。戦車とは、トラクタなど農業機械に大砲を登載したものにほかなりませんし、ハーバー＝ボッシュ法によるアンモニア合成は毒ガスやダイナマイト製造に転用され、また毒ガスの技術が農薬に結び付いています（藤原［2017a］および藤原［2017b］）。農耕牧畜がなければ、人類はこれほどの人口と文明に到達できませんでしたが、その農耕牧畜を現代農業にまで発展させた技術が兵器・戦争と密接な関係にあること、さらに、多国籍巨大農業企業や種苗支配が現代農業に何をもたらしているのかということも（北原・安藤［2016］）、無視してはいけない事実です。

地球が処理できる温室効果ガスの量にも限界がありますから、このまま物財・エネルギーの消費を増していくなら、環境には不可逆的な望ましくない変化が発生することになります。それゆえ、化石燃料ではなく水素を燃料や還元剤として用いることで温室効果ガスの問題を回避できるとしても、化石燃料を代替するだけの大量の水素を得るのに必要な電力をどうやって確保するのかという問題が残ります。風力・水力・潮汐・地熱・太陽光などの再生可能な発電能力で、自動車・鉄道・船舶などの交通機関と工場・都市・農業や家庭が必要とする電力・熱源をまかない、さらに製錬や航空機燃料に必要な水素を製造する電力を供給できるのなら、人類はとりあえず温暖化や資源枯渇の問題から解放されます。こうした化石燃料に一切依存しない経済・社会システムで、地球上に生きることのできる人口がどの程度かについて、推計値はあまりにも幅があり、また大雑把で、定量的な見通しを立てるのは現状では困難ですが、やはり、そこにも限界があることは間違いありません。

電力消費量が再生可能な発電能力の限界に近付くほど電力価格は高騰しますから、化石燃料に依存しない社会を構想しようとすると、再生可能な電力だけでは不足して、原子力発電に依存しなければならない可能性も生ずるかもしれません。しかし、原発の数を増やせば、どこかで甚大事故が発生する確率も上昇し、そのたびに地球は長期間にわたって望ましくない損害を被ります。また、原発にも耐用年数がありますから、安全に運転しうる寿命に到達したものから順に廃炉を進めなければなりませんが、それに必要な費用・時間・労力と、それにともなう危険は、まだ完全には——信頼しうる数字という点では——判明していません。原子炉を運転すれば必ずプルトニウム二三九という自然界には存在しない物質が生成します。その半減期は二万四〇〇〇年と非常に長く、しかも化学的毒性も強烈で、また核兵器原料ともなります。プルトニウムを「消費」できる高速増殖炉（日本では「もんじゅ」）の実現可能性は、いまではほぼ疑問視されていますから、十万年——プルトニウム二三九が崩壊して一六分の一に減るのに要する時間が約十万年です——という単位でプルトニウムを安定的に保管するのに要する費用・危険と、使用済み燃料を再処理してプルトニウムを群分離し、ウラニウム二三八と混合したＭＯＸ燃料として原子炉で「燃やす」こと（いわゆる「プルサーマル」）に要する費用・危険の比較衡量が必要なのですが、それも納得できる形では示されていません。したがって、再生可能な電力が不足するとしても、原子力に頼ることは、現状では計算されていない大きな不安・費用・危険を将来に残すことになるでしょう。

こうしたことはさまざまな分野の専門家の共同作業として、現時点で判明している事実に基づいて見通しを立てなくてはなりませんが、現状では、人口と物的成長とエネルギーの問題を同時に総合的かつ定量的に解明する取組みは充分にはなされていません（山賀［2011］）。したがって、以下では定性的なことを述べます。

わたしたちは、産業革命を経て、他国の自然や過去の自然に依存する経済システムを発展させて、一九世紀と二〇世紀に、それ以前と比べるならば、途方もない速度で人口が増加し、経済も成長してきました。しかし、地球が物的に閉鎖系で、――それゆえ温暖化問題のような環境問題を免れず――また、化石燃料にも食料生産力にも限界が存在することは明瞭ですから、他国の自然と過去の自然に依存する経済システムを長く持続させることはできません。いつ、どのような仕方で、地球の物的な限界が露呈し、人類の活動に不可逆的な望ましくない影響が発現するかはわかりませんが、このまま、人口が増加し、一人当たりの物財・エネルギー消費量を増加させ続けるなら、早晩、限界に接近することを否定する論拠や証拠はどこにもありません。このことに目を瞑《つむ》って、限界が訪れるのは自分の死後であることを願う（「吾が亡き後に洪水は来たれ」）か、現在わかる限りの最善の努力をして、将来世代に持続可能な地球環境と人類の文明を残そうとするか、わたしたちにできるのは、その選択だけです。

ここまで、問いの前提条件を吟味してくれば、出口の問いもおのずと明らかでしょう。すなわち、以下の二つです。

d　経済は今後も成長を続けることは可能か、あるいは、成長のない資本主義は可能か？

この問いに答えるためには、ただちに、ここで想定されている「成長」とはどのようなことかが問い返されなければなりません。もし、それが、物財やエネルギーの生産・消費量の持続的増大を意味しているのなら、すでに見てきたように、地球には明確に限界が存在します。物財やエネルギーの生産・消費量の増大が、一人当たりの増加に起因するのか、人口増加に起因するのかは、社会的な、また社会科学的な問題としては、区別して考える必要がありますが、現在はその両方に起因して物財・エネルギーは増大しています。こうした意味での成長を今後も永く続けることはもちろん不可能です。

では、成長が不可能なら、資本主義も不可能となるのでしょうか。資本とは、最初に投下した貨幣よりも多くの貨幣が獲得されることで増殖するものですから、インフレを差し引いて、実質的に経済（人びとの欲望を充足する活動によって生み出されるモノの総量）が成長しなければ、利潤を安定的に確保することも難しいでしょう。したがって、この問いは、d－(i)成長のない経済に対応する、資本主義ではない生産様式を展望できるのか、あるいは、d－(ii)物財・エネルギー以外の面で成長できる資本主義経済を構想できるのかという二つの問いに変換することができるでしょう。

資本主義ではない生産様式は、古くは共産主義、そして近現代には社会主義など、さまざまに構想され、それらの構想に基づく運動も発生し、また二〇世紀には「社会主義」もしくは「共産主義」の看板を掲げた体制も出現しましたが、それらは例外なく、永続きせず、現在はいずれも資本主義社会に転換しています。むろん、資本主義が万能で、最も効率的で、人びとを最も幸福にする生産様式であると手放しでそれを積極的に評価する議論は、よほど脳天気な人を除くなら、稀でしょう。

むしろ、いまも、資本主義の終焉を主張したり、資本主義の矛盾を指摘する議論が後を絶たずに出現しています。

しかし、資本主義ではない生産様式は、実現可能な仕方では、一つも構想されていないと本書は考えます。それは見果てぬ夢としては、社会主義・共産主義などの語を使わずとも、協同性、連帯、共生、自主管理、ネットワークなどの言葉で、いまも夢見続けられていますが、その夢を実現しうる構想（＝革命戦略）は示されていません。夢を見、語る自由や権利は万人に保証されるべきであり、夢を論じているうちに、ある日、それを実現できる構想が生み出されるかもしれません。その可能性は否定しませんが、いま、わたしたちが資本主義以外の生産様式を、具体的に実現可能な仕方で構想できていないことは、否定しようのない事実として承認しなければなりません（小野塚［2018］参照）。夢を見ながらであれ、あるいは夢など放棄してであれ、わたしたちは当面は資本主義社会の中で生きるほかないのです。したがってd－(i)は、当面の問いとしては、棄却されます。

こうして、わたしたちは、dの問いを、d－(ii)物財・エネルギー以外の面で成長できる資本主義経済を構想できるのかという形に変換するところに辿り着かざるをえません。実際に先進国では、すでに、かつて（一九～二〇世紀）よりも、物財（たとえば「三種の神器」・「新三種の神器」）やエネルギーを多く消費することは、人びとを魅了する生き方ではなくなっています。暴走族の若者たちでさえ、ナナハンから原付へと縮んでいますし、大きな音響機器からミニコンポへ、デスクトップパソコンからノートパソコンへ、さらにスマホへと、欲望の対象は小型化し、また、そもそも物財への欲望からの相対的な自由を主張する「断捨離」などの発想がむしろ人びとを魅了しているほどです。現実に物財・エネルギーへの欲望が希薄化しているだけでなく、本章第2節で述べるように、物財・エネルギー以外の面で成長できる経済は構想可能であると本書は考えています。しかも、そうした経済に移行するのにそれほど長い時間も、大きな費用も必要としないでしょう。要はやる気の問題、あるいは発想の転換の問題です。

e 人類が到達した文明は持続可能か？

いま一つの出口の問いに対しても、ただちに、そこで人類が到達した文明とはどのような文明を意味しているのかと問い返されることでしょう。それが、より多くの物財とエネルギーによって欲望を満たし、それゆえ他国の自然と過去の自然に依存する文明（＝近現代の産業文明）を意味するなら、答は否定的たらざるをえません。そういう意味での産業発展や経済成長の条件をいくら研究しても、また、そうした産業発展や経済成長の条件を歴史研究からいくら炙り出したところで、それは将来に長く活かすことのできる知恵ではなく、人類史の中で、前近代には失敗したことが、なにゆえ近代には可能となり、そうした特異な文明が発生したのか、その原因を解明するということにならざるをえないでしょう。

では、わたしたちは今後に、どのような文明を継承しうるのでしょうか。まったく新しい型の文明をゼロから設計して実現するという革命的で設計主義的な文明を構想するのでないのならば、わたしたちは、これまでに経験してきたことやものの中から、未来にわたって長く継承できる何らかの組み合わせを探し出さなければなりません。したがって、この問いに答えるためには歴史学や考古学、人類学などの研究成果を総動員しなければならないでしょう。そうした意味で、経済史も未来を生きるための手がかりとなるはずです。

2 いくつかの可能性

以下、本節では、ごく簡単に、出口の問いを考えるための手がかりを提示することにします。

(1) 資源争奪戦と文明崩壊

不足した資源を奪い合って戦争になり、文明が崩壊してしまうことを人類はこれまでに何度か経験してきました（ダイアモンド［2012］）。金属器のない時代（つまり兵器は石器や棍棒）でも、戦争で文明が崩壊した事例はありますが、現在、それよりもはるかに強力な兵器があります――地球上を何度も焼き払えるほど多くの核兵器がいまなお存在しています――から、資源争奪戦から文明崩壊にいたる事態が発生した場合、かつてのように一地域の文明が崩壊するに留まらず、地球の文明全体が崩壊する危険性も否定できません。したがって、資源争奪が発生しないように人口増加や物財・エネルギー需要の増大を統御することが最も大切です。とはいえ、他国の自然と過去の自然に依存した現在の文明は脆弱なので、ごくわずかの変動や事故で食料や化石燃料の争奪に陥る危険性もあります。それゆえ、二次的な課題としては、争奪状態が発生しても、それを拡大・昂進させず、軍事力によらない問題解決のさまざまな技――妥協し、折合いをつけて共存する外交的・社交的な取引・交渉・協議の技だけでなく、軍事（人の生命・身体・財産を暴力的に破壊する力とそれによる恫喝）以外の仕方で、競い、決着をつける、納得性が高く、かつ憎悪の連鎖を生み出さない技――を開拓しておくこと、万一、軍事紛争が発生した場合に、軍隊の指揮官や政治指導者が使いたくなる手段＝兵器の存在と質と量とを予め制限しておくこと（軍事においては手段＝兵器の存在ないし利用可能性がしばしば目的〔国家目的・戦争目的・戦略等〕を規定してきました。小野塚［2012］、［2023c］）、そして、軍事力・軍事同盟強化の鏡像的な悪循環に陥る抑止力理論から脱却すること、および各国の兵士の生命の政治的・社会的な費用を高くすること、これらが大切となるでしょう（小野塚［2016b］）。

(2) リアルタイムの管理社会

人の行動・位置・視線等を即時に監視・観察（real time monitoring）することは、現在の技術ですでに充分に可能ですし、体温・脈拍・呼吸数・血圧なども着用可能な簡便な感知装置で監視可能です。そうした技術を活かした労務管理やスポーツの訓練などもすでに実際に行われています。この延長上に、伊藤計劃《けいかく》が描いたように（伊藤［2007］および伊藤［2008］）、人の見るものや体調まで即時に監視・観察される社会が、遠くない将来に訪れる可能性も否定できません。それはSFの世界の法螺《ほら》話だろうと軽視する方がいるかもしれません。しかし、法哲学などの領域においても、いまや統治功利主義が大まじめに論じられています（安藤［2007］）。そこでは、人格・自由・自律といった近代が達成した価値を軽々と超越して、統治者の「功利主義リベラリズム」なる思想が擁護されているのです。「人格亡きあとのリベラリズム」の構想は、統治者ですら従わざるをえない規範の体系（掟・定・分・矩）であった前近代への回帰であると同時に、超近現代の一つの可能性――決して夢や希望に満ち溢れた耳心地よい可能性ではありませんが――を示しているようにも思われます。

個人の際限のない欲望を即時に管理し、また、欲望を適切に維持・創出し、個人の行為・感情までを「望ましい」方向に即時に誘導・介入する社会構造（architecture）を実現できるなら、人類の文明を、文字通り調和（ハーモニー）のとれた形で末永く維持し、かつ成長と資本主義を可能ならしめることができるのかもしれません。労務管理と生活管理の究極の姿をそれは示しています。そこには、基底的価値としての人格・自由・自律はありませんが、擬似的（ないし構成的）な人格・自由・自律が確保できるなら、それは、介入的自由主義の現代を、新たな人間操作技術と統治技術・

思想によって再建することになるのでしょう。

(3) 非物財的な経済成長

物財やエネルギーの生産・消費量の増大に結び付かない経済成長のあり方について考えてみましょう。いまの日本で誰もがすぐに思いつくのは、育児や介護などの対人サービスの充実でしょう。いわゆる福祉の分野は社会の重荷、政府の財政負担と考えられがちですが、北欧諸国で実現できているように、新たなビジネス・モデルと雇用スタイルを生み出すことができるなら、それは経済成長の絶好の機会となります。育児と介護に加えて男女共同参画の推進、労働時間短縮と余暇拡大(ワークシェアリングとワーク・ライフ・バランス)、社会教育の充実などの課題を一つずつ解決していくなら、それは着実に経済成長を促し、投資機会をもたらすでしょう。たとえば、学校教員の長時間労働と過労の問題を軽減するためには、学級人数の減少(教員定数の増員)とともに、放課後の課外活動・部活の指導を、顧問教員に押し付けるのではなく、その分野の専門家に委ねて、地域的な社会教育と位置付けることが有効ですが、スポーツや音楽など社会教育分野の諸活動の指導者を養成することは、現在の日本では教員養成系学部に要請される喫緊の課題ということができます。

物財を作り、それを世界中に売るという経済のあり方の中だけで成長を構想しようとするなら、低賃金諸国の技術が向上すれば、先進諸国はますます技術的に高度化した分野に追い込まれ、それは結局、輸出産業としては兵器・航空・宇宙などへの偏倚《へんい》をもたらし、国内的には軍事支出と公共事業――諸種の土建事業、オリンピック、マイナンバーなど――の増大へと傾斜せざるをえません。しかし、それは、課題先進国（小宮山［2007］）の進むべき道としては、適切でも得策でもありません。いまや、貧困問題も物財の不足や欠乏の問題に限定するのではなく、社会資源の剝奪という仕方で総合的に捉えられるようになっています。そこでは、特に、困窮し、混迷しているときに、声を掛けてくれ、また、僅かでも助言・助力をしてくれる他者が身近にいるかいないかといった対人的な資源の問題が注目されています。

(4) 自立した個と他者との関係の再建

物財的ではない成長の可能性を探ろうとするなら、以上見てきたように、人の主体性と能動性をより精緻に考察することが求められます。その精緻化とは、自己と他者を截然《せつぜん》と区別することで成立する個という近代的な主体設定を見直し、相対化する作業に踏み込むことで果たされるでしょう。近現代社会が想定する主体とは自由で自律的な個人（ヒト個体）であり、すべての個人にとって、自己と他者とは相互に分離し、独立した存在であるという自他二項対立的な人間観のはらんできた難点・弱点は、生の極限的な状況において、すでにあちこちで露呈しています。

たとえば、「良いケア」とは何かという問いを立てた場合に、「自立支援」（当人がしたいと望むが、独力では困難なことを助けて自立を促す）という原理（身体障害者支援において先に確立した原理）は必ずしも有効な指針たりえません（中村［2008］）。殊に高齢者介護において、認知能力や身体能力が低下していて自己の意思を明瞭に表明できない場合に、自他二分法のうえに成り立つ「自立支援」の無理が露呈します。「意思表明がないから何をしていいかわからない」とか「意思表明がないから何もしなくてよい」といっているのでは、ケアはできませんが、平均的な「普通のケア」というのもありえません。意思自治を基礎とする発想では答が出せず、誰か他者が個々の状況に即して判断し実行しなければならない、つまり育児や教育と同型の強制やお節介の要素（自他二項対立的な人間観からの逸脱）を介護も免れないことを示しています。

同様にして、終末期ケアでは、ときに、「やり残した個人の物語を完遂させようとして」、逆に家族・友人・仲間との人間関係を削ぎ落として、当の「個人」だけの「最後の物語」を演じるように誘導されることがあります。そこには、親しい人間関係から分離させて「個人の物語」に閉じ込めることによって、終末期の個人を裸の主体性にしてしまう問題があると同時に、「能動的で自立した個」という物語に最後まで固執させることによって「ホスピスの患者らしさ」が求められるという顚倒《てんとう》的な問題もあります（奥山［2010］）。

安楽死が制度化された社会において、それを望まないことの意思表明は、特攻隊において「特攻を熱烈に志願し」ないと表明するのと同程度に困難で、人は状況の中で安楽死や特攻を希望する意思へと、しかも明示的にではなく、隠微な暗黙の強制力によって誘導されます。また、安楽死の判断基準となる生の質（QOL）とは、その当人の身体状態のみに注目して、「その人らしい（あるいはその人にふさわしい）生」を外在的に決定する傾向があり、そこでも、「生」から、家族・友人・仲間との人間関係という面が削ぎ落とされています。

このように、自他二項対立的な主体性・能動性という設定を前提とするなら、釈然としない解き方しかできない問題群があちこちにあります。介護、終末期ケア、安楽死のいずれも、自他を截然と分ける「硬い個人」の設定ではなく、人を近しい他者との関係性の中で捉える「柔らかい個人」の設定の方が、これらの問題は現実的（actual）に解くことができるはずです。同様にして、貧困を単に当該個人の能力や利用可能な物的資源の問題に限定するのではなく、社会的紐帯や関係性の中で捉えるなら、それは先述したように社会資源の「剝奪」や「社会的排除（social exclusion）」と認識する方が現実的（real）でしょう。それゆえ、貧困の解法は「社会的包摂（social inclusion）」や「参入（insertion）」の課題として設定されるようになってきました。死に直面しない生の過程でも主体性・能動性を個人に回収し尽くさない人間観が明らかに出現しつつあります。

(5) 美的価値・身体的礼の回復

いまの次の時代を展望するために、最後に、近現代社会と前近代との相違をいまいちど整理しておきましょう。前近代社会は掟・定などの規範によって際限のない欲望が規制されていただけでなく、欲望の対象物の遣り取りとは、一般的互酬性・贈与・蕩尽あるいは朝貢と返礼のように、「格好良さ（aestheticity）」を表現する関係・行為でしたが、近現代では交換における等価性のみが突出して重視されるように変化しました。礼などの身体的・美的な徳（virtue）は、近現代社会では貨幣で計られる単一の徳に取って代わられました。礼とは状況依存的、属人的で、多面的な徳でしたが、富の最も抽象的な形態である貨幣が近現代の普遍的な徳となり、単位時間当たりあるいは一人当たりの貨幣という単一の物差しで徳が計られているのです。この結果、前近代社会が許容していた多種性・異種性（diversity）は、近現代にあっては、一つの尺度の中の多様性（variety）へと変じています。時間についても、前近代には、過去から未来まで永遠に続く切れ目のない時間（aeon）という観念がありましたが、いまでは、刻々と同じ速度で進行して、刻まれ、消費される時間（chronos）が支配的な観念であり、それは「時計（chronograph）」という言葉に端的に表現されています。近現代の時間は計られ、記録されるもの（clock）であり、注視されなければならないもの（watch）として、わたしたちの生を支配しています。

(6)「隠れファシズム」対「小さく弱い規範」

資源争奪戦から文明崩壊にいたるのはぜひとも避けるべきですが、上述の(2)から(5)までは、実は同じようなことを、別の言葉で表現しているのではないかという批判はありうるでしょう。かつて近代において自明であった「個」を見直す作業は、予め定まった共同性の方向への隠微な統制を導き出すのではないかという批判です。次代の構想が、「家庭の回復」（家族支援法案）や、「愛国心を養う教育」や、自由・権利に無条件で優越する「公益および公共の秩序」という仕方で、かつてあった（と思われている）大きく強い規範を求める動きと重なり、それに包摂されてしまう「隠れファシズム」に陥る危険性は確かに否定できません。それゆえ、新版「近代の超克」論のような安易な言説へ絡め取られる可能性もあることは、予め注意する必要があります。その注意とは、保守派との連帯はけしからぬということではなく、近代的な「個」を、どの程度の普遍性をもって、どの方向に向けて見直すのかが大切であって、ただ見直し、否定し、代わりのあれこれの人間＝社会像を闇雲に提示すればことたりるわけではないということです。

本書の主張をより積極的に表現するなら、大きく強い規範の再建を一挙に目指すのではなく、小さく弱い規範を、美的価値や身体的礼にも注意しながら、一つずつ再建する中で、進化論的（evolutional）に次代を構想しようということです。一挙的な伝統主義・設計主義・合理主義を振りかざして次代を構想するユートピアを唱えるなら、それはほぼ間違いなくディストピア（dystopia）しかもたらさないということが、次代について何らの構想ももてないままに、いまが現代の終焉に立ち至っている理由なのだと本書は考えます。中央集権化された権力による上からの管理・支配・

開発・近代化に対抗し、不服従、面従腹背、妥協的な共存などを繰り広げて、自由・自主・自律を求める「モラル・エコノミー」や「アナキズム」の叡智（スコット［1999］、スコット［2017］）をいま参照するのなら、近現代の大きく強い規範によって設定された物差しが見落としてきたところで、小さく弱い規範を実践することが大切であると考えます。

設計された合理的なユートピアや、「かつてあった古の麗しき伝統」を実現しようとする試みが無謀であるのは、それが一度も成功しなかったところに表されています。これまで人類が経験してきた転換期には次代の構想がいくつも示されていましたが、そうした大きく強い規範で彩られた構想のいずれか一つが綺麗に実現したのではなく、実際の時代の転換とは、実は小さく弱い規範の試行錯誤の取捨選択と集積だったのです。近代から現代への転換を設計し構想する試みはたくさんありましたが、実際に生成した現代社会とは、福祉国家であれ、フォード・システムやトヨタ・システムであれ、小さく弱い規範の試行錯誤の産物にほかなりません。

それゆえ、わたしたちにとって、一方では、そうなってほしくない次代を、ディストピアや反理想として明瞭に描き、それを避ける方向に試行錯誤的に進化することが大切です。他方では、一例にすぎませんが、季節性のある在地食材を用いた新しい食の快楽を自分の生きている具体的な場所で創造するといった、多種性・異種性を確保する中で、小さな「格好良さ」を追求するところに、未来を切り拓く多様な可能性が潜んでいるはずです。たとえば、イタリアの「スローフード」運動も（陣内［2010］、西村・田林［2016］）、また精神病院の閉鎖病棟や身体拘束を廃止して、精神障害者を支援する協同組合を設立する取組み（大熊［2009］、バザーリア［2017］）も政治闘争や経済闘争とは別のところで、反理想を明晰にしたうえで、多種性・異種性を確保しようとする次代の構想の試みと見ることができます。

さまざまなディストピアに陥り、また、反理想に絡め取られる危険性を回避しながら、三世紀を超える長い時間をかけて、近現代の産業文明が、近現代後（ポスト・モダン）のささやかで平和的かつ美的で、真に持続可能な文明に軟着陸するために必要な条件を探るためには（小野塚［2021］）、過去に関する知見を現在から未来に向かって役立てることが求められているのです。「いまを知り、未来を生きる」ことこそが、経済史という知のアクチュアルな（＝いまのわたしたちにとって切実であるとともに、本質的な問題に主体的に関与する）用法です。

あとがき

本書は、わたしが、一九九〇年度以降、横浜市立大学商学部、東京大学経済学部、フェリス女学院大学国際交流学部等において「経済史」の講義で話した内容の覚書と、東大ＥＭＰ（東京大学エグゼクティブ・マネジメント・プログラム）等で行った講義「人文・社会科学の俯瞰――欲望と規範と社会」のパワーポイントの要旨とを元にして、文章化して一書にまとめたものです。むろん、一九九〇年度の最初の講義とは内容が変わっているだけでなく、講義を通じて学生や受講者との質疑応答の中で、わたし自身の知らなかった、あるいは考えたことのなかったさまざまな点が浮かび上がり、そのたびに、調べ直し、考え直すということの連続でしたから、この二八年間にわたし自身が大きく変化しました。本書の叙述が随所で行ったり来たりするのは、そうした変化の過程を思い出し、自覚しながら書き進めてきたからです。

わたしが非能率だということもあるのでしょうが、大学教員の仕事というのは、「週に一回だけ講義をして、あとは好きな研究ができる」ようなことでは全然ありません。講義・演習や学生・院生の個人面談や研究指導と会議と雑多な書類仕事（特に推薦書や査読所見の作成）、それに若干の「営業・金策」とで、平日の勤務時間は使い切ってしまいます。研究や授業に必要な文献や史料・資料を読み、原稿を書く作業のほとんどは、早朝か深夜か休日の研究室、通勤時間、出張中の機内や宿でなされています。また、史料調査も前後を何かの用事に挟まれた窮屈な日程で実施したものがほとんどです。そうした、まことに余裕のない時間の中で、過去の講義でさまざまな学生・受講者から頂戴した疑問や批判を反芻しながら書き、書き直した現時点での結果が本書であって、これは決して「経済史」の決定版ではありませんし、「人文・社会科学の俯瞰」の王道ではないことも承知しています。むしろ、経済学と歴史学の常識や「空気」感のようなものからできる限り自由に人間・社会と歴史を論ずることを目指しました。

それでも、本書をこうした形で書き、世に問うのは、少なくない方々から、わたしの講義の内容がすとんと胸に落ちたという過分のお褒めをいただき、また、ぜひ書かれたものを読みたいとの要望が寄せられたのに対して、そろそろ応えておかないと、わたしの研究者生命も、いずれ遠くないうちに尽きてしまうであろうという思いからでした。

「はじめに」に記した通り、本書は、経済学部の学生だけでなく、さまざまな分野の学生、いわゆる社会人の方々、そして、望むらくは好奇心の溢れる高校生諸氏にも読んでもらい、本書の「使い道」について感想を頂戴したいと考えています。

「はじめに」に記した多様な使い道を想定して、本書は通常の大学教科書のシリーズから外して、単行本として刊行していただきました。著者のわがままに耳を傾けてくださった有斐閣書籍編集第二部、殊に、刊行予定時期が迫っているのに、いつまでも書き上がらない原稿を忍耐強く待って、それに素早く、綺麗な形を与えてくださった藤田裕子さんに心より感謝いたします。わたしが知る限りで、最も寛大で、しかも練達の編集者である藤田さんに、本書を担当していただいたのは、本当に幸運でした。

また、本書の執筆に当たり、江原慶（大分大学経済学部）、四谷英理子（東京大学経済学研究科）、齋藤翔太朗（千葉大学法政経学部）の諸氏には原稿を読んでいただき、有益な助言を頂戴しました。東京大学大学院経済学研究科博士後期課程の杉山遼太郎、塩川舞、上西啓、菅本浩幸、丹羽絹子の諸氏も、混迷する原稿をチェックしてくださっただけでなく、さまざまな文献・資料・統計を探して、わたしに提供・教示してくれました。こうした若い方々の協力がなければ、本書ははるかに内容も根拠も薄く、誤りの多いものになっていたにちがいありません。次代を担う若く優秀な研究者が周囲にたくさんいるという幸運にもわたしは恵まれました。ありがとうございます。

二〇一七年師走の休日の研究室にて

著者

あとがきの追記

天文学者の高梨直紘さん（東大EMP特任准教授）は、本書に用いたウォルタ・クレインの版画（四四六頁）を見て、ただちに、それが夜明け頃の情景であることを教えて下さいました。わたしにはただの「三日月」にしか見えなかった部分に注目して、これは夜明けを描いているのだとのご示唆をいただいたおかげで、この版画には、「社会主義の夜明け」というクレインの夢が託されていることがわかりました。記して謝意を表します。このほかにも、本書に目を留めて下さったさまざまな専門分野の方からいろいろと貴重なご教示を頂戴しました。それらを活かして、本書を全面的に書き改める作業は別の機会に譲りますが、読者との相互作用によって本書が育てられているという実感を得ることができて、たいへん感謝しています。みなさま、ありがとうございます。

二〇一八年六月二四日

♣著者紹介

小野塚 知二（おのづか ともじ）

現在，東京大学特命教授／東京大学エグゼクティブ・マネジメント・プログラム（東大EMP）コチェア

1957年生まれ
1981年　東京大学経済学部経済学科卒業
1987年　東京大学大学院経済学研究科第2種博士課程単位取得退学
1990年　横浜市立大学商学部専任講師，91年同助教授
1996年　東京大学大学院経済学研究科助教授
2001年　東京大学大学院経済学研究科教授
2022年　東京大学名誉教授

主要著作

『クラフト的規制の起源：19世紀イギリス機械産業』有斐閣，2001年［第8回社会政策学会奨励賞受賞］。『西洋経済史学』（共編）東京大学出版会，2001年。『日英兵器産業とジーメンス事件：武器移転の国際経済史』（共著）日本経済評論社，2003年。『大塚久雄『共同体の基礎理論』を読み直す』（共編著）日本経済評論社，2007年。『自由と公共性：介入的自由主義とその思想的起点』（編著）日本経済評論社，2009年。『軍拡と武器移転の世界史：兵器はなぜ容易に広まったのか』（共編著）日本経済評論社，2012年。『労務管理の生成と終焉』（共編著）日本経済評論社，2014年。『第一次世界大戦開戦原因の再検討：国際分業と民衆心理』（編著）岩波書店，2014年。『大塚久雄から資本主義と共同体を考える：コモンウィール・結社・ネーション』（共編著），日本経済評論社，2018年。

経 済 史

いまを知り，未来を生きるために

Economic History: A clue to know today and live the future

2018年2月5日　初版第1刷発行
2024年2月15日　初版第10刷発行

著　者　小野塚　知二
発行者　江　草　貞　治
発行所　株式会社　有　斐　閣
郵便番号 101-0051
東京都千代田区神田神保町 2-17
http://www.yuhikaku.co.jp/

組版　田中あゆみ
印刷　株式会社理想社／製本　大口製本印刷株式会社

ISBN 978-4-641-16515-1

索　引

あ　行

か　行

さ　行

た　行

な　行

は　行

ま　行

や　行

ら　行

わ　行

参考文献リスト

読者の便を考えて，ここでは，日本語で刊行されたもの（訳書を含む）を載せるという原則を採用しました。しかし，和訳が出ていなくてもたいへん重要な文献もありますので，外国語文献のうち英語のものは何点か載せました。なお，スミス，マルクス，ヴェーバーなどの古典的な文献については，その多くが何通りかの和訳で読めますので，煩を避けるためにこのリストには載せていません。


秋元英一［1995］『アメリカ経済の歴史 1492–1993』東京大学出版会。

秋元英一［2009］『世界大恐慌：1929年に何がおこったか』講談社。

浅井良夫［2015］『IMF8条国移行：貿易・為替自由化の政治経済史』日本経済評論社。

アシュトン［1973］『産業革命』（中川敬一郎訳）岩波書店（Thomas Southcliffe Ashton, *The Industrial Revolution: 1760–1830*, Oxford University Press, 1948）。

安部悦生編著［2003］『金融規制はなぜ始まったのか：大恐慌と金融制度の改革』日本経済評論社。

阿部謹也・網野善彦・石井進・樺山紘一［1981］『中世の風景』上・下，中央公論社。

阿部武司・中村尚史編著［2012］『産業革命と企業経営 1882～1914』（講座・日本経営史2）ミネルヴァ書房。

新井政美［2001］『トルコ近現代史：イスラム国家から国民国家へ』みすず書房。

安藤馨［2007］『統治と功利：功利主義リベラリズムの擁護』勁草書房。

李憲昶《イホンチャン》［2004］『韓国経済通史』（須川英徳・六反田豊監訳）法政大学出版局。

石井寛治［1991］『日本経済史』第2版，東京大学出版会。

石井寛治［2012］『日本の産業革命：日清・日露戦争から考える』講談社（初版は朝日新聞社，1997年）。

石井寛治・原朗・武田晴人編［2000］『日本経済史2 産業革命期』東京大学出版会。

石坂昭雄・船山榮一・宮野啓二・諸田實［1985］『新版 西洋経済史』有斐閣。

石原俊時［1996］『市民社会と労働者文化：スウェーデン福祉国家の社会的起源』木鐸社。

伊藤計劃［2007］『虐殺器官』早川書房。

伊藤計劃［2008］『ハーモニー』早川書房。

伊藤正直［2009］『戦後日本の対外金融：360円レートの成立と終焉』名古屋大学出版会。

伊藤正直・藤井史朗編［2011］『グローバル化・金融危機・地域再生』日本経済評論社。

伊藤正直・浅井良夫編［2014］『戦後IMF史：創生と変容』名古屋大学出版会。

稲葉振一郎［1999］『リベラリズムの存在証明』紀伊國屋書店。

稲葉振一郎［2016］『不平等との闘い：ルソーからピケティまで』文藝春秋。

井上貴子編著［2011］『森林破壊の歴史』明石書店。

岩尾龍太郎［1994］『ロビンソンの砦』青土社。

石見徹［2009］『地球温暖化問題は解決できるか：実現可能な方向を求めて』岩波書店。

上野千鶴子［1990］『家父長制と資本制：マルクス主義フェミニズムの地平』岩波書店。

上野千鶴子［1994］『近代家族の成立と終焉』岩波書店。

内田義彦［1971］『社会認識の歩み』岩波書店。

内田義彦［1967］『日本資本主義の思想像』岩波書店。

宇都宮京子・小林純・中野敏男・水林彪編［2016］『マックス・ヴェーバー研究の現在：資本主義・民主主義・福祉国家の変容の中で』創文社。

宇野邦一［2015］『反歴史論』講談社。

宇野重規［2013］『西洋政治思想史』有斐閣。

梅津順一・小野塚知二編著［2018］『大塚久雄から資本主義と共同体を考える：コモンウィール・結社・ネーション』日本経済評論社。

エスピン＝アンデルセン［2000］『ポスト工業経済の社会的基礎：市場・福祉国家・家族の政治経済学』（渡辺雅男・渡辺景子訳）桜井書店（Gøsta Esping-Andersen, *Social Foundations of Postindustrial Economies*, Oxford University Press, 1999）。

榎一江・小野塚知二編著［2014］『労務管理の生成と終焉』日本経済評論社。

遠藤乾［2008］『ヨーロッパ統合史』名古屋大学出版会。

大熊一夫［2009］『精神病院を捨てたイタリア 捨てない日本』岩波書店。

大阪経済大学日本経済史研究所編［2010］『中国・韓国・日本・琉球の交流』思文閣出版。

大沢真理［1986］『イギリス社会政策史：救貧法と福祉国家』東京大学出版会。

大沢真理［2014］『生活保障のガバナンス：ジェンダーとお金の流れで読み解く』有斐閣。

大島真理夫編［2009］『土地希少化と勤勉革命の比較史：経済史上の近世』ミネルヴァ書房。

大塚久雄［1955］『共同体の基礎理論』岩波書店（大塚久雄著／小野塚知二編『共同体の基礎理論　他六篇』岩波文庫，2021年）。

大塚久雄［1966］『社会科学の方法：ヴェーバーとマルクス』岩波書店。

大塚久雄［1977］『社会科学における人間』岩波書店。

大野誠［2017］『ワットとスティーヴンソン：産業革命の技術者』山川出版社。

大屋雄裕［2014］『自由か，さもなくば幸福か？：二一世紀の〈あり得べき社会〉を問う』筑摩書房。

岡崎哲二［2016］『コア・テキスト 経済史』増補版，新世社。

岡田与好［1970］『イギリス初期労働立法の歴史的展開：賃労働史序説』増補版，御茶の水書房。

岡田与好［1987］『経済的自由主義：資本主義と自由』東京大学出版会。

岡田与好［2014］『競争と結合：資本主義的自由経済をめぐって』蒼天社出版。

岡本隆司編［2013］『中国経済史』名古屋大学出版会。

奥山敏雄［2010］「死にゆく過程の構築と生の意味をめぐる自由」加藤秀一編『自由への問い⑧　生：生存・生き方・生命』岩波書店。

小田中直樹［2017］『ライブ・経済史入門：経済学と歴史学を架橋する』勁草書房。

越智武臣［1966］『近代英国の起源』ミネルヴァ書房。

小野塚知二［1985］「イギリス労働史研究の視座：労働貴族論争を手がかりに」東京大学『経済学研究』第28号，pp.98–109。

小野塚知二［1989］「労使関係におけるルール（上）：一九世紀後半イギリス機械産業労使関係の集団化と制度化(1)」東京大学『社会科学研究』第 41 巻第 3 号，pp. 1-102。

小野塚知二［2009a］「書評：埋橋孝文『ワークフェア：排除から包摂へ？』」社会政策学会『社会政策』第 1 巻第 3 号，ミネルヴァ書房，pp. 135-138。

小野塚知二編著［2009b］『自由と公共性：介入的自由主義とその思想的起点』日本経済評論社。

小野塚知二［2010］「イギリス料理はなぜまずいか？」井野瀬久美惠編『イギリス文化史』昭和堂，pp.113-132。

小野塚知二［2011］「日本の社会政策の目的合理性と人間観：政策思想史の視点から」社会政策学会『社会政策』第 3 巻第 1 号，pp.28-40。

小野塚知二［2012］「兵器はなぜ容易に広まったのか：武器移転規制の難しさ」『創大平和研究』第 27 号，pp.65-91。

小野塚知二編［2014］『第一次世界大戦開戦原因の再検討：国際分業と民衆心理』岩波書店。

小野塚知二［2016a］「武器輸出とアベノミクスの破綻：課題先進国日本の誤った選択」『世界』通巻 883 号，岩波書店，pp.79-89。

小野塚知二［2016b］「戦争と平和と経済：2015 年の「日本」を考える」明治大学国際武器移転史研究所『国際武器移転史』第 1 号，pp.15-40（http://www.kisc.meiji.ac.jp/~transfer/paper/pdf/01/2_onoduka.pdf）。

小野塚知二［2017a］「「死の商人」への道：武器輸出・軍事研究とアベノミクスの隘路」全国保険医団体連合会『月刊保団連』通巻第 1245 号，pp.17-23。

小野塚知二［2017b］「産業革命がイギリス料理を「まずく」した」『文藝春秋 SPECIAL』2017 年季刊秋号，pp.62-67。

小野塚知二［2018］「近代資本主義とアソシエーション：永遠の希望と永遠の絶望」梅津・小野塚［2018］，所収。

小野塚知二［2020］「人類は原料革命から卒業できるのか？：温暖化問題あるいは産業革命観への一視角」『世界』通巻 934 号，岩波書店，7 月，pp.108-121。

小野塚知二［2021］「ゼロ成長経済と資本主義：縮小という理想」『世界』通巻 947 号（特集「サピエンス減少」），岩波書店，8 月，pp.148-163。

小野塚知二［2022］「歴史研究からみる労働と生活の規範形成」社会政策学会『社会政策』第 14 巻第 1 号，ミネルヴァ書房，pp.5-23。

小野塚知二［2023a］「産業革命論：欲望解放と自然的制約」木畑洋一・安村直己編『主権国家と革命：15～18 世紀』（岩波講座 世界歴史第 15 巻），岩波書店，pp.103-135。

小野塚知二［2023b］「資本主義と自由：その背後の語られざる前提についての理論的・歴史的再考」全国憲法研究会『憲法問題』第 34 号，日本評論社，pp.106-121。

小野塚知二［2023c］「経済史からいまを見る：経済の軍事化，「繁栄の中の苦難」，日本の特殊性」大阪歴史科学協議会『歴史科学』第 253 号，pp.2-20。

小野塚知二［2023d］「日本の食の隆盛と危機：グローバル化の一断面」くらしと協同の研究所『季刊 くらしと協同』第 44 号，pp.26-35。

小野塚知二［2023e］「見果てぬ夢としてのアソシエーション：協同性，労指関係，瞬時の意思疎通」『専修大学社会科学研究所月報』第 721 号，pp.2−18。

小野塚知二・沼尻晃伸編著［2007］『大塚久雄「共同体の基礎理論」を読み直す』日本経済評論社。

小幡道昭［2009］『経済原論：基礎と演習』東京大学出版会。

加藤榮一・馬場宏二・三和良一編［2004］『資本主義はどこに行くのか：二十世紀資本主義の終焉』東京大学出版会。

金井雄一・中西聡・福澤直樹編［2010］『世界経済の歴史：グローバル経済史入門』名古屋大学出版会。

加納啓良［2004］『現代インドネシア経済史論：輸出経済と農業問題』東京大学出版会。

上川孝夫［2015］『国際金融史：国際金本位制から世界金融危機まで』日本経済評論社。

上川孝夫・矢後和彦編［2007］『国際金融史』有斐閣。

神武庸四郎・萩原伸次郎［1989］『西洋経済史』有斐閣。

川北稔［1983］『工業化の歴史的前提：帝国とジェントルマン』岩波書店。

川出良枝・山岡龍一［2012］『西洋政治思想史：視座と論点』岩波書店。

勘坂純市［1993］「中世イングランドにおける市場開設権と領主層」『土地制度史学』第 35 巻第 4 号，pp.17−35。

勘坂純市［1994］「十三世紀イングランドにおける市場開設と賦役・貨幣地代：一二七九年のハンドレッド・ロールズの分析を中心に」『社会経済史学』第 60 巻第 4 号，pp.453−484。

北川勝彦［2001］『南部アフリカ社会経済史研究』関西大学出版部。

北川勝彦・北原聡・西村雄志・熊谷幸久・柏原宏紀編［2017］『概説 世界経済史』昭和堂。

北原克宣・安藤光義編著［2016］『多国籍アグリビジネスと農業・食料支配』明石書店。

鬼頭宏［2010］『文明としての江戸システム』講談社。

桐山昇［2008］『東南アジア経済史：不均一発展国家群の経済結合』有斐閣。

楠井敏朗［2002］『富，権力，そして神：社会環境論序説』日本評論社。

久保亨編［2012］『中国経済史入門』東京大学出版会。

クラーク［2009］『10 万年の世界経済史』上・下（久保恵美子訳）日経 BP 社（Gregory Clark, *A Farewell to Alms: A brief economic history of the world*, Princeton University Press, 2007）。

ケネディ［1993］『大国の興亡：1500 年から 2000 年までの経済の変遷と軍事闘争』上・下（鈴木主税訳）草思社（Paul Kennedy, *The Rise and Fall of the Great Powers: Economic Change and Military Conflict from 1500 to 2000*, Random House, 1987）。

国際銀行史研究会編［2012］『金融の世界史：貨幣・信用・証券の系譜』悠書館。

小谷眞男［1992］「教皇回勅 “Rerum novarum” とその成立過程：〈カトリック家族論〉研究の基礎作業」東京大学『社会科学研究』第 44 巻第 3 号，pp.151−185。

小谷眞男［1995−96］「親子関係をめぐる国家制定法と〈私人たちの法〉19 世紀イタリア法秩序の重層的構造について」（1）（2）東京大学『社会科学研究』第 47 巻第 4 号，pp.117−171；第 47 巻第 6 号，pp.103−220。

五島茂［1951］『経済史』三和書房。

小林純［2015］『マックス・ヴェーバー講義』唯学書房。

小林純［2016］『続ヴェーバー講義：政治経済篇』唯学書房。

小林純［2017］「アソシエーションは永遠の絶望なのか：小野塚知二氏の問題提起を受けとめるために」福島大学『商学論集』第85巻第4号，pp. 25-41。

小宮山宏［2007］『「課題先進国」日本：キャッチアップからフロントランナーへ』中央公論新社。

斎藤修［1985］『プロト工業化の時代：西欧と日本の比較史』日本評論社。

斎藤修［2008］『比較経済発展論』岩波書店。

斎藤叫編著［2010］『世界金融危機の歴史的位相』日本経済評論社。

佐伯啓思［1993］『「欲望」と資本主義：終りなき拡張の論理』講談社。

桜井英治［2011］『贈与の歴史学：儀礼と経済のあいだ』中央公論新社。

佐々木隆雄［1997］『アメリカの通商政策』岩波書店。

佐藤弘幸［2007］『西欧低地諸邦毛織物工業史：技術革新と品質管理の経済史』日本経済評論社。

鯖田豊之［1966］『肉食の思想：ヨーロッパ精神の再発見』中央公論社。

沢井実・谷本雅之［2016］『日本経済史：近世から現代まで』有斐閣。

椎名重明編著［1985］『団体主義《コレクティヴィズム》：その組織と原理』東京大学出版会。

ジョル［1976］『第二インター：1889～1914』（池田清・祇園寺則夫訳）木鐸社（James Joll, *The Second Internationl 1889-1914*, Routledge, 1974）。

ジョル［1997］『第一次世界大戦の起源』改訂新版（池田清訳）みすず書房（James Joll, *The Origins of the First World War*, 2nd edition, Longman, 1992）。

ジョーンズ［2000］『ヨーロッパの奇跡：環境・経済・地政の比較史』（安元稔・脇村孝平訳）名古屋大学出版会（E. L. Jones, *The European Miracle: Environments, Economies and Geopolitics in the History of Europe and Asia*, 1981, Cambridge University Press）。

ジョーンズ［2007］『経済成長の世界史』（天野雅敏・重富公生・小瀬一・北原聡訳）名古屋大学出版会（E. L. Jones, *Growth Recurring: Economic Change in World History*, Oxford University Press, 1988）。

陣内秀信［2010］『イタリアの街角から：スローシティを歩く』弦書房。

神野直彦［2002］『財政学』有斐閣。

杉山伸也［2014］『グローバル経済史入門』岩波書店。

スコット［1999］『モーラル・エコノミー：東南アジアの農民叛乱と生存維持』（高橋彰訳）勁草書房（James C. Scott, *The Moral Economy of the Peasant : Rebellion and Subsistence in Southeast Asia*, Yale University Press, 1976）。

スコット［2017］『実践 日々のアナキズム：世界に抗う土着の秩序の作り方』（清水展・日下渉・中溝和弥訳）岩波書店（James C. Scott, *Two Cheers for Anarchism: Six Easy Pieces on Autonomy, Dignity, and Meaningful Work and Play*, Princeton University Press, 2012）。

鈴木成高［1950］『産業革命』弘文堂。

ステイル［2014］『ブレトンウッズの闘い：ケインズ，ホワイトと新世界秩序の創造』

（小坂恵理訳）日本経済新聞出版社（Benn Steil, *The Battle of Bretton Woods: John Maynard Keynes, Harry Dexter White, and the Making of a New World Order*, 2013)。

須藤功［2008］『戦後アメリカ通貨金融政策の形成：ニューディールから「アコード」へ』名古屋大学出版会。

ストレンジ［1988］『カジノ資本主義：国際金融恐慌の政治経済学』（小林襄治訳）岩波書店（Susan Strange, *Casino Capitalism*, B. Blackwell, 1986)。

ストレンジ［1999］『マッド・マネー：世紀末のカジノ資本主義』（櫻井公人・櫻井純理・高嶋正晴訳）岩波書店（Susan Strange, *Mad Money : When Markets Outgrow Governments*, University of Michigan Press, 1998)。

関口尚志・梅津順一［1995］『欧米経済史：近代化と現代』三訂版，放送大学教育振興会。

世良晃志郎編［1987］『ヨーロッパ身分制社会の歴史と構造』創文社。

祖父江孝男［1990］『文化人類学入門』増補改訂版，中央公論社。

ダイアモンド［2012］『文明崩壊：滅亡と存続の命運を分けるもの』上・下（楡井浩一訳）草思社（Jared Diamond, *Collapse: How Societies Choose to Fail or Succeed*, Allen Lane, 2005)。

ダイアモンド［2017a］『若い読者のための第三のチンパンジー：人間という動物の進化と未来』（秋山勝訳）草思社（Jared Diamond, *The Third Chimpanzee for Young People: On the Evolution and Future of the Human Animal*, Seven Stories Press, 2014)。

ダイアモンド［2017b］『昨日までの世界：文明の源流と人類の未来』上・下（倉骨彰訳）日本経済新聞社（Jared Diamond, *The World Until Yesterday: What Can We Learn from Traditional Societies*, Allen Lane, 2012)。

高嶋修一・名武なつ紀編著［2013］『都市の公共と非公共：20 世紀の日本と東アジア』日本経済評論社。

高島善哉［1954］『社会科学入門：新しい国民の見方考え方』岩波書店。

高橋幸八郎編［1965］『産業革命の研究』岩波書店。

竹田泉［2013］『麻と綿が紡ぐイギリス産業革命：アイルランド・リネン業と大西洋市場』ミネルヴァ書房。

谷口明丈・須藤功編［2017］『現代アメリカ経済史：「問題大国」の出現』有斐閣。

田淵太一［2006］『貿易・貨幣・権力：国際経済学批判』法政大学出版局。

遅塚忠躬［2010］『史学概論』東京大学出版会。

遅塚忠躬・近藤和彦編［1993］『過ぎ去ろうとしない近代：ヨーロッパ再考』山川出版社。

チャンドラ［2001］『近代インドの歴史』（粟屋利江訳）山川出版社（Bipan Chandra, *Modern India: A History Textbook for Class XII*, National Council of Educational Research and Training, 1971)。

塚田孝［2013］『大坂の非人：乞食・四天王寺・転びキリシタン』筑摩書房。

トインビー［1965］『英国産業革命史』（塚谷晃弘・永田正臣訳）改訂版，邦光書房（Arnold Toynbee, *Lectures on the Industrial Revolution of the Eighteenth Century in England*, Rivingtons, 1887)。

戸塚秀夫・徳永重良編［1977］『現代労働問題：労資関係の歴史的動態と構造』有斐閣。

トッド［1992・1993］『新ヨーロッパ大全』Ⅰ・Ⅱ（石崎晴己・東松秀雄訳）藤原書店（Emmanuel Todd, *L'Invention de l'Europe*, Éditions du Seuil, 1990)。

トッド［2006］「〈インタビュー〉先進国における少子化と移民政策」（聞き手：Ｉ．フランドロワ，石崎晴己訳・解題）『環：歴史・環境・文明』第26巻（特集「人口問題」再考），藤原書店。

トムスン［2003］『イングランド労働者階級の形成』（市橋秀夫・芳賀健一訳）青弓社（Edward P.Thompson, *The Making of the English Working Class*, V.Gollancz, 1963)。

羅《ナ》芝賢《ジヒョン》・前田健太郎［2023］『権力を読み解く政治学』有斐閣。

内藤雅雄・中村平治編［2006］『南アジアの歴史：複合的社会の歴史と文化』有斐閣。

中谷猛・足立幸男編著［1994］『概説：西洋政治思想史』ミネルヴァ書房。

中西聡編［2017］『経済社会の歴史：生活からの経済史入門』名古屋大学出版会。

中西洋［1982］『増補 日本における「社会政策」・「労働問題」研究：資本主義国家と労資関係』東京大学出版会。

中村修［1995］『なぜ経済学は自然を無限ととらえたか』日本経済評論社。

中村勝己［1994］『世界経済史』講談社。

中村義哉［2008］「『よいケア』とは何か：来るべき『ふつうのケア』の実現のために」副田義也ほか編『ケアすること』（ケア その思想と実践 第2巻），岩波書店。

西川輝［2014］『ＩＭＦ自由主義政策の形成：ブレトンウッズから金融グローバル化へ』名古屋大学出版会。

西川正雄［1989］『第一次世界大戦と社会主義者たち』岩波書店。

西村暢夫・田林葉［2016］「イタリアのスローフード運動の源流と戦略：ウマネジモ（umanesimo: 人間主義）発露の場として」立命館大学『政策科学』第23巻第4号，pp.179−193。

西山千恵子・柘植あづみ編著［2017］『文科省／高校「妊活」教材の嘘』論創社。

ハイルブローナー＆ミルバーグ［2000］『経済社会の興亡』（香内力訳）ピアソン（Robert Heilbroner and William Milberg, *The Making of Economic Society*, 10th edition, Prentice Hall, 1998)。

ハーヴェイ［2007］『新自由主義：その歴史的展開と現在』（渡辺治監訳）作品社（David Harvey, *A Brief History of Neoliberalism*, Oxford University Press, 2005)。

バザーリア［2017］『バザーリア講演録 自由こそ治療だ！：イタリア精神保健ことはじめ』（大熊一夫・大内紀彦・鈴木鉄忠・梶原徹訳）岩波書店（Franco Basaglia, a cura di Franca Ongaro Basaglia e Maria Grazia Giannichedda, *La libertà è terapeutica: Conferenze brasiliane*, Raffaello Cortina, 2000)。

橋本寿朗［2000］『現代日本経済史』岩波書店。

長谷川貴彦［2012］『産業革命』山川出版社。

ハドソン［1999］『産業革命』（大倉正雄訳）未來社（Pat Hudson, *The Industrial Revolution*, Edward Arnold, 1992)。

馬場哲［1993］『ドイツ農村工業史：プロト工業化・地域・世界市場』東京大学出版会。

馬場哲・小野塚知二編著［2001］『西洋経済史学』東京大学出版会。

馬場哲・山本通・廣田功・須藤功［2012］『エレメンタル欧米経済史』晃洋書房。

浜林正夫［2008］『世界史再入門：歴史のながれと日本の位置を見直す』講談社。

速水融編［2003］『歴史人口学と家族史』藤原書店。

速水融・鬼頭宏・友部謙一編［2001］『歴史人口学のフロンティア』東洋経済新報社。

原朗［1994］『日本経済史』放送大学教育振興会。

原輝史編著［2001］『EU 経営史』税務経理協会。

原輝史・工藤章編［1996］『現代ヨーロッパ経済史』有斐閣。

バルマー＝トーマス［2001］『ラテンアメリカ経済史：独立から現在まで』（田中高・榎股一索・鶴田利恵訳）名古屋大学出版会（Victor Bulmer-Thomas, *The Economic History of Latin America since Independence*, Cambridge University Press, 1994）。

肥前榮一［2008］『比較史のなかのドイツ農村社会：「ドイツとロシア」再考』未來社。

ピレンヌ［1956］『中世ヨーロッパ社会経済史』（増田四郎訳）一條書店（Henri Pirenne, "Le mouvement économique et social au moyen âge du XIe au milieu du XVe siècle", Henri Pirenne, Gustave Cohen, Henri Focillon, *La civilisation occidentale au Moyen Âge du XIe au milieu du XVe siècle*（Histoire générale / publiée sous la direction de Gustave Glotz, Histoire du Moyen Âge, t. 8）, presses universitaires de France, 1933）。

深尾京司・中村尚史・中林真幸編［2017］『岩波講座 日本経済の歴史』全 6 巻；〈1〉中世：11 世紀から 16 世紀後半，〈2〉近世：16 世紀末から 19 世紀前半，〈3〉近代 1：19 世紀後半から第一次世界大戦前（1913），〈4〉近代 2：第一次世界大戦期から日中戦争前（1914–1936），岩波書店。

フーコー［2008］『生政治の誕生：コレージュ・ド・フランス講義 1978–1979 年度』（慎改康之訳）筑摩書房（Michel Foucault, *Naissance de la biopolitique : cours au Collège de France（1978–1979）*, Edition du Seuil, 2004）。

藤瀬浩司［1980］『資本主義世界の成立』ミネルヴァ書房。

藤瀬浩司［2004］『欧米経済史：資本主義と世界経済の発展』改訂新版，放送大学教育振興会。

藤瀬浩司・吉岡昭彦編［1987］『国際金本位制と中央銀行政策』名古屋大学出版会。

藤原辰史［2017a］『トラクターの世界史：人類の歴史を変えた「鉄の馬」たち』中央公論新社。

藤原辰史［2017b］『戦争と農業』集英社インターナショナル。

船山栄一［1967］『イギリスにおける経済構成の転換』未來社。

ブロック［1973・1977］『封建社会』1·2（新村猛ほか訳）みすず書房（Marc Léopold Benjamin Bloch, *La société féodale : la formation des liens de dépendance : les classes et le gouvernement des hommes*, Michel, 1968）。

ホブズボーム［1969］『共同体の経済構造：マルクス「資本制生産に先行する諸形態」の研究序説』（市川泰治郎訳）未來社（Karl Marx, *Pre-Capitalist Economic Formations*, translated by Jack Cohen; edited and with an introduction by E. J. Hobsbawm, Lawrence & Wishart, 1964）。

ポメランツ［2015］『大分岐：中国，ヨーロッパ，そして近代世界経済の形成』（川北

稔監訳）名古屋大学出版会（Kenneth Pomeranz, *The Great Divergence: China, Europe, and the Making of the Modern World Economy*, Princeton University Press, 2000）。

ポラニー［2009］『「新訳」大転換：市場社会の形成と崩壊』（野口建彦・栖原学訳）東洋経済新報社（Karl Polanyi, *The Great Transformation: The Political and Economic Origins of Our Time*, Rinehart & Company, 1944）。

ポランニー［2003］『経済の文明史』（玉野井芳郎・平野健一郎編訳）筑摩書房。

牧野裕［2014］『ＩＭＦと世界銀行の誕生：英米の通貨協力とブレトンウッズ会議』日本経済評論社。

松本武祝編著［2015］『東北地方「開発」の系譜：近代の産業振興政策から東日本大震災まで』明石書店。

マディソン［2015］『世界経済史概観：紀元１年－2030年』（政治経済研究所監訳）岩波書店（Angus Maddison, *Contours of the World Economy*, 1－2030AD, Oxford University Press, 2007）。

マントゥ［1964］『産業革命』（徳増栄太郎・井上幸治・遠藤輝明共訳）東洋経済新報社（Paul Mantoux, *La Révolution industrielle au XVIIIe siècle : essai sur les commencemnts de la grande industrie moderne en Angleterre*, Société nouvelle de librairie et d'édition, Librairie Georges Bellais, 1905）。

マンロー［1987］『アフリカ経済史：1800～1960』（北川勝彦訳）ミネルヴァ書房（John Forbes Munro, *Africa and the International Economy, 1800－1960: An Introduction to the Modern Economic History of Africa South of the Sahara* Rowman and Littlefield, 1976）。

水島司・加藤博・久保亨・島田竜登編［2015］『アジア経済史研究入門』名古屋大学出版会。

美濃口武雄［1989］「マルサス・リカードの穀物法論争：農業自由化の歴史的考察」『一橋大学社会科学古典資料センター Study Series』, No.17, pp.1－19。

宮崎犀一・奥村茂次・森田桐郎編［1981］『近代国際経済要覧』東京大学出版会。

宮本謙介［2003］『概説 インドネシア経済史』有斐閣。

宮本又郎［2017］「近世日本の市場と商業」深尾・中村・中林編［2017］第２巻。

メンデルスほか［1991］『西欧近代と農村工業』（篠塚信義・石坂昭雄・安元稔訳）北海道大学図書刊行会。

毛利健三［1978］『自由貿易帝国主義：イギリス産業資本の世界展開』東京大学出版会。

毛利健三［1990］『イギリス福祉国家の研究：社会保障発達の諸画期』東京大学出版会。

モース［2014］『贈与論：他二篇』（森山工訳）岩波書店（Marcel Mauss, “Essai sur le don: forme et raison de l'échange dans les sociétés archaïques”, *L'Année Sociologique*, 1925）。

森建資［1988］『雇用関係の生成：イギリス労働政策史序説』木鐸社。

森川美絵［2015］『介護はいかにして「労働」となったのか：制度としての承認と評価のメカニズム』ミネルヴァ書房。

諸田實［1998］『フッガー家の時代』有斐閣。

矢後和彦［2010］『国際決済銀行の20世紀』蒼天社出版。

矢後和彦編［2013］『システム危機の歴史的位相：ユーロとドルの危機が問いかけるもの』蒼天社出版。

ヤコブソン［2010］『サウンドマネー：BISとIMFを築いた男，ペール・ヤコブソン』（吉國眞一・矢後和彦監訳）蒼天社出版（Erin E. Jacobsson, *A Life for Sound Money: Per Jacobsson, His Biography*, Oxford University Press, 1979）。

柳澤悠［2014］『現代インド経済：発展の淵源・軌跡・展望』名古屋大学出版会。

山賀進［2011］『君たちの地球はどうなっているのか　そして，どうなっていくのか：かけがえのない地球』第2版，麻布文庫（市販されていませんが，麻布学園で購入可能。また，その内容は以下のサイトに掲載されています。http://www.s-yamaga.jp/kankyo/mokuji.htm）。

山口昌男［1982］『文化人類学への招待』岩波書店。

山田秀雄編［1973］『植民地経済史の諸問題』アジア経済研究所。

山之内靖［1997］『マックス・ヴェーバー入門』岩波書店。

湯浅赳男［1993］『環境と文明：環境経済論への道』新評論。

吉岡昭彦［1981］『近代イギリス経済史』岩波書店。

吉岡昭彦［1999］『帝国主義と国際通貨体制』名古屋大学出版会。

四谷英理子［2011］「1911年イギリス国民保険法成立過程におけるロイド・ジョージの『強制された自助』の理念：『自助』と社会保険の架橋をめざして」『歴史と経済』第54巻第1号，pp.1−14。

ラスレット［1992］『ヨーロッパの伝統的家族と世帯』（酒田利夫・奥田伸子訳）リブロポート。

ランデス［1980·1982］『西ヨーロッパ工業史：産業革命とその後 1750−1968』(1)(2) みすず書房（David S. Landes, *The Unbound Prometheus : Technological Change and Industrial Development in Western Europe from 1750 to the Present*, Cambridge University Press, 1969）。

リグリィ［1991］『エネルギーと産業革命：連続性・偶然・変化』（近藤正臣訳）同文舘（Edward Anthony Wrigley, *Continuity, Chance and Change: The Character of the Industrial Revolution in England*, Cambridge University Press, 1988）。

ロストウ［1961］『経済成長の諸段階：一つの非共産主義宣言』（木村健康・久保まち子・村上泰亮訳）ダイヤモンド社（Walt Whitman Rostow, *The Stages of Economic Growth : A Non-Communist Manifesto*, Cambridge University Press, 1960）。

Bowden, Peter J. [1990], *Economic Change: Wages, Profits and Rents 1500−1750*, (Chapters from the Agrarian history of England and Wales, edited by Joan Thirsk, Volume 1), Cambridge University Press.
Chartres, John [1990], *Agricultural Markets and Trade 1500−1750*, (Chapters from the Agrarian history of England and Wales, edited by Joan Thirsk, Volume 4), Cambridge University Press.
Crafts, Nicholas F. R. [1976], "The English Economic Growth in the Eighteenth Century: A Re-Examination of Deane and Cole's Estimates", *Economic History Review*, 2nd ser.Vol.29, No.2, pp. 226−235.

Crafts, Nicholas F. R. [1985], *British Economic Growth during the Industrial Revolution*, Oxford University Press.

Crafts, Nicholas F. R. & C. K. Harley [1992], "Output growth and the British industrial revolution: a Restatement of the Crafts-Harley view", *Economic History Review*, 2nd ser, Vol.45, No.4, pp.703–730.

Deane, Phyllis & William Alan Cole [1962], *British Economic Growth, 1688–1959 : Trends and Structure*, Cambridge University Press.

Feinstein, Charles H. [1998], "Pessimism Perpetuated: Real Wages and the Standard of Living in Britain during and after the Industrial Revolution", *The Journal of Economic History*, Volume 58, Issue 3, pp.625–658.

Jevons, William Stanley [1865], *The Coal Question : An Inquiry Concerning the Progress of the Nation, and the Probable Exhaustion of our Coal-Mines*, Macmilan.

McEvedy, Colin & Richard Jones [1978], *Atlas of World Population History*, Penguin.

Thompson, Edward P. [1971], "The Moral Economy of the English Crowd in the Eighteenth Century", *Past and Present*, Vol. 50, Issue1, pp.76–136（以下で，ダウンロード可能。https://academic.oup.com/past/article/50/1/76/1458023）.

UNDESA（United Nations Department of Economic and Social Affairs, Population Division）[2007] *World Population Prospects: The 2006 Revision*, United Nations.

Wrigley, Edward A. & Roger Schofield [1981], *The Population History of England, 1541–1871 : A Reconstruction*, Edward Arnold.